Paul Josef Kardinal Cordes

„Wer nicht Gott gibt, gibt zu wenig"

Glaubensimpulse nach sechzig Priesterjahren

Mit einem Geleitwort von Papst em. Benedikt XVI.

www.bebeverlag.at

Paul Josef Kardinal Cordes

„Wer nicht Gott gibt, gibt zu wenig"

Glaubensimpulse nach sechzig Priesterjahren

Mit einem Geleitwort von Papst em. Benedikt XVI.

Be+Be-Verlag: Heiligenkreuz 2021
ISBN 978-3-903602-38-0

© Be+Be-Verlag
Heiligenkreuz im Wienerwald www.bebeverlag.at

Direkter Vertrieb:
Be+Be-Verlag Heiligenkreuz
A-2532 Heiligenkreuz im Wienerwald
Tel. +43 2258 8703 400
www.klosterladen-heiligenkreuz.at
E-Mail: bestellung@klosterladen-heiligenkreuz.at

Paul Josef Kardinal Cordes

„Wer nicht Gott gibt, gibt zu wenig"

Glaubensimpulse nach sechzig Priesterjahren

Mit einem Geleitwort von Papst em. Benedikt XVI.

www.bebeverlag.at

Herrn Erzbischof Hans-Josef Becker und den
priesterlichen Mitbrüdern meines Heimatbistums

in aufrichtiger Verbundenheit zugeeignet.

*Das Geheimnis muss genannt, angerufen, geliebt werden,
damit es für uns bleibe; Geheimnis bleibt es auch so.*

KARL RAHNER

Inhaltsverzeichnis

Nicht im Kontext erläuterte Abkürzungen

LG   Dogmatische Konstitution *Lumen gentium*

GS   Pastorale Konstitution *Gaudium et spes*

CIC   Codex Iuris Canonici (1983)

LThK   Lexikon für Theologie und Kirche (Freiburg 1957ff.)

KKK   Katechismus der katholischen Kirche (1992)

HWPh   Historisches Wörterbuch der Philosophie (Basel 1971ff.)

CNA   Catholic News Agency

Geleitwort Papst Benedikts XVI.

Kardinal Cordes ist allen, die am Leben der Kirche teilnehmen, bekannt, vor allem durch seine klaren Zwischenrufe in verworrener Zeit, mit denen er Verworrenes oder Verkehrtes zurechtrückt. Er ist ein Mann der „entschiedenen Entscheidung", wie man ihn mit einem Wort von Heinrich Schlier benennen könnte, fragt nicht nach Popularität. Sein Maßstab ist nicht der Beifall vieler, sondern der Glaube der Kirche, der im Ringen mit den herrschenden Meinungen seine Klarheit findet.

Mir fällt in diesem Zusammenhang eine kleine Geschichte aus dem Leben des heiligen Martin ins Gedächtnis, die Sulpicius Severus in seiner noch zu Lebzeiten des Heiligen geschriebenen Biografie festgehalten und der Christenheit als Ergänzung zu der Begegnung Martins mit Christus in der Gestalt des frierenden Bettlers überliefert hat (*Leben des heiligen Martin,* St. Martins-Verlag, Eisenstadt 1997). Eines Tages erschien ihm der Teufel, aber verkleidet als Christus in der Gestalt seiner Herrlichkeit und forderte von ihm gebieterisch die Anbetung. Aber Martin, der in dem frierenden Bettler seinen Herrn erkannt hatte, weigerte sich. Als der Teufel nachdrücklicher die Anbetung verlangte, blieb er bei seiner Weigerung. Ihm fehlte das Zeichen des Kreuzes. Bei diesem Wort erlosch die verlogene Herrlichkeit. Die beiden Christophanien zusammen ergeben das wahre Bild unseres Herrn. Sie verweisen zugleich auf die grundlegende Vision von Kardinal Cordes: Einerseits ist er der Mann der Caritas, der Tat, der Liebe, die aus der Erkenntnis Jesu Christi kommt. Andererseits ist der Kern dieser Erkenntnis das Kreuz. Wo immer es fehlt, ist auch Christus abwesend.

Wenn man die gesammelten Zwischenrufe des Kardinals zusammenhängend liest, sieht man das Grundmuster seines Denkens, das gerade in seinen Verneinungen ganz positiv ist – Christus zu erkennen, nicht in der Form der Unterwerfung unter die herrschenden Meinungen und Mächte, sondern im Glauben der Kleinen (vgl. Mt 18,1-7).

Das Buch, das so in sechzig Jahren priesterlichen Dienens gewachsen ist, ist eine Art Festschrift, die Kardinal Cordes all denen schenkt, die wie er im priesterlichen Dienst stehen und so auch die Unterscheidung der Geister lernen wollen.

Cara Eminenza, herzlichen Dank für dieses Buch der Ermutigung im Glauben und viele gute Wünsche für die nächsten zehn Jahre Deines priesterlichen Dienstes.

Vatikanstadt, Monastero „Mater Ecclesiae"
15. Oktober 2021
Dein Benedikt XVI.

HINFÜHRUNG

Robert Hugh Bensons Roman „Der Herr der Welt". Ein Mahnruf ohne Verfallsdatum

Dass zwei wichtige Persönlichkeiten bei sehr unterschiedlichen Gelegenheiten auf ein und denselben Roman hinweisen, weckt Aufmerksamkeit. Wenn dieses Buch schon im Jahr 1907 erschien, so
steigert wohl sich die Neugier. Wer sich schließlich bewusst macht,
dass beide Männer sogar die gegenwärtig lebenden Päpste der katholischen Kirche sind, der fühlt sich gedrängt, das Werk aufzuschlagen.

Schon fast vergessen

Sein Titel ist „*Lord of the World*", und der Autor war der Engländer
Robert Hugh Benson.[1] Vor vielen Jahren erreichte der Roman in
Deutschland schon einmal Bestseller-Position. In unseren Tagen
war es einmal Joseph Ratzinger, der ihn benannte – und zwar bei
der Vorstellung seiner Studie „*Svolta per l'Europa?*" in Mailand. Der
Kardinal bezog sich auf Robert Benson, um vor einem irrigen Modell für die Fortentwicklung Europas zu warnen: Das vergessene
Werk des Engländers prangere eine politische Einheitszivilisation in
ihrer seelenzerstörenden Macht an; durch sie und mit ihr werde die
so hoch gepriesene Menschlichkeit blutleer und verdorre; Unifor-
mierung dränge sich auf; Quantitatives beanspruche Vorrang; Toleranz werde zur Intoleranz, sobald Wahrheit- und Ethos-Konzepte
dem Individuell-Privaten aufgezwungen würden. Und der Kardinal
versäumte nicht hervorzuheben, dass Bensons bedrohliches Bild für
uns Heutige wieder Gegenwart und Zukunft gefährde.[2]

Papst Franziskus griff kürzlich gleichfalls auf dasselbe Werk
zurück. Bei einer Eucharistiefeier mit britischen Priestern im Vatikanischen Gästehaus *Santa Marta* schloss er aus ihm, dass der

---

1   Das Vorwort benennt „Cambridge 1907" als Ort und Jahr. Auf Deutsch wurde es jüngst
     wieder verlegt unter dem Titel „Der Herr der Welt", Illertissen 2015.
2   Sein Vortrag ist nachzulesen in JOSEPH RATZINGER, *Communio* (ital. Fassung) Nr. 121
     (1992) 100–108.

Geist der Weltlichkeit uns zum Abfall von Gott führt.[3] Auf seinem Rückflug von den Philippinen im Januar 2015 empfahl er dann sogar den mitreisenden Journalisten den Roman als Signal gegen eine „ideologische Kolonisierung", wie sie schon Anfang des vergangenen Jahrhunderts von Robert Benson beschrieben worden wäre.

Beachtenswerte Koinzidenz! In der Tat entwirft der Schriftsteller – Sohn eines anglikanischen Bischofs, der zum Katholizismus konvertierte und Priester wurde – schon vor hundert Jahren eine künftige Welt, auf die hin sich unsrige heute entwickelt: Total-Vernetzung und schnellste Transportsysteme; Gedankenkontrolle und Waffen zur Massenvernichtung; kruder Materialismus in der Leugnung alles Nicht-Empirischen; rosige Zukunft durch technischen Fortschritt. Mit ihrer Verbreitung steht für Benson die „Welt-Einheits-Regierung" unmittelbar bevor, und der universale Friede scheint endlich erreicht.

Freilich gibt sich der Schriftsteller keiner Illusion hin über die Kosten für diese „Schöne neue Welt" – wie sie 30 Jahre später von Aldous Huxley († 1963) genannt wird. Ja, offenbar motiviert ihn gerade die Düsternis der Erwartungen zu dieser aufreizenden Apokalypse. Er zeichnet sie mit markanten Strichen, und ein Leser tut sich schwer, das einmal begonnene Buch wieder zuzuklappen. Die folgenden Verweise können darum die Lektüre selbst des Romans nicht ersetzen. Sie wollen nur einige Fixpunkte seiner prophetischen Vision festhalten. Und es soll weniger hervortreten, was die „Schöne neue Welt" verspricht, sondern vielmehr, was sie uns Christen abverlangt.[4]

Im Bann des Pantheismus

Bereits 1907 veröffentlicht, versetzt uns die *Science-Fiction* in das London am Ende des 20. Jahrhunderts. Als ein erster zentraler Handlungsträger begegnet uns Oliver Brand, ein *Labour*-Abgeordneter des Englischen Parlaments. Gegenüber seinem Sekretär spricht er voller Bewunderung von dem US-Senator Julian Felsenburgh.

---

3   Homilie am 18.11.2013.
4   Die hier angeführten Belege zitieren einzelne Sätze oder verweisen auf entsprechende Seiten der deutschen Übersetzung.

Dieser durcheilt die Welt, kennt sämtliche Weltsprachen, erreicht
in allen Kontinenten Versöhnung und Eintracht; er hat sogar offenbar die Gabe der Bilokation. Oliver Brand erhofft, dass er sich bald
auch in England einfinden wird, um einen Krieg zu verhindern, der
dem Empire droht. Felsenburgh wird im Verlauf des Geschehens
zunächst Präsident von Europa und endlich „Weltpräsident" (299).
Bedrängender als ein möglicher Waffengang erscheint dem
Abgeordneten Oliver Brand allerdings ein anderes Problem: Die Sä-
kular-Religion, die Felsenburgh gestiftet hat und repräsentiert, trifft
bislang noch auf Widerstand. Oliver hat das Christentum hinter
sich gelassen. Er weiß sich als Pantheist – eine Weltanschauung,
die sich inzwischen auch unter den Mohammedanern, Buddhisten
und Hindus immer klarer durchgesetzt hatte. Allein der Katholizismus widersetzt sich hartnäckig – „jener seltsame Glaube [...] grotesk
und sklavisch. [...] Der Gedanke, dass dieser wiederaufleben könnte,
erschien Oliver furchtbarer als die blutige Katastrophe, die einem
Angriff des Ostens auf Europa folgen würde" (17).

Oliver zur Seite steht seine Gattin, Mabel, eine Frau, die zunächst aus ganzem Herzen der neuen Welt-Religion ergeben ist.
Freilich gerät ihre idealistische Sicht bald in Turbulenzen. Auf dem
Bahnhof in Brighton/Südengland erlebt sie, wie ein avantgardis-
tisches Flugschiff in einer Menschenmenge abstürzt, sie zerfetzt
und Hunderte Opfer fordert. Die Regierungsbeamten eilen herbei –
nicht um die Verletzten zu bergen, sondern um den Jammernden
die „Gabe der Euthanasie" zu spenden. Dann erlebt Mabel, wie sich
plötzlich durch die Menge jemand drängt, der retten will. Sie hört
die Worte: „Lassen Sie mich durch; ich bin ein Priester" (25). So
stößt die Frau erstmals auf Father Percy Franklin, der für ihr Leben
noch große Bedeutung bekommen wird und in dem Roman eine
weitere Zentralfigur ist.

Neben diesen Gestalten tritt später der Papst in Rom, Johannes
XXIV. in die Mitte des Geschehens; *Papa Angelicus* wird er genannt
(145). Father Percy erlebt ihn, als er später in die Ewige Stadt gerufen wird, um im Vatikan über Leben und Glauben der englischen
Katholiken zu berichten. Trotz seiner schon 88 Jahre hat der Nachfolger Petri noch ein frisches, fast jugendliches Aussehen. Er verkündet vor den Kardinälen prophetisch und machtvoll Gottes Wort

und Willen. Er benennt die Widersacher des Glaubens, die die geoffenbarte Wahrheit beseitigten und die Menschen mit der Vision eines paradiesischen Friedens köderten. Denn sie machten glauben, „die Einigkeit unter den Völkern sei das höchste Lebensziel". Und sie sei erreichbar, wenn endlich irdische Gerechtigkeit durch Sozialpolitik und Dekrete in der Gesellschaft durchgesetzt werde. Gegen solche Hoffnung setzt der Papst seine Auffassung, die Menschheit sei nicht in der Lage, sich ihr Glück aus eigener Kraft zu schaffen. Der Friedensfürst Christus habe gelehrt, „dass durch ihn allein wir zum Vater gelangen. Jener wahre, übernatürliche Frieden betrifft nämlich nicht nur die Beziehungen der Menschen untereinander, sondern in erster Linie die Beziehungen der Menschen zu ihrem Schöpfer" (173).

Betörende Versprechungen

Was Gottes Offenbarung über Mensch und Gesellschaft vorgegeben hat, wird – so Benson – Ende des 20. Jahrhunderts fast entschwunden, vergessen sein. Father Percy legt dem Papst ausführlich und ungeschönt dar, wie es um das Christentum in der westlichen Hemisphäre steht. Die Kräfte der zivilisierten Welt wären in zwei Lager gespalten: das Lager Gottes und das Lager der Welt – doch keineswegs im Sinne einer gegenseitigen Durchdringung und Bereicherung. Vielmehr habe säkulares Denken zunehmend alle Vorstellungen und Entscheidungen der Menschheit erobert. „Man hatte die natürlichen Tugenden gepredigt und die übernatürlichen vertrieben. Philanthropie war an die Stelle der Nächstenliebe getreten, Zufriedenheit an die Stelle der Hoffnung und empirisches Wissen an die Stelle des Glaubens. [...] Besonders bedrohlich jedoch war der neue Menschheitsglaube. [...] Er stellte seine eigene Wahrheit, statt sie zu beweisen, einfach als gegeben hin. Alles, was ihm in den Weg kam, schien er mit weichen Kissen zu ersticken, statt es mit Feuer und Schwert zu bekämpfen. Überall schien er sich den Weg in die Herzen der Menschen zu bahnen." Das Ideal der universellen Verbrüderung werde zwar ersehnt und mit Macht betrieben – jedoch „auf einer anderen Grundlage als der der göttlichen Wahrheit" (146–149).

Die Errungenschaften der neuen „Menschheitsreligion" (163)
umgarnten viele und hatten sich rasch verbreitet: Glaubensspaltun-
gen und Dogmen gehören der Vergangenheit an (17); die Ehe ist
„kündbar" (18); Wohltätigkeitsvereine und demokratische Gilden re-
präsentieren das Volk (56); die Armut verschwindet (59); als tragende Wahrheit genügt der „Humanitarismus": „der Mensch ist alles"
(58); „es gibt keine Sünde" (118); den selbst gewählten Tod ermöglichen staatliche Angestellte durch „die Gabe der Euthanasie" (26);
für deren Spendung sind „Heime des Friedens" eingerichtet (320);
ein neuer Retter „heilt alle Wunden" und „schenkt der ganzen Welt
Frieden" (119).

Dieser neue Retter ist Julian Felsenburgh. Ihn umgibt eine
geheimnisvolle Aura, die ihn unvergleichlich macht. Wohl tritt er
selbst kaum in Erscheinung. Doch betört er über alle Maßen und
prägt Fühlen, Denken und Handeln seiner Zeitgenossen. „Seine
Persönlichkeit entzieht sich jeder Beurteilung." Er ist „der größte
Redner, den die Welt je gesehen hat" (106f.). Ihm können die Menschen ihr ganzes Vertrauen schenken. Er ist „Erlöser. [...] Das Alpha
und das Omega". (289). „Ich würde für ihn sterben", ruft der kalte
Rationalist Oliver emphatisch (125).

In Julian Felsenburgh hat die Göttlichkeit des Menschseins
Gestalt angenommen. Nur zu folgerichtig, dass er keine fremde
Verehrung neben sich duldet. Ohnehin sind alle früheren Bekenntnisse als Täuschung entlarvt. Denn Göttlichkeit kommt allein dem
Menschsein zu. In der Konfrontation „Welt" und „Gott" hat die Welt
gebieterisch alle Religion verschlungen. Nach dem ersten großen
Auftritt Felsenburghs in London schreibt die englische Zeitung
„Neues Volk": „Nie wieder soll die Menschheit nach einem Gott rufen, der sich verbirgt, sondern zu dem Menschen, der sich endlich
seiner Göttlichkeit bewusst geworden ist. Das Übernatürliche ist tot,
vielmehr wissen wir jetzt, dass es nie existiert hat" (111). Besonders
die katholische Religion erscheint den neuen Heilsbringern als ver-
bohrter, unbelehrbarer Widerstand. Sie ist auszurotten. Alle Bürger
sind zu befragen, „ob sie an Gott glauben" – und „diejenigen, die
sich zu Gott bekennen, sind zu töten" (305).

Für den Ernstfall: Glaube mit Herz und Verstand

Papst Johannes XXIV. ist überzeugt: Die Endzeit ist angebrochen. Aus seinem Munde hören wir die Absage an Konzession und Irenik: Man habe die Worte des Erlösers vergessen, „dass er gekommen ist, nicht um den Frieden, sondern das Schwert zu bringen". Der Papst verurteilt die humanistische Weltanschauung und verbietet, deren Körperschaften beizutreten (173). Wohl lobt er die geistlichen Früchte, die die Kirche den bestehenden Orden verdanke. Dennoch ist für ihn die Zeit gekommen, alle religiösen Gemeinschaften in einem einzigen Werk zusammenzufügen, um „der großen, allumfassenden Aufgabe gerecht zu werden". Dann macht er den revolutionären Vorschlag der Gründung eines neuen Ordens. Mit Pathos schildert der Roman den Augenblick: „Der Papst nahm einen tiefen Atemzug, er wandte das Haupt langsam nach rechts und nach links und fuhr mit noch größerer Eindringlichkeit fort: ‚Daher scheint es unserer Demut angebracht, dass der Stellvertreter Christi selbst die Kinder Gottes zu diesem neuen Krieg aufrufe, und es ist unser Entschluss, unter dem Namen eines Ordens von Christus dem Gekreuzigten die Namen all jener aufzunehmen, die sich diesem erhabenen Dienst widmen wollen'" (176). Erstaunlich ist die Resonanz in der Weltkirche auf diese Stiftung des Papstes. Später heißt es: „Die Verkündigung des Ordens von Christus dem Gekreuzigten hatte bei den Gläubigen einen fast ans Wunderbare grenzenden Widerhall gefunden. Der Aufruf des Heiligen Vaters hatte gewirkt wie ein Funke im Strohhaufen. Es schien, als ob die christliche Welt in diesem Augenblick auf diesen neuen Orden geradezu gewartet hätte" (205). Glaubensradikalität ist dem Schriftsteller Benson die einzige Antwort auf die Unterwanderung der Kirche durch den Geist der Welt. Er sinnt nicht auf eine kluge Strategie des Überlebens; er setzt nicht auf Verhandlungen mit dem Widersacher Gottes und auf Diplomatie.

Dabei bekundet der Autor des Buches, dass es vorgegebene, klar umrissene Glaubenswahrheiten sind, die die innere Überzeugung des Menschen prägen und leiten müssen. Mabel Brand hatte sich ursprünglich noch mit Intuition und Einfühlungsvermögen begnügt, mit dem Zauber, der von Felsenburgh ausging: „Ich sah

den Menschensohn. [...] In meinem Herzen erkannte ich ihn, sobald ich ihn sah" (113). Als dann aber staatliche Gesetze die Christenverfolgung anordnen, braucht sie intellektuelle Kenntnis über
religiöse Dinge. Sie sucht jemanden auf, von dem sie denkt, er habe
das nötige Wissen: Mr. Francis, einen abgefallenen Priester. Der
Befragte reagiert mit Ausflüchten. Doch Mabel lässt nicht locker.
Glaubenserkenntnis, Schmerz, Sünde, Liebe und Gott werden von
ihr thematisiert. Für Benson haben Glaubensinhalte offenbar einen
solchen Rang, dass er ihre Erörterung und Aufhellung für den Leser seitenlang entwickelt (307ff.). Später nimmt er sie nochmals in
einem Selbstgespräch Marbels auf (328).

Für das Christsein reicht eben emotionales Einschwingen
nicht hin. Wenn es gelingen soll, sind zwei Momente unverzichtbar.
Da ist zunächst sein Inhalt, der geoffenbart wurde und durch die
Glaubensboten zu verkünden ist, damit andere Menschen ihn hören. Ihn zu erfassen, ist ein Akt des Verstandes. Diese Erkenntnis
muss dann den Hörer zur Zustimmung motivieren. Gnade Gottes,
Gefühl, Intuition und Liebe können auf diese Weise den Willen gewinnen, Ja zu sagen. In der Hingabe an das Geglaubte – oder besser
an den Geglaubten – kommt der Glaubensakt schließlich zur Fülle.

Ein bleibender Mahnruf

Der Roman „Der Herr der Welt" verbreitet fraglos eine zeitlose Bot-
schaft. Schon von der Ursünde im Paradies setzt der Mensch auf
Autonomie und fühlt sich gedrängt zu herrschen statt zu gehorchen.
„Non serviam – ich will nicht dienen" (Jer 2,20) charakterisiert der
Prophet Jeremia die Auflehnung Israels. In Selbstverfügung und im
Herr-Sein über die Dinge will der Mensch sein Schicksal aus eigener
Kraft meistern. Erst recht hält im 3. Jahrtausend eine religionsfreie
Deutung des Daseins das Denken der Menschen besetzt. Charles
Taylor, weltweit unbestrittener Vorreiter im Feld der Soziologie und
Philosophie – später ist noch ausführlicher auf ihn zurückzukom-
men –, schrieb in seinem Hauptwerk, für die Strukturen des Lebens
gelte in unserer Zeit lediglich die „diesseitige Ordnung". Diese kön-
ne „unabhängig und ohne Bezugnahme auf ‚Übernatürliches' oder

‚Transzendentes' gedeutet werden"[5]. R. H. Bensons Mahnruf gegen die „Religion des Humanismus" gewinnt demnach neue Aktualität. Er hat kein Verfallsdatum. Am allerwenigsten in der Kirche; treibt das allgemeine Klima der Menschenfreundlichkeit jeden Christen doch machtvoll an, der „Kirche ein menschliches Antlitz" zu geben. Obwohl die Person des Julian Felsenburgh schlagend das Gegenteil belegt – ein *argumentum e contrario:* Gott zu vergessen und allein auf den Menschen zu setzen, macht den Menschen zum Mittel und nimmt ihm die Würde. Solche Täuschung blockiert – was noch fataler ist – total die Ermöglichung selbst für dauerhafte Rettung. „Das Heil des Volkes bin ich – so spricht der Herr", betet die Kirche (25. Sonntag nach Pfingsten). So muss denn die Kirche diesen erlösenden Gott verkünden – nicht zuletzt des Menschen wegen. Sie hat diesen Auftrag. Ihr wurden auch das Rüstzeug anvertraut. Sie ist gewappnet, einer glaubens- und gottfernen Menschlichkeit zu wehren, wie sie von der säkularisierten Gesellschaft nahegelegt oder gar gefordert wird.

Einige kleine Studien möchten die fällige Akzentuierung solch kirchlicher Sendung konkretisieren. Die Texte wurden in den vergangenen Jahren als Referate vorgetragen oder in Zeitschriften und Agenturen veröffentlicht (vgl. die angegebenen Lokalisierungen) und für diese Publikation gelegentlich aktualisiert. Sie bekunden einmal das breit gestreute Themenfeld kirchlichen Engagements und gehen konkret den Aufgaben ihrer Sendung nach. Doch sie möchten vor allem den Grund für pastorale Schwachpunkte eruieren. Denn welcher verantwortliche Arzt würde – von einem Patienten gerufen – lediglich dessen gesunde Glieder und Organe loben? Seine Anamnese gilt den kranken und hinfälligen Körperteilen. Die rosarote Brille der Verharmlosung kann ein Übel nicht kurieren. Naturgemäß stehen sehr unterschiedliche Sachbereiche an. Und niemand kann rasche Rezepte erwarten. Dennoch wird ein gemeinsamer Nenner erkennbar: In den kirchlichen Diensten tritt generell Gottes erlösendes Heilswirken zurück hinter die weltlich-gesellschaftlichen Eigenkräfte des Menschen. Wohl nicht Felsenburghs Apotheose des Menschen, aber eine schleichende Gott-Vergessenheit macht sich breit. Darum ist immer neu „Gott zu benennen".

---

5   CHARLES TAYLOR, *Ein säkulares Zeitalter*, Frankfurt a. M. 2009, 990.

1. GOTT BENENNEN – TROTZ EINER WELTLICHEN WELT

Papst Benedikt proklamiert ein Jahr des Glaubens

Attendorn/Westfalen, 23. Oktober 2012

Die deutsche „Gesellschaft für Konsumforschung" geht in Umfragen für die Bundesrepublik immer wieder auch dem „Glauben im Alltag" nach. Die Ergebnisse werden im Internet veröffentlicht. In einer von mir jüngstens abgerufenen Statistik gehörten von den Bewohnern der Bundesrepublik 39 % keiner Kirche oder Glaubensgemeinschaft an. Gegenüber der Befragung von 2009 war der Anteil kirchlicher Mitglieder erneut um 4,4 Prozentpunkte gesunken; der Anteil der Ausgetretenen war hingegen um 2,2 Prozentpunkte und der Anteil derjenigen, die nie Mitglieder waren, um 3,1 Prozentpunkte gestiegen.[1] Im Vergleich mit den Befragungen 2006 und 2009 wurde ein fortdauernder Schwund der Mitgliedschaft erkennbar.

Solche Daten sind nicht nur von akademisch-statistischem Interesse. Wer sich ein wenig eigelassen hat auf die Forschungen des Religionssoziologen Thomas Luckmann, merkt, dass die religiöse Überzeugung aller Bundesbürger mit der generellen gesellschaftlichen Sichtweise verwoben ist. Glaubensüberzeugung und -praxis werden vom sozialen Umfeld nachweisbar mitgeprägt. So kann sich niemand wundern, dass geweihte Hirten der Kirche von dem widrigen Sturm alarmiert sind, dem der Glaube ausgesetzt ist.

Tradierungskrise

Blitze fallen nicht vom heiteren Himmel. So machte denn auch die Bevölkerung in unseren Tagen manche Phasen und Prozesse durch, die sie der Welt dem Christsein entfremdeten. Die verschiedenen Stufen können jetzt nur angetippt werden.

---

1   Repräsentativ-Umfrage zum Thema „Glaube im Alltag 3", URL: https://www.euangel. de/ausgabe-3-2015/aktuelle-studie/repraesentativ-umfrage-zum-thema-glaube-im-all-tag-3-durch-die-gfk/ (Stand: 07.10.2019).

Seit dem 19. Jahrhundert wurden die bislang gültigen ständischen Lebensmodelle durch ein neues Miteinander abgelöst. Familiengründung, Arbeitsverhalten und die Mobilität von Berufs- und Lebensweg veränderten sich grundlegend und entgrenzten die traditionellen Formen. Gab es in Deutschland Ende des 19. Jahrhunderts noch einen relativ hohen Anteil von Menschen, die ledig blieben, so umfasste der Anteil der Verheirateten um 1950 nahezu die gesamte Bevölkerung. Die Geschlechterrollen blieben dabei scharf polarisiert, und die dauerhafte Bindung des Mannes an die Frau war eher die Regel. Wenig später folgte ein weiterer Entwicklungsschritt. Homogene Lebensverbände verloren ihre kulturelle Geschlossenheit. Auch wenn elektronische Medien und die Gleichschaltung der Information durch weltweite Presseagenturen einer totalen Aufsplitterung entgegenwirkten, so brachte das schier uferlose Angebot an Modellen doch lastende Vereinzelung mit sich. Radikale Pluralität wurde zum Kennzeichen der sog. Postmoderne. Der einzelne Mensch ist nicht mehr von traditionellen Bindungen abhängig. Er entfernt sich der Großgruppe und wählt ohne Bezug zum gesellschaftlichen Umfeld Lebensweise und Beruf. Soziale Absicherung und mobiler Arbeitsmarkt machen ihn frei. Nach dem Soziologen Ulrich Beck wird die Biografie des Menschen heute aus „fremden Kontrollen und überregionalen Sittengesetzen herausgelöst, offen, entscheidungsunabhängig und als Aufgabe in das Handeln jedes Einzelnen gelegt"[2].

Dass der gesellschaftliche Wandel unser Gottes- und Kirchenverhältnis nachdrücklich affiziert, liegt auf der Hand. Mit den menschlichen Bindungen werden oft genug auch die religiösen abgestreift. Es entsteht eine Konkurrenz von Sinngebungsinstanzen. Besonders unter jungen Menschen wird solche Pluralität oft zum Grund für „vagabundierende Religiosität". Reaktionen sind: Kirchenaustritte – ohne Eingehen einer neuen Gruppenbindung; Anschluss an eine andere christliche Konfession; Psychomarkt – auch ohne Kirchenaustritt; Übertritt in eine andere Religionsgemeinschaft – z. B. Islam oder Buddhismus. Die viel beschworene „Tra-

2   ULRICH BECK, ELISABETH BECK-GERNSHEIM, *Das ganz normale Chaos der Liebe*, Frankfurt a. M. 1990, 12f.

dierungskrise" – die Weitergabe des Glaubens an die nachfolgende Generation – ist unverkennbar.

Angesichts der dramatischen Glaubensentfremdung leuchtet ein, dass die deutschen Bischöfe bekümmert waren und Handlungsbedarf sahen. Sie ergriffen die Initiative. Vielerorts sann man auf Abhilfe und Heilmittel. Bundesweit kam es in Mannheim zu einem Treffen des Volkes Gottes, das als Auftakt eines „Gesprächsprozesses" der katholischen Kirche in Deutschland galt (9. Juli 2011). 300 Teilnehmer waren gekommen. Die Veranstalter wollten – wie es hieß – einen offenen Dialog über Macht- und Kommunikationsstrukturen, über die Gestalt des kirchlichen Amtes und die Beteiligung der Gläubigen an der Verantwortung, über Moral und Sexualität initiieren. Als Losung für alles pastorale Engagement trat also das Wort „Dialog" in den Mittelpunkt.

Dialog?

Auch Papst Benedikt XVI. sah sich gedrängt, der Welle der Säkularisierung in Welt und Kirche entgegenzutreten. Er rief ein „Jahr des Glaubens" aus. Am 17.10.2011 nutzte er das sonntägliche „Angelus-Gebet", um diese Eingebung zu erläutern. Die Kernworte seiner Rede waren „Zentralität des Glaubens [...] missionarische Perspektive [...] Neuevangelisierung". Er hatte sie schon in seinem Apostolischen Schreiben „Tor des Glaubens" vom 11.10.2011 ausführlich entfaltet.

Ein Vergleich zwischen dem Zentralwort von Mannheim mit dem von Papst Benedikt führt in eine tiefere Besinnung auf die in der Kirche fällige Anstrengung. Da stehen sich „Dialog" und „Glaube" gegenüber. Nun reicht es fraglos nicht hin für pastorale Planung, schön klingende Worte zu suchen und zu wählen. Gerade wenn diese als Leitworte orientieren sollen, ist ihr genauer Inhalt von Bedeutung. Darum interessiert bei beiden der gewählte Denkanstoß.

Der Begriff „Dialog" ist gebunden an so berühmten Namen wie Franz Rosenzweig, Martin Buber und Gabriel Marcel. Nach diesen Philosophen ist der Dialog „ein Gespräch, das durch wechselseitige Mitteilung jeder Art zu [...] einem den Partnern gemeinsamen

Sinnbestand führt"[3]. Gemeinsame Suche findet im Miteinander die Antwort und die Lösung des Problems. Solches Suchen vollzieht sich im Bemühen, den jeweils anderen besser zu verstehen. Das Finden des Zieles schließt die Bereitschaft aller zum Kompromiss ein. Dieser hinwiederum ist nach einem anderen Denker, Leopold von Ranke, dadurch charakterisiert, dass „beide Parteien zugunsten der andern und zur Ermöglichung einer größeren oder geringeren Kooperation Ansprüche aufgeben"[4].

Fraglos drängt eine nüchterne Bestandsaufnahme des Ist-Zustands der Kirche auf einen Neuanfang in Glaubens-Erkenntnis und seelsorglicher Praxis. Doch welches sind die beiden Parteien, die sich bei dem Dialogprozess zusammenfinden? Es können ja nicht einerseits modernes Lebensgefühl und andererseits Offenbarung sowie Glaube sein. Schon gar nicht dürfen wohlmeinende, aber unbedarfte Erklärungen und die Pression medialen Trommelfeuers – wie sie etwa bei der Entscheidung von ethisch brisanten Fragen fällig sind – sorgfältige theologische Wahrheitssuche ersetzen. Überhaupt ist die Denkrichtung zu hinterfragen, die der Begriff „Dialog" vorschlägt. Denn Christen sind ja von der geoffenbarten Wahrheit geleitet. Diese kann zwar in unterschiedlichen katechetischen Formen vermittelt und in unterschiedlichen Stilen gelebt werden. Aber sie ist ihrem Inhalt nach mit dem Tod des letzten Apostels abgeschlossen[5] und ein für alle Mal vorgegeben. Ihre Inhalte stehen nicht zur Disposition und begegnen dem Glaubenden – wie die Bibel sagt – im „Hören". Für die Katholiken heute artikuliert sich dieser Glaube neu in den Verlautbarungen des Vaticanum II.

Als Benedikt XVI. zu einem „Jahr des Glaubens" einlud, nannte er dies Konzil mit den Worten seines Vorgängers, des heiligen Johannes Pauls II., einen sicheren Kompass für unseren Weg als Christen. Sein Anruf bleibt gültig. Wie können wir ihm nachkommen – in der Welt von heute, in unseren Gemeinden, in den katholischen Diözesen Deutschlands, in unseren Herzen?

3   JOHANNES HEINRICHS, Art. *Dialog*, in: HWPh II, Basel 1972, 226–229, hier: 226.
4   KLAUS-DIETER OSSWALD, Art. *Kompromiss*, in: HWPh IV, Basel 1976, 941f.
5   Vgl. HENRI DE LUBAC, *Die göttliche Offenbarung*, Einsiedeln 2001, 141.

Glaube

Keine Frage, dass wir mit der Wegmarke Papst Benedikts, dem Leitwort „Glaube", verlässlicheres Gelände betreten als mit dem Wort „Dialog". Und pastoral dringlicheres. Inhalt und Vollzug des Glaubens sind schließlich das Kriterium unseres Christseins. In der Bibel wird der Glaube mit Gold verglichen; sie nennt ihn sogar „wertvoller als Gold" (1 Petr 1,7). Und sie spricht von diesem Metall nicht zuletzt, weil es seine ganze Kostbarkeit und Schönheit erst durch Reinigung und Prüfung erhält. Denn Gold, wie es im Naturzustand vorgefunden wird, zeigt ja keinerlei Adel und Glanz. Es findet sich gemischt mit Flusssand und versteckt im Erz; mithilfe von Quecksilber und Cyanid befreit man es von schlechten Beimengungen.

Die hohe Wertschätzung des Glaubens verbindet sich in der Offenbarung mit dem Hinweis, schädliche Beimengungen könnten ihn trüben. Sein Inhalt und Vollzug sei daher von ihn entstellenden Mineralien zu reinigen. So hat denn Dialog fraglos den Sinn, dass wir uns mit der Gedanken- und Lebenswelt heute konfrontieren. Er kann jedoch im Kontext der Glaubensklärung nicht beanspruchen, lediglich das verbreitete Lebensgefühl und den gängigen Zeitgeist zu Glaubensinhalten aufzugreifen.

Der Völkerapostel sieht im Glauben das entscheidende Datum unserer christlichen Existenz, den Anker unseres Heils. Immer wieder kreisen seine Gedanken um den Glauben. Darum versichert er etwa den Römern (10,9f.): „Wenn du mit deinem Mund bekennst: ‚Jesus ist der Herr' und in deinem Herzen glaubst: ‚Gott hat ihn von den Toten auferweckt', so wirst du gerettet werden." An die Korinther schreibt er: „Gott beschloss durch die Torheit der Verkündigung die Glaubenden zu retten." Oder er bittet für die Christen in Ephesus, „dass Gott durch den Glauben in ihren Herzen wohne" (Eph 3,17). Alles hängt für unser Weg zu Gott von unserem Glauben ab. Er ist Anfang und Mitte unseres Lebens als Christen.

Die Quelle des Glaubens ist für den Apostel das Hören. Glauben geschieht gleichsam im Hören. Auf diese Weise wird das Hören des Wortes Gottes zum Vorgang des Christwerdens. Römer 10,14-17 heißt es: „Wie sollen sie nun den anrufen, an den sie nicht glauben? Wie sollen sie an den glauben, von dem sie nicht gehört haben?

Wie sollen sie hören, wenn niemand verkündigt? [...] So gründet der Glaube in der Botschaft, die Botschaft im Wort Christi." Die Gestalt Abrahams ist nach Paulus der Glaubensheroe schlechthin und dessen unüberbietbares Vorbild. Gleich im ersten Buch der Bibel beginnt seine Geschichte. Es heißt vom Stammvater des auserwählten Volkes: „Der Herr sprach zu Abram: Zieh weg aus deinem Land, von deiner Verwandtschaft und aus deinem Vaterhaus in das Land, das ich dir zeigen werde. Ich werde dich zu einem großen Volk machen, dich segnen und deinen Namen groß machen [...]" (Gen 12,1f.). Am Anfang aller Erwählung steht Gottes Ruf. Gott fordert in seinem Wort einen radikalen Schnitt. Abram soll sich lösen von Heimat, Freundschaft und Vaterhaus. Im Urtext heißt es: „Gehe für dich allein; mach dich los." Abram wird eine scharfe Trennung im Namen Gottes zugemutet. Sie soll ihn dazu führen, uneingeschränkt Jahwe zuzugehören. „Da zog Abram weg, wie der Herr ihm gesagt hatte." Abram verlässt das sumerische Ur in Chaldäa und das Gebiet des heidnischen Mondgottes Nanna. In diesem religiös-kulturellen Umfeld hatte er fraglos ein strebsames und zielbewusstes Leben geführt. Jetzt aber stand eine Scheidung an: Alles Alte zählte nicht mehr. Ein Glaubensaufbruch ist trotz der Kontinuität der jeweiligen Lebensgeschichte kompromisslos.

Im 4. Kapitel des Römerbriefes deutet Paulus den Stammvater in der Form eines hebräischen Midraschs; dabei verbleibt er freilich nicht im Horizont des Alten Testaments. Paulus unterstellt Abraham vielmehr der Geschichtsmacht Gottes; der Apostel hatte sie ja selbst vor Damaskus erlebt. So erläutert er am Vater des Glaubens, zu welchem Reichtum und welcher Tiefe solche Auslieferung des Menschen führen kann. Er rückt mit Nachdruck Gott in die Mitte des Geschehens. Gott ist der Garant des Glaubens. Er, der „die Toten erweckt und das, was nichts ist, ins Dasein ruft" (Röm 4,17). Gott steht am Anfang. Die Erwählung zum Glauben geht von Gott aus. Gott verbürgt die Wahrheit, die in seinem Wort ausgesprochen wird. Im Menschen wirkt der Glaube dann den Gehorsam.

Damit stellt sich der Mensch unter die Zusage Gottes. Er übergibt sich an Gott, und dessen Macht gibt die Sicherheit, dass Gott seine Zusage auch realisiert. Abraham zweifelte nicht – wie Paulus schreibt – ungläubig an Gottes Zusage, sondern ist „fest davon

überzeugt, dass Gott die Macht besitzt zu tun, was er verheißen hat"
(Röm 4,21).

Heinrich Schlier, ein großer Theologe und einer der verläss-
lichsten Interpreten der paulinischen Schriften, formuliert:

„Glauben ist eine Weise zu hören, Hören ist eine Weise, zum
Glauben zu gelangen. Der Glaube beginnt damit, dass der
Mensch sich aus der Zerstreuung der gegen ihn andringen-
den vielfältigen Rufe, der Heils- und Unheilsrufe, die aus der
Welt und dem menschlichen Dasein ihm entgegenschallen,
dass der Mensch sich inmitten dieser Rufe auf das Evangelium sammelt. Er (der Glaube) entsteht aber damit, dass der
Mensch so aus diesem Ruf gesammelt und abgewendet von
anderen Rufen sich hörend öffnet oder ihn offen hört. Glaube
ist also jedenfalls ein Sich-Öffnen des Menschen für das, was
ihm im Evangelium gegeben ist."[6]

Gottes Anspruch

Aus der Grundstruktur des Glaubens folgt somit, dass der Mensch
sich von sich selbst löst. Das Diesseits hilft ihm, sich selbst besser
zu verstehen; „Dialog" mag ihm dazu dienen, dass ihm Gottes Wille konkret wird. Doch zugspitzt gilt trotz allem: Der Mensch lässt
im Glaubensakt letztlich nicht die Verhältnisse und nicht das eigene Urteil über sich herrschen. Er gibt Gott und seiner Offenbarung
das Ansehen und sieht selbstlos von sich und allem Menschenurteil
ab. So erhält der Glaube den Charakter des Gehorsams. Um es mit
Paulus zu sagen: Abraham „wurde stark im Glauben und gab Gott
die Ehre" (Röm 4,20). An anderer Stelle greift der Exeget Heinrich
Schlier diese knappe Bemerkung des Paulus auf und gibt eine verblüffend einfache Bestimmung dessen, was Glaube ist. In seinem
umfangreichen und tiefschürfenden Kommentar zum Römerbrief
bestimmt er diesen fundamentalen Grundzug des Christen mit

---

6   HEINRICH SCHLIER, *Grundzüge einer paulinischen Theologie*, Freiburg i. Br. 1978, 218.

dem Satz: Glauben besteht – wie bei Abraham – im Grund darin „Gott die Ehre (zu) geben"[7]. Jemand glaubt, wenn er Gott die ihm zukommende Geltung erweist.

Schon im 6. Jahrhundert vor Christus verkündete der Prophet Jesaia Gottes unbegrenzten Anspruch mitten in der Babylonischen Gefangenschaft, obschon dieser Gott solches Elend nicht verhindert hatte: „Es gibt keinen Gott außer mir; außer mir gibt es keinen gerechten und rettenden Gott" (Jes 45,21). Jahrhunderte sind seither vergangen. Gott und sein Wort sind auch durch andere Katastrophen nicht entwertet worden. Sie bleiben die verlässliche Weisung für uns Glaubende. Sie unverfälscht zu erhalten ist unsere fortdauernde Pflicht; denn sie zeigen uns den Weg zum Heil.

---

7   HEINRICH SCHLIER, *Der Römerbrief,* Freiburg i. Br. 1977, 135.

Keine Willkommenskultur für Christen

Artikel in „Vision 2000" – Wien, November 2017

Nein, hier ist nicht von dem großen Drama des 3. Jahrtausends die Rede, nicht von Flüchtlingen nach Europa, von so vielen aus aller Welt. Sondern von einem anderen Geschichtsphänomen, das periodisch erkennbar aufflammt: es sind die Christen, denen Ablehnung widerfährt. Sie treffen durch die Zeitläufte hin bis heute nicht auf eine Willkommenskultur. Freilich sollte uns das eigentlich nicht überraschen. Denn unser Herr Jesus Christus selbst hat es bereits denen gleichsam in die Wiege gelegt, die ihm nachfolgen: „Geht hin", fordert er sie auf und macht keinen Hehl aus dem, was sie erwartet: „Ich sende euch wie Schafe mitten unter die Wölfe" (Lk 10,3). Nicht Zustimmung und Beifall sind ihnen zugesagt. Der Jünger Jesu muss mit Widerspruch rechnen – seitens Ägyptens für Israel, seitens der Heidenwelt in der Urkirche, seitens der Gesellschaft noch in unseren Tagen. Jesu Botschaft ist zwar das „Evangelium": der beglückende und sichere Zuspruch von des Vaters definitivem Heilswillen. Doch sein Wohlwollen trifft auf Widerspruch. Gewiss vor allem, weil die Implikationen seiner Botschaft missfallen: Jesu Wort erwartet ja Hörbereitschaft, Glaube und Gehorsam. Da wenden sich Auditorium wie Öffentlichkeit lieber ab oder böses Knurren ist die Antwort – eben wie bei feindlichen Wölfen.

Versuche zur Selbstverteidigung

Jesu Ankündigung beschwert uns alle; sie macht uns traurig und schreckt uns ab. Wer sich dennoch auf sein Sendungswort einlässt, der sieht sich bald in einer zweiten Herausforderung. Nicht nur die Anfechtung durch andere gilt es zu ertragen. Der Jünger soll diese „Wölfe" sogar noch zähmen. Welche Überforderung: Das eigene ohnehin blockierte Umfeld muss für eine missliebige Nachricht gewonnen werden! Ein kluger Sendbote wird demnach gründlich nachdenken, wie er diese doppelte Hürde überwinden kann. Lässt er sich auf Jesu Ruf ein, selbst Bote zu werden, muss er zunächst das innere Ohr seiner Mitmenschen erreichen. Scheitern würde er, wollte er in einer Begegnung dem Partner seine Sicht und Überzeugung einfach aufzwingen. Verständnis und Freiheit sind unerlässlich, damit sich Einsicht verbreitet. Zwischen den Horizonten der beiden Gesprächspartner hat eine Brücke zu entstehen. Und zwar im Medium der Sprache. Der große Forscher des Verstehens-Prozesses unter Menschen, Hans Georg Gadamer, sieht darin die Bedingung für jede gedankliche Übereinkunft. Sonst redet man „aneinander vorbei". Der Spezialist für Fußball-Regeln etwa kann nicht umhin, ein neues Vokabular zu suchen, sollte er sich gegenüber einem Altphilologen oder Physiker als Sportreporter einbringen.

Erst Kommunikation zwischen beiden Horizonten schafft eine gemeinsame Basis von Denken und Verstehen. Die Apostelgeschichte berichtet ein lehrreiches Beispiel vom Völkerapostel Paulus in Athen. Sein Gespräch mit den dortigen Bürgern ist oft verlesen und gedeutet worden. Uns interessiert jetzt näherhin, dass er mit seiner Predigt auf dem Areopag anknüpft bei dem „Altar" der Athener, der „einem unbekannten Gott geweiht" (Apg 17,16ff.) ist. Paulus tritt mit seinem Hinweis zunächst ein in die religiöse Welt der Zuhörer. Er will ihnen dann eine bislang unbekannte Nachricht vermitteln und in seiner Argumentation angenommen werden.

Die Kirche, ihre Hirten, Theologen, Prediger und Journalisten pflegen die Klugheit des Apostels nachzuahmen. Wenn sie ihren Mitmenschen Glaubensdaten verkünden wollen, müssen sie bei Alltäglichem und Einsichtigem ansetzen. Wird uns Katecheten nicht oft genug vorgehalten: „Ihr gebt Antwort auf Fragen, die niemand stellt"? So ist ein jüngster Ansatz, der Welt die Wahrheit der Bibel nahezubringen, unbestreitbar einsichtig. Er knüpft etwa an bei der Sorge der Christen um „Gerechtigkeit, Friede und Bewahrung der Schöpfung". Spätestens seit der Versammlung des Weltkirchenrates 1983 in Vancouver/Kanada haben die evangelischen und die katholischen Kirchen nicht aufgehört, die Sensibilität der Menschheit heute für Arten- und Tierschutz, Ressourcen- und Energiefragen, Le-

bensstile und Armutsbekämpfung aufzunehmen und mitzutragen.
Basel (1989), Seoul (1990), Graz (1997) und Sibiu (Hermannstadt/
Rumänien – 2007) belegen eindrucksvoll, dass sich Christen inte-
griert haben in die Verantwortung der Menschheit um den eigenen
Selbstschutz und die Zukunft.

Die in den Weltkonferenzen aufgezeigten Gefahren sowie ihre
starke mediale Präsenz brachten auch ein maßgebliches Echo in
katholischen Diözesen und Kirchengemeinden mit sich – zumal ihnen kirchenamtliche Stellungnahmen bis zur allerhöchsten Ebene
der Hierarchie sekundierten. Eine sinnvolle Annäherung von Gesellschaft und Kirche erreichte eine neue Sensibilität. Doch da und
dort bewirkte sie auch eine „feindliche Übernahme" christlicher
Daten durch weltliches Denken: in Lehre und Pastoral verblassten
die offenbarten Wahrheiten. Christen ließen sich dann beeinflussen, für das eigene Lebensverständnis und die fälligen Entscheidungen auf Diesseits-Fragen und immer weniger auf Glaubensinhalte zu setzen.

Dazu machte sich seit Ende des vergangenen Jahrhunderts
eine neue Welle von Kirchenkritik breit. Vor allem die schmach-
vollen Skandale der Pädophilie erschütterten die Glaubensgemeinschaft bis in ihre Wurzeln. Selbst wütige Häme und böse Genugtuung waren in den Medien nicht zu übersehen. Erst in diesen Tagen
wurde in einer ansonsten seriösen deutschen Zeitung ein Fall von
1998 wieder aufgerollt. Gleich drei unterschiedliche Artikel empörten sich in derselben Nummer unter verschiedenen Überschriften
nochmals über lange zurückliegende Missbrauchsfälle. Wer genauer hinschaute, entdeckte allerdings, dass es sich nur um damals vor-
gebrachte Anklagen, nicht einmal um Verurteilungen wegen erwie-
sener Schuld handelte. (FAZ vom 17.10.2017).

Es leuchtet ein, dass solche Schandtaten die Kirche zur Selbstverteidigung nötigen. Und nicht nur gegenüber der Öffentlichkeit;
auch für die Bistümer und Gemeinden müssen die geweihten
Hirten herausstellen, wie substanziell die Kirche trotz allem zum
Gelingen des menschlichen Lebens beiträgt. Dabei wird freilich
gleichzeitig ihre Verkündigung kaum um geistliche, zentrale Glaubensinhalte kreisen, sondern humane Überlegungen nutzen, die
die Gesellschaft versteht.

Schließlich muss für die Verbreitung weltlichen Denkens in der Kirche wenigstens noch kurz ein Grundgefühl erwähnt werden, das uns alle beschleicht. Philosophen nennen es „Säkularisierung". Einige von ihnen stellen sie als Ende aller Religionen heraus; der religionslose Mensch von heute sei reif, sich seine Welt „ohne Gott" zu schaffen. Eine solche „Weltanschauung" flüstert dann auch den Gliedern der Kirche glaubensloses Denken und Entscheiden ein.

Die genannten geistigen Strömungen sind hier angedeutet, damit der Glaubende nicht entmutigt oder eingeschläfert wird. Ein Weckruf ist fällig. Er will das religiöse Klima analysieren. Und eine Illusion aufdecken: Auch wenn wir Christen uns nach Harmonie mit der Menschheit sehnen, so kann doch zentrale Offenbarungswahrheit mit irdischen Prioritäten nie zur Deckung gebracht werden. Der geoffenbarte Glaube lässt sich nun einmal nicht in den Horizont von Welt und Gesellschaft integrieren. Lehrreich ist auch diesmal die Erfahrung des Völkerapostels. Sobald er auf dem Areopag in Athen den seinen Hörern vertrauten und bejahten Gesichtskreis überschreitet, scheitert er. Der Gipfelpunkt christlichen Glaubens – Jesu Auferstehung von den Toten – ist rationalem Denken nicht vermittelbar; die Athener wenden sich von ihm ab: Die einen spotten; die andern lassen ihn auf freundlichere Art ins Leere laufen und sagen „Darüber wollen wir dich ein andermal hören" (Apg 17,32).

Bekennermut

Der Bote riskiert mit der Heilswahrheit das Scheitern. Wenn er aber aus Rücksichtnahme gegenüber andern oder zur Sicherung ersehnter Sympathie substanzielle Inhalte verschweigt; wenn er gar die ethisch-moralischen Ansprüche des Christseins diplomatisch umgeht, um sich Freunde zu machen – man nennt das wohl *pastoral correctness* –, dann verrät er das Evangelium. Eine vom Apostel Paulus überlieferte Warnung stammt nicht aus der Studierstube; sie ist erfahrungsgesättigt. Er lehrt die Römer: „Gleicht euch nicht dieser Welt an" (12,2).

Damit ist nicht gemeint, Christen sollten sich abschotten; sich in ein Ghetto zurückziehen. Wir haben unseren Ort „mitten in der

Welt". Dennoch stammen wir nicht von der Welt. Den ersten Christen stand das klar vor Augen, wie der „Brief an Diognet" aus dem Jahr 160 nach Christus festhält:

„Die Christen unterscheiden sich von anderen Menschen nicht durch ihren Wohnort, ihr Sprache und ihre Bräuche. [...] In Kleidung, Nahrung und allem, was sonst zu Leben gehört, schließen sie sich dem jeweils Üblichen an. Und doch haben sie ein erstaunliches und anerkannt wunderbares Gemeinschaftsleben. Sie leben zwar an ihrem jeweiligen Heimatort, doch wie Fremde. Sie beteiligen sich als Mitbürger an allem, doch ertragen sie es nur wie Durchreisende. Jede Fremde ist ihnen Heimat, und jede Heimat ist ihnen fremd. Sie heiraten und bekommen Kinder wie andere auch, aber sie setzen die Neugeborenen nicht aus. Ihren Tisch bieten sie allen an, aber nicht ihr Bett. Sie lieben alle Menschen – und werden doch von allen verfolgt. Man kennt sie nicht, und doch werden sie verurteilt. Man tötet sie, doch Gott macht sie lebendig. Sie sind arm, doch bereichern sie viele."[1]

Obwohl Christen ihren Ort „mitten in der Welt" haben, sind sie anders. Denn sie richten ihr Denken aus auf Gott und sein Wort. Auf Gottes Vaterliebe hin, die uns in seinem Sohn begegnet, wird der Kompass des Glaubenden verlässlich justiert. So macht der Christ seinen Weg, indem er diesen Gott unablässig hineinruft in seinen Alltag und in den Widerspruch der Welt. Der Völkerapostel tat es als gesetzestreuer Jude. Mehrfach täglich vollzog er das Kerngebet seines Glaubens, das „Shema Israel – Höre, Israel! Jahwe, unser Gott, Jahwe ist einzig. Darum sollst du den Herrn, deinen Gott, lieben mit ganzem Herzen, mit ganzer Seele und mit ganzer Kraft" (Dtn 6,4f.). Ihm war dieser Gott nahegekommen in Jesus Christus. Betend prägte er ihn sich selbst ein und bekannte den anderen den, der ihn ganz und gar ergriffen hatte.

---

1   Zitiert in KLAUS BERGER, CHRISTIANE NORD (HG.), *Das Neue Testament und frühchristliche Schriften*, Frankfurt a. M. 1999, 1252.

„Den Himmel überlassen wir den Engeln und den Spatzen ..."

Universitätsgesellschaft Münster, 9. November 2015

„Gott ist tot." Diese These mag im 19. Jahrhundert vor allem unter elitären Kreisen zirkuliert haben. Die Religionskritik der Gelehrten Feuerbach, Marx und Nietzsche tat zunächst bei Intellektuellen ihre Wirkung. Doch ihr Urteil fand rasch seine Anhänger im Gros der Bevölkerung. Auch der Dichter Heinrich Heine verbreitete während eines Lebensabschnitts zielstrebig religiöse Skepsis. Er war ein Volkserzieher mit großem Einfluss. Seine Sammlung „Buch der Lieder" von 1827 beherrschte zu seiner Zeit wie kein zweiter Lyrikband die öffentliche Meinung. Auf seine Ironie und Polemik geht auch ein Satz zurück, den sich Weltmenschen bis heute zuzwinkern und der den Titel meiner Überlegungen ausmacht: „Den Himmel überlassen wir den Engeln und den Spatzen".

Er stammt aus dem zweiten großen Gedicht (1844) „Deutschland, ein Wintermärchen". Dies Versepos beschreibt sarkastisch – er redet gleichsam als Emigrant – die Zustände in seiner deutschen Heimat. Es brachte ihm den Ruf ein, er sei ein Vaterlandsverächter und Franzosenfreund. Näherhin heißt es:

„Ein neues Lied, ein besseres Lied,
O Freunde, will ich euch dichten!
Wir wollen hier auf Erden schon
Das Himmelreich errichten.

Es wächst hienieden Brot genug
Für alle Menschenkinder,
Auch Rosen und Myrten, Schönheit und Lust,
Und Zuckererbsen nicht minder.

Ja, Zuckererbsen für jedermann,
Sobald die Schoten platzen!
Den Himmel überlassen wir
Den Engeln und den Spatzen."

Soweit der berühmte Sohn der Stadt Düsseldorf. Heute würde seine Veröffentlichung kaum noch als Schmähschrift gelten, am allerwenigsten sein spitzzüngiger Appell, der Mensch solle sich endlich zur Erde bekehren. Der Satz vom Tode Gottes regt niemanden mehr auf, er lässt kalt. Glaube an Gott, den Schöpfer, an ewiges Leben oder Erlösung von der Sünde interessieren nicht länger. Eine Weltanschauung mit religiösen Elementen ist für Mitteleuropa eher gestrig und wird belächelt. Religiosität, Transzendenz und Gottesfurcht haben schlechte Karten unter den Machern der öffentlichen Meinung. In den Fernseh-„Tatorten" oder „Polizeirufen" ist der Fromme höchst selten der Unschuldige; sieht man in den ersten Bildern ein Kreuz in einer Wohnung oder einen Rosenkranz im Auto, so hat man als Zuschauer schon früh einen Hinweis auf den Übeltäter. Gottesfürchtige kommen vielfach gemütskrank oder heuchlerisch daher. Auch dies Fluidum trägt dazu bei, dass sich in Deutschland jährlich über 200.000 Katholiken von ihrer Glaubensgemeinschaft verabschieden.

Wenn Transzendenz in dieser Weise diskreditiert wird, dann ist es nicht mehr weit bis zur Entsorgung Gottes selbst. In Europas Hauptstädten trugen Auto-Busse den Slogan durch die Straßen: „Eine frohe Botschaft: Es gibt keinen Gott". Für Kinder publizierte man die Persiflage: „„Wo bitte geht's zu Gott?', fragte das kleine Ferkel". Der Dalai Lama appelliert auf der dritten Seite der Tageszeitung mit dem „klugen Kopf" an die Welt: „Ich denke an manchen Tagen, dass es besser wäre, wenn wir gar keine Religionen mehr hätten" (05.11.2015). Deutschlandweit schlägt die „Giordano-Bruno-Stiftung" kräftig in dieselbe Kerbe. Sie nennt sich „Denkfabrik für Humanismus und Aufklärung" und verweist im Internet nicht ohne Stolz auf die Mitgliedschaft bekannter Landes- und Bundes-Politiker. – Mag uns die Ignoranz des Vulgär-Atheismus auch manchmal abstoßen: Wir alle atmen die Luft, die er verbreitet.

Kritische Trendanalyse

Namhafte Denker unserer Tage taten also gut daran, die entstandene, behauptete oder nur geforderte „religionsfreie Zone" der 1. Welt mit ihrem ganzen Scharfsinn auszumessen. Nicht Nostalgie treibt sie, sondern nüchterne Forschung. Sie argumentieren nicht vom Boden eines christlichen Erbes aus, sondern sind geleitet von ideologiefreier Philosophie sowie empirischer Sozialwissenschaft. Und was sie ferner interessant macht: Auf ihrem Gebiet kann ihnen in der Welt des Wissens fraglos kaum ein anderer das Wasser reichen. Dieser von mir gewählte Superlativ zu ihrer akademischen Kennzeichnung ist keineswegs überschwänglich. Ich spreche von dem Deutschen Jürgen Habermas und dem Kanadier Charles Taylor. Beide wurden für ihre Forschungen mit dem „John-Kluge-Preis" ausgezeichnet; der ist mit 1,5 Millionen Dollar dotiert und gilt als Nobel-Auszeichnung in der Geisteswissenschaft.

Die Feierstunde fand am 30. September in der *Library of Congress* in Washington statt, der erlauchten Forschungsbibliothek des Kongresses der Vereinigten Staaten. Die Preisträger wurden bei dieser Gelegenheit gepriesen als brillante Philosophen. Sie kämen aus unterschiedlichen Schulen, stimmten aber überein in der Fähigkeit, mit Scharfblick einzudringen in individuelle und soziale Bildungswege. Durch Jahrzehnte hätten sie sich mit den tiefsten und drängendsten menschlichen Problemen befasst. So sei ihre Fähigkeit hervorgetreten, fachliche und begriffliche Grenzen zu überbrücken und die Rolle eines öffentlichen Intellektuellen neu zu definieren.

Solche Reputation kann fraglos das Nachdenken geistig wacher Bürger animieren – erst recht, wenn der Spürsinn dieser Denker der Frage nachgeht, die schon einen der berühmten deutschen Vordenker beschäftigte. In seinem großen Drama lässt Goethe das Gretchen den Faust fragen: „Nun sag mir, wie hast du's mit der Religion?"

Jürgen Habermas nennt sich zwar selbst „religiös unmusikalisch", um eine Unempfänglichkeit für religiöse Überzeugungen auszudrücken. Doch das hindert ihn nicht, auch im religionslosen Zeitalter von heute zu fordern, religiös nicht gebundene Bürger dürften

> „[...] soweit sie in ihrer Rolle als Staatsbürger auftreten, weder religiösen Weltbildern grundsätzlich ein Wahrheitspotential absprechen noch den gläubigen Mitbürgern das Recht bestreiten, in religiöser Sprache Beiträge zur öffentlichen Diskussionen zu machen."[2]

---

2   JÜRGEN HABERMAS, *Zwischen Naturalismus und Religion*, Frankfurt a. M. 2005, 118.

In seinem berühmten Hamburger Dialog mit Kardinal Ratzinger im Januar 2004 ging er sogar noch einen Schritt weiter. Ich zitiere ihn:

„Naturalistische Weltbilder genießen keineswegs prima facie Vorrang vor religiösen Auffassungen."[3]

Der Philosoph spricht demnach der Religion für unser Wissen über die Welt einen Ort und einen realen und berechtigten Stellenwert zu. Das ist beachtenswert und verdient für die Menschenrechte festgehalten zu werden. Erst 1984 endete ja etwa die gnadenlose Unterdrückung aller Religion, mit der der stalinistische Diktator Enver Hoxha vierzig Jahre lang Albanien überzogen hatte. Mir ist noch die Nachricht in Erinnerung, dass der katholische Pfarrer von Tirana nur deshalb hingerichtet wurde, weil er ein Kind getauft hatte.

Der zweite ausgewiesene Zeuge für unsere Besinnung kann der Kanadier Charles Taylor sein. Für ihn ist Religion unverzichtbar bei der Selbstdeutung des Menschen; er würde sie also nicht als „Nonsens" vom Tisch wischen. Er kommt sogar nach rein empirischer Untersuchung zu dem Schluss, dass der Verlust von Religion uns Menschen ein missliches Defizit einbringt. Es wäre fraglos zu wenig, seine Behauptung nur thetisch als Autoritätsargument hinzustellen. Wir sollten seinen Gedanken etwas genauer nachgehen. Auch macht mir die Beschäftigung mit Charles Taylor Freude, da ich ihn vor einigen Jahren bei einer Begegnung in Quebec persönlich kennen lernte. (Inzwischen konnte ich ihn in Rom wiedertreffen, als er 2019 den Ratzinger-Preis entgegennahm.)

Zunächst nochmals kurz zu seinem wissenschaftlichen Ansehen. Schon vor der genannten Auszeichnung war er reich dekoriert: „Hegel-Preis" (1997), „Goldmedaille der kanadischen *Social Science and Humanities Research Council*" (2003), „Josef-Pieper-Preis" (2004), „Kyoto-Preis" (2008). All das bewegte mein Interesse, seinen Spuren genauer nachzugehen. Ich fand einen Autor, der mit nüchtern diesseitigen Beobachtungen der Transzendenz auch in der sog. Postmoderne eine Chance gibt. Natürlich interessieren gerade solche Gedankengänge den Theologen. Nicht zuletzt sind sie sehr belangvoll für die Frage nach dem Stellenwert Gottes heute.

---

3   Vgl. Florian Schuller (Hg.), *Dialektik der Säkularisierung*, Freiburg i. Br. 2005, 36.

Erstmals war ich auf sein Denken gestoßen, als mir seine Vorträge am „Institut für die Wissenschaften vom Menschen" in Wien in die Hand fielen, drei Vorlesungen zu den „Formen des Religiösen in der Gegenwart"[4]. Hier sind weder der Ort noch die Voraussetzungen, seine Analyse im Einzelnen darzustellen. Es ist nur hervorzuheben: Charles Taylor stellt als Soziologe fest, dass in den letzten Jahrzehnten die religiöse Erfahrung bei Individuum und Gesellschaft eine einschneidende Veränderung durchmachte; die politische und spirituelle Bedeutung der Glaubensformen habe – wie er darlegt – eine fundamentale Wandlung durchgemacht. Er bezeichnet es gleichzeitig als unzutreffend, aus diesem Bedeutungswechsel den Rückzug des Religiösen aus der öffentlichen Sphäre auf dessen Privatisierung oder gar auf ihr Verlöschen zu schließen. Der erkennbare Prozess sei vielmehr einer „Kulturrevolution" gleich. Der moderne Individualismus habe in dieser Alternation unterschiedlichste neue Religionsformen und -gemeinschaften hervorgebracht, die seither im modernen Leben einen festen Platz hätten und dabei auf die traditionellen Formen zurückwirkten.

In einer zentralen Passage beschreibt er, wie der säkularisierte Mensch immer noch im Kraftfeld des Religiösen steht. Auch der Zeitgenosse kann offenbar „Religion" nicht aus seinem Alltag ausklammern; er ist vielmehr gezwungen, sich unausweichlich an ihr zu reiben. Denn er lebt im Spannungsfeld zwischen Befürwortern von Religionslosigkeit und den Gemeinschaften der Glaubenden. So seien viele Heutige keineswegs immunisiert gegen die Religionen, sondern zeigten sich von ihren Kräften berührt, obschon diese Kräfte einem empirischen Weltbild entgegenständen.

Der Impuls, den Religion uns gibt, übersteige halt beim Urteilen immer ein rationales Abwägen. In ihrer abstrakten Form sei Religion beim Menschen ja gekennzeichnet durch Gefühle, durch Handlungen und Erfahrungen, durch die er in Beziehung zum Göttlichen zu stehen glaube. So bleibe sie denn unausweichlich der Zweideutigkeit des Nicht-Empirischen verhaftet. Sorgfältig wahrgenommen und klug bedacht, stellt sie den Menschen deshalb jedoch – wie unser Autor es ausdrückt – „auf die Schwelle". Sie nötigt ihn, sich selbst als ungeschützt zu erkennen; im Leben fühlt nämlich jemand,

---

4   Charles Taylor, *Die Formen des Religiösen in der Gegenwart*, Frankfurt a. M. 2002.

wie „einen der Wind einmal hierhin, einmal dorthin zerrt". So ist die Schwelle ein „wichtiger Ort der Moderne". Sie wird zum Kriterium des Menschen, kann als der Ort für „das entscheidende Drama"[5] des menschlichen Lebens gelten. Und wenn der Mensch vor sich selbst bestehen wolle, zwinge ihn diese Schwelle zu einer Option: Er müsse sich für die eine oder die andere Richtung entscheiden.

Auf der Schwelle zu stehen, irritiert einerseits die „Religions-Verbundenen", wie Taylor vermerkt:

„Sie müssen eine Richtung nehmen, können aber den Ruf aus der anderen nie ganz überhören. Das Vertrauen der Gläubigen ist fragiler geworden, und zwar nicht bloß durch die Tatsache, dass andere, ebenso intelligente, häufig ebenso gute und hingebungsvolle Menschen anderer Meinung sind als sie selber, sondern auch durch die Tatsache, dass sie sie selbst weiterhin aus der anderen Perspektive gespiegelt sehen können – als solche nämlich, die von einer allzu nachsichtigen (nämlich leichtfertigen) Auffassung der Dinge verführt wurden. Denn welcher Gläubige kennt keine Bedenken, dass seine Sicht Gottes zu einfach, zu anthropozentrisch und zu nachgiebig ist? Wir alle ‚ducken' uns in einem gewissen Grade unter den agnostischen Einwänden gegenüber dem Glauben, Glaube sei etwas Weichliches und Schamhaftes."[6]

Aber auch hartgesottene Rationalisten empfinden ihre Skepsis eher als unbehaglich; sie kann letztlich nicht zufriedenstellen. Diese entscheiden sich ja dafür, lieber den Verlust der Wahrheit als die Möglichkeit des Irrtums zu riskieren. Bei unserem Gewährsmann ist darüber zu lesen:

„Uns den Skeptizismus als Pflicht zu predigen, bis hinreichende Beweisgründe für die Religion gefunden seien, heißt also: uns sagen, dass es der religiösen Hypothese gegenüber weiser und besser ist, unserer Furcht nachzugeben, sie möchte ein Irrtum sein, als unserer Hoffnung, dass sie der Wahrheit entspricht. [...] Was für einen Beweis gibt es, dass Täuschung durch Hoffnung so viel schlimmer ist als Täuschung durch Furcht." Auch bliebe für den Skeptiker „die Stimme des Glaubens nach wie vor als eine unmissverständ-

---

5   Ebd., 55.
6   Ebd., 166.

liche Versuchung präsent. Selbst wenn wir meinen, dass sie uns nichts mehr angeht, sehen wir, wie sie andere anzieht. Sonst wäre auch die Ethik des Glaubens unbegreiflich"[7].

Auf der Schwelle

In dem aufgezeigten Dilemma zwischen Glaube und Skepsis bleibt also die Frage: Wie kann der Mensch auf der „Schwelle" zu der gesuchten, erfüllenden Antwort finden? Die genannten gegensätzlichen Kräfte können ja zum Grund werden, damit er sich der Wahl eines der beiden Lager überhaupt aussetzt.

Zunächst hängt alles davon ab, ob er das Gefühl kennt, dass außerhalb von ihm selbst noch etwas Größeres existiert. Zu diesem Aspekt befindet der Soziologe für den Menschen von heute: Es „wächst die Skala der Glaubensvorstellungen von etwas Jenseitigem, wobei es (allerdings) wenige sind, die an einen persönlichen Gott glauben, während (heute) mehr Menschen an so etwas wie eine unpersönliche Kraft glauben". Daraus folgert er, dass in solchem Horizont gegenwärtig „kollektive Bindungen" eine spirituelle Heimat schaffen können auch durch kirchlich geprägte Glaubensvorstellungen. Er bezeichnet sie als „Wir-Erfahrung". Die Verabsolutierung des isolierten Individuums ist aufgebrochen. Indem etwa die Heranwachsenden an Interaktionen mit kompetent handelnden Bezugspersonen teilnehmen, internalisieren sie die Wertorientierungen ihrer sozialen Gruppe und erwerben generalisierte Handlungsfähigkeiten. – Vielleicht ist es erlaubt, Taylors abstrakten Ableitungen ein Gesicht zu geben: Ohne Frage belegen die „Internationalen Jugendtage" seine Darlegung. Sie werden seit 1984 gefeiert, und ich durfte im Päpstliche Rat für die Laien ihr Werden und ihre geistlichen Früchte aus nächster Nähe erleben.

Dass ein Mensch sich „auf der Schwelle" entdeckt, gibt jemandem eine grundlegende Offenheit und macht ihn eventuell bereit, im Wort und Leben anderer ein Bekenntnis zu entdecken und anzunehmen; Gestalten der Gegenwart oder der Vergangenheit können ihn erreichen. Charles Taylor spricht von der Chance einer „Religi-

---

7   Ebd., 46.

on aus ‚zweiter Hand‘". In der Tat können ja andere nur durch das Zeugnis von Mitmenschen in eine Beziehungsgemeinschaft eingeführt werden. Der Autor folgert: Auf diese Weise möchte sich dann dem Aufgeschlossenen in seiner Erfahrung der inneren Leere vielleicht sogar eine neue Gott-Offenheit bieten. Taylor hält dafür, dass im Vergleich mit vergangenen Jahrhunderten die Zahl der Suchenden drastisch zugenommen habe, die sich selbst nicht dahintreiben lassen, sondern sich etwas abverlangen.[8]

Gewiss regen Taylors aufgezeigte Phänomene für alle religiös Interessierten eine neue Hör- und Lernbereitschaft an! Wer sich dem Zeugnis von Glaubensboten kategorisch verschließt, dem können diese nicht Wegführer sein. Er mag sich auf die Argumente borniert Fortschrittsgläubiger berufen – als ob die Vergangenheit außerstande gewesen wäre, zeitlose Wahrheiten zu formulieren. Oder er verschließt sich als religiöser Mensch einfach – in gleicher Weise wie ein Glaubensgegner – in seiner Überzeugung: Mein eigenes Bild von Gott ist zutreffend und vollständig; das kann doch nur ein Heide oder ein Phantast bezweifeln. – Diese beiden konträren Einstellungen sind leider auch im christlichen Lager anzutreffen. Doch sie sind dumm. Sie haben allein durch Ausgrenzung Bestand, nicht durch Offenheit gegenüber dem Denken Fremder. Schließlich isolieren sie den Menschen im Zeitfluss der Jahrhunderte.

Ob in solcher Isolierung auch der Grund dafür liegt, dass heute nicht wenige an ihrer Einsamkeit leiden? Zeichen für einen hypertrophen Individualismus sind schließlich allenthalben sichtbar – nicht zuletzt in der hohen Zahl von Selbstmorden (2013 nahmen sich deutschlandweit 10.076 Menschen das Leben). In der „post-modernen Ära" verminderte sich erkennbar die Bereitschaft und Fähigkeit zu kollektiver Bindung. Das säkulare Zeitalter mit seiner hochgelobten Entdeckung des Ichs beeinträchtigte offenbar Vermögen und Willigkeit des Menschen zum Anschluss an andere. Die Welt der Werbung kreist um das Ego. Das „Selfie" erscheint mir als klassischer Ausdruck der Monomanie. Geschichtskatastrophen wie die großen Kriege, religiöse Verwirrung und ideologische Vereinnahmung haben darüber hinaus den schon lange gefühlten Sinnverlust verschärft. Und mit seinem Ausfall verkümmerte dann

---

8   Ebd., 96.

nochmals des Menschen Bereitschaft, nach verlässlichen Zeugen auszuschauen, eine neue geistliche Heimat und etwas Numinoses zu suchen. Der Soziologe und Philosoph Taylor ordnet freilich den beschriebenen Notstand prinzipiell der Vergangenheit zu. Früherer Dürftigkeit setzt er eine neue Beschreibung von Mensch und Gesellschaft entgegen – auch als Möglichkeit für erfüllteres Menschsein. Seine Überlegungen können hier verständlicherweise nur summarisch wiedergegeben werden. Doch sie sind wie ein Appell gegen alle Gestrigkeit; sie rütteln auf aus Lethargie und Defätismus. Wer will, kann sie als Botschaft der Hoffnung hören. Christen jedenfalls werden dankbar vor allem die Gelegenheit wahrnehmen, die der von Taylor zugesicherte neue religiöse Horizont für die Rede von Gott bietet. Nach unserem Garanten haben die geschichtlichen und emotionalen Erschütterungen, die das vergangene Jahrhundert über uns brachte, das Erdreich des Menschenherzens eher wieder gelockert. Dem Sämann bietet sich in der Jetztzeit neuer „guter Boden" – von dem das Evangelium spricht (Mt 13,8), sodass eine Vermittlung „aus zweiter Hand" gegenüber Suchenden möglich wird. Je glaubwürdiger dafür die Zeugen sind, umso wahrscheinlicher Gottes Geländegewinn.

Die bisherige Summe seines tiefschürfenden Denkens legte der Kanadier 2009 vor; ein *Opus magnum* zur westlichen Identität. Es trägt den Titel „Ein säkulares Zeitalter", enthält 1.250 eng bedruckte Seiten mit weit über 1.000 Fußnoten und wurde von dem renommierten Verlag Suhrkamp, Berlin, herausgebracht. Das Meisterwerk stellt sich der Frage nach dem öffentlichen Wandel, der sich vollzog zwischen dem 16. Jahrhundert und heute, d. h. wie aus einer Gesellschaft, in der Gott einen festen Platz hatte im naturwissenschaftlichen Kosmos, ein Daseinsgefüge wurde, in dem der Glaube an Gott höchstens noch eine Option unter vielen ist.

Brücke zur Transzendenz

Die Untersuchung belegt durch eine glänzende Zusammenschau der nordatlantischen Philosophie und Geschichte u. a. nach der neuzeitlichen Du-Entdeckung die unbestreitbare Verwiesenheit des

Einzelnen auf die Mitmenschen und die Gemeinschaft. In ihr sieht der Autor wiederum die Chance der Suchenden für eine Brücke hin zur Transzendenz. Als Anknüpfungspunkt für sie gilt ihm erneut die menschliche Hörfähigkeit und seine Offenheit, sich auf die Botschaft eines anderen einzulassen.

> „Keiner von uns könnte auf sich allein gestellt alles verstehen, was zusammenhängt mit unserer Entfremdung von Gott und seinen Bemühungen, uns zurückzuholen. Aber sehr viele von uns, die über die ganze historische Entwicklung verstreut sind, haben ein ausgeprägtes Gefühl für die eine oder andere Facette des Dramas gehabt. Zusammen können wir es vollständiger erleben als einer von uns allein. Anstatt sofort nach Waffen der Polemik zu greifen, sollten wir auf eine Stimme horchen, in der wir selbst niemals hätten sprechen können und deren Tonfall uns vielleicht für immer unbekannt geblieben wäre, wenn wir uns nicht um Verständnis bemüht hätten."[9]

Charles Taylor formuliert demnach kein spekulatives Postulat; er stellt sich der weltgeschichtlichen Realität. Im Ablauf der Geschichte hatten sich ja immer schon Männer und Frauen gezeigt, die umwälzende Veränderungen anstießen. Dies Phänomen ist Realität und ist häufig beschrieben worden: Da tritt ein unabhängiges Subjekt auf den Plan und weckt einen überraschenden Impuls unerwarteter Veränderung des Lebensgefühls und der Weltsicht. Jemand hat sich die Freiheit genommen, einen verlässlicheren Grund zu suchen. Die üblichen soziologischen Stereotypen in den politisch-religiösen Landschaften werden überraschend von ihm niedergehalten und darum können Neuaufbrüche und Reformen entstehen. Wohl trifft er nicht selten auf Widerstand; der Prophet reibt sich an der traditionellen Denkweise und Struktur. Andererseits findet der Schrittmacher Gefolgsleute, die sich um ihn scharen. So entstehen neue Gruppen, Überzeugungsgemeinschaften, die in der Gesellschaft Bewegung auslösen.

Dies Gesetz gilt auch für die Gegenwart. Freilich muss der ernsthaft Fragende zunächst das gleichgeschaltete Tableau der umlaufenden oberflächlichen Schablonen durchbrechen und sich nicht

---

9   Charles Taylor, *Ein säkulares Zeitalter*, Berlin 2009, 1246.

länger den Parametern des herrschenden Milieus einordnen. Der Protagonist schaltet – wie Taylor sagt – „die gewöhnliche Realität aus", verjagt deren bisherigen Verständniskontext und wird – ich zitierte – „an Psychologie und Soziologie vorbei hin zu den Grenzen des Geheimnisvollen" geführt. Taylor nennt solche Menschen „Bekehrte" und charakterisiert sie mit folgenden Worten:

„Die Einsichten des Bekehrten durchbrechen die Grenzen der herrschenden Lesarten der immanenten Ordnung, sei es im Hinblick auf die akzeptierten Theorien oder die moralische und politische Praxis. [...] Man bricht aus der immanenten Ordnung aus und gelangt in eine größere, umfassendere Ordnung, die jene enthält, während sie sie durchbricht."[10]

In seiner epochalen Studie benennt der Kanadier verschiedene bekannte Gestalten: Konfuzius und Elias vom Berge Karmel, die Ordensgründer Franz von Assisi und Dominikus, den Engländer John Wesley und Martin Luther, aus Spanien Teresa von Avila und Ignatius von Loyola, sowie aus unseren Tagen Roger Schutz und Mutter Teresa. Für den Horizont der Kirche kommen mir natürlich noch viele andere Namen in den Sinn, die zu nennen der Soziologe Taylor mir nicht verdenken würde. Sie haben – wie die erwähnten – in existenziellen Erfahrungen das Menschen- und Daseinsverständnis ihres geschichtlichen Kontextes überschritten: Hildegard von Bingen und Bernhard von Clairvaux, Thomas Morus und Katharina von Siena, Pater Maximilian Kolbe und der Paderborner Priester Franz Stock. Diese Männer und Frauen hatte Gott erwählt. Durch ihr Glaubenszeugnis wollte seine Liebe und Nähe die Menschen ihrer Zeit und Welt neu entzünden. Sie bekunden bis heute Christi Willen, uns Menschen ein liebendes Du zu sein.

Kurzum: Charles Taylor, unser Kronzeuge, bleibt in seinem Werk nicht bei gedanklicher Zusicherung und dem Aufzeigen von Möglichkeiten. Durch Konkretisierung erhoffte er sich tiefere Motivation. Denn nicht ein „l'art pour l'art" bewegt ihn. Er zielt auf alle Menschen, die die größere Erfüllung suchen, wie sie ihnen in der Religion offensteht. Er scheut sich am Ende nicht, Gott selbst unserem Empfinden und Verstehen zuzumuten. Wörtlich: „Das Wirken

Gottes erwirbt eine neue Erfahrungsrealität."[11] Damit geht er einen
letzten, von einem empirischen Wissenschaftler nicht zu erwarten-
den Schritt. Er begibt sich gleichsam auf das Feld der Katechese. Er
fragt nämlich, welchen Gewinn es uns Menschen brächte, der Existenz Gottes wieder inne zu werden. Für die Antwort weist ihm der
englische Lyriker Gerard Manley Hopkins († 1889) die Richtung.
Ich kann hier nur oberflächlich einige der aufgezeigten Weg-
zeichen erwähnen. Gerard Hopkins hat Taylor darauf aufmerksam
gemacht, dass die nachromantische, disziplinierte, instrumentelle
Vernunft das menschliche Leben einengt und reduziert. Im gängigen empirischen Denksystem verlören wir den Kontakt zu der
uns umgebenden natürlichen Welt und uns käme zugleich unsere
Verbindung mit einer höheren Qualität unseres eigenen Lebens ab-
handen. Taylor spricht sich dann ausdrücklich gegen das Abgleiten
christlichen Denkens in eine Religion systematischer unpersönli-
cher Ordnung aus, in die moderner Szientismus das Christentum
verdünnt hat. Eine neue Sprache könne stattdessen dazu dienen,
einen Weg zurück zum Gott Abrahams zu finden, nicht zuletzt,
um sich – wie er schreibt – „vom heftigen Unbehagen an starken,
aber wirren Gefühlen zu befreien". Der Wissenschaftler formuliert:
Unserer „Erfahrung wird ein tieferer Sinn gegeben, und das Wirken Gottes erwirbt eine neue Erfahrungsrealität"[12]. Gott habe sich –
heißt es dann weiter – nicht verbergen wollen hinter den Wolken einer gesichtslosen Macht oder eines blinden Schicksals. Er habe uns
vielmehr geschaffen, „damit wir an seiner Liebe teilhaben". Diese
Absicht gelte auch „partikulär", d. h. seine Liebe solle dem Je-Einzelnen zuteilwerden.[13]

Eine neue Erfahrungsrealität

Heinrich Heines ironische Sprüche über den Himmel haben uns
zu fundamentalen Fragen über Sein und Sinn des Menschen geführt. Jürgen Habermas und Charles Taylor öffneten uns nun die
Tür – wahrlich Philosophen von Rang. Und bei ihnen finden wir

11 Ebd., 1253.
12 Ebd., 1249ff.
13 Ebd., 1264.

„unter ihren Talaren" keineswegs „den Muff von tausend Jahren". Ihre Denk-Schneisen sind vielmehr höchst aktuell; als gedanklicher Vorstoß werden sie zur Herausforderung. Auch ich wollte sie nicht zum Zeitvertreib gleichsam als ein *Ludi Magister"* vortragen. In seinem Alterswerk „Das Glasperlenspiel" warnt der deutsche Dichter Hermann Hesse nicht ohne Grund die Intellektuellen vor selbstgefälliger Zeitvergeudung. So mahnt er den Lebensbezug aller Bedachtsamkeit an. Am Scheitern Josef Knechts, des Roman-Helden, tritt nämlich zutage, dass solche Glasperlenspiele entbehrlich und wirkungslos sind.

Demnach zielen die abstrakten Daten und Schlussfolgerungen der beiden bedeutenden Wissenschaftler auf eine existenzielle Sinnspitze – nicht als Lobby-Arbeit eines Kirchenfunktionärs; nicht *„pro domo"* zur Verteidigung der Religionsfreiheit; nicht für die angeschlagene Multinationale, die Kirche; nicht zur Aufbesserung ihres Einflussbereiches. Vielmehr sollen die aufgezeigten Argumente für die Realität Gottes den vielleicht schlummernden Geschmack für diesen Gott wieder in Ihnen wecken. Denn dieser Gott ist wohl für niemanden von uns ein total Unbekannter, er ist höchstens ein wenig verdrängt oder übersehen. Die Weltdiaspora, in die uns die alttestamentliche Geschichte des frommen Israeliten Tobit versetzt, ist heute mehr denn je der Alltag auch der Christen. Darum haben wir Heutigen nicht minder Grund, seinem Lobpreis Gottes beizupflichten: „Bekennt euch zu ihm vor allen Völkern, [...]. Verkündet dort seine erhabene Größe, preist ihn laut vor allem, was lebt!" (Tob 13,3f.)

Mit solch ausdrücklicher Benennung unseres Schöpfers und Erlösers haben wir Boden gutzumachen für den vergessenen Gott– zu unser aller Bestem. Ohne seine Nähe ist unser Leben nämlich weit weniger lustig, als uns Heinrich Heine wahrmachen wollte. Wir haben mit dessen keckem Gedicht begonnen, das den Himmel „den Engeln und den Spatzen" überlassen will. Er hatte es im Geburtsjahr eines anderen großen deutschen Geistes publiziert, des Philosophen Friedrich Nietzsche (1844–1900). Dieser ist nun der berühmte Herold der Nachricht, die wir alle kennen, der Nachricht: „Gott ist tot." Doch tut er sich keineswegs ebenso leicht mit dem Abschied von Gott wie der Düsseldorfer. Gottes Verlust ist für

Nietzsche keine Pläsanterie. Nach ihm bleibt das Rätsel „Mensch"
ohne Gott ungelöst. Für ihn findet hingegen die Frage aller Fragen
nur dann eine Antwort, wenn sie über den Menschen hinausweist;
wenn er nicht auf sich selbst zurückgeworfen bleibt. Darum ist der
Tod Gottes für Nietzsche kein Siegesruf, sondern – trotz aller An-
griffe auf das Christentum – eine Botschaft, die er unter Schmerzen
für das Zeitalter bezeugen zu müssen glaubt: dass die Welt ohne
Gott erstarrt in freudloser Kälte; dass der Mensch ohne Gott in töd-
licher Einsamkeit erstirbt.

Vierzigjährig – fünf Jahre vor seiner geistigen Umnachtung –
schreibt er (1884):

Die Krähen schrei'n
Und ziehen schwirren Flugs zur Stadt:
Bald wird es schnei'n –
Wohl dem, der jetzt noch – Heimat hat!

[...]

Die Welt – ein Tor
Zu tausend Wüsten stumm und kalt!
Wer Das verlor,
Was du verlorst, macht nirgends Halt.
Nun stehst du bleich,
Zur Winter-Wanderschaft verflucht,
Dem Rauche gleich,
Der stets nach kältern Himmeln sucht.

Flieg', Vogel, schnarr'
Dein Lied im Wüsten-Vogel-Ton! –
Versteck' du Narr,
Dein blutend Herz in Eis und Hohn!

Die Krähen schrei'n
Und ziehen schwirren Flugs zur Stadt:
Bald wird es schnei'n –
Weh dem, der keine Heimat hat!

Der Philosoph wähnt angstvoll, dass der Tod Gottes dem Menschen alle Geborgenheit und Obhut nimmt. Im Umkehrschluss dürfen Christen stattdessen sicher sein: Es gibt jemanden, der uns eine unschätzbare Gunst gewähren will. Er steht bereit und wartet auf unser Ja. Im letzten Buch des Neuen Testaments richtet er nochmals seine Einladung an uns. Im biblischen Bild vom Mahl sagt er uns die endgültige Erfüllung unserer Sehnsucht zu: „Ich stehe vor der Tür und klopfe an. Wer meine Stimme hört und die Tür öffnet, bei dem werde ich eintreten, und wir werden Mahl halten, ich mit ihm und er mit mir" (Offb 3,20).

Weihnachten: Fest der Vaterschaft Gottes

„Kirche heute" – *Altötting, Dezember 2017*

„Wir haben doch alle denselben Gott!" So sagen freundliche Menschen, wenn der Islam an unsere heimatliche Tür klopft. Können wir Christen dieser Behauptung zustimmen? Gewiss: Es gibt nur einen Gott. Alles fromme menschliche Sehnen schaut nach ihm aus. Aber vermitteln alle Religionen dasselbe Bild von Gott; lehren sie alle etwas Verlässliches über ihn? Da endet unser Einverständnis. Denn für unser Wissen über Gott haben wir Christen ein eigenes, unvergleichliches Fundament. Wir stützen uns ja nicht – wie etwa der Islam – auf die Vision eines sterblichen Menschen wie Mohammed (Der würde übrigens seinerseits heftig gegen jede religiöse Gleichstellung mit dem Christentum protestieren!).

Nähe und Ferne

Eine der frühesten islamischen Inschriften – sie stammt aus dem Jahr 692 nach Christus und steht an der Außenwand des Felsendomes in Jerusalem – zitiert in Sure 17:111: „Er hat sich kein Kind genommen." Die Stoßrichtung der Zitation ist unverkennbar: Sie zielt gegen den christlichen Glauben der Gottessohnschaft Jesu Christi und gegen Gottes Vaterschaft. Die islamische Theologie stattet Allah wohl mit humanen Attributen aus: er ist barmherzig, er ist gnädig. Doch die Grenze zwischen Gott und Mensch bleibt unantastbar. Allah vermischt sich nicht mit Irdischem. Im Koran hat Allah „99 schöne Namen", wie die islamische Tradition sagt. Aber er wird nie „Vater" genannt. Würde jemand Gott mit dem Vaternamen ansprechen, so wäre das ein schreckliches Sakrileg. Islamische Theologen lehren darum nie, dass Allah Liebe „habe"; schon gar nicht, dass er „die Liebe sei". Er kann uns Menschen nicht zum liebenden Du werden. Wenn ein Moslem sich Gott ausliefert – und Islam heißt ja nichts anderes als „Hingabe" –, dann gibt er sich dem göttlichen Willen hin, nicht der göttlichen Person.

Trotz seiner monotheistischen Nähe zum Islam steht das Christentum auf total anderen Füßen: Gottes Wort und Gottes Tat selbst sind sein Fundament. „Der Einzige [sc. der Sohn], [...], er hat Kunde gebracht" (Joh 1,18). In Jesus Christus hat sich Gott als Vater geoffenbart. Der ewige Schöpfer des Himmels und der Erde hat einen Sohn, der Mensch geworden ist. Gott lässt sich herab, auf greifbare Weise in unsere Geschichte einzutreten. Das ist ungeheuerlich. Er wird anwesend in der Menschenwelt. Und zwar nicht nur als Theorie oder als moralischer Ansporn für Menschenfreundlichkeit. Er kommt uns nahe als personales Du, schenkt uns seinen Schutz und die väterliche Liebe, indem er sich konkret unserer Welt ausliefert. Er nimmt das Risiko des Mitseins auf sich, macht sich in Christus verletzbar, bis zur Hingabe des Lebens am Kreuz, mit „Wasser und Blut" (1 Joh 5,6). Und die sinnenhafte Begegnung mit ihm trifft auf jeden von uns in den Zeichen der Sakramente.

„Ich glaube an seinen eingeborenen Sohn, [...] geboren aus der Jungfrau Maria" – wahrlich nicht die archaische Formel eines sterilen Glaubensbekenntnisses, die routinemäßig herunterzusprechen ist. Schon gar keine nebensächliche Redensart! Vielmehr der verlässlichste Anker unserer Geborgenheit, denn der Vater hat eine Brücke aus der Ewigkeit hinein in unseren Alltag geschlagen.

Ein Alptraum

Im Jahr 1797 publizierte Jean Paul aus Wunsiedel im Fichtelgebirge den Roman „Siebenkäs". Das empfindsame Gemüt dieses deutschen Dichters ahnte schon viele Jahre vor Friedrich Nietzsches Ausruf „Gott ist tot" die „Gottfinsternis" des modernen Menschen, und er beklagte sie dramatisch. Er schildert, wie in einer düsteren Kirche unerwartet der hingerichtete Jesus von Nazareth mit seinen Wundmalen auf dem Altar erscheint. Und all die im Gotteshaus versammelten toten Gestalten rufen:

„Christus! Ist kein Gott?" Er antwortet: *„Es ist keiner!"*

Und fährt dann fort:

> „Ich ging durch die Welten, ich stieg in die Sonnen und flog
> mit den Milchstraßen durch die Wüsten des Himmels; aber
> es ist kein Gott. Ich stieg hinab, soweit das Sein seine Schat-
> ten wirft, und schauete in den Abgrund und rief: Vater, wo
> bist du? Aber ich hörte nur den ewigen Sturm, den niemand
> regiert, und der schimmernde Regenbogen aus Wesen stand
> ohne eine Sonne, die ihn schuf, über dem Abgrunde und
> tropfte hinunter. Und als ich aufblickte zur unendlichen Welt
> nach dem göttlichen Auge, starrte sie mich mit einer leeren,
> bodenlosen Augenhöhle an; und die Ewigkeit lag auf dem
> Chaos und wiederkäuete sich."

Nun werfen sich die gestorbenen Kinder vor dem Altar nieder und rufen:

> „Jesus, haben wir keinen Vater?" Und er antwortet mit strö-
> menden Tränen: „Wir sind alle Waisen, ich und ihr, wir sind
> ohne Vater."

Und als Christus das reibende Gedränge der Welten, den Fackel-
tanz der himmlischen Irrlichter und die Korallenbänke schlagender
Herzen sah, sagte er:

> „Starres, stummes Nichts! Kalte, ewige Notwendigkeit! Wahn-
> sinniger Zufall! [...] Wie ist jeder so allein in der weiten Lei-
> chengruft des Alls! Ich bin nur neben mir – o Vater! O Vater!
> Wo ist deine unendliche Brust, dass ich an ihr ruhe?"

Soweit aus der „Rede des toten Christus vom Weltgebäude herab,
dass kein Gott sei". Jean Paul hält eine Angst fest, die ihn in Hoff-
nungslosigkeit stürzte; die ihn verzweifeln ließ. Doch sie ist nur ein
Traum. Schließlich erwacht er. Da kennt sein Jubel keine Grenzen
mehr: Er hat sich geirrt!

> „Meine Seele weinte vor Freude, dass sie wieder Gott anbeten
> konnte – und die Freude und das Weinen und der Glaube an
> ihn waren das Gebet."[1]

---

1   Alle Texte in: *Rede des toten Christus vom Weltgebäude herab, dass kein Gott sei*, hier zit. n.
Erika Jansen (Hg.), *Das Zeichen, dem widersprochen wird*, Düsseldorf 1960, 140–144.

Der Sohn hat uns Kunde gebracht

Einmal im Jahr freuen wir uns des Christfestes – nicht nur wegen der stimmungsvollen Lieder, des Tannendufts und der Geschenk-Überraschungen. Das ist viel mehr. Ein unfassbares Ereignis tritt vor unser geistiges Auge, das alle Religionssysteme sprengt. Gott offenbart sich als Vater. Im modernen Horizont des Säkularismus und im breiten Strom religiöser Beliebigkeit wahrlich ein Grund innezuhalten und zu staunen. Und uns des Glaubens an den himmlischen Vater neu zu versichern – gerade in einer sogenannten „vaterlosen Gesellschaft". Jesus von Nazareth wurde unser Bruder, und wir machen als praktizierende Christen unseren Glauben fest an einer geschichtlich greifbaren Person. Und darum vergessen wir nicht, dass dieser unser Herr immer transparent war auf den himmlischen Vater, dass er ihn sichtbar machen wollte.

Wer genauer ins Neue Testament schaut, erkennt: Es ist der Vater, der Jesu Erlösungswerk trägt. Er ist es, der den Sohn vom Tode erweckt, wie die Apostelgeschichte sagt (etwa 3,15 u. ö.). Jesus ist „auferweckt durch die Machttat des Vaters" (Röm 6,4). Als Mensch wurde er „in seiner Schwachheit gekreuzigt, aber lebt aus Gottes Kraft" (2 Kor 13,4). Sein Opfer am Kreuz erhöht ihn in die vollendete Herrlichkeit, die der Vater ihm gibt: „Vater, verherrliche deinen Sohn [...]" (Joh 17,1).

Der Christus-Hymnus des ersten Timotheusbriefes beschreibt darum das Heilswerk auch nicht einfachhin als Tat Christi.

„Er wurde offenbart im Fleisch,
gerechtfertigt durch den Geist,
geschaut von den Engeln,
verkündet unter den Heiden,
geglaubt in der Welt,
aufgenommen in die Herrlichkeit" (1 Tim 3,16).

Jesus erscheint hier als der Geführte; seine Erlösung geschieht durch göttlichen Eingriff *(passivum divinum)*. Denn der Handelnde ist der Vater. Er bestätigt durch Ostern den Anspruch, der in den irdischen Taten und Reden Jesu liegt. In der Auferweckung zeigt der Vater der Welt Jesus als seinen Sohn. Der Vater-Gott enthüllt sich in

der Auferweckung seines Sohnes: „Da der Sohn das Wort des Vaters
ist, zeigt der Vater, indem er den Sohn als den gerechtfertigten, ver-
herrlichten erscheinen lässt, *sich selbst*. [...] Die Erscheinungen des
Auferstandenen sind Selbstdarbietungen Gottes durch den Sohn Jesus [...]."[2] So ist denn Jesus in Leben und Tun undenkbar ohne den
Vater, der ihn gesandt hat.

Das kommt auch in Jesu Selbstverständnis zum Ausdruck,
wie es in den Evangelien steht. Schon der erste Satz, den das NT von
Jesus festhält, ist Jesu Bekenntnis zum Sohnesgehorsam: „Wuss-
tet ihr nicht, dass ich in dem sein muss, was meines Vaters ist?"
(Lk 2,49). Das letzte Wort des irdischen Jesus richtet sich wieder an
ihn: „Vater, in deine Hände lege ich meinen Geist" (Lk 23,46). Kaum
eine bedeutende Handlung vollzieht der Herr, ohne ein Wort oder
eine Geste der Verbundenheit mit dem Vater: Er wendet sich an den
Vater ... „er seufzte, ... er erhob die Augen zum Himmel". Die Neu-
testamentler haben gezählt, dass Jesus in den Evangelien das Wort
„Vater" 170-mal gebraucht.

Wohl entscheidet der Erlöser Jesus Christus in voller Freiheit
und in eigener, höchster Souveränität: Er schenkt sich in unbe-
grenzter Selbstverfügung, gibt „das Leben freiwillig hin, um es wieder zu nehmen" (Joh 10,17). Dennoch – und das ist nur scheinbar
paradox – unterwirft er sich in totaler Hingabe an den Vater. Sein
Gehorsam ist so sehr Liebe und so sehr eins mit der Liebe des Vaters,
dass der Sendende und der Gehorchende aus der gleichen göttlichen Liebesfreiheit handeln.

Gottes Vaterschaft

Zu Weihnachten bewegt uns das kleine Kind in der Krippe, uns
preiszugeben – wie es Paul Gerhard im 17. Jahrhundert so zärtlich
besungen hat: „Ich steh an deiner Krippen hier, [...]; ich komme,
bring und schenke dir, was du mir hast gegeben." Das Einzigartige
in der Menschheitsgeschichte macht uns selbstvergessen. Das Kind
nimmt uns gefangen. Die Liebeshingabe wird zur Frage: Wer wirk-

---

2   HANS URS VON BALTHASAR, *Mysterium Paschale*, in: JOHANNES FEINER, MAGNUS LÖH-
    RER (HG.), *Mysterium Salutis. Grundriß heilsgeschichtlicher Dogmatik. 3.2 Das Christuser-
    eignis. Zweiter Halbband*, Einsiedeln 1969, 133–326, hier: 273.

lich begegnet uns in ihm? Was der Neugeborene später verkündete, kommt uns in den Sinn. Dass sein eigentlicher Ort am „Herzen des Vaters" (Joh 1,18) ist. Dass er aus der vollkommenen Liebesgemeinschaft mit dem himmlischen Vater stammt und uns dieses Miteinander eröffnet. Ewiges, unüberbietbares Miteinander in Seligkeit tritt vor unser Auge. Der große Theologe und Kardinal Hermann Volk brachte es im Gespräch auf die einfache Formel: „Gott geht es gut, Gott geht es sehr gut, Gott geht es ausgezeichnet." Das schattenlose Glück in der Gemeinschaft des dreifaltigen Lebens – kein erhofftes Ziel für unsere Sehnsucht, keine weihnachtliche Quelle der Freude, kein Grund, am Fest Erwartungen zu wecken durch einen Vorgeschmack?

In Italien heißt es: *„Natale con i tuoi, Pasqua con chi voi* – Weihnachten mit den Deinen, Ostern mit wem Du magst." Auch südlich der Alpen setzt man demnach für dies Fest auf intime Gemeinschaft. Für dies Fest wird sie erwartet; es soll sie schenken. Doch bei nur wenigen Völkern weckt der Tag so starke Gefühle wie unter Deutschen. Das mag viele Gründe haben und auch mit Kindheitserinnerungen zusammenhängen; oder mit dem lebenslang fortdauernden Drang nach Geborgenheit und Schutz.

Und solch hochgestimmte Weihnachtskultur wie wir Deutschen sie kennen, war ganz offensichtlich ebenso machtvoll wie unaufhaltsam, sodass sie uns weltweit begegnet. Der Weihnachtsbaum hat seine Wurzeln im damals deutschen Elsass; von dort trat er seinen Siegeszug an in alle Kontinente. Das Lied „Stille Nacht, heilige Nacht" verdanken wir den Österreichern, die zu unserem Sprachbereich gehören; kaum ein Land, in dem es heute unbekannt wäre. Die Anzahl der deutschen Weihnachtslieder übersteigt offensichtlich um ein Vielfaches die in anderen Sprachen; und auch die frommen Melodien finden trotz einer weltlich gewordenen Öffentlichkeit nach wie vor ihren Platz in der Gesellschaft.

Vielleicht steht gerade deshalb an, neu an die Wurzeln des Festes zu erinnern – gleichsam vom „Kind in der Krippe" auf die „Vaterschaft Gottes" zu blicken. Weitreichende Resonanz und modische Aktualität verdecken ja eher den Blick auf die Mitte eines Ereignisses statt dass sie es bewusst machten. Gottes Offenbarung aber hat es unverfälscht festgehalten. Ein wirklich unglaublicher

Vorfall hat sich begeben: Der allmächtige Schöpfer Himmels und der Erde hat uns seinen Sohn Jesus Christus gesandt; der wurde unser Bruder und brachte uns den Frieden. Genau das ist die Wahrheit, die auf Bethlehems Fluren den Hirten verkündet wird: „Heute ist euch in der Stadt Davids der Retter geboren; er ist der Messias, der Herr." Allerdings erwähnen die Engel nicht zunächst die Gabe, die den Hirten dadurch zuteil wird – „Friede auf Erden den Menschen seiner Gnade" –, sondern sie geben zuerst dem die Ehre, dem wir all das verdanken: „Gott ist verherrlicht in der Höhe" (Lk 2,14), so beginnt ihre Botschaft. Ursprung und Ermöglichung der Erlösung seien nicht vergessen. Dann erkennen wir angesichts der Krippe wieder: Es ist der Vater, der in seinem Sohn die Heilsgeschichte mit uns begann.

Unsere Erde – eine Mutter?

LifeSiteNews, 21. Februar 2020

„Mutter Erde" wurde nicht nur nach der vatikanischen „Amazonas-Synode" 2019 als *Pachamama* angerufen. Wie ein Blick ins Internet zeigt, findet sie auch unter anderen Namen weltweit große Verehrung. Etwa:

> „Gaia, du! Gebärerin, Geliebte, Ernährerin, göttlich. Oh, du Mutter allen Seins, du unsere Erde. Heilig ist deine Weisheit. Heilig dein Sein. Heilig deine Natur. Heilig deine Vollkommenheit. Heilig dein Herz. Heilig deine Quelle."[1]

Ein neues Kultobjekt? „Mutter Erde" – eine Göttin? Da sind für Christen einige Anfragen fällig an Gottes Wort.

Die Erde – der Sünden-Fall – die gegengöttliche Kraft

Aussagen zu Natur und Schöpfung sollen in der jüdisch-christlichen Offenbarung nie Kosmo- und Anthropogenese darlegen. Sie wollen hingegen Gott in seiner Beziehung zum Menschen beschreiben. Gleichzeitig behalten die erwähnten materiellen und irdischen Elemente ihr Gewicht. Sie sind keineswegs metaphorisch zu deuten; sie als nebensächlich abzutun, entspräche nicht semitischem Denken, das Abstraktionen vermeidet und ganzheitlich konkret ist. Darum haben auch die im Schöpfungsbericht erwähnten Objekte – Schlange, Frucht, Baum des Lebens, Garten Eden – für das rechte Verständnis ihren Aussagewert.

Die Bibel beginnt: „Gott sah alles, was er gemacht hatte. Es war sehr gut" (Gen 1,31). Jahwe hat ein Werk vollbracht, das immer neu als „gut" und „schön" qualifiziert wird. So bewundert der Glaubende die Schöpfung (Ps 8: „Himmel, Mond und Sterne"; Ps 104: „Erde, Berge, Getier und Zeiten") – freilich nicht um ihrer selbst willen, sondern Jahwes wegen, der sie geschaffen hat: „Herr, wie zahlreich

---

1   URL: https://myananda.de/ (Stand: 17.02.2020).

sind deine Werke! Mit Weisheit hast du sie alle gemacht" (Ps 104,24). Doch obwohl so reich beschenkt, übertritt der Mensch Gottes Gebot, und er zieht sich sofort das Strafgericht zu (vgl. Gen 3,16-19.23): Jahwe verhängt über die Stammeltern eine umfassende Daseinsminderung: Schmerz, Mühsal, Unterdrückung, Misserfolg, Vertreibung aus dem Garten Eden, die Schatten des Todes. Des Menschen Gottesbeziehung ist in einem Grad zerstört, dass die Schöpfung als Ganze verdirbt.

Talmudischen Rabbinen und Apokryphe unterstreichen später diese Korruption der Natur als Folge der Sünde. So heißt es im *„Buch der Jubiläen"* (2. Jh. v. Chr.) unmittelbar nach der Schilderung der Vertreibung: „Und an diesem Tage hörte der Mund aller Tiere und des Viehs und der Vögel und derer, die gehen und sich bewegen, auf zu sprechen. [...] Und ER schickte aus dem Garten Eden alles Fleisch, das in dem Garten Eden war" (3,28f.). Und das *„4. Buch Esra"* (100 n. Chr.) schreibt: „Als aber Adam meine Gebote übertrat, ward die Schöpfung gerichtet. [...] Ach Adam, was hast du getan? Als du sündigtest, kam der Fall nicht nur auf dich, sondern auch auf uns, deine Nachkommen."

Dem Neuen Testament ist gleichfalls jedweder Anflug einer Apotheose des Kosmos fremd. Jesus predigt – etwa in der „Bergpredigt" – deren gott-bezogene Schönheit. Aber er weiß auch um die Vergänglichkeit alles Geschaffenen: „Der Himmel und die Erde werden vergehen, aber meine Worte werden nicht vergehen" (Mt 24,35). Darum lehrt er: Das eschatologische Ziel der Geschichte steht noch aus. Er ruft deshalb die Seinen, schon heute im Licht von morgen zu leben.

Paulus spitzt den Gegensatz zwischen Gott und dem Kosmos zu; der Apostel führt dessen Siechtum auf die Sünde zurück, die durch den ersten Menschen in die Welt gekommen ist (vgl. Röm 5,12). Und das ganze Universum muss in die Heilsgeschichte einbezogen werden: „Wir wissen, dass die gesamte Schöpfung bis zum heutigen Tag seufzt und in Geburtswehen liegt" (Röm 8,22).

Der Hebräerbrief widerspiegelt die alttestamentliche Eschatologie, wie sie die Propheten mit Realismus beschrieben haben. Er zeigt machtvoll den Gegensatz zur hellenistischen Kosmosverehrung, die idealisierend, idyllisch und undramatisch ist: „Du, Herr, hast vorzeiten der Erde Grund gelegt, die Himmel sind das Werk deiner Hände. Sie werden vergehen, du aber bleibst. Sie alle veralten wie ein Gewand; du rollst sie zusammen wie einen Mantel und wie ein Gewand werden sie gewechselt" (Hebr 1,10f.). Die apokalyptische Katastrophe kündigt sich an, das Vergängliche wird zerstört und muss dem Beständigen Platz machen: „[...] damit das Unerschütterliche bleibt" (Hebr 12,27). Die schärfste Warnung gegen alle Gaia-Romantik spricht der Evangelist Johannes aus. Für ihn erweist sich der Kosmos gar als gegengöttliche Kraft. Ohne Christus – das Licht, das von der Finsternis nicht erfasst wurde (vgl. Joh 1,5) – sind Welt und Geschichte von Lüge, Sünde und Tod durchherrscht; sie sind Finsternis. Und sie sind eine den Menschen bestimmende Kraft, die ihn bedrängt und überwältig, verwirrt und zudeckt. Vom Kosmos umgarnt, werden Gottes Geschöpfe vom diesem geliebt und sein Eigentum (vgl. Joh 15,19); er beginnt, über sie zu verfügen. Dieser fremde Zugriff auf den Menschen geht aus vom „Herrscher dieser/der Welt" (Joh 12,31; 14,30; 16,11).

Kein Gaia-Mythos

Der knappe biblische Durchblick steht kritisch gegen jede Naturmystik. Planetarische Einheitsreligionen, Esoterik und Schamanismus säumen hingegen ihren Weg. Das Licht der Offenbarung widerspricht kontradiktorisch aller Verehrung, die sich nicht auf Gott richtet. Versucht in der Wüste antwortet Jesus Christus selbst dem Teufel mit einem Zitat aus dem AT: „Du sollst dich nicht vor anderen Göttern niederwerfen und dich nicht verpflichten, ihnen zu dienen. Denn ich, der Herr, dein Gott, bin ein eifersüchtiger Gott" (Dtn 5,9; Mt 4,10).

Nicht Verehrung der kosmischen Mächte, sondern Befreiung von ihnen ist die biblische Botschaft. Christi Kommen bewirkt sie. Papst Benedikt XVI. lehrt sie, indem er auf den Apostel Paulus verweist. Dieser warnt vor „falsche[r] Lehre [...], die [...] sich auf die Elementarmächte der Welt, nicht auf Christus berufen" (Kol 2,8): Nicht

die Elemente des Kosmos seien „der Gott, zu dem man beten"[2] kann.
Aller sentimentaler Gaia-Mythos – Hans Urs von Balthasar nannte
ihn eine „Amorisierung des Erdballs" – wird schließlich geradezu
zynisch angesichts jüngster Erdbeben (Albanien, Philippinen), angesichts der Vulkanausbrüche und eines Tsunami 2004.
„Gaia – Mutter, Geliebte, Ernährerin"? Da betäuben uns ver-
träumte Romantiker mit ihren Kopfgeburten. Stattdessen sollten sie
die brutalen Gesetze beachten, die von „Mutter Erde" verordnet sind.
Etwa in der Tierwelt. Der große Dichter Reinhold Schneider hat sie
genauestens studiert und einige in seinen Notizbüchern festgehalten. Nur zwei kleine Abschnitte. Wer sie liest, zweifelt nicht mehr
länger, dass die Schöpfung vom Fluch der Sünde gezeichnet ist.

„Erinnern wir uns nur der alltäglichen, schon oft erzählten
Geschichte von den im Gedärme gewisser Vögel lebenden
Schmarotzern, deren Eier durch den Kot sich in die Schne-
cken einschleichen; in diesen wachsen sich die Keime zu
Schläuchen aus, die in die Fühler vordringen; in den aufge-
dunsenen Fühlern entwickelt sie ein anreizendes Farbenspiel
und ebensolche Bewegungen; das lockt die Vögel an, die
Fühler abzureißen; so kommen die Parasiten wieder an ihren
Platz. Und immer wachsen der Schnecke wieder Fühler und
immer werden sie abgerissen; die Schnecke ist nur Herstelle-
rin der Zerstörer, die sie und die Vögel zerstören [...]."[3]
„Eine Ameise der Mittelmeerländer dringt nach dem Hoch-
zeitsflug in die Brutkammer einer anderen Art ein, erklettert
den Rücken der legitimen Königin, sägt ihr langsam mit den
Kiefern den Kopf ab und tritt nun ihre Herrschaft an. Die
winzigen augenlosen Diebsameisen beißen sich in ungeheu-
ren Mengen in den Körpern des Wirtsvolkes fest; feindliche
Völker treten zu offenen Feldschlachten an, die tagelang
unentschieden toben und andernfalls durch Regenfälle oder
Gewitter beendet werden."[4]

---

2   BENEDIKT XVI., *Enzyklika SPE SALVI von Papst Benedikt XVI. an die Bischöfe, an die*
     Priester und Diakone, an die gottgeweihten Personen und an alle Christgläubigen über die
     christliche Hoffnung, Rom 2007, Nr. 5.
3   REINHOLD SCHNEIDER, *Winter in Wien*, Freiburg i. Br. 1958, 191f.
4   Ebd., 221f.

Neue ökologische Sensibilität weckt in uns den Blick für die Schönheit des Kosmos und ruft uns zu Recht zur Ehrfrucht vor ihr. Greta Thunberg ist in aller Munde. Es wäre jedoch fatal, wenn wir über der Schöpfung ihren Schöpfer vergäßen; wenn wir uns vor dem Werk statt vor seinem Urheber verneigten. Mehr denn je ist heute zu verkünden: „Unsere Heimat ist im Himmel" (Phil 3,20).

Staat und Kirche. Im Untergang vereint oder „Phönix aus der Asche"?

Expertengespräch der Hanns-Seidel-Stiftung, 20. Mai 2021

Die Hanns-Seidel-Stiftung hat mich zu einem digitalen Gedankenaustausch eingeladen, für den ich mich gern bedanke. Ihre Bitte an mich knüpft bei dem Wort des Verfassungsrichters Ernst-Wolfgang Böckenförde († 2019) an, der Staat brauche ein „verbindendes Ethos, eine Art von Gemeinsinn"; oder mit den Worten seines oft zitierten Diktums: „Der freiheitliche, säkularisierte Staat lebt von Voraussetzungen, die er selbst nicht garantieren kann." Böckenfördes zutreffende Beobachtung haben die Initiatoren unserer Begegnung offenbar neu gelesen. Und was er zur Aufwertung des Christentums formulierte, ist ihnen zu der beklemmenden Frage geworden: Zeichnet es sich ab, dass die Kirchen wegen ihrer eigenen Auszehrung nicht länger diese den Staat stützenden Momente bieten? Zu dieser Sorge ein knapper katholischer Gesprächsbeitrag.

Ich beginne mit einer hermeneutischen Vorbemerkung. Bekannt ist, dass die Wissenssoziologie für das weitgefächerte menschliche Leben zwischen unterschiedlichen Sinn-Provinzen unterscheidet.[1] Die Welt der Medizin nutzt mit den Begriffen „Virus" oder „Intensiv-Station" andere Fachausdrücke als etwa die Musik mit den Begriffen „Takt" oder „Synkope". Und solche Termini sind an klar umgrenzte Sachfelder gebunden, die sie wachrufen. Doch es gibt auch Begriffe, die nicht nur auf **eine** Sinn-Provinz verweisen. Wer etwa „Bad", „Mahl", „Fasten" oder „Rechtfertigung" erwähnt, mag die Worte zunächst umgangssprachlich gebrauchen. Aber sie können ferner einen zweiten, geistlich-übertragenen Sinn bekommen. Im Kontext der jüdisch-christlichen Offenbarung erhalten sie dann eine neue, eine religiöse Färbung. So zeigt sich, dass manche Worte einen doppelten Inhalt haben; sie verweisen auf eine Diesseits- und auch auf eine Jenseits-Welt. Die genannte These der Wissenssoziologie ist für das Bedenken von Kirche fundamental. Nur wer Kirche

---

einerseits als Sozialrealität und andererseits als Glaubensgemeinschaft sieht, wird ihr gerecht. Das Missachten ihres „Hüben" und „Drüben" oder deren Vermischung produziert Irrtümer. Dass soziale und religiöse Relevanz nicht identisch sind, setzt gleichfalls das genannte Diktum Böckenfördes voraus. Es geht davon aus, dass das Gemeinwesen ein Diesseits-Wissen mit seinen Vollzügen, Regeln, Daten und Erfahrungen hat. Doch der Staat braucht mehr. Es fehlt ihm etwas, was ihm nur von einer neuen Sinn-Provinz herzukommen kann. Die Initiatoren unserer Veranstaltung erwarten dieses „Mehr" von den Kirchen. Und ihnen stellt sich anscheinend die bedrängende Frage: Wird die Kirche künftig überhaupt noch in der Lage sein, dem Staat die unverlässlichen Hebammendienste zu leisten? Wirklich, ein realistischer Notruf!

Das Entbehren staatlicher Gestaltungshilfen mag beschleunigt werden durch finanziellen Konkurs, wie ihn die kürzlich vorgenommene „Projektion 2060" befürchtet. Bedrohlicher wäre es noch, wenn der kirchliche Ausfall nicht materielle, sondern geistige Gründe hätte. Es könnte ja sein, dass im 21. Jahrhundert Glauben und Tun der Kirche vom weltlichen Denken aufgesogen würden. Dann verlöre sich der Unterschied zwischen staatlichen und kirchlichen Kategorien für Urteilen und Handeln. Die beiden Sinnprovinzen von „Hüben" und „Drüben" würden deckungsgleich. Und alles „Diesseits" wäre aller Indikation auf das „Jenseits" beraubt.

Solche Besorgnis lässt sich leider nicht vom Tisch wischen. Jedenfalls fällt für die katholische Kirche jüngstens eine gefährliche Neigung zum Transzendenzverlust auf. Oder ist es Glaubensverzicht?

Nehmen wir etwa den Pädophilie-Skandal. Als dessen Sünde und Verworfenheit die Hirten und ihre Gemeinden aufschreckte, ließen die deutschen Bischöfe von unabhängigen Universitäts-Instituten eine wissenschaftliche Analyse erstellen, die MHG-Studie (vorgestellt 2018). Dass diese Recherche von kirchenfremden Fachleuten durchgeführt wurde, erhöhte ihre Glaubwürdigkeit. Entsprechend ihrem Experten-Verständnis sahen die Empiriker die Kirche in soziologischer Perspektive. Sie empfahlen demnach Strukturveränderungen, wie sie gemeinhin einen weltlichen Sozialkörper besser funktionieren lassen. Ein charakteristisches „Mehr" der Kirche war ausgeblendet. Bei gläubigen Beobachtern entsteht allerdings

Unruhe, wenn die verantwortlichen Kirchenleute für kirchliche Probleme und Lösungen in dieser empirischen Sicht der Fach-Professoren befangen blieben; wenn sie die Glaubensgemeinschaft nach dem tiefen Fall der Pädophilie vitalisieren wollen, indem sie auf das medial Erwünschte setzen. Sie reagierten ja in der Tat nicht mit resoluten Bekehrungsrufen biblischer Propheten, sondern forderten die Abkehr vom Zölibat, Entpathologisierung der Homosexualität und die Priesterweihe von Frauen. Dann folgte der „Synodale Weg". Die deutschen Bischöfe beschlossen ihn im Frühjahr 2019 als Heilungsversuch. Verschiedenen Arbeitsgruppen („Foren") wurde das weite Feld der kirchlichen Sendung übertragen. Nun muss Kirche fraglos ihre pastorale Praxis im jeweiligen Zeithorizont neu durchdenken. Doch sind nach katholischer Lehre dabei bestimmte Glaubensdaten der Gemeinde unverrückbar vorgegeben. Einige Entscheidungen des höchsten kirchlichen Lehramts gelten eben aufgrund von dessen Autorität auch ohne Rezeption durch die Gläubigen. Darauf hinzuweisen unterlässt das Synodenstatut allerdings. Es unterwirft auch die Glaubenswahrheiten der Abstimmung. Das staatliche parlamentarische Modell steht offenkundig Vorbild.

Schließlich noch die laute Forderung neuer kirchlicher Machtverteilung. Geweihte Hirten werden von katholischen Professoren der „Hypertrophierung des Eigenstands" gescholten, der „Selbstsakralisierung". Nicht nur, weil sie – Gott sei's geklagt – fehlbar sind. Sondern weil heutige amtliche Legitimation grundsätzlich die freie Zustimmung der Betroffenen voraussetzt. Nur eine demokratische Akzeptanz legitimiert. Dass freilich Jesus Christus – nach den Evangelien – seine Apostel mit einer spezifischen EXOUSIA ausgerüstet hat; dass das Ordo-Sakrament – nach katholischer Weiheliturgie – solche bis heute den Ordinanden mitteilt, ist höchstens ärgerlich.

Soweit meine kritischen *Flashs*. Wissenssoziologisch ausgedrückt möchte man subsumieren: Die soziologisch-gesellschaftliche Perspektive dominiert die deutschen katholischen Diözesen. Wer aber das „Hüben" totalisiert, macht Kirche auch für den Staat entbehrlich. Wer andererseits den Hebammendienst der Kirche erhalten möchte, muss ihre Verweiskraft für die Sinn-Provinz „Jenseits" stärken.

Oder sich einfach auf die Botschaft einlassen, mit der der emeritierte Papst Benedikt auf den Missbrauchsskandal reagierte. Er wendet unseren Blick von uns als Kirche weg auf ihren Herrn hin. Rückbesinnung auf den Willen Christi sei das Gebot der Stunde. Der aber gründe in der Liebe zu Gott. Und dann formuliert Benedikt den für ihn typischen Satz: „Unser Nichterlöstsein beruht auf der Unfähigkeit, Gott zu lieben. Gott lieben zu lernen, ist also der Weg der Erlösung der Menschen."[2]

---

2   Klerusblatt 99 (2019) Nr. 1.

2. GOTT BENENNEN – AUS SORGE UM DEN MENSCHEN

Religion: Eine vergessene Dimension humanitärer Hilfe?

Vollversammlung des Dikasteriums Cor unum –
Vatikan, 21. November 2003

Das Leiden, auf das man bei einem Mitmenschen stößt, weckte immer wieder in der Geschichte der Menschheit den Wunsch nach Abhilfe. Der barmherzige Samariter entdeckte am Straßenrand den zerschundenen Mann und wurde von Mitleid gerührt. Allerdings lehrt uns der Glaube, dass die Bedürfnisse des Menschen die des Tieres überschreiten; er braucht mehr als Heilung und Nahrung, als Unterkunft sowie körperliche und geistige Gesundheit. Darum trägt die Kirche im Umgang mit den Hilfsbedürftigen neben dem physischen auch dem psychisch-geistlichen Sein Rechnung. Und zu Recht fragen uns beim Ad-limina-Besuch die Bischöfe aus der sog. Dritten Welt nach dem Menschenbild katholischer Hilfsorganisationen. Und manchmal lassen sie ihre Sorge durchblicken, ob denn auch der Beitrag zutreffend beachtet werde, der zum Gelingen menschlichen Lebens von religiöser Seite angeboten wird.

Als ich im vergangenen Jahr bei einem Besuch des Ökumenischen Rates der Kirchen in Genf diese Frage stellte, zeigten meine Zuhörer lebhaftes Interesse. Sollte uns bei *Cor unum* diese Frage nicht auch herausfordern? Wir wollen einen Augenblick lang untersuchen, wie es im Laufe der Geistesgeschichte mit der religiösen Dimension menschlicher Existenz bestellt war. Dabei soll mit dem Wort „Religion" das bezeichnet werden, was die rein biologischen Koordinaten des Menschen übersteigt. Es gilt also, dass Religion ganz unterschiedliche Ausdrucksformen haben kann und dass sich in ihr unterschiedliche Inhalte artikulieren.

Philosophie und Empirie

Der umschriebene Religionsbegriff hat in unserer modernen und postmodernen Welt an Kraft eingebüßt. Religion hat an Ausstrahlung verloren und kann nicht selten gerade noch ein „Aschenputtel"-Dasein führen. Zwar wird ihr Vorhandensein kaum geleugnet, aber sie ist eben zu hässlich, als dass noch jemand stolz auf sie sein könnte. Der geistesgeschichtliche Prozess der Entstellung von Religion dauerte lange; und ich kann hier nur grob allgemein Bekanntes referieren. An seinem Anfang steht wohl der englische Philosoph Thomas Hobbes († 1679); sein Denken hat fraglos die Neuzeit grundlegend beeinflusst. Er geht davon aus, dass der reine Naturzustand des Menschen den Krieg aller gegen alle heraufbeschwört, den *„bellum omnium contra omnes"*. Auch der Satz *„Homo hominis lupus* – der Mensch ist des Menschen Wolf" wird von ihm mit Rückgriff auf den römischen Dichter Plautus († 184 v. Chr.) gelehrt und illustriert. Dabei stellt er fest, dass die menschliche Aggressivität nicht nur den menschlichen Kampf, sondern die Vernichtung des Mitmenschen will. In seinem Hauptwerk „Der Leviathan" (1651) schreibt er: *„In such condition there is [...] continual fear and danger of violent death; and life of man solitary, poor, nasty, brutish and short –* Unter solchen Bedingungen herrscht fortwährend Furcht und Gefahr vor gewalttätigem Tod; und das menschliche Leben ist einsam, arm, böse, brutal und kurz" (Kapitel XIII). Der Mensch ist also ein gefährliches, d. h. gefährdendes und durch Seinesgleichen gefährdetes Wesen. Seiner Natur nach ist er böse, wobei es sich nicht um moralisch verwerfliche, sondern um – gewissermaßen unschuldige – Bosheit handelt. Der Mensch freilich bestätigt sie, indem er sie handelnd bejaht.

Hobbes Überzeugung von der Bosheit des Menschen ist im 17. Jahrhundert in höchstem Maße erfahrungsgesättigt. Die kriegerischen Auseinandersetzungen der christlichen Konfessionen des 16. und 17. Jahrhunderts belegen sie über Gebühr. Hobbes verdankt also sein Menschenbild den religiös angeheizten Konflikten in Deutschland, England und Frankreich, die über Jahrzehnte dauerten und ganze Landstriche entvölkerten. Ihm und anderen Denkern erschien demnach die Depotenzierung des Religiösen als dringlicher Weg aus der Krise. Genau das versprach etwa auch der aufkommende Rationalismus eines Francis Bacon († 1626). Diese am Vorbild der Mathematik orientierte Geistesströmung war eine kultur- und konfessionsunabhängige Form der Wahrheitserfassung. In Form der mathematischen Sätze gewann diese Erkenntnisform einen Vorrang gegenüber allen anderen Formen des Wissens. Die mathematische Wahrheit können eben alle Menschen einsehen, und sie müssen ihr zustimmen – gleich welcher Kultur, Religion, Nation oder Ethnie sie angehören; ob sie Katholiken, Protestanten, Juden oder Muslime sind.

„Denken ist Rechnen", sagt darum Thomas Hobbes. Und wen sieht er als festen Punkt, der die bösen Kräfte in dem Menschen bändigen kann; dem allein es gelingen wird, die Virulenz aller religiös-bestimmten Besonderheiten mit seiner Macht zu disziplinieren? Es ist der absolutistische Staat, der er „Leviathan" nennt.

Hobbes erhebt den Staat zu einem „sterblichen Gott"; im Weltlichen darf es demnach keine normativ höhere Macht geben als den Staat. Der Staat kann ruhige Zeiten schaffen. Er allein wird den Bürgerkrieg verhindern. Er muss alle ethischen, nationalen, kulturellen und vor allem die religiösen Differenzen in die Knie zwingen, denn sie sind die verborgenen Gründe für die menschenfeindlichen Auseinandersetzungen. Der Religion wird so durch Hobbes ein für alle Mal der Primat für menschliches Verhalten und der Einfluss für die Gestaltung der Gesellschaft weggenommen.

Die Weisungen von Hobbes vertiefen sich und gewinnen Verbreitung durch später lebende Denker. An erster Stelle ist wohl der deutsche Philosoph Immanuel Kant († 1804) zu nennen – ein klassischer Vertreter dieses Denk-Stromes, den auch er „Aufklärung" nannte: den „Ausgang des Menschen aus seiner selbst verschuldeten Unmündigkeit". Durch Kant verringert sich die Relevanz der Religion für Denken und Handeln des Menschen noch stärker. Durch Rationalisierung und Entmythisierung verkürzt er die christliche Offenbarung auf das human Verstehbare, entkoppelt sie von einem wirkenden Gott und propagiert ein deistisches Gottesbild. In seinem Werk „Religion innerhalb der Grenzen der bloßen Vernunft" (1793) beschreibt er die dunkle Geschichte des Christentums und weist auf die konfessionellen Auseinandersetzungen hin, die ein

„despotisch fordernder kirchlicher Glaube" heraufbeschworen habe. Darum bleibt – wie bei Hobbes – allein der mächtige Staat als zuverlässige Ordnungsmacht. Wohl ist unbestritten, dass Kant die Existenz Gottes bejahte. Doch seine Bestimmung von Religion nahm dem christlichen Glauben die biblische Basis und die Verankerung in der Geschichte. Sie wurde auf die praktische Vernunft reduziert, wie sie dem gesunden Menschenverstand zugänglich ist. Für Kant muss die geoffenbarte Religion Vernunftreligion werden und die Vernunftreligion Moral.

Wird der Hergang weiter angerissen, durch den sich die Religion in der Gesellschaft verflüchtigte, so muss unbedingt die Französische Revolution von 1789 erwähnt werden. Sie markiert eindrucksvoll deren völlige Umdeutung. Verfolgungen und Dechristianisierung des gesellschaftlichen Lebens, die von 1791 an in Frankreich um sich griffen, gaben dem Religionsbegriff neue Inhalte. Durch die Verbreitung revolutionärer Gedanken verlor er weithin christliche Inhalte und gestaltende Kraft für die Gesellschaft.

Weitere Stationen sollen nur in Stichworten – besser durch die Benennung von bedeutenden Promotoren einer religionslosen Gesellschaft – angetippt werden. Friedrich Hegel († 1831) sieht den Grund für das Schwinden von Religion im menschlichen „Bedürfnis nach Erkenntnis" und in dessen grundsätzlichem „Zwiespalt mit der Religion". In Hegels Gefolge stehen einmal die Vertreter der totalen Religionskritik, die im Namen der Gesellschaft sprechen: Auguste Comte († 1857), der Linkshegelianer David Friedrich Strauss († 1874), Karl Marx († 1883) und Friedrich Engels († 1895). Religion wird von ihnen als Irrweg abgelehnt, als Produkt einer reaktionären Gesellschaft und politischer Institutionen, das den Fortschritt der Menschheit und die Verwirklichung einer wirklich humanen Gesellschaft verhindert.

Eine andere Reihe grenzenloser Religionsverächter setzt beim vorgeschichtlichen Naturzustand des Menschen an: Ludwig Feuerbach († 1872), Friedrich Nietzsche († 1900), Thomas Huxley († 1895) und Sigmund Freud († 1939). Sie alle sehen Religion überhaupt als ein falsches Bewusstsein an, das von der außermenschlichen und der menschlichen Natur entfremdet. So schreibt Freud in seiner religionskritischen Schrift „Die Zukunft einer Illusion" (1927):

„Während die einzelnen Religionen miteinander hadern, welche von ihnen im Besitz der Wahrheit sei, meinen wir, dass der Wahrheitsgehalt der Religion überhaupt vernachlässigt werden darf. Religion ist ein Versuch, die Sinnwelt, in die wir gestellt sind, mittels der Wunschwelt zu bewältigen, die wir infolge biologischer und psychologischer Notwendigkeit in uns entwickelt haben. Aber sie kann es nicht leisten. Ihre Lehren tragen das Gepräge der Zeiten, in denen sie entstanden sind, der unwissenden Kinderzeiten der Menschheit. Ihre Tröstungen verdienen kein Vertrauen."[1]

Verfassungskonzepte

Dieser geistesgeschichtliche Prozess inspirierte selbstverständlich die Relevanz der Religion für Gesellschaft und Staat. Er wird erkennbar etwa in den Idealen, die die Verfassung der USA von 1787 tragen. Es waren Alexander Hamilton, James Madison und John Jay, die den Entwurf der „Föderalisten", die *Federalist Papers*[2], beeinflussten – wie Dokumente im Nationalarchiv in Washington D.C. bestätigen. Der philosophische Strom der „Aufklärung" forderte die „Gewaltentrennung" innerhalb der Regierungskräfte. Die Religion erscheint ihnen als Quelle von Spaltung; sie ist Grund für Feindschaft und Unterdrückung. Sie hat für das Gemeinschaftsleben keinerlei positive Funktion. Aus dem Einfluss der „Aufklärung" folgt demnach, dass die Väter der Verfassung der USA die Religion nicht als eine gesunde, wesentliche Kraft für die menschliche Natur oder als konstruktives Moment für den Aufbau der bürgerlichen Gesellschaft ansahen. Religion wird zwar in diesem Dokument zweimal erwähnt, aber beide Male mit der Absicht zu vermeiden, dass sie eine störende Unruhequelle im Volk wird.[3]

Überraschend ist nun, dass diese Domestizierung der Religion durch die Verfassung in den USA keineswegs alles Transzendente in den Privatbereich verbannte. Trotz des hohen Ranges dieser

1   SIGMUND FREUD, *Gesammelte Werke 14*, London 1940–52, 352ff.
2   ALEXANDER HAMILTON, JAMES MADISON, JOHN JAY (HG.), *The Federalist Papers*, New York 1982, 37–49, hier: 44.
3   *United States Constitution*, Art. VI, 1. Zusatzartikel.

Konstitution und ihrer Gültigkeit seit mehr als 200 Jahren spielen religiöse Überzeugungen in der amerikanischen öffentlichen Meinung eine maßgebliche Rolle; das Leben der Gesellschaft ist tief durchdrungen von religiösen Elementen und die große Mehrheit der Amerikaner akzeptiert diese Tatsache voll und ganz – wie es etwa bei den Demonstrationen zugunsten des „Loyalitätsversprechens" in Washington D.C. im Juni 2002 unübersehbar war.

Obschon nun der aufklärerische Zugriff auf die Natur des Menschen in den USA ganz offensichtlich scheiterte, bestimmen seine Überzeugungen weiterhin viele öffentliche Vordenker und Politiker. Ihre prägende Kraft zeigt sich in den Formulierungen von Verfassungen aus jüngster Zeit.

Als typisches Beispiel bietet sich etwa die *Charta der Vereinten Nationen* vom 26.06.1945 an. Der Begriff „Religion" taucht bei der Behandlung der Koordination von internationaler Zusammenarbeit auf. Religion wird dabei als Diskriminierungsgrund zurückgewiesen: „[...] für alle ohne Unterschied der Rasse, des Geschlechtes, der Sprache oder der Religion" (Art. 1). Die Einmaligkeit der Erwähnung von Religion stimmt überein mit anderen UNO-Dokumenten, die dieses Wort generell meiden. Denselben Ansatz und das Fehlen eines positiven Bezugs zur Religion finden wir in den Vorbereitungstexten für die Neufassung einer Europäischen Verfassung. Verschiedentlich haben Christen versucht, die im Menschen wirksame religiöse Kraft in ihr zu erwähnen. Sie scheiterten an einer verabsolutierten Aufklärung, an Feindseligkeiten gegenüber dem Christentum oder an einem manchmal militanten Atheismus.[4]

Dennoch dürfen wir Christen nicht einknicken. Wer die positive Kraft der Religion für den Menschen und die Gesellschaft leugnet, ist geschichtsblind. Papst Benedikt XVI. wurde in das Italienische Parlament eingeladen, als der Europäische Verfassungstext vorbereitet wurde. Er sagte u. a.: „Ich hege die Hoffnung, dass den europäischen Fundamenten des gemeinsamen Hauses auch durch das Verdienst Italiens nicht der ‚Zement' dieses außerordentlichen religiösen, kulturellen und zivilisatorischen Erbes fehlen wird, das

---

4   Die Endredaktion der Europäischen Verfassung von 2004 enthält keinen ausdrücklichen Gottesbezug. Es wird nur auf das „kulturelle, religiöse und humanistische Erbe Europas" Bezug genommen.

Europa im Lauf der Jahrhunderte großgemacht hat" (14.11.2002). Dabei ist das Missverständnis zu vermeiden: Hier soll nicht die Autonomie des Staates zugunsten der Kirche ausgehöhlt werden. Der Dienst der Kirche an den Armen hängt ja fraglos nicht selten von den Mitteln ab, die die Kirche aus der öffentlichen Hand erhält. Hier steht vielmehr die rechte Anthropologie – im europäischen Sinn des Wortes – auf dem Prüfstand, näherhin die Forderung, den Menschen nicht auf ein „findiges Tier" zurückzustufen: Er braucht mehr als Nahrung, Wohnung, Kleidung und Gesundheit.

Herausforderung durch die Soziologie

Empirische Wissenschaft kann uns gegen die religionslose und materialistische Kümmerform des Menschen wappnen. Zwei Kronzeugen der Soziologie sind anzuführen: Émile Durkheim († 1917) und Max Weber († 1920). Beide bezeichnen sich als Atheisten und sind demnach nicht religionsfreundlicher Voreingenommenheit zu verdächtigen.

Max Weber publizierte 1904 einen Aufsatz, der wohl die berühmteste Studie in der Geschichte der Religionssoziologie, wenn nicht der Soziologie überhaupt ist: „Die protestantische Ethik und der Geist des Kapitalismus". Der Soziologe stellt dar, dass zwischen der Überzeugung des Protestantismus – besonders des Calvinismus und des Puritanismus – einerseits und der Herausbildung des Kapitalismus andererseits Zusammenhänge beständen. Wohl ist seine These immer wieder angefochten worden; doch konnte man sie nie ganz entkräften. Mindestens zeigt sie auf, dass es Religion im Menschen gibt und dass diese Religion sich grundlegend im gesellschaftlichen Verhalten der Menschen niederschlägt. Émile Durkheim trat mit seinem Werk *„Les formes élementaires de la vie religieuse* – Die Grundformen religiösen Lebens" 1912 in die Öffentlichkeit. Es sollte zur einflussreichsten Prägung von religionswissenschaftlicher Analyse werden. Nach ihm hat alles Religiöse sozialen Charakter; alle Beziehungen des Individuums zum Heiligen werden bei ihm aus Kollektiven abgeleitet oder als bloße Magie dem Religiösen entgegengesetzt.

Thomas Luckmann, hoch geachteter deutsch-amerikanischer Soziologe der Gegenwart, befindet über beide Autoren:

„So verschieden die soziologischen Systeme Durkheims und Webers auch geartet sind, so ist doch bezeichnend, dass beide den Schlüssel zum Verständnis des gesellschaftlichen Standorts des Individuums in der Erforschung der Religion suchen. Für Durkheim ist die symbolische Wirklichkeit der Religion der Kern der conscience collective. Als eine soziale Tatsache transzendiert sie den einzelnen. Sie ist die Vorbedingung für soziale Integration und für die Beständigkeit der gesellschaftlichen Ordnung. [...] Für Weber hingegen erscheint das Problem der gesellschaftlichen Bedingung von Individuation aus dem spezifischen Blickwinkel, nämlich im soziologischen Zusammenhang einer gegebenen Religion und in ihrem Verhältnis zur Struktur einer historischen Gesellschaft."[5]

Demnach wird es unbestreitbar: Durkheim und Weber stellen die fundamentale Bedeutung der Religion für die soziale Integration des Einzelnen *(Individuum)* und für die Stabilität der Gesellschaftsordnung fest.

Nach dieser eher abstrakten Argumentation für den Stellenwert, den Religion in der Gesellschaft hat, sollen nun beispielhaft einige Chancen erkennen lassen, die diese zur Stabilisierung der menschlichen Lebenswelt beiträgt. Sie betreffen einen kleinen Ausschnitt unseres Daseins: die Wirksamkeit von Recht und Gesetz für die Zivilgesellschaft. Sie tritt in den Studien zweier weiterer Soziologen hervor.

Der erste ist Werner Stark. Er beschreibt die Schwäche einer Gesellschaft, die allein vom Gesetz regiert wird und in der die individuelle und gesellschaftliche Ordnung nicht durch religiöse Elemente vervollkommnet wird. So merkt er etwa an, dass das Gesetz nur gewisse Formen der äußeren Führung durchsetzen kann; dass es die offene Zuwiderhandlung abhält; dass gesellschaftliche Kontrolle immer einen negativen Akzent hat und nicht zur Selbstlosigkeit und caritativem Verhalten inspiriert; dass der Arm des Gesetzes nicht in verborgene Bereiche vorzudringen vermag und keine Macht oder Wunderwirkung gegen die geheimen Kräfte hat, die

---

5   Thomas Luckmann, *Die unsichtbare Religion*, Frankfurt a. M. 1991, 48f.

trotz jahrelanger Bekämpfung durch die „Aufklärung" noch immer am Werk sind.[6] Peter Berger, eine andere Autorität auf dem Gebiet der Sozialwissenschaft, bekräftigt in seiner berühmten Publikation „A Rumor of Angels – Auf den Spuren der Engel" die unersetzliche Bedeutung der Religion. Er weist darauf hin, dass einige menschliche Grunderfahrungen notwendigerweise religiöse Elemente einschließen: wie Ordnung und Vertrauen; das Spiel und die absolute Bejahung der Kindheit; die Hoffnung, den Tod zu bezwingen; Heimgesucht-Werden von verheerender Gewalt.[7]

Angesichts der Anthropologie, wie sie von Soziologen vorgestellt wird, hat die notorische Missbilligung der Religion keinen Bestand. Manche in der sog. „ersten Welt" versuchen anscheinend, solche Elemente der Aufklärung, die unhaltbar geworden sind, noch zu retten. Selbst katholische Hilfsorganisationen tun sich – auch wegen ihrer Verflochtenheit mit säkularen Geldgebern – schwer, den Wiederaufbau von Kirchen oder pastorale Projekte zu unterstützen. Dabei könnten sie sich sogar von völlig unerwarteten Einsichten eines Besseren belehren lassen.

Jedenfalls muss sich mancher Religionsverächter verwundert die Augen gerieben haben, als ihm von völlig irreligiöser Seite widersprochen wurde: Ein lupenreiner kommunistischer Politiker gab der Religion einen Sinn. Im Dezember 2001 hielt Pan Yue, hochrangiges Partei-Mitglied, vor den anderen Mitgliedern des chinesischen Staatsrates einen Vortrag, der in den Zeitungen des kommunistischen China veröffentlicht wurde. Er sprach über die Notwendigkeit, die Kraft der Religion zu beachten. Ich zitiere:

„In der Religion finden wir den Kampf gegen das Leid der realen Welt und die Suche nach Wahrheit, Güte und Schönheit. Die Religion stärkt die Seele des Menschen, ermutigt die Leute und ist eine großartige Entschädigung für die Mängel des täglichen Lebens. [...] Der Atheismus und die Wissenschaft sind manchmal nicht imstande, die Furcht der Menschen vor dem Tod zu zerschlagen. Der Religion gelingt das."[8]

---

6   WERNER STARK, The Social Bond, IV, New York 1983, 131–136.
7   PETER BERGER, Auf den Spuren der Engel, Frankfurt a. M. 1970, 80ff.
8   In: L'Eglise d'Asie, Nr. 349, März 2002. Wie können „Westler" bei ihrer Hilfe der Notleidenden die religiösen Belange des Menschen pragmatisch verkennen?

Nine Eleven

Ich kann diese meine Ausführungen nicht schließen, ohne von einem wirklich dramatischen Tag meines Lebens zu sprechen. Durch ihn zeigte sich nicht nur mir wieder einmal der Rang der Religion für die Bewältigung des Lebens. Vor mehr als zwei Jahren rasten die zwei Flugzeuge in die *Twin Towers* von New Yorks Manhattan. Es traf sich, dass ich genau an diesem Tag im Priesterseminar *Redemptoris Mater* in Newark/ New Jersey war, nicht einmal 30 km vom Tatort entfernt. Die erste Nachricht kam morgens gegen 9 Uhr über den Rundfunk. In der Seminargemeinschaft begannen wir nur langsam, das Ausmaß der Katastrophe zu erahnen. Wir verfolgten die Nachrichten in einem Gemisch von Angst und Neugier. War nun mit einem zweiten Schlag zu rechnen – etwa einem Gas-Angriff? Die Telefonleitungen waren tot; ununterbrochen heulten die Sirenen der Polizei; Sicherheitskräfte errichteten Straßensperren. Mein Flugticket hatte die Rückkehr nach Europa für den Nachmittag vorgesehen. Doch der Flughafen war geschlossen, der Flugverkehr lahmgelegt.

Die Seminaristen versammelten sich in der Hauskapelle und beteten. Dann schlug einer das Neue Testament auf – aufs Geratewohl, ohne einen besonderen Abschnitt zu suchen: Eine Praxis der frühen Christen; sie nannten es „Bibelstechen" und hofften, dass ihnen Gott für die besondere Situation eine Botschaft gäbe. Und was sagte die Heilige Schrift nach der Zerstörung der *Twin Towers*? Der Finger des Lektors zeigte auf Jesu Worte nach der Zerstörung des Turmes von Schiloach. Im Lukas-Evangelium sagt der Herr:

> „Oder jene achtzehn Menschen, die beim Einsturz des Turms von Schiloach erschlagen wurden – meint ihr, dass nur sie Schuld auf sich geladen hatten, alle anderen Einwohner von Jerusalem aber nicht? Nein, im Gegenteil: Ihr alle werdet genauso umkommen, wenn ihr euch nicht bekehrt" (Lk 13,4f.).

Wem unter solchem Druck Derartiges widerfährt, dem stockt der Atem. Langsam deckten sich die Zusammenhänge auf. Nicht zuletzt, dass das schreckliche, destruktive Ereignis mit religiösen Kräften von diabolischer Gewalt geladen war. Es ist dumm, Religion zu leugnen. Doch erst die christliche Offenbarung zeigt uns Gottes wahres Gesicht. Es ist an uns, diese Botschaft anzunehmen und zu verbreiten. Das Verhängnis von *„Nine Eleven"* blieb nicht völlig ungehört; auch in Europa füllte sich die Kirche.

Caritas – ein unersetzliches Fenster auf das Evangelium

Alexianer Werkstätten Münster, 24. Mai 2013

Wer auf Reisen als Mann der Kirche erkennbar ist, macht andere Gäste manchmal auf sich aufmerksam. Vor einiger Zeit sprach mich in Frankfurt auf dem Flughafen eine Stewardess der Lufthansa an. Ich trug – wie immer – meinen römischen Kragen. Sie stand der Kirche wohl eher fern, war sich aber offenbar bewusst, dass ich Priester bin. Wir kamen auf Rom und den Vatikan zu sprechen. Wo ich denn arbeite, wollte sie wissen. In einer vatikanischen Abteilung – gab ich zur Antwort –, die sich mit den weltweiten Hilfswerken der katholischen Kirche befasse. Darauf sie: „Ja, Caritas, das ist gut." Und sie begann sofort, eine Begebenheit zu erzählen, bei der sie die Kirche als menschenfreundlich und teilnahmsvoll erlebt hatte. Das war fraglos einer der Gründe, dass sie mir, dem Kirchenmann, gleich zugetan war und mich nicht mied – wie es sonst wohl auch passiert.

Das Doppelgebot – ein Sieg des Christentums

Gottes Offenbarung hat seiner Kirche die Verpflichtung zur Liebe hinterlassen; wir sollen den Herrn, unseren Gott, lieben mit ganzem Herzen und ganzer Seele und den Nächsten wie uns selbst. Beide Zielrichtungen dieses Doppelgebots durchdringen einander. Wir können die zwei Objekte unserer Zuwendung nicht voneinander trennen, schon gar nicht gegeneinander ausspielen. Meine Frankfurter Stewardess lag mit ihrer Hochschätzung der Kirche absolut richtig. Ihr war aufgegangen: Eine Platzhalterin Gottes in unserer Gesellschaft – lassen Sie mich die Kirche vielleicht einmal so bezeichnen – kann jemanden für die Verehrung des Allmächtigen vielleicht gewinnen, wenn sie ihn auch dessen Liebe erfahren lässt.

Eigentlich ist das Ideal des christlichen Grundgebots im Neuen Testament unübersehbar. Wir brauchen nur auf Jesus zu schauen und sein Handeln zu bedenken. Schon zu Beginn seiner öffentlichen Tätigkeit heißt es, Scharen von Menschen seien zu ihm gekommen, und er drohte von der Menge erdrückt zu werden. „Denn er heilte viele, sodass alle, die ein Leiden hatten, sich an ihn herandrängten, um ihn zu berühren" (Mk 3,6ff.). Das ist gleichsam der Steckbrief des Gottessohnes. Immer wieder berichten die Evangelien Jesu Wohltaten: Jesus kümmert sich um die Kranken, stillt den Hunger der Darbenden, tröstet die Heimgesuchten und heilt die Besessenen. Er nimmt für sich in Anspruch, die Verheißung des Propheten Jesaia zu erfüllen: alle zu heilen, die gebrochenen Herzens sind (vgl. Jes 61,1). Jesus ist somit in einer Welt von Elend, Abstumpfung und Unrecht ein definitiver Neuanfang; er ist es, mit dem ein Zeitalter anderen Handelns und Wandelns beginnt.

Menschliches Wohltun an den Bedürftigen gilt uns Heutigen vielfach als Erbe der Griechen und Römer. Gewiss, auch die klassische Antike kannte Haltung und Tat der Barmherzigkeit (HO ELEOS). Aber Barmherzigkeit wurde aufgefasst als innere Rührung, nicht als eine Anweisung für menschlich reife Bürger. Die stoische Ethik zählte das Mitleid vielmehr zu den Krankheiten der Sinne, gegen die anzugehen ist. Der Philosoph Immanuel Kant († 1804) weist es später als Handlungsantrieb zurück. Friedrich Nietzsche († 1900) schließlich sieht es als pathologisch an. Sich der Armen und Bedürftigen anzunehmen war Griechen und Römern – den vermeintlichen Vätern der humanitären Kultur – fremd. Zeus, der oberste Gott, ist „Freund der Fremden", aber niemals der „Armenfreundliche". Bedürftige stehen keineswegs unter dem besonderen Schutz der Götter. Staatliche Fürsorge für Invalide ist unbekannt. Wer ggf. Not lindert, tut es, um das Gemeinwesen zu stabilisieren und die öffentliche Ordnung zu sichern. Der Darbende ist von den Göttern gestraft und soll sein selbstverschuldetes Elend allein bewältigen. Bezeichnend ist der zornige Ausruf, der von dem Christenverfolger Kaiser Julian Apostata († 363) überliefert ist: „Die gottlosen Galiläer ernähren außer ihren eignen Armen auch noch die unsrigen."

Nun, wir leben inzwischen im 21. Jahrhundert. Die Sicht auf den Menschen hat sich nachdrücklich geändert. In unserer Zeitepoche gehört – trotz aller schlimmen Geschichtserfahrungen – die Nächstenliebe fest zur westlichen Kultur. Sie ist als Verhaltensstandard unbestritten. Mindestens der Theorie nach dominiert uns der „barmherzige Samariter" als humanitärer Imperativ. Da mag es angebracht sein, auf die Wurzeln der Nächstenliebe aufmerksam zu machen und deren christlichen Geist herauszustellen. Nicht mit dem zweifelhaften Anspruch, spirituelles „Besitzstandsdenken" zu verbreiten; wir freuen uns vielmehr, dass sich die Gesellschaft diesen Appell Jesu so lernwillig zu eigen gemacht hat, weil er darum vielen Menschen zugutekommt. Der Verweis auf die Urheberschaft der Nächstenliebe steht vielmehr an, damit deren ganzer Inhalt klarer in den Blick kommt. Sonst könnten wir Christen nämlich in der inflationären Verbreitung des Begriffs unseren eigenen kostbaren Schatz verschleudern. Ich bin solcher Gefahr durch meine Arbeit im Päpstlichen Rat *Cor unum* sehr konkret begegnet. Lassen Sie mich darum kurz aus diesen Jahren plaudern.

Eine Congregatio generalis

Als ich dort im Dezember 1995 meine Arbeit in dieser vatikanischen Abteilung aufnahm, entdeckte ich bei einigen katholischen Hilfsorganisationen die Neigung, sich von ihrer Bindung an die Kirche abzuseilen. So hörte ich etwa, dass in Bosnien alle zehn Mitarbeiter von *„Catholic Relief Services"* (der Caritas der US-Bischofskonferenz für die Länder außerhalb der USA) Moslems wären und den Katholiken im Land das Leben schwer machten. Oder sei es – um ein anderes Beispiel zu nennen –, dass eine Hilfsorganisation die Ingenbohler Ordensschwestern in der Schweiz aufforderte, bei ihrer Arbeit in Indien das Kreuz vom Habit zu entfernen; andernfalls sollte keine Unterstützung fließen. Die Nonnen verzichteten auf das Geld. In zwei Ländern Europas beschritt man schon den Weg, die strukturelle Verzahnung der ursprünglich kirchlichen Hilfswerke von der Kirche völlig zu lösen. Allerorten ergab sich – ohne jede böse Absicht – ein Mentalitätswandel durch den starken Einfluss der öffentlichen Hand oder privater Geldgeber mit Professionalisierung, Bürokratisierung und Effizienzdenken. Doch mag das große Werk des Helfens sich auch aller erreichbaren Ressourcen bedienen: das erste Gebot sollte dennoch den fälligen Projekten nicht zum Opfer fallen. „Entwicklung ist nicht einfach gleichbedeutend mit wirtschaftlichem Wachstum. Wahre Entwicklung muss umfassend

sein, sie muss den ganzen Menschen im Auge haben", fordert schon
die oft zitierte Entwicklungs-Enzyklika Papst Pauls VI. *Populorum
progressio* von 1967 (Nr. 14); nur der „Humanismus ist der wahre,
der sich zum Absoluten hin öffnet" (ebd., Nr. 42).

Papst Johannes Paul II. war der verlustreiche Kurs nicht verborgen geblieben, dass sich Nächstenliebe stärker denn je auf innerweltliches Helfen beschränkte. Er beauftragte mich bald nach
meiner Ernennung für *Cor Unum,* in einer *Congregatio generalis*
meine Sicht von „Bedeutung und theologischen Fundamenten der
kirchlichen Caritas-Tätigkeit" darzustellen. Dieses Gremium der
Leiter aller vatikanischen Abteilungen hatte einen besonderen Stellenwert; es traf sich eher selten und die Zusammenkünfte verliefen
nach vorgeschriebener Ordnung. Unsere Sitzung wurde für den
25.11.1999 angesetzt.

Nach meinem Vortrag, der den übrigen Teilnehmern schon
vorher schriftlich zugegangen war, lasen diese die kurzen Statements ihrer eigenen Beurteilung der Lage vor. Besonders die Kardinäle Ratzinger, Poupard, Tomko und Baum stimmten meiner
Analyse zu. In einem Schlusswort machte ich keinen Hehl aus meiner Genugtuung, in diesem Kreis dafür Bestätigung gefunden zu
haben, dass kirchliches Helfen seitens der geweihten Hirten größere Aufmerksamkeit verdiente. Beim Hinausgehen nahm mich der
Heilige Vater beim Arm und fragte mich gleichsam privat, was nun
konkret geschehen könnte; dann riet er mir, ihm mögliche Schritte
in einem Brief mitzuteilen. So entstand der Vorschlag für ein Lehrdokument, in dem der Papst – wie ich an Johannes Paul II. schrieb –
„den Sinn der Nächstenliebe aus christlicher Sicht klären könnte"
(Brief vom 17.12.1999). Dieser kleine Satz brachte ein Dokument
auf den Weg, der nicht eher als sechs Jahre später, nämlich zu Weihnachten 2005, mit der Veröffentlichung der ersten Enzyklika Papst
Benedikts XVI. *Deus caritas est* – Gott ist die Liebe (DCE) an sein
Ziel kam. Die Einzelheiten des langen Weges, die zu erzählen jetzt
die Zeit nicht reicht, belegten einmal, wie viel Mühe hinter einem
vatikanischen Dokument steht; dass aber andererseits Geduld auch
belangvolle Früchte tragen kann. Denn Papst Benedikts Enzyklika
Deus caritas est ist wirklich ein Meilenstein für alle, die andern helfen wollen – in humanitärem und erst recht in christlichem Geist.

Die Enzyklika „Gott ist die Liebe"

Nach ihrer Veröffentlichung mussten Insider zunächst die wohlwollenden Kommentare der Medien überraschen.

„Niemals zuvor hat ein Papst so einfühlsam und poetisch, zugleich theologisch von umfassender Bildung über die menschliche Liebe vom ‚Versinken in der Trunkenheit des Glücks' geschrieben wie Benedikt XVI.", hieß es in der *FAZ* (20.01.06). – In der Wochenzeitung *DIE ZEIT* grenzt Jan Ross missliebige Herausforderungen der Kirche an die Gesellschaft ab: „Nein, von der Pille ist nicht die Rede. [...] Auch die Schwulenehe [...] kommt nicht vor. Eine kurze Polemik gegen Sex als Ware ist schon fast alles, was an Kulturkritik geboten wird. Joseph Ratzinger ist konservativ, aber eigentlich kein Moralprediger" (26.01.06). – Und das *Handelsblatt* analysiert: „Gegen Leere und Verfall postmoderner Gesellschaften setzt Benedikt das Ideal der Liebe, gepaart mit Verantwortung. [...] Der totale Versorgungsstaat, so der Papst, wird letztlich zu einer bürokratischen Instanz. Die persönliche Verantwortung ersetzt er nicht. Das sind Thesen, mit denen sich der Papst an jedem Gespräch beteiligen könnte [...]" (26.01.2016).

Jeder, der sich mit Theologie befasst hat, erkennt bei der Lektüre dieses Lehrschreibens sofort die Handschrift Joseph Ratzingers. Besonders die erste Hälfte des Textes ist genuiner Ratzinger. Und gerade sie verwundert. Denn eigentlich gibt sie keinerlei Anweisung für den praktischen Vollzug der Nächstenliebe. Sie ist allein mit Gott befasst. So war sie denn auch kaum Gesprächsthema, wenn wir in *Cor unum* uns mit dem Episkopat der verschiedenen Länder bei den Ad-limina-Besuchen über die Enzyklika austauschten. Und die Frage stand im Raum, warum der Papst einen so langen Weg machte zu praktischen Weisungen.

Die Antwort ist ein Fanal: Weil das Thema „Gott" – obwohl heute oft vergessen – von solchem Gewicht und solchem Belang ist. Der Papst reißt uns aus unserer philanthropischen Selbstversponnenheit, die nur die Erde und deren Misere anschaut – aber nicht mehr den Blick zur Ermöglichung selbstlosen Liebens erhebt; Benedikt bestreitet die These etwa einer Theologin Dorothee Sölle

(† 2003), die sich rühmte, solange es so viel Elend in der Welt gäbe, vertue sie keine Zeit mit Beten.

Schon durch den Aufbau des Lehrschreibens und noch mehr durch den Inhalt erinnert uns Benedikt daran, dass dem zweiten Gebot ein erstes vorausgeht. Bei ihm anzuknüpfen, erfordert das reiche und bewegende kirchliche Erbe, das von den Heiligen Martin von Tours über Elisabeth von Thüringen bis zur heiligen Mutter Teresa reicht. Sie alle ließen bei ihrer Hilfe für den Nächsten Gott nicht aus dem Blick, hielten sich an das Vorbild Jesu Christi selbst. Jesu gute Tat richtete sich nämlich nie allein gegen irdisch-greifbare Not. Wir haben von Jesu Heilung des Gelähmten in Kapharnaum gehört, die mit dem spektakulären Aufbrechen des Daches beginnt (Mk 2,1-12). Der Kranke landet schließlich vor den Füßen des Herrn. Dieser erkennt den Glauben der Helfer und spricht das heilende Wort. Doch seine Rede zielt zuerst auf die Wurzel von allem Elend: „Deine Sünden sind dir vergeben." Die Schriftgelehrten protestieren und greifen Jesu Heilslogik an. Dann erst wirkt der Herr die physische Heilung und bestätigt so seine geistliche Macht. Jesus ist kein Philanthrop, der innerweltliches Elend ausräumen will. Er setzt an bei den Gründen der menschlichen Not: der Sünde, der Selbstgenügsamkeit, beim Leben in der Gottesferne. All seine guten Taten sind transparent hin auf die Güte des Vaters im Himmel – entweder nutzt er sie für eine Katechese oder ihre Glaubensfunktion ist unmittelbar einsichtig: Beim Seesturm, beim Besessenen von Gerasa, bei der Tochter des Jairus, bei der gekrümmten Frau – um wenigstens einige zu nennen. Besonders der Evangelist Johannes hebt das hervor. Weil Jesu Heilshandeln an den Menschen über das Empirisch-Greifbare hinaus auf den Glauben hin durchsichtig sein will, nennt das vierte Evangelium Jesu Taten „SEMEIA – Zeichen": Wir alle erinnern uns an

- die Hochzeit zu Kana (Kap. 2)
- den kranken Sohn des königlichen Beamten (Kap. 4)
- den Gelähmten am Bethesda-Teich (Kap. 5)
- die Speisung der Fünftausend (Kap. 6)
- den Blindgeborenen (Kap. 9)
- die Auferweckung des Lazarus (Kap. 11).

All diese Taten Jesu heißen nicht mehr „Wunder", sondern Johannes gebraucht ein neues Wort: „Zeichen". Aus gutem Grunde: Der Herr beabsichtigt letztlich nicht, als Menschenfreund Probleme auszuräumen oder leiblichen Schaden abzuwenden. Seine Machttaten sollen seiner Botschaft sekundieren. Er will Glauben stiften an seinen messianischen Anspruch, weist also klar über das greifbare Geschehen selbst hinaus. Sein Tun macht seine Worte gleichsam zum hörbaren Ereignis oder zu einer sichtbaren Rede.

Das christliche Indiz

Die moderne Kultur des Helfens weiß häufig nicht mehr, dass Jesu Tat Verweischarakter hatte. Auch Christen dürften oft genug vergessen oder daran gehindert sein, ihren Dienst am Nächsten auf Gott hin durchsichtig zu machen. Dennoch erfahren gerade sie wieder und wieder, dass erst die Liebesgemeinschaft mit Gott eine selbstlose Hinwendung zum Hilfsbedürftigen möglich macht. Definitiv hat die theologische Logik einer unauflösbaren Klammer zwischen dem ersten und zweiten Gebot unser Leben zu bestimmen.

Und Jesu Doppelausrichtung der Liebe auf die irdischen Geschwister und den himmlischen Vater gibt für den Hilfswilligen gelegentlich den einzigen verbleibenden Fingerzeig. Denn in auswegloser Ohnmacht bleibt ihm nur die Antwort des Glaubens: das Zuhören, das die Not des anderen still zu Gott trägt oder ein schüchternes Wort des Trostes, das den Leidenden aufrichtet. Vielleicht sogar der Hinweis auf das ewige Leben. Wie ich es einmal erlebte.

Während meiner Zeit als Präsident von *Cor unum* sandte mich eines Tages Papst Johannes Paul II. nach Ruanda in Afrika. Ruanda ist eines der kleinsten Länder des Kontinents und mit ca. 8,7 Millionen Bewohnern besonders dicht besiedelt. Von dieser Bevölkerung hatten sich bei Stammesfehden ungefähr 800.000 Menschen umgebracht. Die beiden Stämme Hutu und Tutsi versuchten sich in einem unvergleichlichen Massaker gegenseitig zu vernichten. Das vollzog sich mit einer Brutalität und Schnelligkeit, wie sie in der Geschichte ohnegleichen ist. In dem Zeitraum von 100 Tagen mussten innerhalb jeder Minute mehr als fünf Menschen ihr Leben lassen, wobei die Bewohner einander zu Henkern wurden. Drei der neun

Bischöfe und ein Drittel der Priester und Ordensleute waren unter den Opfern. Eine klägliche Rolle spielte die internationale Gemeinschaft – die Vereinten Nationen und vor allem die involvierten Staaten: Belgien, USA und Frankreich. In Karama führte man uns zu einem der Massengräber. Unversehens näherten sich plötzlich wohl gegen fünfzig schwarz verschleierte Witwen, deren Männer Opfer des Hasses geworden waren. Mich durchzuckte er Gedanke: Jetzt muss ich etwas sagen – ein Wort der Anteilnahme, des Trostes. Ich konnte voraussetzen, dass manche die französische Sprache verstanden. Aber welche Worte wählen? Hilfe zum Wiederaufbau, Geld und medizinische Projekte konnte ich unter solchen Umständen nicht ansprechen; das wäre pietätlos gewesen! Jetzt war Trauerarbeit zu leisten. Ich musste meinen Glauben in Worte fassen; musste sprechen von dem, was nach dem Tode noch bleibt. Ich suchte Worte über das ewige Leben, über unsere Heimat bei Gott.

Solche Botschaft hat christliches Helfen aller humanitären Kultur voraus. Der Genozid von Ruanda hat sie mir unvergesslich eingeprägt. Sie ist freilich fortdauernd neu zu wecken. Gott und Jesus Christus behalten ja nicht selbstverständlich einen Ort in unserem Bewusstsein; der Vater im Himmel und Christus, unser Bruder, bestimmen unser Denken und Handeln nur, wenn wir nicht aufhören, uns ihnen zuzuwenden und sie herbeizurufen. Beherrscht uns völlig die geschäftige Alltagsroutine, wird der Himmel dunkel.

Schließlich ist die Säkularisierung des Helfens keine Herausforderung nur für Deutschland. Papst Franziskus wandte sich fraglos an alle Gläubigen der *Catholica,* als er sich am Ende des Konklaves an uns Kardinäle wandte:

> „Wir können gehen, wie weit wir wollen, wir können vieles aufbauen, aber wenn wir nicht Jesus Christus bekennen, geht die Sache nicht. Wir werden eine wohltätige Nicht-Regierungs-Organisation, aber nicht die Kirche, die Braut Christi. [...] Wenn man nicht auf Stein aufbaut, was passiert dann? Es geschieht das, was den Kindern am Strand passiert, wenn sie Sandburgen bauen: Alles fällt zusammen, es hat keine Festigkeit. Wenn man Jesus Christus nicht bekennt, da kommt mir das Wort von Léon Bloy in den Sinn: ‚Wer nicht zum

Herrn betet, betet zum Teufel.' Wenn man Jesus Christus nicht bekennt, bekennt man die Weltlichkeit des Teufels, die Weltlichkeit des Bösen" (14.03.2013).

Die Heilige Mutter Teresa

„Caritas – ein unersetzliches Fenster auf das Evangelium." So haben wir meine heutigen Überlegungen überschrieben. Dass Gottes Botschaft im Dienst am Notleidenden eindrucksvoll aufscheinen und nachdrücklich sprechen kann, ist keine graue Theorie. Wem fiele als unleugbarer Beleg für ihre Wahrheit nicht die heilige Mutter Teresa von Kalkutta ein? Sie hat diese Verschränkung von Caritas und Evangelium in ihrem Leben konkretisiert, hat beidem neues Profil und neue Leuchtkraft gegeben. Sie zeigt uns, dass Gottes- und Nächstenliebe zur perfekten Synthese kommen können. Wenn sie etwa formuliert:

Jesus ist – das Wort, das ich spreche,
Das Licht, das ich entzünde,
Das Leben, das ich lebe,
Die Liebe, mit der ich liebe,
Die Freude, die ich schenke,
Der Friede, den ich bringe,
Die Kraft, die ich einsetze,
Der Hungrige, den ich speise,
Der Nackte, den ich bedecke,
Der Heimatlose, den ich aufnehme,
Der Kranke, den ich pflege,
Das Kind, das ich lehre,
Der Einsame, den ich tröste,
Der Abgewiesene, den ich annehme,
Der Verwirrte, den ich tröste.
Jesus ist – mein Gott,
mein Herr,
mein Bräutigam,
mein Alles,
mein Schatz,

mein Einziger.
Jesus ist der, dem ich in Liebe verbunden bin,
dem ich gehöre und von dem mich nichts trennen wird.
Er ist mein.
Ich bin sein.

Gewiss, nur wenige haben die Glaubenstiefe und den Heroismus dieser Heiligen. Aber sie mag uns Mut und unser Engagement für den Nächsten auf Gott hin durchsichtig machen, weil es von der Liebe zu Christus getragen ist. Jesus-Verbundenheit stärkt sogar seine Strahlkraft.

Die Heilige starb am 5. September 1997. Ihre Gemeinschaft umfasste bei ihrem Tod weltweit 3.914 Professen, heute sind es 5.082; damals zählten sie 594 Niederlassungen, im Augenblick sind es 765. Und noch ein überraschendes Datum: Am 15. Januar dieses Jahres veröffentlichte das Institut für Demoskopie Allensbach die Ergebnisse einer Umfrage nach „Vorbildern für Deutsche". Die Angebotsliste enthält die Namen herausragender Persönlichkeiten – wie Nelson Mandela, Mahatma Gandhi, Dalai Lama oder auch die Politiker Adenauer, Brandt und Obama. In der Auswertung nimmt unter 19 modernen Gestalten die selige Mutter Teresa den ersten Platz ein.

Solidarität und Nächstenliebe. Komplementäres und Distinktives

Secours catholique – Paris, November 2005

Im eben vergangenen Oktober beriet die Bischofssynode in Rom über das Thema „Die Eucharistie: Quelle und Höhepunkt des Lebens und der Sendung der Kirche." Da bei solchen Konferenzen das authentische Abschlussdokument zu längerer Beratung nötig und vom Papst selbst verantwortet wird, verfassten die Bischöfe noch während der Zusammenkunft wieder einen kurzen Text; er wollte auf das öffentliche Interesse an den Beratungen knapp antworten und verhindern, dass die Teilnehmer mit leeren Händen in ihre Diözesen zurückkehren. Die Botschaft nennt sich „Nuntius", wird von einer synodalen Redaktionsgruppe rasch formuliert und dann vom Plenum gebilligt. Sie will ein authentischer Spiegel neuer Erkenntnis, der erfahrenen Brüderlichkeit und des pastoralen Ringens sein.

Beliebtheit des Begriffs „Solidarität"

In der Einleitung dieser „Botschaft" taucht gleich dreimal der Begriff „Solidarität" (Nr. 4 und 5) auf; auch anschließend wird er nochmals gewählt (Nr. 13). Solche Wort-Häufung fällt ins Auge. Indessen verwundert ihre Herausstellung den nicht länger, der sich unter weiteren offiziellen kirchlichen Stellungnahmen jüngeren Datums umschaut. So gibt es im „Katechismus der Katholischen Kirche" von 1992 nicht weniger als 23 Stellen, „Solidarität" zu erläutern, und im „Kompendium der kirchlichen Soziallehre" von 2005 sind es gar 63 Hinweise. Vergleicht man nun allerdings diese Kumulation seiner Verwendung mit den Akten des Vaticanum II, so findet man in einer Konkordanz der zahlreichen und wortreichen Beschlusstexte nur neun Nennungen. Weiter lässt sich feststellen, dass seine lateinische Version *(solidarietas)* in vorkonziliaren kirchlichen Verlautbarungen überhaupt fehlt und dass sich auch das renommierte *Dic-*

tionnaire de théologie catholique sogar ablehnend gegenüber seinem Gebrauch äußert: die soziale Solidarität sei der christlichen Liebe systematisch entgegengesetzt.[1] Angesichts der Karriere des Wortes „Solidarität" fragt sich der Beobachter, welche Gründe es so populär gemacht haben mögen. Auch wenn semantische Prozesse komplex sind, möchte ich einen kleinen Versuch beisteuern, der freilich skizzenhaft bleibt und Allgemein-Bekanntes herausgreift.

Solidarność

Zunächst ist auf eine politische Bewegung in Polen zu verweisen, deren Zeitzeugen wir teilweise selbst waren. Am 14. August 1980 kam es in Danzig auf der Schiffswerft zum Streik; 17.000 Arbeiter schlossen sich zur Gewerkschaft *Solidarność* zusammen. Sie forderten von den kommunistischen Machthabern die Beachtung der Menschenwürde und gaben ihrem Drang nach Freiheit Ausdruck. Sie vollzogen gleichzeitig Brückenschläge der Arbeiterschaft zur Kirche: Gedenkkreuze wurden aufgestellt; das Bild der Gottesmutter von Tschenstochau ging als Emblem des Protests um die ganze Welt; täglich feierten die Streikenden die hl. Messe.

Papst Johannes Paul II. ermutigte die Arbeiter von Rom aus und forderte am 20.08. den polnischen Episkopat zur Identifikation mit ihnen auf. Die polnische *Intelligenzija* schloss sich den Aufständischen an, und es kam zu einer klassenübergreifenden Solidarisierung. Der Papst reagierte bei der Mittwochsaudienz am 27.08. nochmals; er ermunterte zum zweiten Mal die polnischen Bischöfe und forderte, die Probleme der Streikenden in Frieden und Gerechtigkeit zu lösen. Unterhändler der Regierung akzeptierten schriftlich ein Abkommen. *Solidarność* war geboren. So entstand eine neue politische Kraft in Polen, die offensichtlich aus christlichem Geist hervorging.

Es wäre nun zu berichten von der Verhängung des Kriegsrechts über Polen durch die Moskauer Satrapen am 12./13.12.1981 und die Inhaftierung Tausender Anhänger von Solidarność; von der Reise des Papstes im Juni 1982 und sein energisches Eintreten für die Gewerk-

---

1 *Dictionnaire de théologie catholique*, Bd. II, Paris 1932, 2258.

schaft – etwa sein Appell an die Landsleute, die größere Freiheit zu wählen, und dass Nächstenliebe grundlegende Solidarität zwischen den Menschen meine, ein Fundament der Gesellschaft und ein Prinzip ihrer moralischen und sozialen Erneuerung; von der Begegnung des Papstes mit Staatspräsident Jaruzelski in Krakau, bei der er das Recht von *Solidarność* auf Unabhängigkeit vom Staat forderte und sich gegen alle staatlichen Einwände mit dessen Gründer, Lech Walesa, traf; von der Ermordung des Priesters Jerzy Popiełuszko, dessen Grab sofort zu einem Wallfahrtsort der neuen Gewerkschaft wurde, sowie schließlich von der erneuten Verfolgung mancher Gewerkschaftsführer durch den kommunistischen Staat. Statt all dessen soll Papst Johannes Paul II. nun selbst zu Wort kommen. Er machte im Juni 1987 seinen 3. Pastoralbesuch in Polen und konnte diesmal an der Ostseeküste, in der Heimat der Gewerkschaft, zu den Menschen sprechen. In der Stadt Gdynia an der Ostsee sagte er am 11. Juni 1987:

> „Ja, das Meer spricht zum Menschen von der Notwendigkeit, einander zu suchen, [...] von der Notwendigkeit der Solidarität, der zwischenmenschlichen und der internationalen Solidarität. Wie bedeutsam ist doch die Tatsache, dass gerade das Wort Solidarność hier, am polnischen Meer, ausgesprochen wurde [...]. Ich sagte: Solidarität muss vor Kampf kommen. Ich ergänze: Solidarität setzt auch Kampf frei. Aber dies ist nie ein Kampf gegen den anderen. Ein Kampf, der den Menschen als Feind und Gegner behandelt – und zu dessen Vernichtung strebt. Dies ist ein Kampf um den Menschen, um seine Rechte, um seinen wahren Fortschritt: ein Kampf für eine reifere Form des menschlichen Lebens. Denn dann wird dieses menschliche Leben auf Erden ‚menschlicher‘, wenn man sich leiten lässt von Wahrheit, Freiheit, Gerechtigkeit und Liebe."[2]

Fraglos trifft dieser Kommentar des Papstes den Nagel all dieser Ereignisse „auf den Kopf". Und der Begriff „Solidarität" wurde nicht nur öffentlich beliebt; er bekam auch in der Kirche eine attraktive Farbe, zumal er in sich Raum freihielt für zentrale christliche Ele-

---

2   Zitiert in George Weigel, *Zeuge der Hoffnung*, Paderborn 2002, 571.

mente. Gleichzeitig strahlte er Heroismus aus und verbreitete eine Vitalität, die ersehnte politische und gesellschaftliche Veränderungen in Aussicht stellte.

Charles Péguy

Lange vor dieser polnischen Befreiungsgeschichte hatte schon ein anderer Christ die Solidarität auf den Schild gehoben, der Franzose Charles Péguy († 1914). Auch er muss Beachtung finden, wenn jemand ausloten will, was in diesem Begriff mitschwingt und heute gehört wird. Péguy rang um den Weg, der das Evangelium den Armen seiner Zeit näherbringen könnte; der es vermöchte, dass auch nicht eine einzige unsterbliche Seele der ewigen Verdammnis anheimfiele. Ein fundamentaler Wegweiser war ihm zu diesem Ziel das hier umkreiste Wort *solidarité* – freilich als Kampfbegriff![3] Péguy rannte an gegen bourgeoise Bigotterie, die die eigenen Gefühle pflegt und nicht an solche Zeitgenossen denkt, welche darben oder sich auf dem Weg zu Gott verirren. Gegen solche selbstzufriedenen Christen führte er die Solidarität ins Feld. Demnach ist Solidarität für Péguy nicht billiger zu haben als die *charité*, die im Kreuz Christi wurzelt. Er sammelte Gleichgesinnte um sich und warf den Frömmlern vor, sie möchten sich mit ein paar Werken von Nächstenliebe loskaufen. Er sprach von der Häresie des Modernismus, aber vom „Modernismus des Herzens". Das Christentum sei nicht mehr die Religion des einfachen Volkes, sondern eine armselige Art von besserer Religion für angeblich bessere Leute. Doch es würde die Arbeitsstätten keinesfalls für den Glauben zurückerobern, wenn es nicht die Kosten einer wirtschaftlichen, sozialen, industriellen Revolution tragen wolle, kurz die Kosten einer irdischen Revolution um des ewigen Heiles willen. Mit den kirchenkritischen Sozialisten ging Péguy allerdings nicht weniger hart ins Gericht als mit den Gewohnheitschristen. Er stieß die Parteipolitiker vor den Kopf; er entlarvte ihre Machtversessenheit, die die Menschen opfert und zu Instrumenten degradiert; er nannte deren Antichristentum eine substanzlose Gegenkirche; der Atheismus sei nichts weiter als eine neue Methodologie, das Freidenkertum ein neuer Klerikalismus.

---

3   Das Folgende verdankt sich Hans Urs von Balthasar, *Herrlichkeit II 2, Laikale Stile*, Einsiedeln 1969, 769–880.

Péguys Solidarität polemisierte also gegen die egoistisch-priva-
ten Sonderinteressen einer christlich drappierten *charité*. Er suchte den Weg, der allen das Heil zuteilwerden lässt. Schon als Kind
erzählte ihm seine Großmutter Geschichten, in denen der Teufel
Seelen in die Hölle ziehen wollte, diese ihm aber im letzten Augenblick von einem Engel oder dem Herrn Pfarrer entrissen wurden.
So forderte er als erwachsener Revolutionär:

> „Man soll seine Seele nicht retten, wie man einen Schatz
> rettet. Man soll sie also retten, wie man einen Schatz verliert.
> Indem man sie ausgibt. Wir müssen uns zusammen retten.
> Wir müssen zusammen beim lieben Gott ankommen. Was
> würde er sagen, wenn wir ohne die anderen bei ihm ankä-
> men, zu ihm heimkämen?"

Es wäre schlimm, wenn jemand Gott gegen seinen Nächsten lieben
würde; wenn er sein eigenes Heil gegen das seines Nächsten verfol-
gen würde.[4]

In seiner *Note Conjointe* (von 1914) hält Péguy ich diesen zentralen Schrei mit scharfen Worten fest. Er schreibt über die Gruppe
der sog. Frommen:

> „Weil sie nicht die Kraft (und nicht die Gnade) haben, der Natur
> anzugehören, glauben sie, dass sie der Gnade angehören. Weil
> sie keinen zeitlichen Mut haben, glauben sie, dass sie schon
> begonnen hätten, das Ewige zu durchdringen. Weil sie nicht den
> Mut haben, von der Welt zu sein, glauben sie, dass sie Gottes
> seien. Weil sie nicht den Mut haben, einer der Parteien des Men-
> schen anzugehören, glauben sie, dass sie von der Partei Gottes
> seien. Weil sie nicht des Menschen sind, glauben sie, Gottes zu
> sein. Weil sie niemand lieben, glauben sie, Gott zu lieben."[5]

Wie *Solidarność* in Polen hisste auch Péguy die Fahne der Solidarität.
Seine Provokation ist prophetisch und bleibt gültig. Noch heute kann
uns der Zentralbegriff seines eindrucksvollen Notrufs berühren.
Und was der Dichter aus ihm las, wird den Frommen zum Apostel –
oder wird ihm Angst machen.

---

4   Ebd., 810.
5   CHARLES PÉGUY, *Nota Conjuncta*, Wien 1956, 167.

Französische Wurzeln

Péguys begriffliche Annäherung zwischen Solidarität und Nächstenliebe sollte allerdings noch weiter geprüft und nicht naiv vereinfacht werden. Besonders weil nicht alle Zeitgenossen heute diesen Begriff mit Péguys christlichen Heils-Gedanken füllen. Inhalte von Begriffen haben ja ihr Eigengewicht; Etymologie lehrt uns, ihren Gebrauch nicht positivistisch aufzuzwingen; das wäre eine Art von begrifflichem Nominalismus, der Verwirrung stiftet. Wohl mögen Worte im Laufe der Geschichte zusätzliche Inhalte aufnehmen. Dennoch tragen sie auch die Konnotationen ihres Ursprungs. Darum muss uns der geschichtliche Prozess interessieren, der den Begriff Solidarität hervorbrachte.

Auguste Comte († 1857) verwendete den Begriff *solidarité* in seinen Schriften zur Bezeichnung gegenseitiger Abhängigkeit zwischen Menschen und zwischen Menschengruppen.[6] Klares Profil bekam er dann durch die Veröffentlichungen von Pierre Leroux († 1871), der ihn mit folgenden Worten deutet:

„Ich habe als Erster den Begriff solidarité der Rechtssprache entlehnt, um ihn in die Philosophie einzuführen, d. h. nach meiner Vorstellung in die Religion: Ich wollte die charité des Christentums durch die Solidarietas der Menschen ersetzen.“

In seinem großen Werk *De l'Humanité* – Über die Menschheit entwickelt er in seinem IV. Buch die „Gegenseitige Solidarität der Menschen". Sie muss die christliche Liebe ersetzen, damit die Menschheit das Christentum hinter sich lassen kann: „Das Christentum ist die größte Religion der Vergangenheit; aber es gibt etwas Größeres als das Christentum: die Menschheit." Die Überwindung der christlichen Liebe ist in jedem Falle nötig, da sie selbst gescheitert ist – in der Praxis, wie es evident ist. Aber noch klarer in der Theorie, wenn man das Durcheinander und die Gegnerschaft der drei verschiedenen Gegenstände beachtet, die nach christlichem Gebot zu lieben sind: Gott – der Nächste – sich selbst.

6　　Der Prozess ist differenziert beschrieben in Vincent Carraud, *Solidarité ou les traductions de l'idéologie*, in: Communio (franz.) 5 (1989) 106–127; die folgenden Zitate ebd.

> „Drei Begriffe so durch Addition und Bündelung zusam-
> menzuziehen, bedeutet nicht, sie zu begründen oder sie zu
> vereinigen. So hat sich die christliche Theologie geirrt."

Die Geschichte des Christentums ist die Geschichte vom Bemühen
und Scheitern beim Versuch, „diese drei Dinge zu harmonisieren".
Christliche Liebe sei darum von dreifacher Unvollkommenheit gekennzeichnet, die aus der notwendigen Unfähigkeit des Christentums folgt, spannungsvolle Beziehungen (Liebe) zwischen Ich und
Nicht-Ich zu denken und zu organisieren: Das Ideal der christlichen
Liebe ist ein Hirngespinst, weil es dem Menschen nicht gerecht
wird; es verkannte ihn gleich dreifach und entstellte ihn. Es leugnete

> 1. „das Ich oder die menschliche Freiheit, die gestrichen wurde;
> den notwendigen und heiligen Egoismus, der verachtet wurde
> [...]; 2. Das Ich oder die menschliche Freiheit, die direkt zu Gott
> hingewendet wurde [...]; 3. Das Nicht-Ich oder Meinesgleichen,
> verachtet selbst in der Nächstenliebe, der nur scheinbar und in
> einer Art Fiktion – eben nur um Gottes willen – geliebt wird;
> denn Gott ist die einzige Liebe des Christen".

Es sei nun die neue Philosophie, die die Widersprüche des Christentums hinter sich lässt und „die wahre Formel der Nächstenliebe
oder die der gegenseitigen Solidarität bildet: ‚Liebt Gott in euch und
in den andern'; das bedeutet ‚Liebt euch (statt Gott) in den andern',
oder ‚Liebt die andern (statt Gott) in euch'". Gott entfällt für die liebende Hinwendung zum Nächsten. Drei-Bezogenheit verdeutlicht
sich zur Zweigliedrigkeit. Solidarität kann also schließlich in die
Tat umgesetzt werden:

> „Mit dem Prinzip der gegenseitigen Solidarität ist die gegen-
> wärtige Gesellschaft befähigt, Nächstenliebe zu organisieren;
> denn Nächstenliebe ist im Grunde Selbstsucht. So hat die Ge-
> sellschaft von heute endlich ein religiöses Prinzip. Die Kirche
> kann aufhören zu bestehen."

Aus solchen Wurzeln erwächst die glaubenswidrige Bedeutungsgeschichte der Solidarität.[7] Als politischer Begriff verbreitet sich etwa in Deutschland Solidarität im Anschluss an Ferdinand Lassalle († 1864) und Friedrich Engels († 1895) mit dessen Erfahrung der Pariser Kommune. Solidarität meint als sozialistische Vokabel nun die Verpflichtung aller gegenüber jedermann. Gegen die kapitalistische freie Konkurrenz des „Jeder für sich!" stellt Solidarität die Arbeiterverbrüderung und den Imperativ „Jeder für alle!": Solidarität bekommt in der Arbeiter- und Gewerkschaftsbewegung höchste Popularität. Sie gilt als „der höchste Kultur- und Moralbegriff; ihn voll zu verwirklichen, das ist die Aufgabe des Sozialismus" (Wilhelm Liebknecht, † 1900). Dabei behält der Begriff seine kämpferische und antichristliche Stoßkraft. Kurt Eisner († 1919) etwa formuliert: „Nein, nichts mehr von Liebe, Mitleid und Barmherzigkeit. Das kalte, stahlharte Wort Solidarität aber ist in dem Ofen des wissenschaftlichen Denkens geglüht."

Zweifellos stehen die atheistisch-sozialistischen Wurzeln der Bedeutung von Solidarität kaum noch jemandem vor Augen. Gleichzeitig ist die Tatsache festzuhalten, dass offenbar heute im gesellschaftlichen Diskurs kaum ein Leitsatz und keine Idee eine stärkere Kraft auf wohlwollende Menschen ausübt wie die These, dass alle für einander einzustehen haben. Gegen diesen Imperativ kommt anscheinend kein anderes der großen normgebundenen Prinzipien des sozialen Rechts an – weder das Prinzip der Gleichheit noch das der Freiheit. Hier liegt wohl auch über die Verweise auf *Solidarność* und auf Charles Péguy hinaus der Grund für die Hochschätzung dieses Begriffs in der kirchlichen Sprache. Er fasziniert, weil Solidarität das Engagement aller im gemeinsamen Kampf gegen Unrecht und für Gerechtigkeit verspricht.

Grenzen

Leider wird bei gründlicherem Nachdenken jedoch sein Glanz auch gravierend eingetrübt. Schon bei seinem Aufkommen in Deutschland wurde gefragt, welche Kräfte denn der Idee der Verbrüderung

---

7   Belege zum Folgenden bei ANDREAS WILDT, Art. *Solidarität*, in: HWPh IX, Basel 1995, 1004–1015.

aller und der Solidarität die erhoffte Effizienz verleihen würden. So bezweifelt der Liberale H. Schulze-Delitzsch († 1883), die Idee der „Verbrüderung" entwickle aus sich heraus die Kraft gegenseitigen Helfens. Auch in unseren Tagen gibt der Philosoph Jürgen Habermas (* 1929) zu bedenken, dass eine Solidarisierung mit anderen Personen und ihren Zielen nur möglich ist, wenn die anderen sich für diese Ziele auch selbst einsetzen.[8] So möchte es sein, dass das Vertrauen in die Solidarität sich aus einem Idealismus speist, der die Natur des Menschen wie die Lehren der Geschichte schönfärbt. Sind nicht oft genug die hehren Gefühle verflogen, wenn die Last des grauen Alltags drückte oder gar Hass und Neid aufkamen? Solche Erfahrung straft den im Begriff steckenden Wahrheitsgehalt nicht lügen, gießt aber doch nicht wenige Wermutstropfen in den beglückenden Trank. Und sie nötigt definitiv dazu, an dem von Pierre Leroux eliminierten Begriff festzuhalten, ja ihn wieder ins Licht zu rücken: *Charité*.

Ihn neu herauszustellen, muss zunächst beachten, dass in manchen Aussagen zur jüngsten Geschichte Polens und zu den Appellen Péguys die geförderte Solidarität Gottes Heil nicht leugnete. Die Überschneidung von „Hüben" und „Drüben" lag ja für die betroffenen Felder auf der Hand. Und der Elan, den der Begriff Solidarität wohl in sich trägt, macht seine zunehmende Verwendung in kirchlichen Dokumenten jüngster Vergangenheit fraglos verständlich. Allerdings nicht auf Kosten des Unterschieds zwischen Solidarität und Nächstenliebe, der mit dem Mutterboden von Solidarität gegeben ist: als wären Welt und Menschen handgreiflich-empirisch zu deuten und nur das Messbare und historisch Fassbare real. Im Gegensatz zu dieser Sicht bringt *Charité* das Licht der übernatürlichen Offenbarung ein. Ihr hält der Glaubenskontext neue bindende Einsichten bereit. Sie gegenüber profaner Gesellschaftswissenschaft festzuhalten, ist qualifizierende Pflicht der kirchlichen Soziallehre. Ein bekannter deutscher Autor wollte zwar die Frommen mit dem Satz verspotten: „Wer glaubt, weiß mehr". Doch es gibt wirklich dieses „Mehr". Und es mag für die Nächstenliebe rasch an einigen Momenten festgemacht werden.

---

8   Verweise in WILDT, Art. *Solidarität*, 1006 bzw. 1009.

Recht und Liebe

Die christliche Botschaft erweitert zunächst die Vorstellung von Gerechtigkeit, die mit dem Begriff *solidarité* angezielt wird. Vom römischen Recht her wurde Gerechtigkeit verstanden als *„voluntas ius suum unicuique tribuendi* – Wille, jedem sein Recht zuzuteilen". Gerechtigkeit lag demnach umfassend im Wollen und Wirken des Menschen. Weniger knapp versteht schon das Alte Testament die Gerechtigkeit. Es gibt für die Schaffung eines gerechten Miteinanders im auserwählten Volk starke Hinweise auf die Intervention Jahwes. Er greift ein, damit sich Gerechtigkeit in den Sozialbeziehungen auch durchsetzt. Er fordert angemessenen Lohn und unparteiische Rechtsprechung (vgl. Ex 23,lff.). Und der Prophet Jesaia tritt als Jahwes Anwalt des Rechts auf, wenn er fordert: „Wascht euch, reinigt euch! Lasst ab von eurem üblen Treiben! Hört auf, vor meinen Augen Böses zu tun! Lernt, Gutes zu tun! Sorgt für das Recht! Helft den Unterdrückten! Verschafft den Waisen Recht, tretet ein für die Witwen" (Jes 1,16f.). So sehr soziale Gerechtigkeit den Menschen aufgetragen ist, sie zeigt sich nie allein als Frucht menschlichen Engagements. Die offenbarte Heilsgeschichte erwartet sogar in ihrem Realismus erst vom Messias die Heraufführung des konfliktfreien Zusammenlebens der Menschen: „Ja, er bringt wirklich das Recht. Er wird nicht müde und bricht nicht zusammen, bis er auf der Erde das Recht begründet hat. Auf sein Gesetz warten die Inseln" (Jes 42,3f.).

Recht ohne Liebe würde ferner dem menschlichen Dasein die Wärme rauben. Vom Ersten Testament her verstehen sich im jüdisch-christlichen Horizont Gerechtigkeit und Liebe dann auch nicht alternativ, sondern komplementär. Wem Zustehendes zukommt, der mag dennoch Mangel empfinden. In der Bergpredigt spricht der Herr daher von einer neuen Gerechtigkeit (vgl. Mt 5,17ff.), die der Tora noch fehlt. Sie besteht darin, dass Gesetzesordnung und Verteilungsgerechtigkeit, die jedem das Seine zumessen, überboten werden; sie ist nicht einklagbar, sondern Geschenk. Es ist die Gerechtigkeit der Liebe. Und sie gelingt erst dank der Bekehrung des menschlichen Herzens: wenn jemand dabei ist, Kind Gottes zu werden – frei von Furcht, von bösem Verlangen, von Heuchelei und Rache. Dann kann sich der neue Mensch Gott überantworten in Dankbarkeit und Nächstenliebe. Diese neue Gerechtigkeit, die das Gesetz als solches übersteigt, ist in Christus gekommen, der dann uns Menschen heil und gerecht macht. Aus christlicher Sicht kann auch eine perfekte Sozialordnung des Gemeinwesens nicht auf selbstvergessene Liebe verzichten.

Zur Ermöglichung des Liebens

Wenn sich in der Solidarität das christliche Erbe verflüchtigt, bleibt ferner die Frage ungelöst, die – wie früher erwähnt – deutsche Philosophen den französischen Materialisten stellten: Was motiviert zur Bereitschaft, den Aufruf „Jeder für alle!" in die Tat umzusetzen? Thomas Hobbes († 1679) hatte den Naturzustand des Menschen realistischerweise als „wölfisch" bezeichnet. Naiv ist es, ihn zur Verkörperung von mitmenschlicher Anteilnahme und Wohltätigkeit zu idealisieren. Auch in diesem Fall denkt Gottes Wort weiter, und erst der Glaube gibt eine Antwort.

Neben der Bestimmung Gottes als „Geist" (Joh 4,24) und als „Licht" (1 Joh 1,5) führt das biblische Schrifttum des Lieblingsjüngers in das innerste Geheimnis Gottes ein und formuliert: „Gott ist Liebe" (1 Joh 4,8.16). Dieser Satz will etwas vom verborgenen Wesen Gottes einfangen, an dem die Glaubenden Anteil gewinnen. Johannes formuliert gleichzeitig Gottes Andersartigkeit gegenüber der Welt – nicht in der Absicht einer philosophischen Festlegung, sondern als Verkündigung, die die Hörer des Briefes treffen soll.

Den Grund für seine Aussage sieht der Autor in Gottes unfassbarem Handeln: Er sendet seinen Sohn in die zum Verfall bestimmte Todeswelt, um uns Menschen das Leben neu zu schenken. Diese Hingabe des Sohnes bekundet des Vaters unüberbietbare Liebesgesinnung. Sie überwältigt den Evangelisten dermaßen, dass Liebe ihm zum einzigen Charakteristikum göttlichen Heilshandelns wird. Wie könnten Glaubende diese *charité* gegen das Linsenmus (vgl. Gen 25,31) der *solidarité* eintauschen?

Das Christentum als solches fußt in der Grundwahrheit, dass Gott die Liebe ist. Ohne sie bleiben die Geheimnisse von Dreifaltigkeit und Erlösung dunkel, ja abstrus; im Horizont der Liebe gewinnen sie jedoch Umrisse und bewegen zur Anbetung. Denn Gott ist dreipersönlich im gegenseitigen Geschenk der Selbsthingabe: Schran-

kenlose Kommunion der Beziehung zwischen Ich und Du; Liebe
(griechisch AGAPE), die sich unablässig schenkt (Vater), die sich von
Ewigkeit her in absoluter Gratuität empfängt (Sohn), die ohne Ende
eint und sich unterscheidet (Heiliger Geist). Das Zueinander der drei
Personen kennzeichnet solche Liebe als Kraft, die des anderen Nähe
sucht und die Ketten der Einsamkeit des anderen bricht; die tröstet
und erlöst. Sie lässt sich herab und erniedrigt sich, indem sie uns
Menschen nachgeht. Den christlichen Gott hält der unendliche Abstand zwischen göttlichem Schöpfer und sterblichem Geschöpf nicht
ab, den trennenden Abgrund mit seiner allmächtigen Güte zu füllen. In dieser seiner „Menschwerdung hat er sich gewissermaßen mit
jedem Menschen vereinigt" (Pastorale Konstitution *Gaudium et spes*
über die Kirche in der Welt von heute [GS], Nr. 22), nahm freiwillig
Leidensfähigkeit an und teilte das menschliche Los in seiner erbar-
mungswürdigen Niedrigkeit (vgl. Mk 15,34; Hebr 2,18; 4,15).

Jesus, der Weg

Nach Gott zu verlangen, erwächst nicht allein aus menschlichem
Sehnen. Die Geschichte mit seinen Geschöpfen fordert es heraus.
Der himmlische Vater sendet seinen Sohn. Er offenbart Gottes Wesen und die einzelnen Züge seiner Liebe. Und er verkündet den
Vater in den Evangelien als Quelle und Modell der Güte zwischen
den Menschen: Er nährt die Vögel des Himmels (vgl. Mt 6,26); er
weiß, was wir brauchen (vgl. Mt 6,32); er gibt, um was wir ihn bitten;
er lässt uns finden, was wir suchen; er öffnet, wenn wir anklopfen
(vgl. Mt 7,7). Ein Pastoralbrief des NT zieht das Fazit und formuliert,
dass erst mit Christus „die Güte und Menschenfreundlichkeit Gottes, unseres Retters" (Tit 3,4), in die Welt gekommen ist. Gott-loses
Heidentum ist offen oder versteckt menschenverachtend – wie Henri de Lubac überzeugend darlegt.[9] Erst Christi Kommen machte einen Neuanfang unseres Wandelns und Handelns möglich.

Der Sohn sucht die totale Gemeinschaft mit seinen irdischen
Brüdern und Schwestern. Seine Nähe zu uns ist vorbehaltlos und
seine Sensibilität für uns alle unverkürzt. Dennoch spiegelt er nicht

---

9   Henri de Lubac, *Die Tragödie des Humanismus ohne Gott,* Salzburg 1950.

einfachhin wider, wie sich Menschen lieben. Denn menschliche
Liebe tut generell nicht den ersten Schritt; sie ist sekundär: Das
menschliche Herz wandelt erotische Anziehung nur im Nachhinein
in Zuneigung. Christi Liebe stammt hingegen von oben, von dem
einen Gott, dem Vater, auf den hin wir leben (vgl. 1 Kor 8,6). Sein
und Handeln des ewigen Sohnes entspringen nicht dem eigenen Ich,
sondern der Liebe, die der Vater für ihn hat.
Christi Form der Liebe widerstrebt somit aller Selbstgenügsamkeit. Sie entlässt nicht in die Autonomie oder gar in die Isolierung. Sie ist „verdankt"; sie realisiert umfassend die Sohnschaft:
demütiges Empfangen und dankbarer Jubel. Folglich entlastet sie
auch uns Engagierte in unserem Einsatz und drängt in die Gemeinschaft mit Christus, dem eigentlich Liebenden. Wir lieben eben,
„weil er uns zuerst geliebt hat" (1 Joh 4,19). Von Christus her enthüllt sich Nächstenliebe als gott-verwiesen; jedem Helfer und Retter
steht demnach die Demut dessen an, den er repräsentiert.

Am Kreuz liebt Jesus den Vater mit seinem ganzen Herzen –
die geöffnete Seite; mit all seinen Kräften – die angenagelten Hände;
mit all seinen Gedanken – die Dornenkrone. Er wird am Schandpfahl
zum „Fluch" (Gal 3,13), damit er trotz seiner Schuldlosigkeit uns, die
wir Sünder sind, nahe sein kann. An seiner Gottesferne – er ruft
sein „Warum hast du mich verlassen?" (Mt 27,46) mit letzter Kraft
in die Nacht – erkennen wir, wer uns bewahrt hat vor dem endgül-
tigen Gottesverlust; diesem wären wir durch keine eigene Leistung
je entgangen. Und wir kommen durch diese Einsicht angesichts des
Kreuzes niemals über das Kreuz hinaus: Im Gekreuzigten sehen wir
vor uns die Folge von unserem Versagen und unserer Sünde. Der
Glaubensblick drängt uns zur Dankbarkeit dem gegenüber, der auf
so schreckliche Weise unsere Gegenliebe wecken wollte. Wer wollte
den für uns Sterbenden achselzuckend seinem Schicksal überlassen,
ohne innerlich angerührt und bewegt zu sein? Widerführe es uns,
enthüllte Teilnahmslosigkeit nur unser böses Herz.

Wer den selbstlosen Dienst am anderen durch die Glaubenswahrheiten des Begriffs *charité* zu wecken sucht, bewahrt Kirche
und Gesellschaft vor einer großen theologischen Verarmung, ja
Verwirrung. Wenn in der Kirche *charité* durch *solidarité* naiv ausgetauscht wird, bleiben nur moralisierende Imperative für den Appell

zur Hilfe und zur Verteidigung der Gerechtigkeit – statt dass das Herz des Glaubenden durch Gottes Heilswelt und die Liebe Jesu gnadenhaft bewegt wird. Darum muss es schon sehr verwundern, wenn etwa nach einem Passus aus dem „Katechismus der Katholischen Kirche" als das uns im Leib Christi einigende Band nicht die *charité,* sondern die *solidarité* behauptet wird (vgl. KKK 2850).

Hermeneutische Verschiebung

Dieser Missgriff des „Katechismus der Katholischen Kirche" führt uns zu einem weiteren Vorbehalt gegen die Gleichsetzung der genannten Begriffe. Er ergibt sich aus einer simplen hermeneutischen Beobachtung.

Dass unser Glaube schon seit der Epoche der „Aufklärung" von der Säkularisierung geläutert, aber auch verdünnt und angekränkelt ist, liegt auf der Hand. Ihre Denker haben versucht, Transzendenz in eine immanente Auffassung des menschlichen Daseins hinein aufzuheben. So sollte der Dualismus von weltlich und geistlich, von irdisch und göttlich, von profan und heilig versöhnt werden. Die Trennung von Ewigkeit und Zeit, von Innerlichkeit und Äußerlichkeit sollte ein Ende haben. Wohl wird inzwischen von einigen Denkern die Fehlerhaftigkeit solcher Weltsicht aufgezeigt.[10] Doch wird sie von der öffentlichen Meinung pausenlos gelehrt. Sie dominiert den allgegenwärtigen Humanismus: Menschliches Miteinander wäre sachgerecht zu praktizieren – ohne spirituelles Tamtam. Religion begegnete heute allein in säkularer Sprache. Die göttliche Autorität würde transponiert in die Geltung von staatlichen Gesetzen und moralischer Schuldigkeit. Alle Ordnung resultiere aus der Selbstverpflichtung der Menschheit.

Darum ist Widerspruch fällig. Für den Christen kann – anders als die zitierte Katechismus-Passage – der Begriff „Solidarität" nicht das Bedeutungsfeld der Glaubenswahrheit *charité* übernehmen. Dieser Einwand – nochmals gesagt – soll das Wort „Solidarität" keineswegs verbannen; dass es die soziale Verantwortung des Einzelnen für die Menschheit artikuliert, gibt ihm großes Gewicht; sein

---

10　Vgl. etwa Udo Di Fabio, *Gewissen, Glaube, Religion,* Berlin 2008, 99–106; Ders., *Schwankender Westen,* München 2015, 55–64.

Appell-Charakter, seine politische Effizienz und seine Kritik an den Frommen schützen ihn auch unter Christen vor jeder Herabwürdigung. Aber nur ein Fernstehender wird den Vorrang der *charité* vor der *solidarité* bestreiten. Oder besser: Nicht einmal der Ungläubige wird *charité* in *solidarité* auflösen wollen, weil säkularisierte Sprache gar nicht die Fülle der Offenbarung aufnehmen kann. Es sei denn, jemand ließe sein Denken bereitwillig entstellen.

Gegen solch denkerische Unschärfe spricht sich überraschenderweise einer der bedeutendsten deutschen Philosophen aus: der schon genannte Jürgen Habermas. Er erhielt 2001 den Friedenspreis des deutschen Buchhandels in der Frankfurter Paulskirche und hielt eine denkwürdige Rede über „Glaube und Wissen".

Wohl bezeichnete er sich in ihr als „religiös unmusikalisch", um zu bekennen, dass er selbst zum Religiösen keinen Zugang habe. Er setzte sich dann jedoch ab etwa von Immanuel Kant und dessen Versuch, das radikal Böse aus der biblischen Sprache in die Vernunftreligion zu übersetzen:

> „Säkulare Sprachen, die das, was einmal gemeint war, bloß eliminieren, hinterlassen Irritationen. Als sich Sünde in Schuld, das Vergehen gegen göttliche Gebote in den Verstoß gegen menschliche Gesetze verwandelte, ging etwas verloren."

Und schließlich sagte er in einer bezeichnenden, zunächst leicht ironisch klingenden These:

> „Es gibt den Teufel nicht, aber der gefallene Erzengel treibt nach wie vor sein Unwesen – im verkehrten Guten der monströsen Tat, aber auch im ungezügelten Vergeltungsdrang, der ihr auf dem Fuße folgt."[11]

---

11   JÜRGEN HABERMAS, *Glaube und Wissen*, in: FAZ, 15.10.2001.

Caritas in veritate.
Papst Benedikts XVI. kirchliche Soziallehre im Offenbarungslicht

Doktorat „Honoris causa" – Lublin, Oktober 2009

Bekanntlich wurde die industrielle Revolution des 19. Jahrhunderts mit ihren einschneidenden wirtschaftlichen Umwälzungen für viele Menschen zu einer Quelle von Elend und Not. Nicht ohne Grund veröffentlichte Karl Marx 1867 sein Hauptwerk „Das Kapital" als Sozialkritik. Und er war keineswegs der Einzige, der Armut und Ungerechtigkeit anprangerte. Gleichzeitig mit ihm hielt Bischof Wilhelm Emmanuel von Ketteler († 1877) aufrüttelnde Predigten im Dom zu Münster und rief die Zeitgenossen zur Verantwortung gegenüber den Notleidenden auf. Er gab ferner bedeutende Anregungen zur ersten und bahnbrechenden Sozialenzyklika *Rerum Novarum* (1891) Papst Leos XIII. Noch Papst Benedikts XVI. Lehrschreiben „*Deus caritas est* – Gott ist die Liebe" (2005) erinnert an ihn (Nr. 27). Bischof Ketteler gilt somit zu Recht im deutschen Sprachraum als einer der Gründerväter der katholischen Soziallehre.

Naturrechtliche Wurzeln

Die kirchlichen Vorstöße und Proteste zielten zunächst auf eine gerechtere Gesellschaft und verbesserte staatliche Gesetzgebung. Die ersten päpstlichen Aufrufe konnten sich aus diesem Grunde kaum biblisch-geoffenbarter Argumente bedienen. Sie blieben gegenüber den öffentlichen Rechtsträgern und Ordnungshütern in deren Denkkategorien und verwiesen auf naturrechtliche Prinzipien, die bei diesen größere Überzeugungskraft hatten. So beschrieb die kirchliche Soziallehre die objektiven Ordnungsstrukturen schwerpunktmäßig auf der Basis der Sozialphilosophie. In ihrem Horizont behandelt sie das Wesen und die Ordnung der menschlichen Gesellschaft und die sich daraus ergebenden Normen und Ordnungsaufgaben. Deren Verortung in Gottes Offenbarung und in spezifischen Glaubensdaten trat schon wegen der Adressaten zurück. Das Vaticanum II leitete angesichts solcher Grundlegung eine Wende ein. Es konfrontiert die Soziallehre durchgängig mit dem Offenbarungsgut. Den Konzilsvätern legt offenbar erst die Glaubenssicht die integrale Berufung des Menschen frei. Unübersehbar wird dieser Schritt in einen neuen Denkhorizont bei der Formulierung der Pastoralkonstitution „Die Kirche in der Welt von heute" (Nr. 11ff.). Es legt sich demnach nahe, dem Perspektivenwechsel genauer nachzugehen, der die theologischen Daten in der Soziallehre der Kirche herausstellte – zumal ihr erst dieser Prozess ein tragfähiges Fundament gab.

Licht der Offenbarung und die „Zeichen der Zeit"

Der französische Dominikaner Marie-Dominique Chenu OP trug während der Konzilsberatungen wesentlich dazu bei, die Soziallehre in das Licht der Offenbarung zu stellen. Verständlicherweise gaben darum noch in unseren Tagen die Autoren eines großen Kommentarwerks zum Zweiten Vatikanischen Konzil seinen Überlegungen breiten Raum[1]. Im Anschluss an M.-D. Chenu wird ausgeführt, die Pastoralkonstitution breche mit einer lang praktizierten Methode der katholischen Soziallehre. Diese Lehre beschränke sich nicht länger auf sozialmetaphysische Aussagen. Aus dieser Tatsache ziehen die Forscher dann weitreichende Konsequenzen – Konsequenzen, die freilich den aufmerksamen Leser aufhorchen lassen, wenn nicht irritieren.

Ein Kommentator legt dar: Bislang sei die kirchliche Glaubensweisung zwar der Auseinandersetzung um die soziale, politische und wirtschaftliche Existenz des Menschen nicht ausgewichen. Sie habe auf die ethischen Herausforderungen von Menschen in der Gesellschaft geantwortet, habe Subsidiarität, Personalität und Solidarität auf die Ordnung der Gesellschaft hin gelehrt. Was sich aber andererseits in dieser gesellschaftlichen Situation offenbare,

---

1 Vgl. *Herders Theologischer Kommentar zum Zweiten Vatikanischen Konzil,* hg. von Peter Hünermann und Bernd Jochen Hilberath, Band 4, Freiburg i. Br. 2005, 590–703, passim.

habe keine Rückwirkung auf die systematische Darstellung des Glaubens gehabt. Erst die Konstitution *Gaudium et spes* sei der neue Ansatz, den konkreten gesellschaftlichen Ort des Menschen in die kirchliche Glaubenserkenntnis einzubringen. Letztlich prägten ja nicht mehr dauerhafte sozialmetaphysische Prinzipien die Ortsbestimmung des Menschen in der Gesellschaft. An deren Stelle rücke die Aufmerksamkeit auf die je wechselnden „Zeichen der Zeit"[2]. Solche Methode, die Soziallehre und Glaubenslicht zu paaren, ist freilich genauer zu prüfen. Sie weckt nämlich die Frage, ob unter dem Stichwort „Zeichen der Zeit" die konkrete Lebenssituation des Menschen zu einem *locus theologicus* der Glaubenserkenntnis aufgewertet werden soll. Und sie riskiert, sogar die Soziallehre selbst zu unterspülen. Jedenfalls führt eine spätere Studie des Kronzeugen M.-D. Chenu zu diesem Problemfeld letztlich zur Aufhebung nicht nur des Begriffs, sondern sogar der Disziplin selbst katholischer Soziallehre.

Auf der Suche nach einem Neuansatz

M.-D. Chenu hatte den biblischen Ausdruck „Zeichen der Zeit" mit Nachdruck in die Konzilsüberlegungen eingebracht. Lange nach dem Konzil befasste er sich nochmals mit diesem Schlüsselwort. Er ging dessen Relevanz für die Soziallehre der Kirche nach.[3] Er nennt die Welt den Daseinsort der Kirche, der ihr „in Selbstverwaltung die Materialien für das Unternehmen der Vergöttlichung" zuträgt. Aus dem Apostolischen Brief *Octogesima adveniens* (1971) liest er, Papst Paul VI. habe in Weiterführung von *Rerum Novarum* die bisher gültige Methode sozialer Unterweisung umgestürzt: Die Soziallehre der Kirche habe ausgedient. Nicht länger – so Chenu – könne von einer „Sozialdoktrin" die Rede sein, die man im Hinblick auf eine Verwendung in veränderlichen Situationen vortrüge. Stattdessen sieht der Theologe eine neue Weise, in der Offenbarungsinhalte erkennbar werden. Es sind die veränderten Situationen, die nach ihm „zu einem theologischen ‚Ort' einer an den Zeichen der Zeit abgele-

---

2   Vgl. Hans-Joachim Sander, in: *Herders Theologischer Kommentar zum Zweiten Vatikanischen Konzil*, hg. von Peter Hünermann und Bernd Jochen Hilberath, Band 4, Freiburg i. Br. 2005, hier: 694f.

3   Concilium 16 (1980) 715–718.

senen Unterscheidung" werden. Künftig gilt deshalb: „Man ist [...]
von der Theorie zur Praxis übergegangen, das heißt, man deduziert
nicht mehr abstrakte Prinzipien, man beobachtet die Wirklichkeit,
in der man Begabungen für das Evangelium entdeckt hat." Die Neigung zur Selbstaufhebung der Soziallehre wird nochmals in einem
Zitat greifbar, das sich anschließt:

> „Anstatt zu versuchen, eine allgemeine Lehre auf besondere
> Fälle anzuwenden, wird die Aufmerksamkeit auf die Inter-
> pretation der Geschichte gelenkt. Ihr symbolischer Wert soll
> deutlich werden, soweit die geschichtlichen Ereignisse Brenn-
> punkte für gemeinschaftliche Erfahrungen darstellen. Den
> evangelischen Sinn dieser Ereignisse herauszustellen bedeutet
> in keiner Weise, sie aus ihrer irdischen Wirklichkeit herauszu-
> lösen, sie sind in sich selbst, in ihrer eigenen Dichte Zeichen."

Eine Sackgasse

Chenus Neuansatz riskierte so eine doppelte theologische Verunklä-
rung. Einmal scheint der Theologe dem Offenbarungsbegriff einen
neuen Inhalt zu geben, wenn er suggeriert, menschliche Lebenssi-
tuationen könnten Offenbarungsqualität gewinnen; bestimmte Lesarten der sog. „Befreiungstheologie" wollen ja in der Lebenssituation
nicht nur eine Wahrheit des Evangeliums entdecken, sondern diesseitige Lebenserfahrungen selbst als Offenbarungswahrheit verstehen.
Solche Abschaffung geoffenbarter Bezugspunkte denkt der deutsche
Sozialwissenschaftler F. Hengsbach SJ zu Ende. Er behauptet:

> „Mit der christlichen Gesellschaftsethik wird also innerhalb
> der Theologie ein Fach eingeführt, in dem Sozialanalysen auf
> sozialwissenschaftlichem Niveau und mithilfe von sozialwis-
> senschaftlichen Kompetenzen erstellt werden."[4]

---

4   FRIEDHELM HENGSBACH, BERNHARD EMUNDS, MATTHIAS MÖHRING-HESSE, *Ethische
     Reflexion politischer Glaubenspraxis. Ein Diskussionsbeitrag*, in: FRIEDHELM HENGSBACH,
     BERNHARD EMUNDS, MATTHIAS MÖHRING-HESSE (HG.), *Jenseits katholischer Sozialleh-
     re. Neue Entwürfe christlicher Gesellschaftsethik*, Düsseldorf 1993, 215–291, hier: 261.

Ein Fach der „Theologie" soll sich ohne alle Glaubensinspiration auf soziologische Kategorien beschränken. Das wäre die Abschaffung einer Soziallehre der Kirche. Eine zweite Konfusion drohte. Die Sicht des Dominikaners hob nämlich auch die Eindeutigkeit auf, mit der die sozialen Weisungen der Kirche ergehen; nicht länger sollte von einer „Lehre" die Rede sein, sondern lediglich von punktuellen und unterschiedlichen „Lehren".

Dass es nachkonziliar schlecht stand um das Selbstverständnis der katholischen Soziallehre, leuchtet bei einem geschichtlichen Rückblick unmittelbar ein. Selbst einer ihrer herausragenden Verteidiger, Oswald von Nell-Breuning SJ – in Deutschland wohl ihr qualifiziertester Repräsentant –, musste ihrer „Krise" eine Studie widmen.[5]

Der Weg aus der Krise

Die Kirche ist von Christus begründet worden, um Sakrament des Heils für alle Völker zu sein (*Lumen gentium* Nr. 1). Dieser pointierten Mission steht ein heute verbreitetes Missverständnis entgegen: Mancher Zeitgenosse meint, sie sei lediglich eine gesellschaftliche Institution und verformt sie zu einem politischen Handlungsträger. Wohl inspiriert die Kirche ggf. die Politik, aber sie greift nicht wie eine politische Partei in das Spiel der gesellschaftlichen Kräfte ein. Die Kirche ist kein politischer Block und auch kein Akteur, der politische Mittel einsetzt. Keinesfalls darf die Mission der Kirche auf eine innerweltliche *Pressure group* mit gesellschaftlichen Belangen reduziert werden. Die Glaubenskongregation ist in der Auseinandersetzung mit bestimmten Formen der Befreiungstheologie diesem möglichen Irrtum schon 1984 entgegengetreten.[6]

Das bedeutet wiederum, dass die Soziallehre der Kirche neben linken und rechten Modellen keinen „dritten Weg" darstellt; sie hat kein Gesellschafts-Programm, dessen Realisierung zum perfekten Gemeinwohl führte. Wer sie so versteht, läuft paradoxerweise Gefahr, einem „Gottesstaat" Vorschub zu leisten, bei dem die gültigen

---

5   Vgl. Oswald von Nell-Breuning, *Krise der katholischen Soziallehre?*, in: StdZt 189 (1972) 86–98.
6   Instruktion über einige Aspekte der „Theologie der Befreiung" (06.08.1984).

Glaubensprinzipien kurzerhand zu Prinzipien für das menschliche Zusammenleben würden – anzuwenden gleichermaßen auf Gläubige wie Nichtgläubige, ggf. unter Einschluss von Gewalt. Angesichts solcher Thesen plädiert die Kirche für die Religionsfreiheit und die rechte Autonomie der Schöpfungsordnung, entsprechend der Lehre des Vaticanum II.

Die Soziallehre: nicht ohne die Offenbarung

Wir hatten schon bedacht, dass der Hauptakzent der Soziallehre zunächst die gerechtere Gesellschaft angezielt hatte. Mit den jüngeren Lehrdokumenten kommt dann allerdings die Pastoral im weiteren Sinn in den Blick: Die Soziallehre öffnet sich einer ganzheitlichen Sicht des menschlichen Heils und artikuliert das Evangelium. Die Verkündigung des Todes und der Auferstehung Christi, die die Kirche seit ihrer Gründung übt, erhält ihre Aktualität auch für das soziale Leben.

In der neuen Sicht beachtet die Soziallehre, dass sie zwei Aspekten zu genügen hat. Sie hat auch Gottes Heilswort einzubeziehen. Sie entsteht im Licht der Offenbarung, und sie muss auch in diesem Licht angewandt werden. Das Evangelium betrifft das menschliche Leben hinsichtlich der sozialen Belange und meint auch die Institutionen, die aus diesen Beziehungen entstehen. Doch kann man den Menschen nicht auf sein Sozialleben reduzieren. Dieser Gedanke wurde von Papst Johannes Paul II. in der Enzyklika *Redemptoris missio* (1990) mit Nachdruck herausgestellt. Er schärft ein: Die Verkündigung des Evangeliums umfasst mehr als die kirchliche Soziallehre (Nr. 11).

Schon seine Enzyklika *Sollicitudo rei socialis* (1987) hatte die kirchliche Soziallehre dem Glaubensfeld zugeordnet und sie ausdrücklich in die Moraltheologie eingefügt. Die Soziallehre „gehört daher nicht in den Bereich der Ideologie, sondern der Theologie, insbesondere der Moraltheologie" (Nr. 41). So wurde diese Lehre eindeutig dem Bereich der Offenbarungswissenschaft zugewiesen. Ihre Prinzipien sind demnach nicht länger rein philosophischer Natur, sondern haben ihren Ursprung in Christus und seinem Wort. Später schreibt dann Benedikt XVI. in *Deus caritas est* (DCE von

2005), dass der Glaube die Vernunft reinigt und ihr so hilft, eine gerechte Ordnung der Gesellschaft zu errichten (Nr. 28a). In dieser Weise ist die Soziallehre zu verorten. Sie stützt sich also auf einen jeder Vernunft zugänglichen Diskurs und daher auf das Fundament des Naturrechts. Aber sie anerkennt auch ihre Abhängigkeit von der Glaubenswahrheit.

Kirchliche Sendung und Evangelisierung

Am 29. Juni 2009 legte Papst Benedikt seine lange erwartete Sozialenzyklika vor. Er gab ihr den Titel „Liebe in Wahrheit – *Caritas in veritate*" (CIV). Schon in seinem ersten Lehrtext „Gott ist die Liebe" hatte er originelle und tiefgreifende Anregungen zum kirchlichen Einsatz für die Würde des Menschen gegeben. Bei ihnen knüpfte er nun an, wenn er schon im Titel wieder die Liebe zum Zentralbegriff macht.

Dann begrenzt er mit Rückgriff auf die Enzyklika *Populorum progressio* (PP von 1967) von Papst Paul VI. zunächst den möglichen kirchlichen Anspruch und stellt deutlich fest: „Die Kirche hat keine technischen Lösungen anzubieten und beansprucht keineswegs, sich in die staatlichen Belange einzumischen" (PP 9). Statt der Hinordnung der Kirche auf ein politisches Modell weist Papst Benedikt dieser die Evangelisierung zu.

Seinem langjährigen Theologisieren entsprechend verankert der Papst wieder die von ihm an den Anfang gestellte „Liebe" in der geoffenbarten Heilsgeschichte. Die benannte Liebe gründet in der göttlichen Liebe, die in Christus Gestalt angenommen hat. Hier liegen Ermöglichung und Inspirationsquelle für Denken und Handeln des Christen in der Welt. Im biblischen Licht wird die Wahrheit ein Geschenk, das „nicht von uns erzeugt, sondern immer gefunden, oder besser ,empfangen'" (CIV 34) wird.

Gleichsam beiläufig und dennoch fundamental beantwortet der Papst so das Problem, das uns eingangs beschäftigte: der Rang der Offenbarungswahrheit für die kirchliche Soziallehre. Er tut es nicht umstürzlerisch-spekulativ, sondern lebensnah-konkret. Damit folgt er den Spuren Johannes' XXIII., der in seiner Enzyklika *Pacem in terris* (PT von 1963) zur Sicherung von Frieden und Wohlfahrt der Menschheit auch auf die Kraft göttlichen Heils gesetzt hat-

te (etwa PT 37f.). Vor allem aber lässt er sich von den Vorstellungen
Papst Johannes Pauls II. leiten, der ja eine eng geführte sozialphi-
losophische Perspektive in seiner Argumentation für die kirchliche
Soziallehre definitiv überwunden hatte – etwa in seiner Sozialenzyklika 1987 mit der Einführung von Ausdrücken wie „Strukturen
der Sünde", „soziale Sünde" oder „Situationen der Sünde". Es ist das
christliche Heilsgeschehen, das auch Papst Ratzinger den Kampf
gegen menschliches Elend in all seinen Formen deutet.

Das neue Dokument des Papstes vertieft die Glaubenssicht
seiner Vorläufer nochmals und weitet sie aus.[7] Er lehrt, dass „die
Liebe der Hauptweg der Soziallehre der Kirche" (Nr. 2) ist. Die hier
gemeinte Liebe ist von Gott „empfangen und geschenkt" (Nr. 5): Die
Liebe des Vaters, des Schöpfergottes, und des Sohnes, des Erlösers,
uns eingegossen durch den Heiligen Geist, ermöglicht das Gemeinschaftsleben der Menschen auf der Grundlage bestimmter Prinzipi-
en. Die Enzyklika hält für die Entwicklung des Menschen fest, dass
„die Liebe im Zentrum steht" (Nr. 19). Die Weisheit – heißt es weiter
–, die fähig ist, den Menschen zu leiten, „muss mit dem ‚Salz' der
Liebe ‚gewürzt' sein" (Nr. 30). Diese einfachen und selbstverständlich erscheinenden Aussagen enthalten wichtige Implikationen:
Losgelöst von der christlichen Erfahrung, wird die Soziallehre genau jene Ideologie, die Johannes Paul II. als irrig ablehnte. Oder sie
wird gar ein politisches Manifest ohne Seele. Die Soziallehre verpflichtet den Christen hingegen vor allen andern, seinen Glauben
zu verleiblichen. So heißt es in dem Lehrschreiben: „Die Nächstenliebe offenbart auch in den menschlichen Beziehungen immer die
Liebe Gottes; diese verleiht jedem Einsatz für Gerechtigkeit in der
Welt einen theologalen und heilbringenden Wert" (Nr. 6).

Die Markierungen des Papstes verankern die kirchliche Soziallehre definitiv im Glaubensgut. Vielleicht kann man die Beziehung
der naturphilosophischen Elemente zur offenbarungsbestimmten
Perspektive als Korrelation bezeichnen und so Papst Benedikts Vorstellungen entsprechen. Er ist ja dem Zueinander von Vernunft und
Glaube mehrfach in seinen Überlegungen nachgegangen und hat
die gegenseitige Verwiesenheit beider seelischen Kräfte immer wieder dargelegt.

---

7   Die im Folgenden eingeklammerten Nummern beziehen sich auf CIV.

Jenseits der wissenschaftstheoretischen Weichenstellung durch die neue Enzyklika möchte ich nun noch einige inhaltliche Felder ansprechen. Für sie bestätigt sich, dass die kirchliche Soziallehre eindeutig in den Glaubenshorizont eingetreten ist.

Das Menschenbild

Das Herz der Soziallehre bleibt der Mensch. Wir haben schon bedacht, dass die Aufmerksamkeit dieser Disziplin in einer ersten Phase vor allem auf die Problemlagen der Gesellschaft gerichtet war: Regelung der Arbeit, Zugang zu einem gerechten Lohn, Vertretung der Arbeiter gegenüber den Arbeitgebern. Später wurden die Schwierigkeiten angegangen, die sich im internationalen Feld sozial auftaten: Das Ungleichgewicht zwischen Arm und Reich, Fortschritt und Entwicklung, die Beziehungen zwischen Nationen und Völkern. Mit der Einbeziehung theologischer Aussagen bei Johannes XXIII. trat die Frage stärker hervor, wie sich dies alles auf den einzelnen Menschen auswirkte. So zeigte sich eine zweite Entwicklungsphase der Disziplin. Johannes Paul II. verschärfte dann solches Bewusstsein, indem er die soziale Frage auf das anthropologische Problem hin ausrichtete. Seine Sicht ist in Benedikts *Caritas in veritate* deutlich aufgenommen: „Das erste zu schützende und zu nutzende Kapital ist der Mensch, die Person in ihrer Ganzheit" (Nr. 25); „Die soziale Frage ist in radikaler Weise zu einer anthropologischen geworden" (Nr. 75). Ein Fortschritt, der diesen Namen verdient, muss daher den Menschen in seiner Ganzheit wachsen lassen: Wir finden in dem Text Hinweise auf die Umwelt, den Markt, die Globalisierung, die Frage der Ethik, das Leben, die Kultur – d. h. auf die unterschiedlichsten Bereiche, in denen der Mensch tätig ist. Für sie die Ziele aufzuzeigen, ist ein kostbares Erbe der Soziallehre seit ihren Anfängen.

Bei gründlicherem Nachdenken impliziert die anthropologische Frage jedoch, dass man sich auch dem tieferen Problem stellen muss: Welchen Menschen wollen wir fördern? Können wir eine Entwicklung als wünschenswert ansehen, die den Menschen in einen innerweltlichen Horizont einschließt – bestehend aus materiellem Wohlstand; die die Frage der Werte, des Sinns, des Unendlichen auslässt? Kann eine Gesellschaft überleben ohne tragfähige Grundlagen, ohne den Blick auf die Ewigkeit, ohne dem Menschen eine Antwort zu geben auf seine tiefsten Fragen? Kann es wahre Entwicklung geben ohne den Gedanken an Gott? In dieser Logik tritt folglich ein weiterer Schritt der Überlegungen zur Soziallehre zutage, gleichsam eine dritte Phase. Es ist kein Zufall, dass sich die Liebe als des Rätsels Lösung erweist, und zwar Liebe in ihrem geoffenbarten Vollsinn. Auf sie antwortet der Mensch im Üben der theologalen Tugend. Schon im Alltag ist er nicht länger lediglich das Objekt eines Prozesses, sondern er betreibt ihn aktiv. Benedikt XVI. schreibt:

> „Ohne rechtschaffene Menschen, ohne Wirtschaftsfachleute und Politiker, die in ihrem Gewissen den Anruf zum Gemeinwohl nachdrücklich leben, ist die Entwicklung nicht möglich." (Nr. 71)

Beim Glaubenden füllt sich solches Engagement mit der AGAPE, die von Gott kommt. Hier wird eine Entfaltung des ersten Lehrschreiben Benedikts *Deus caritas est* erkennbar. Der Blick durchdringt in der Sozialenzyklika nun die Sozialphänomene und sucht nach den Wurzeln des Bösen, das – im Norden wie im Süden unserer Erde – den Wohlstand unter Menschen verhindert: Die „Ursünde" verhindert vielerorts den Aufbau der Gesellschaft; sie verführt auch die, die in der Gesellschaft besondere Verantwortung haben. Hunger nach Macht.[8] Korruption und Illegalität (Nr. 22). Man kann die soziale Frage nicht lösen, ohne sich auf die ethische Frage zu beziehen (Nr. 12). Diese Enzyklika erwähnt den neuen Menschen in biblischer Sicht (ebd.): Es gibt keine neue Gesellschaft ohne „neue Menschen". Die Soziallehre bleibt nur dann nicht toter Buchstabe oder Ideologie, wenn Christen bereit sind, diese mit Gottes Hilfe aus der Nächstenliebe heraus zu leben. Die genannte kirchliche Disziplin erwartet christliche Authentizität. Papst Benedikt formuliert ohne Umschweife: „Fern von Gott ist der Mensch unstet und krank" (Nr. 76). Es ist höchst bemerkenswert, dass die letzte Ziffer der Enzyklika dem Gebet und der Notwendigkeit der Umkehr gewidmet ist (Nr. 79): Gott erneuert das Herz des Menschen, damit dieser sich

---

8   Vgl. DCE, Nr. 28.

einem Leben in Liebe und Gerechtigkeit widmen kann. Deshalb stehen die Christen auch nicht einfach am Fenster und schauen zu oder protestieren, angesteckt von der modernen „Kultur des Einspruchs", sondern sie lassen sich bekehren, um in Gott eine neue Kultur zu gestalten. Das gilt erst recht für die Mitglieder der Kirche, als Einzelne und gleichfalls als Gemeinschaft.

Der Fortschritt

Zur Veröffentlichung seiner Enzyklika nutzte Papst Benedikt ein Jubiläum: Vierzig Jahren waren seit dem Erscheinen von *Populorum progressio,* dem Lehrtext Papst Pauls VI. vergangen. Wie dieser zielt auch er ja auf das Bewusstmachen der Glaubensdimension. Er verweist für das rechte Verständnis kirchlicher Sozialwissenschaft auf die Offenbarung; Papst Paul VI. hatte eben bereits „die Beziehung zwischen der Verkündigung Christi und der Förderung des Menschen in der Gesellschaft klar" herausgestellt (CIV15). Jede Spekulation, dass die menschliche Entwicklung unabhängig sei von der Frage des Glaubens und dass folglich menschlicher Fortschritt und die Verkündigung des Glaubens zwei getrennte Bereiche seien, wird von Benedikt bestritten. Und in der Weisung Papst Pauls VI. kulminierte der Fortschritt, christlich verstanden, im Glauben an Christus und in der Liebe zu ihm. Papst Benedikts Dokument führt über die Vereinigung von Fortschritt und Verkündigung hinaus noch ein neues Element in den Fortschritt ein: die Hoffnung (vgl. CIV 34).

Ein neuer Kairos für die Verkündigung von Glaubenswahrheiten

Vor dem Hintergrund des Bedeutungsverlusts der kirchlichen Soziallehre, den ihre herausragenden Repräsentanten nach dem Vaticanum II beklagten, zeigt sich heute ein neues Bild. Den Beobachter mag sogar die große Erwartung verblüffen, mit der die Sozialenzyklika Papst Benedikts XVI. in der innerkirchlichen Öffentlichkeit erwünscht wurde; Bischöfe und Medienvertreter scheinen Benedikt XVI. geradezu gedrängt zu haben. Und die Resonanz, mit der die

Öffentlichkeit sie dann begrüßte, sprach Bände: Mehr als 200 Journalisten hatten sich bei ihrer Vorstellung im Pressesaal des Vatikans versammelt – eine Anzahl, wie ich sie in meinen nun schon fast dreißig römischen Jahren noch nicht erlebt hatte. In den großen Zeitungen der Welt fand sie Beachtung und positive Hinweise. Kirchliche Hirten und manche Theologen nannten sie wegweisend. Ja, man konnte Kommentare lesen, die ob ihrer Positivität irritierten, so etwa in der „New York Times" vom 13. Juli 2009:

> „Für Liberale wie für Konservative ist ‚Caritas in veritate' eine Einladung, über ihre Verbindungen und Lackmus-Tests nachzudenken. Warum soll Umweltschutz den Embryonenschutz ausschließen? Warum können sich Republikaner nicht über wirtschaftliche Ungerechtigkeit beklagen und Demokraten auf größere Macht für Orte und Staaten zielen? Meint der Widerstand gegen den Irak-Krieg die Unterstützung eines schrankenlosen Bioethik-Programms? Fordert der freie Markt die Unterstützung der Todesstrafe? Diese Fragen, und viele andere ähnliche, gehören zu dem gesunden politischen System, das Wähler und Politiker erkunden könnten.
> Aber bislang findet man sie eher vom Vatikan Benedikts XVI. gestellt als von Barack Obamas Washington."

Mag auch der Paradigmenwechsel, der in des Papstes Schreiben zum Abschluss kommt, bislang eher unbeachtet geblieben sein; mag auch die klare Öffnung der päpstlichen Argumentation für die göttliche Offenbarung und ihren Anspruch nur in wenigen Kommentaren aufscheinen – Politiker, Gesellschaft und Öffentlichkeit nahmen keineswegs Anstoß an der Verankerung menschlichen Lebens und kirchlichen Lehrens in Glaubensdaten. Die angebliche pastorale Klugheit, wir müssten als Kirche gegenüber der Welt unser spezifisches und bindendes Fundament verschweigen, liegt falsch.

Zur Enzyklika von Papst Franziskus: „Laudato si – Dir mit Freuden zu lobsingen, ist für uns der Sinn des Lebens."

Katholische Universität Murcia/Spanien, März 2016

Die „Weltklima-Konferenz" in Paris (2015) tat einen epochalen Schritt. Nach langem Ringen einigte man sich erstmals auf ein völkerrechtlich verbindliches Abkommen zum Klimaschutz und schloss einen Solidaritätspakt. Man legte fest, bis zur Jahrhundertmitte auf Kohle, Öl und Gas zu verzichten. Diese Entscheidung war wirklich historisch. Sie fand weltweit hohe Aufmerksamkeit in der Politik und ein großes Medienecho; sie ließ unübersehbar erkennen, dass die Sensibilität für Natur und Umwelt unter weitsichtigen Menschen ein bisher nie erreichtes, allerhöchstes Gewicht hat.

Unser Heiliger Vater Papst Franziskus berührte darum mit seiner Enzyklika *„Laudato si ..."* vom 24. Mai 2015 den Nerv heutigen Lebensgefühls. Er traf mit diesem Thema ins Schwarze. Das belegt etwa auch die Resonanz auf diesen Lehrtext. Die Katholische Universität Murcia/Spanien (UCAM) hätte sich für diesen Kongress kaum eine aktuellere Materie wählen können als die Umweltfragen und die Bewahrung der Schöpfung. Und UCAM tut es mit beeindruckendem Aufwand. Mir ist es darum eine Freude, dass eine katholische Institution einem der brennendsten Probleme der Gegenwart diese gezielte Aufmerksamkeit und ihm somit einen weitreichenden Anschub für viele gibt.

Wer als Christ an die Fragen von Natur und Kosmos herangeht, solidarisiert sich ja ohne Einschränkung mit öffentlichem Problem-Bewusstsein. Er versucht sich mit den komplexen Zusammenhängen vertraut zu machen, die zur Debatte stehen. Und vielleicht macht er auch einen Aspekt des Problems aus, der in der gängigen Diskussion nicht immer beachtet wird. Er fragt sich, wie sich ihm nicht als Weltbürger, sondern als gläubigem Christen die ökologische Bedrohung darstellt. M. a. W.: Trägt auch Gottes Offenbarung dazu bei, dass der Menschheit eine intakte Schöpfung erhalten bleibt und wir eine gute Zukunft erwarten dürfen? Was der Mensch aus eigener Kraft tun kann und was Wissenschaft sowie Wirtschaft in Angriff nehmen müssen, ist von hoher Wichtigkeit und der Auftrag an alle. Doch ist ja die Kirche davon überzeugt, dass auch dem Schöpfer Himmels und der Erde die Erhaltung des „Blauen Planeten" angelegen ist. Papst Franziskus hat in seiner Enzyklika mehrfach auf diesen Zusammenhang verwiesen und ihr gewiss nicht zufällig den Titel dieses weltberühmten Gedichtes, des „Sonnengesangs" des heiligen Franz, gegeben.

Franz von Assisi – eine neue Blickrichtung

Durch den Heiligen von Assisi öffnet sich freilich der Denk-Horizont beträchtlich. Der Urheber und Erhalter der Natur tritt entschieden hervor. Der Glaubende sieht, dass ich mich nicht freuen kann an Äckern und Wiesen, an Wäldern und Bergen, an Flüssen und Seen, ohne dass sie transparent werden auf den Allmächtigen, der sie uns schenkte. Darum sang der italienische *Poverello* in dem Lied, das so viele kennen, wieder und wieder: „Gelobet seist du, Herre mein [...]." Papst Franziskus nimmt denn auch in der Enzyklika ausdrücklich Bezug auf die Gott-Verwiesenheit des Kosmos, wenn er an eine Anweisung des Heiligen erinnert: dass nämlich der arme Mann von Assisi die Seinen aufgefordert hätte, im Garten einen Teil der Erde unbebaut zu lassen, damit dort die wilden Kräuter wüchsen. Diese Anweisung habe er gegeben, damit die, welche sie bewunderten, ihren Blick zu Gott, dem Schöpfer solcher Schönheit, erheben könnten (Nr. 12). Offenbar ist für den heiligen Franziskus die Schöpfung nicht nur als Gottes Werk zu pflegen und zu hüten. Sie soll uns vielmehr und nicht zuletzt Anlass sein, an diesen Gott zu denken; denn sie möchte uns in Erinnerung rufen, dass der letzte Grund unseres irdischen Daseins darin liegt, Gott im Himmel die Ehre zu geben und ihm Lob zu singen. Genau dieser Sinn kommt in der volkstümlichen italienischen Übersetzung des franziskanischen Sonnengesangs zum Ausdruck. Sie endet mit den Worten: „*Perché il senso della vita é cantare e lodarti* – Dir mit Freuden zu lobsingen, ist für uns der Sinn des Lebens." Niemand kann ja übersehen, dass

es sich beim Sonnengesang nicht um einen ökologisch-politischen
Appell, sondern um ein Gebet handelt. Diese Schöpfung wird in der
Dichtung transparent auf den Schöpfer hin. Der Gesang richtet sich
ausdrücklich an diesen Gott, und er wäre bedauernswert missverstanden, würde der Christ einfach in den Chor der Naturschützer
einstimmen und darüber Gott vergessen.

Eine solche Veränderung der Blickrichtung zu fordern, wird
nun fraglos die Gefolgschaft der Kirche mindern. Doch diese Kosten sind nicht zu vermeiden. Denn sie signalisieren eine dramatische Gefahr, die die Erhaltung der Natur selbst sowie alle Dimensionen des menschlichen Daseins affiziert – über den Kosmos hinaus
die Menschheit insgesamt und vor allem die Gemeinschaft der
Glaubenden. Christliches Engagement für die Zukunft von Mensch
und Natur hat etwas Spezifisches; es ist von besonderer Art, weil
es Gott ins Spiel bringt. So muss die Enzyklika uns drängen, nach
dem Glauben an die Wirklichkeit Gottes in unserem Leben zu fragen und nach dem Inhalt des Wortes „Gott" in Welt und Kirche. Die
Enzyklika ist nicht nur im Chor der öffentlichen Meinung zu lesen;
sie ist auch „gegen den Strich zu bürsten". Nur scheinbar lenkt eine
solche Reflexion von ihr ab – auch wenn sie im Rahmen eines Refe-
rats gewiss nur bruchstückhaft angegangen werden kann.

Kaum abgeebbt ist die Welle eines öffentlichen Kampfes, der
mit viel Medienlärm unser Bewusstsein von der Existenz Gottes
diskreditieren sollte. Richard Dawkins, Christopher Hitchens oder
Sam Harris profilierten sich in der Englisch sprechenden Welt als
Apostel neuer Gottlosigkeit. Linienbusse in Paris, London, Madrid
und Berlin traten mit Aufklebeaktionen hervor: „Eine frohe Botschaft für alle: es gibt keinen Gott." Für Deutschland signalisierte
das renommierte Nachrichtenmagazin „Der Spiegel" einen neuen
„Kreuzzug der Gottlosen" (25.05.2007 [Nr. 22]).

Manchen praktizierenden Christen stieß schon der schrille
Lärm der Initiatoren ab. Die lauten Thesen erreichten nicht sein inneres Ohr. Er lächelte über die Parolen, die Gottes Tod als Gewinn
an Freiheit priesen. Dennoch bleibt ihre Agitation nicht folgenlos.
Glaube ist immer gemeinschaftsbezogen. Sinkt unter Christen sein
genereller Grundwasserspiegel, nagt der Unglaube wohl an allen.
Das Bild Gottes wird verwässert und entstellt. „Mitten in der Welt"

sind wir alle eben gezwungen, uns weltlichem Denken zu öffnen, Verständnis für „Andersdenkende" zu entwickeln. Und wir werden dann auch wohl – subtil oder eklatant – von ihnen beeinflusst.

Eindimensionale Postmoderne

Dass die Postmoderne „eindimensional" empfindet und urteilt; dass folglich unser Dasein allein von den messbaren Daten des Diesseits bestimmt wird; dass es hinter den greifbaren Kulissen unseres Lebens nicht noch andere Kräfte gibt – all das ist zeitgenössisches Gemeingut. Diese Weltanschauung wird täglich belebt und lässt sich nicht mit oberflächlichen Sprüchen vom Tisch wischen. Selbstbeobachtung und spontane Äußerungen können uns stattdessen warnen. Gottferne ist gleichsam Teil des modernen menschlichen Selbstverständnisses. Der Prozess ist oftmals dargestellt worden. Hier muss der allgemeine Hinweis genügen, dass die geistesgeschichtliche Überzeugung von der umfassenden Autonomie des Menschen logischerweise Gott verdrängt. Auch der Glaubende sollte sich demnach nicht überschätzen und bei sich selbst meinen, er sei gefeit gegen Glaubenszweifel.

Die Geschichte der Philosophie, die Begegnung mit heidnischen Religionen oder die Medien sekundieren der Mode. Der Vater Jesu Christi verkümmert zum „Höchsten Wesen". Oder man genehmigt einer Minderheit von Gebildeten, zu den alternativen Modellen großer Denker der Vergangenheit aufzublicken. Einige Namen mögen an sie erinnern. An uns richten sie jedoch die Frage, mit welchem Inhalt denn eigentlich mein Begriff „Gott" gefüllt sein mag: „Der unbewegte Beweger" (Aristoteles aus Griechenland), „die Quelle der Güte und Wahrheit" (René Descartes aus Frankreich), „das Universum" (Baruch de Spinoza aus Holland, der in Spanien großen Einfluss hatte), „der letzte Grund aller Dinge" (Gottfried Leibniz aus Deutschland), „ein unendlich weises und unendlich mächtiges Sein" (Pierre Bayle aus Frankreich), „der Geist schlechthin" (John Locke aus England). Zu den genannten traditionellen Ausdrücken für etwas Absolutes kommen für die jüngere Zeit die Erklärungen etwa des Sigmund Freud (Gott ist die menschliche Projektion eines „Urvater"), von Paul Tillich („Gott – die Tiefe des Seins") oder Paul van

Buren („Gott – nicht verifizierbar"). Diese und ähnliche Entwürfe und Begriffe werden heute zur Brille für unseren Blick zum Himmel. Über die Verschiedenheit der Gottesideen hinaus kränkeln sie wegen der Vernebelung der Offenbarung bei uns allen die Verlässlichkeit des Wortes „Gott" an. Manchem erscheint es inzwischen überhaupt verzichtbar. Gott hat demnach in unserem Alltag keinen sicheren Ort mehr. Er entschwindet zunehmend unserem Denken. Er ist „tot", wiederholt man Friedrich Nietzsche, nämlich bedeutungslos und ohne Belang für den Menschen.

Die Stunde großer Sorge

Der Rest ist dann Ratlosigkeit, die sich selbst unter uns Christen breitgemacht hat! Wir spüren, dass mit dem Verfall des Wortes „Gott" auch der oder das Gemeinte unabwendbar verloren geht. Mag der Ruf Nietzsches „Gott ist tot" einigen als ein Triumpf-Gesang erscheinen – andere deuten dies berühmte Wort als Verzweiflungsschrei in äußerster Not. Und etwa ein ehrwürdiger Weiser des modernen Judentums in seinem Gespräch zur „Gottesfinsternis" (1953) trauert:

> „Die Geschlechter der Menschen mit ihren Religionsparteiungen haben das Wort zerrissen; sie haben dafür getötet und sind dafür gestorben; es trägt ihrer aller Fingerspur und ihrer aller Blut. Wo fände ich ein Wort, das ihm gliche, um das Höchste zu bezeichnen. [...] Ihn meine ich ja, den die höllengepeinigten, himmelstürmenden Geschlechter der Menschen meinen. Gewiss, sie zeichnen Fratzen und schreiben ‚Gott' darunter; sie morden einander und sagen ‚in Gottes Namen'. Aber wenn aller Wahn und Trug zerfällt, wenn sie ihm gegenüberstehn im einsamen Dunkel und nicht mehr ‚Er, Er' sagen, sondern ‚Du, Du' seufzen, ‚Du' schreien, sie alle das Eine, und wenn sie dann hinzufügen ‚Gott', ist es nicht der wirkliche Gott, den sie alle anrufen, der Eine Lebendige, der Gott der Menschenkinder?! Ist nicht er es, der sie hört? Der sie – erhört? [...] Wie gut lässt es sich verstehen, dass manche vorschlagen, eine Zeit über von den ‚letzten Dingen' zu

schweigen, damit die missbrauchten Worte erlöst werden! Aber so sind sie nicht zu erlösen. Wir können das Wort ‚Gott' nicht reinwaschen, und wir können es nicht ganzmachen; aber wir können es, befleckt und zerfetzt wie es ist, vom Boden erheben über einer Stunde großer Sorge."[1]

Wessen Glaube wäre resistent gegen die Gottesferne seiner Umwelt? Wen könnten nicht Widrigkeiten des Lebens versuchen, Gottes Allmacht und Tatkraft gerade nach einer für mich folgenreichen Prüfung infrage zu stellen; wer wird dann nicht leise an seiner Liebe zweifeln? So fänden die lauten Thesen der Gottesleugner auch in seinem Herzen ein Echo; sie täten bei ihm ihre Wirkung. Ganz zu schweigen davon, dass auch die „Aufklärungsarbeit" im Freundes- und Bekanntenkreis schon ihren Einfluss nahm, sodass die Deutung unseres Lebens auf Gott hin verdunkelt ist.

Vielsagend und lehrreich ist eine – nicht reale, aber klug ausgedachte – Begegnung des ersten Kosmonauten Juri Gagarin mit Papst Paul VI. Der gefeierte Offizier der Roten Armee sei nach seiner Erdumkreisung 1961 in Rom vom Nachfolger Petri empfangen worden. Man hätte mithilfe des Dolmetschers einige Worte ausgetauscht. Dann habe der Papst plötzlich gefragt: „Sind Sie denn bei dem Flug durch das All auch Gott begegnet?" „Nein", habe der Pilot überrascht und trocken geantwortet. Darauf Paul VI.: „Dacht' ich mir's doch!" – So weit die Begegnung im Vatikan. Doch erst in der Fortsetzung bekommt die Anekdote ihre wirkliche Pointe. Selbstverständlich hatte der Held der Sowjetunion nach der Erdumkreisung auch seine Audienz bei Chruschtschow, Parteichef der Kommunistischen Partei der Sowjetunion. Dieser stellte in einem unbeobachteten Augenblick dieselbe Frage, ob er im All Gott gesehen habe. Diesmal war die Antwort Gagarins: „Jawohl, mein Vorsitzender!" Und Chruschtschow antwortete: „Dacht' ich mir's doch!" – Wer immer diese Geschichte erfunden hat: Er hat um die Brüchigkeit unseres Glaubens wie des Unglaubens gewusst. Er hat das dünne Eis aufgezeigt, das heute unsere religiöse Überzeugung tragen soll. So sich jemand daranmacht, den eindeutigen Horizont des Diesseits zu überschreiten, begibt er sich aller innerweltlichen

---

1 MARTIN BUBER, *Gottesfinsternis*, in: *Werke I*, München 1962, 509f.

Sicherheit. Leugnet jemand die Religion und Gott als ihren höchsten Repräsentanten, so kann man ihn wohl im Streitgespräch mit Verstandesargumenten bezwingen. Wer jedoch einen anderen für diesen Gott wirklich gewinnen will, braucht mehr als empirische Daten und wissenschaftliche Logik. Das Herz sucht eine Antwort. Denn es ist „unruhig", wie der heilige Augustinus gesagt hat, „bis es ruht in Gott"[2]. So gibt der Schöpfer Himmels und der Erde dem Kopf und dem Sehnen der Menschen keine Ruhe. Der Philosoph Robert Spaemann bringt es auf den Punkt: „Dass ein Wesen ist, das auf Deutsch ‚Gott' heißt, ist ein altes, nicht zum Schweigen zu bringendes Gerücht."[3] Und aufmerksame Hirten der Kirche haben schon mehrfach daran erinnert.

Mahnende Päpste

Etwa der heilige Papst Johannes Paul II. Es ist nicht vorstellbar, dass dieser in seiner Glaubensfestigkeit und Gottverbundenheit je selbst in seinem Leben an Gottes Gegenwart ernsthaft zweifelte. Seine Herkunft, sein Kampf für die Freiheit der polnischen Kirche unter der kommunistischen Diktatur, seine kraftvolle Verkündigung und seine unermüdlichen apostolischen Reisen, sein Leidensmut als Kranker und sein heroischer, gleichsam öffentlicher Tod bekunden eine unüberwindliche Glaubensverankerung. Dennoch wusste er, dass der Mensch von heute den heidnischen Kräften ausgesetzt ist und ihnen oft erliegt. Er alarmierte die Kirchen Europas, die Welle des Atheismus zu erkennen und ihr Einhalt zu gebieten. Am 05.06.1990 hielt er eine große Ansprache zur Vorbereitung der außerordentlichen Bischofssynode, die Europa in den Blick nehmen sollte. In ihr betonte er, dass sich in der Neuzeit das naturwissenschaftliche Denken der geoffenbarten Wahrheit diametral entgegenstellt: Empirie gewöhnte den heutigen Menschen daran, „die Welt in sich selbst zu betrachten, ‚als ob es Gott nicht gäbe'". Aus der Hypothese, dass Gott nicht existiere, werde dann die Überzeugung, er selbst sei eine Hypothese. Agnostizismus unter Wissenschaftlern griffe um sich und Atheismus als philosophischer Standpunkt

---

2   Aurelius Augustinus, *Bekenntnisse* I.I.
3   *Nach Gott fragen. Über das Religiöse*, in: Sonderheft Merkur 53 (1999) 772.

sei überall anzutreffen. Die Antwort auf diese Verbreitung sei eine
energische Evangelisierung; Jesu Aufruf: „Wachet und betet" for-
muliere das Gebot der Stunde. Der Pontifikat Benedikts XVI. nahm diese Weisung auf. Er
nannte den modernen Unglauben „Gottvergessenheit", und sein
Pontifikat wurde zur Warnung gegen solchen Verlust. Im Aufruf
für Gott hatte die Verkündigung des Papstes ihren roten Faden. Er
hörte in seinen Publikationen, Predigten, Katechesen und öffentlichen Reden nie auf, die gegenwärtig verbreitete Glaubensunsi-
cherheit herauszustellen. Wie ein alttestamentlicher Prophet legte
er den Finger immer wieder in diese Wunde der Menschheit und
des Christentums. Er zeigte die unterschiedlichen Spielarten der
Gott-Losigkeit in der Theologie und der kirchlichen Pastoral auf.
Ein Hinweis soll für viele stehen. Er stammt aus der Predigt, die er
bei seiner letzten Christmette im Petersdom in Rom hielt – nicht für
die Abständigen, Glaubenslosen, sondern für uns, die Katholiken
(24.12.2012):

> „Haben wir eigentlich Platz für Gott, wenn er bei uns einzu-
> treten versucht? Haben wir Zeit und Raum für ihn? Wird
> nicht gerade Gott selbst von uns abgewiesen? Das beginnt
> damit, dass wir keine Zeit für Gott haben. Je schneller wir
> uns bewegen können, je zeitsparender unsere Geräte werden,
> desto weniger Zeit haben wir. Und Gott? Die Frage nach ihm
> erscheint nie dringend. Unsere Zeit ist schon angefüllt. Aber
> die Dinge gehen noch tiefer. Hat Gott eigentlich Platz in
> unserem Denken? Die Methoden unseres Denkens sind so
> angelegt, dass es ihn eigentlich nicht geben darf. Auch wenn
> er anzuklopfen scheint an die Tür unseres Denkens, muss er
> weg-erklärt werden. Das Denken muss, um als ernstlich zu
> gelten, so angelegt werden, dass die ‚Hypothese Gott' über-
> flüssig wird. Es gibt keinen Platz für ihn. Auch in unserem
> Fühlen und Wollen ist kein Raum für ihn da."

Bedenkliche Meinungsumfragen

Für unsere geistige Ortsbestimmung ziehen wir bei punktuellen Erfahrungen oder unscharfen Eindrücken zu unserer Absicherung gern Umfrage-Daten zu Rate. Auch zum Thema Gott liegen aus jüngerer Zeit Erhebungen vor. Ich entnehme sie der großen demoskopischen Untersuchung der Bertelsmann-Stiftung für verschiedene europäische Länder.[4] Ihre Veröffentlichung wird von Fachvertretern der Soziologie kommentiert, die bei ihrer Auswertung genauen methodischen Vorgaben folgen und die für ihre Publikation gewählte Sichtweise erörtern. Sie gehen davon aus, dass die Religiosität des Menschen ein vielschichtiges Phänomen ist. Ihren Kern hat sie in der Frage nach Gott oder auch nach etwas Göttlichem. Die erfragten Angaben zu ihr werden dann gemessen an der gesellschaftlichen und religiösen Praxis des Befragten. Von besonderer Relevanz für unseren Zusammenhang sind Auskünfte darüber, in welcher Weise Religiöses den Menschen berührt. Die Kommentatoren unterscheiden zwischen zwei Grundtypen: Einmal macht sich solche Erfahrung an einem göttlichen Gegenüber fest, das als ein Du wahrgenommen wird. Im Gegensatz dazu steht nach dem „Monitor" eine Vorstellung eines allumfassend Göttlichen, mit dem der Mensch eine diffuse Einheit eingeht bzw. verschmolzen wird; das jedoch konturlos und anonym, also völlig unpersönlich ist.[5]

Gerade von der letztgenannten Gottesvorstellung steht im „Monitor" ein vielsagendes Zitat. Auf die Frage des Interviewten, welche Idee er von Gott habe, antwortet dieser:

> „Ich meine, es gibt ganz schlaue Leute, die die Welt erklärt haben, Ursprung blablabla, wie das halt entstanden ist und dass da Gott überhaupt keine Rolle drin spielt, aber irgendwie denkt man doch, man denkt doch auch: ‚Mein Gott, lass das nicht geschehen' oder wenn man in irgendeiner ganz schwierigen Situation ist: ‚Hilf mir doch mal!', oder so was. Irgendwo in irgendeiner Form, in welcher Form weiß ich nicht, aber irgendwo denkt man schon, dass da noch was ist."[6]

---

4   BERTELSMANN STIFTUNG GÜTERSLOH (HG.), *Woran glaubt die Welt? Analysen und Kommentare zum Religionsmonitor 2008*, Gütersloh 2009.
5   Ebd., 104–124.
6   Ebd., 174.

Der „Monitor" legt des Näheren dar, durch welche Elemente sich die jeweilige Gottesvorstellung bei den Befragten ausmachen lässt. Als Kategorien, solche Religiosität zu erfassen, benennt er religiöse Reflexivität, öffentliche und private religiöse Praxis, religiöse Selbsteinschätzung, die Erfahrung der Einheit mit einem diffus Göttlichen sowie die Verschmelzung mit ihm und schließlich die Erfahrung eines Du als eines göttlichen Gegenübers. Letzterem spricht der „Monitor" berechtigter Weise die stärkste Glaubensintensität zu. Welche Ergebnisse zeigt nun die Statistik? Entsprechend unserem Interesse am Gottesbild sollen hier die beiden letzten Kategorien – die Einheitserfahrung mit Zerstreut-Göttlichem und andererseits die Erfahrung Gottes als eines Du – für Christen Beachtung finden. Ich habe drei Länder nach den Resultaten ausgewählt: Spanien, Frankreich und Deutschland und möchte im Sinne der Soziologen, die die Ergebnisse kommentieren, auf das Gottesbild der Befragten abheben.

In **Spanien** bezeichneten sich im Jahr der Umfrage (2008) 80 % der Bevölkerung als Christen; von diesen Christen gehören 97 % der katholischen Kirche an. Von ihnen bejahte etwa die Hälfte die Frage, ob es einen Gott gäbe, der sich mit jedem persönlich befasse und 49 % sehen in ihm eine Person, zu der man sprechen kann. Mit anderen Worten: die Hälfte der spanischen Katholiken hat keinen Zugang zu einem persönlichen Gott. Doch es kommt noch bedrückender: Von der Bevölkerung **Frankreichs** nennen sich 34 % konfessionslos und 58 % katholisch. Von den Katholiken bejahen die Frage, ob Gott eine Person ist, 21 % voll und ganz; 20 % sind von der Tatsache „eher" überzeugt, stimmen ihr also nicht uneingeschränkt zu. Wir hätten es also ungefähr mit 60 % Katholiken zu tun, die in Gott keine Person sehen, zu der man sprechen kann. Geradezu dramatisch ist es für **Deutschland**, für das der „Monitor" sich im Detail mit den Zahlen für den Westen des Landes befasst. Von den dort lebenden 65,7 Mio. Bewohnern sind ungefähr ein Drittel katholisch, ein Drittel evangelisch und ein Drittel nennt sich konfessionslos. Etwa 40 % der Evangelischen und Katholischen erklären ihre Religionsvorstellung als das Gefühl einer „intensiven Einheitserfahrung" mit dem Göttlichen. Wer schließlich nach dem Gottesbild der Christen in Deutschland fragt – ob bei Katholiken oder Protestanten –, muss zur Kenntnis nehmen, dass in der zitierten Umfrage sogar 85 % von ihnen Gott nicht als ein personales Du bekennen. Daraus zieht ein Kommentator den Schluss, „dass pantheistische Religionsmuster [...] von den Katholiken bis zu den Konfessionslosen reichen und offenbar ein gemeinsames Element der von allen geteilten religiösen Kultur ausmachen"[7]. Geht es andererseits um das Gewicht, das die Befragten der Erfahrung Gottes als eines Du zumessen, so liegen die Evangelischen bei 12 % und die Katholiken bei 16,2 %. Was mögen all die andern denken, wenn sie vielleicht doch einmal sagen „Vater unser, der du bist im Himmel"? Diese Umfrage-Erkenntnisse sind bestürzend für kirchliche Hirten. Sie müssen fraglos auch die aktiven Glieder der Glaubensgemeinschaft mindestens beunruhigen. Christsein meint für einen hohen Prozentsatz derer, die sich zu ihm zählen, nicht länger, dass Gott mein Vater im Himmel ist; dass sein Sohn Jesus Christus mein Bruder wurde. Der Schöpfer Himmels und der Erde ist für viele zu einem vagen Gefühl von einer gesichtslosen, anonymen Göttlichkeit zerronnen. Der ehemalige Ministerpräsident des „Katholischen Irland", Enda Kenny, äußerte in einem Interview, Gott sei für ihn etwas absolut Unendliches. Er könne ihn nicht als Person sehen, als ein Sein.[8]

Keine Zeit für Planspiele

Angesichts solcher Gott-Vergessenheit dürfte die Zeit für strukturelle Planspiele abgelaufen sein. Der Ruf des Psalmisten hat höchste Aktualität: „Dein Antlitz, Herr, will ich suchen. Verbirg nicht dein Gesicht vor mir" (Ps 27,8f.)!

Auch unabhängig vom Gesellschaftsklima und von öffentlichen Daten registrieren nachdenkliche Beobachter der Glaubens- und der Geistesgeschichte eine dramatische Wende menschlichen Daseinsverständnisses. Heinrich Schlier († 1978), der angesehene katholische Bibelwissenschaftler, bemerkt und verzeichnet sie. Er macht sich im Jahr 1965 einen Ausspruch des protestantischen

---

7   Ebd., 120f.
8   22.06.2014, in: *The Meaning of Life* (Ireland Radio).

Zeugen und Widerstandskämpfers Dietrich Bonhoeffer († 1945) zu eigen, der befunden hatte:

„Wir stehen hinsichtlich der Religion in einer gegenüber der gesamten Geschichte völlig neuen Situation. Das, was man mit dem Schlagwort ‚Säkularismus' zu bezeichnen pflegt, ist ein Novum ohne Parallele."

Im Einzelnen begründet Schlier diesen Befund durch die Reduktion des Lebens auf das technisch Verfügbare, auf das Beweis- und Kontrollierbare. Mit solchem verkürzenden Wechsel der Weltsicht erhielten zwar Schöpfung und Mensch größere Eigenständigkeit, sie würden weltlicher und menschlicher. Aber das Leben gälte nicht mehr „als Gabe" und sei nicht länger „verdankt". Dieser Umschlag begründete – so Schlier – wirklich einen neuen Grundzug für das Begreifen alles Geschaffenen. Das gewohnte Bild des Ursprungs der Dinge sei verschwunden; ein anderes wäre an seine Stelle getreten. Der Mensch habe sich einen neuen „Weltgott" geschaffen. Der gläubige Wissenschaftler Heinrich Schlier vergleicht diese Entwicklung mit einem Bericht aus der „Geheimen Offenbarung des Johannes" (13,14), in dem die Bewohner der Erde ein göttliches Standbild errichteten, um es anzubeten.

„Das ist nicht mehr heidnisch", urteilt er dann entschieden, „sondern antichristlich."[9]

Der neue „Weltgott" konnte eindrucksvolle Geländegewinne machen. Es ist kaum zu übersehen, dass „Gott" im Alltagsurteil heute keinen unbestrittenen Haftpunkt hat.

Es mag erscheinen, dass die „Gott-Vergessenheit" in ihren verschiedenen Formen die monotheistischen Religionen und vor allem das Christentum bedroht. Demnach gingen wir Katholiken aus Eigeninteresse gegen sie an, redeten also *pro domo*, wenn wir sie aufzeigen. Doch wer uns solche Selbstverteidigung unterstellt, wird von Papst Benedikt XVI. eines Besseren belehrt. Etwa durch seine Worte bei der Überreichung des Agreements an einen früheren Bot-

---

9   Heinrich Schlier, *Verkündigung und Sprache*, in: Ders., *Der Geist und die Kirche*, Freiburg i. Br. 1980, 3–19, hier: 10ff.

schafter der Bundesrepublik Deutschland, Walter Jürgen Schmid,
am 13. September 2010:

> „An die Stelle des personalen Gottes des Christentums, der
> sich in der Bibel offenbart, tritt ein geheimnisvolles und
> unbestimmtes höchstes Wesen, das nur eine vage Beziehung
> zum persönlichen Leben des Menschen hat. Diese Auffassun-
> gen prägen zunehmend den gesellschaftlichen Diskurs, die
> Rechtsprechung und die Gesetzgebung. Wenn man aber den
> Glauben an Gott als Person aufgibt, dann ist die Alternative
> ein ‚Gott‘, der nicht erkennt, nicht hört und nicht spricht.
> Und er hat erst recht keinen Willen. Wenn Gott keinen Willen
> hat, dann ist Gut und Böse letztlich nicht mehr zu unter-
> scheiden. [...] Den Menschen geht damit die moralische und
> geistige Kraft verloren.“

Mit diesen Worten macht der zeitkritische Geist des Papstes darauf
aufmerksam, dass sich der eingebrochene Schaden der „Gottvergessenheit" nicht nur auf Konfessionen und Religionen auswirkt.
Moderne Gottlosigkeit zieht auch die Gesellschaft in Mitleiden-
schaft. Aus ihr folgt ein herber Verlust für das Zusammenleben der
Menschen. Auch aus Gründen eines oft geforderten „gelingenden
Menschseins" sollte Gott deshalb wieder hineingerufen werden in
unsere Zeit. Viele Menschen heute haben noch eine dunkle Ahnung von dem „unauslöschlichen Gerücht" – aus dem Erlebnis der
Natur, aus fernen Kindheitserinnerungen, aus der Begegnung mit
Zeugen, nach Befreiung von Angst oder in Hilfe aus der Not, durch
den plötzlichen Anruf von Jesu Wort. Diese Unruhe darf nicht dem
Desinteresse oder der Trägheit von Gottes Boten zum Opfer fallen
und so ausgelöscht werden. Gottesmüdigkeit verschüttet nicht zuletzt eine der ganzen Menschheit kostbare Gabe. Wer die Logik beachtet, auf die sich die Enzyklika *„Laudato si ..."* stützt, dem springt
der Nexus von Gott und Menschsein direkt in die Augen.

Immer wieder begründet das Dokument den Wert und die
Würde des Menschen und seiner Welt mit Hinweisen auf unser al-
ler Geschöpflichkeit. Gott ist es, der alles Existierende des „Blauen
Planeten" kostbar macht. So tut der unserem gegenwärtigen Papst
Franziskus und seinem dringlichen Appell einen gebotenen Dienst,

wer die Gottesfrage in den Blick rückt. An Gottes Existenz und Nähe ist unumwunden zu appellieren. Schon beim Propheten Jesaia fragt Gott selbst: „Wen soll ich senden? Wer wird für mich gehen?" (Jes 6,8). Aber Gott ist nicht nur auf der Suche nach Herolden, die ihn verkünden. Er nimmt die Boten auch ganz für sich ein und enthüllt ihnen etwas von seiner faszinierenden Einmaligkeit. Der Prophet besingt darum seine Größe: „Man nennt ihn Wunderrat, Gottheld, Ewigvater, Friedensfürst. Groß ist die Herrschaft" (Jes 9,5f.). Gottes Proklamation braucht uns als Advokaten. Sonst verdunkelt Gott-Vergessenheit nicht nur das Bewusstsein der Gläubigen, sondern verwässert auch in der Gesellschaft die Ehrfurcht vor der Schöpfung und beschädigt unser menschliches Zusammenleben.

„Querida Amazonia" und Inkulturation

CNA Deutsch, 11. März 2020

In seiner Weihnachtsansprache 2019 an die Kurie des Vatikans gab Papst Franziskus dem Faktor „Kultur" einen hohen Rang für unser aller Glaubensfähigkeit. Und er sah in ihrer Verwässerung eine zentrale Ursache für die moderne Entfremdung von Gott.

> „Wir haben keine christliche Leitkultur, es gibt keine mehr! Wir sind heute nicht mehr die Einzigen, die Kultur prägen, und wir sind weder die ersten noch die, denen am meisten Gehör geschenkt wird. Wir brauchen daher einen Wandel im pastoralen Denken, [...]." Um diesem Ausfall entgegenzutreten, seien Prozesse anzustoßen in „Treue zum *depositum fidei* und zur Tradition".

Ohne Frage war die Bischofssynode zu Amazonien (2019) als ein solcher Anstoß gedacht. Zwar versichert das nachsynodale Dokument *„Querida Amazonia"* (QA) in fast jeder Zeile: der Titel „Geliebtes Amazonien" ist keine hingeworfene Formalität des gängigen Jargons; der Text ist vielmehr diktiert von der väterlichen Zuneigung und brüderlichen Obhut des Nachfolgers Petri für diese Region der Erde. Gleichzeitig haben die Darlegungen dennoch ihren Schwerpunkt im Gewicht, das gerade die Kultur für das *„buen vivir"* – das „gute Leben" (QA 8) hat. Das nötigt zunächst zu der Frage: Warum gibt der Papst einer Kultur überhaupt einen solchen Rang für das Gelingen unseres Daseins?

Kultur

Wir Menschen müssen uns in allen Lebensräumen Sachgesetzen unterordnen. In ihnen melden sich Bedürfnisse und Tätigkeiten an: Essen und Schlafen, Arbeit und Sozialkontakte, familiäre und private Verpflichtungen. Diese Formen haben ihre Berechtigung; sie lassen sich nicht ungestraft missachten. Manchmal entgeht uns freilich, dass wir ihnen auf verschiedene Weise genügen können: pragma-

tisch-nüchtern, damit es uns weniger Zeit kostet – oder in einem Stil,
der solchen Vollzug nutzt, um unseren Alltag zu bereichern. Dann
können sogar Pflichten Freude vermitteln. Und Kultur bietet die
Chance, das Sinnvoll-Sachliche spezifisch zu gestalten und schön
zu machen. Der Mensch trachtet darum nach Ausdrucksweisen, die
seinem Dasein eine gewinnende Gestalt geben: für Wohnung und
Kleidung, für besondere Tage des Jahres, für den Lauf der Zeit. Durch
Umgangspraxis und Lebensweise, durch Dichtung und Musik sowie
durch Mythen und Kunstwerke prägen wir uns selbst und unsere Geschichte. In dem Maß, in dem uns solche Formen gelingen, sind wir
schöpferisch und übertreffen das bloß Animalische.

   Weil zum menschlichen Geist religiöse Elemente gehören,
brauchen auch diese ihren greifbaren Ausdruck. Andernfalls würde ja die menschliche Geisteswelt um ihre spirituelle Tiefe verkürzt;
sie gäbe unseren inneren Kosmos nur eingeschränkt wieder. Die
Kirche schafft folglich dem geistlichen Suchen zutreffende Objekte,
Riten und Praktiken. Sie sind für uns Christen von der Offenbarung
inspiriert und können verkündigend und Glauben zeugend auf den
Einzelnen und die Gruppe zurückwirken. Glückt Kultur, so ist sie
eine sehr dienliche Hilfe für unsere Gottesbeziehung. Ein italienischer Philosoph und der Gründer der Geistlichen Bewegung *Comunione e Liberazione,* Don Luigi Giussani († 2005), berichtet über
seine langjährige und fraglos sehr fruchtbare apostolische Arbeit:

> „Die kulturelle Aktivität zielte darauf zu prüfen, ob der christ-
> liche Glaube ein Verständnishorizont für die Begegnung mit
> den nach und nach auftauchenden Problemen sein könnte."[1]

Vaticanum II

Unsere Gesellschaft will nach dem „Input" den sofortigen „Output";
wir haben den „Instant-Coffee" und die „Instant-Camera" erfunden.
Was zum Warten nötigt, missfällt uns. Kultur aber greift nicht von
heute auf morgen. So entgeht unserer Pastoral oft, dass der Umweg
über christliche Kultur für Leben und Verbreitung der Heilsbotschaft kaum zu überschätzen ist. Die zum Vaticanum II versammel-

---

1   ROBI RONZA, *Comunione e Liberazione,* Mailand ⁷1980, 29f.

ten Konzilsväter nahmen sie ernst. Ihre Überlegungen zur Kultur sind in der *Pastoralkonstitution GAUDIUM ET SPES über die Kirche in der Welt von heute* (GS) nachzulesen. Der Diskussionsprozess, der uns erhalten ist, zeigt die Sorgfalt und Mühe, die auf das Thema verwandt wurden.[2] Nach langen Beratungen widmete man ihr ein ganzes Kapitel (CAPUT II: GS 53–62). Es bleibt eine Fundgrube für sorgfältige Seelsorge. Das Beratungsprotokoll hält fest, man hätte wohl auf den Versuch einer Definition verzichten wollen. Doch die in der Konstitution formulierte Beschreibung zeigt bestechend auf, was dieser oft oberflächlich gebrauchte Begriff enthält.

„Unter Kultur im Allgemeinen versteht man alles, wodurch der Mensch seine vielfältigen geistigen und körperlichen Anlagen ausbildet und entfaltet; wodurch er sich die ganze Welt in Erkenntnis und Arbeit zu unterwerfen sucht; wodurch er das gesellschaftliche Leben in der Familie und in der ganzen bürgerlichen Gesellschaft im moralischen und institutionellen Fortschritt menschlicher gestaltet; wodurch er endlich seine großen geistigen Erfahrungen und Strebungen im Lauf der Zeit in seinen Werken vergegenständlicht, mitteilt und ihnen Dauer verleiht – zum Segen vieler, ja der ganzen Menschheit" (GS 53).

Der Text berührt uns mit dem großen Atem des Vaticanum II. Er versuchte, das im Phänomen Erfassbare zu greifen. Diese Faktoren stellte er dann in den Horizont des Glaubens, überzeugt, dass der Kulturauftrag zum ursprünglichen Plan Gottes mit dem Menschen gehört. Schöpfungswerk und Erlösungsordnung sind nämlich aufeinander verwiesen (vgl. GS 57ff.).

Die Exhortation zur Amazonas-Synode von 2019 tut darum gut daran, ein halbes Jahrhundert nach dem Vaticanum II, „Kultur" neu ins Bewusstsein zu heben – als hohen Wert des Menschen sowie als ein zentrales Medium der Evangelisierung. Und Papst Franziskus widmet sich diesem lebensgestaltenden Element nicht nur generell und abstrakt. Er tut es für eine spezifische Form der Kultur: für die Kultur Amazoniens und – man möchte sagen – mit brennendem Herzen. Seine Liebe zu dieser Region der Erde und zu seinen Völkern treibt ihn und macht ihn gleichzeitig zu einem wort-

---

2   LThK XIII (1968), bes. 447–485.

mächtigen Apologeten von Land und Leuten dort. Darum wird Ehrfurcht zur Wurzel seiner Hochschätzung. So sagte er etwa schon in seinem Grußwort zu Beginn der Bischofssynode (07.10.2019):

> „Denn die Völker, alle Völker, haben ein eigenes Wesen, haben eine eigene Weisheit, eine Hermeneutik und sind bestrebt, Protagonisten ihrer eigenen Geschichte zu sein, mit diesen Dingen, mit diesen Eigenschaften. Und wir nähern uns ihnen an, indem wir uns fernhalten von ideologischen Kolonialisierungen, die die Eigenart der Völker zerstören oder mindern. Heute sind ideologische Kolonialisierungen sehr verbreitet. Und wir nähern uns ihnen an ohne das unternehmerische Bestreben, ihnen vorgefertigte Programme zu erstellen, die amazonischen Völker zu ‚disziplinieren‘, ihre Geschichte, ihre Kultur zu disziplinieren. Das nicht: dieses Bestreben, die Ureinwohner zu disziplinieren. Wenn die Kirche vergessen hat, wie sie sich einem Volk annähern soll, dann hat sie sich nicht inkulturiert: Sie ist sogar dahin gelangt, bestimmte Völker zu verachten."

Pietät gegenüber dem Lebensstil dieser Menschen, ihren Wertvorstellungen, Frömmigkeitsformen und Riten verweisen den Hirten auf den Rang von Kultur. Schon die „vier Visionen" des 1. Teils von QA haben im Bereich „Kultur" ihren roten Faden. Sie wird vorgefunden und ist zu bewahren; denn sie trägt bei zum Besten der Menschen (vgl. QA 28). Der Weitsichtige liebt ihre Wurzeln und schützt sie; denn sie hilft dazu, den Lebenskampf zu bestehen (vgl. QA 33).

> „Über Jahrhunderte hinweg haben die Völker Amazoniens ihre kulturelle Weisheit mündlich weitergegeben in Mythen, Legenden und Erzählungen, wie es mit jenen urzeitlichen Erzählern geschah, die durch die Wälder zogen und Geschichten von Dorf zu Dorf trugen, um eine Gemeinschaft am Leben zu erhalten, die sich ohne die Nabelschnur dieser Geschichten in der Distanz und der Isolation zersplittert und aufgelöst hätte" (QA 34).

Eine globalisierte Gesellschaft schwächt und zerstört solche Kräfte. Doch das je eigene Recht von Völkern und Kulturen ist zu respektieren und zu sichern (vgl. QA 40). So betrachtet, können wir Menschen nah und fern uns dann mit Amazonien *innig verbunden fühlen* [...]: Amazonien wird zu uns gehören wie eine Mutter" (QA 55). Die Region erscheint sogar – nach den Worten des Papstes – für die Glaubenden als ein theologischer Ort, ein Raum, „wo Gott selbst sich zeigt und seine Kinder zusammenruft" (QA 57).

Evangelisierung

Wie schon in der vatikanischen Konstitution angemerkt, wird für den Christen allerdings die Kultur nie auf das Licht der Offenbarung verzichten. Sonst würden letztendlich die sündhafte Abwendung des Menschen von Gott und der Erlösungstod des Gottessohnes verspielt. So fordert dann auch QA auf, von Christus „zu sprechen und andere auf seine Einladung zu einem neuen Leben aufmerksam zu machen: ‚Weh mir, wenn ich das Evangelium nicht verkünde!' (1 Kor 9,16)." (QA 62) „Unverzichtbare Verkündigung in Amazonien": Mit dieser Zwischenüberschrift macht Franziskus klar, dass es aus seiner Sicht nicht reicht, nur eine „soziale Botschaft" zu vermitteln. Diese Völker hätten „ein Recht auf die Verkündigung des Evangeliums", sonst „würde jede kirchliche Struktur nur zu einer weiteren NGO werden" (QA 62–65).

So interessiert den Leser, wie der Papst bei der Hochschätzung der vorgefundenen Kultur deren Erscheinungsform zusammenbringt mit der Botschaft des Evangeliums. Wie denkt QA Inkulturation?

Kerygma beinhaltet für die nachsynodale Exhortation „die Verkündigung eines Gottes, der jeden Menschen unendlich liebt und der uns diese Liebe vollkommen in Christus geoffenbart hat" (QA 64). Bei der Begegnung zwischen amazonischer Kultur und der biblischen Botschaft ist alles Gute vielmehr aufzunehmen „und im Lichte des Evangeliums zur Vollendung zu führten" (QA 66). Auf neue Weise mag sich Gnade in Völkern inkarnieren, sodass Amazonien mit einem neuen Modell von Heiligkeit die Weltkirche herausfordert (vgl. QA 77). Das Leben der Völker schafft sich religiöse Ausdrucksformen, die nicht als Aberglaube oder Heidentum zu bezeichnen sind (vgl. QA 78). Mythen von spirituellem Sinngehalt dürfen nicht immer als heidnischer Irrtum angesehen werden (vgl. QA 79).

Eine Nummer mag als Synthese der Inkulturations-Vorstellung des Dokuments gelesen werden:

> „Wir können sehen, dass dies (sc. die Inkulturation) eine doppelte Bewegung impliziert. Einerseits eine befruchtende Dynamik, die es erlaubt, das Evangelium an einem bestimmten Ort zum Ausdruck zu bringen, denn ‚wenn eine Gemeinschaft die Verkündigung des Heils aufnimmt, befruchtet der Heilige Geist ihre Kultur mit der verwandelnden Kraft des Evangeliums'." (QA 68)

Auf der anderen Seite erlebe die Kirche dabei selbst einen „Prozess des Empfangens, der sie mit dem bereichert, was der Geist bereits auf geheimnisvolle Weise in diese Kultur gesät hat" (QA 68).

In dieser Darlegung bleiben also beim Inkulturations-Prozess biblische Zentralbegriffe nicht unerwähnt. Doch wird man bei der starken Betonung des Autochton-Gewachsenen ihre theologische Relevanz vermissen; Offenbarungselemente werden nicht ausgebreitet und nur nebenher benannt.

Hilfen der Kultur für das Glauben

Solche väterlich bejahende Umarmung der Kultur Amazoniens motiviert zur Gegenüberstellung mit den Aussagen des Vaticanum II. Auch diese versichern, dass sich Christen immer wieder neuen Formen der Kultur zu öffnen haben (vgl. GS 57). Doch sie warnen auch vor möglichen destruktiven kulturellen Elementen. Der Text vermerkt:

> „Die gute Botschaft Christi erneuert unausgesetzt Leben und Kultur des gefallenen Menschen und bekämpft und beseitigt Irrtümer und Übel, die aus der stets drohenden Verführung zur Sünde hervorgehen. Unablässig reinigt und hebt sie die Sitten der Völker" (GS 58).

Fraglos sahen die Konzilsväter auch die Gefahren und Versuchungen, die jede unerlöste – weil erbsündliche – Kultur für das *buen vivir* impliziert. Christliche Kultur darf das Licht des Glaubens nimmer ausblenden. Sie kann die Ambivalenz diesseitiger Modelle, die immer das Letzte über das menschliche Leben sagen wollen, nicht bagatellisieren. Alle kulturellen Angebote haben sich für uns Christen an der Heilsgeschichte zu messen. Es zeugte ohne Frage von beängstigender Naivität, den christlichen Glauben mit einer kultur-gewordenen Weltsicht einfachhin auszutauschen; Pater Ernesto Cardenal († 2020), sandinistischer Kulturminister, kann als warnendes Beispiel dienen.

Von Kardinal Giacomo Lercaro († 1976), einer prägenden Persönlichkeit des Vaticanum II und einer der vier Konzilsmoderatoren, ist eine bemerkenswerte Stellungnahme zum Thema Kultur überliefert. Sie klärt in fundamentaler Weise auch die anstehende Problematik; denn sie gibt in der biblischen Offenbarung den Richtpunkt und die Grenze aller kirchlichen Inkulturation.

„Um sich dem wahren Dialog mit der Kultur von heute zu öffnen, muss die Kirche ihre Kultur immer mehr auf den absoluten Reichtum der Heiligen Schrift, der biblischen Denk- und Sprechweise konzentrieren. Sie darf nicht die Furcht hegen, darum nicht verstanden zu werden oder die Menschen zu enttäuschen; denn im Grund wünschen sie von der Kirche gar nichts anderes. Dann wird die kirchliche Kultur [...] als mächtige religiöse Kraft erscheinen, die fähig ist, alle Kulturen von heute und morgen zu durchsäuern."[3]

Grenzen der Inkulturation

In seiner 2.000-jährigen Geschichte traf die jüdisch-christliche Tradition immer neu auf beeindruckende Lebensentwürfe. Diese forderten es heraus; denn immer neue Inkulturation der Offenbarung ist ja unumgänglich, weil die Heilsbotschaft von den Hörern verstanden und innerlich angenommen werden soll. Die dann gebotene Entwicklung vollzog sich allerdings nie im Handumdrehen; und ihre Komplexität hat gelegentlich bis zu substanziellen Erschütterungen geführt.

---

3   Ebd., 466f.

Zur bislang dramatischsten Herausforderung für Christi Heilswerk wurde wohl seine Begegnung mit der Welt des Hellenismus. Renommierte Wissenschaftler wie Adolf von Harnack († 1930) haben dieser Inkulturation sogar seine substanzielle Verfälschung durch Platonisierung, Stoisierung und Aristotelisierung vorgeworfen. Ein überragender katholischer Theologe, der Jesuit Alois Grillmeier († 1998), ist Harnacks Befund detailliert nachgegangen. Seine rigorose Analyse kann hier nicht wiedergegeben werden.

Doch so viel ist nur von ihm zu lernen: Zustimmung zur Inkulturation in das Christentum bedarf zunächst nüchterner Intellektualität; emphatische Umarmung denkt zu kurz. Sie ist ferner nicht mit einem Federstrich zu dekretieren, sondern benötigt lange Zeiträume: Für die untersuchte Periode zur Hellenisierung sind es mehrere Jahrhunderte; im erwähnten Fall kam der Ablauf erst durch das Konzil von Nikaia (325) zum Abschluss. Und zwar durch die prägnante Dogmatisierung der Gottessohnschaft Jesu Christi (HOMOUSIOS) gegen Arius († 336). Für den erwähnten Vorgang – er ist gewiss exzeptionell, aber auch exemplarisch – wählt Grillmeier ein treffendes Stichwort; er spricht von einem „Doppelprozess: eine vorlaufende Hellenisierung, dann eine rücklaufende Enthellenisierung"[4].

Demnach ist gegenüber jeder neuen Kultur neben der Annahme integrierbarer Elemente unbedingt die Abgrenzung von Offenbarungswidrigem fällig. Bezeichnend ist nicht zuletzt, dass bei der Konfrontation des Hellenismus mit dem Christentum die Inkulturation nicht im Ungefähren blieb. Sie mündete in klare Lehr-Begriffe des *depositum fidei* – wie es auch Papst Franziskus in der eingangs zitierten Weihnachtsansprache forderte.

---

4   ALOIS GRILLMEIER, *Hellenisierung der christlichen Botschaft*, in: DERS., *Fragmente zur Christologie. Studien zum altkirchlichen Christusbild*, Freiburg i. Br. 1997, 81–111, hier: 83.

„Zeichen der Zeit" – eine kirchenpolitische Trumpfkarte?

CNA Deutsch, 12. Februar 2021

„Der Atheismus gehört zu Deutschland; daran zu zweifeln, wäre töricht", befand vor einiger Zeit der „Deutschlandfunk Kultur" (03.08.2016). Ohne Frage erleben wir alle, dass unser Christsein nicht länger von der herrschenden Lebensform getragen wird. Eher gilt, dass Gesellschaft und Medien Gottes Offenbarung ins Abseits drängen. Das Leben auch der Katholiken hat neue Parameter bekommen. Dennoch will die Kirche sich selbst nicht durch Schweigen überflüssig machen. Sie äußert sich weiter zu Irdisch-Weltlichem und fügt sich gern dem gängigen Informationsfluss ein. Und da kommt ihr ein Vers Jesu wie gerufen: „Das Aussehen des Himmels könnt ihr beurteilen, die Zeichen der Zeit aber nicht" (Mt 16,3). Katecheten und geweihte Hirten zitieren ihn zunehmend. Und zwar begründet; denn Jesu Wort wie sein Leben bezeugen: Er stand „mitten in der Welt".

Jesus – nicht monadenhaft verschlossen

Offensichtlich erreichten und beeinflussten öffentliche Herausforderungen den Herrn. Er ist keine innen-gesteuerte Monade und geht seinen Alltagsweg keineswegs apathisch verschlossen. Die „Vögel des Himmels" und die „Lilien des Feldes" (Mt 6,26ff.) sprechen ihn an. Im Mord des Pilatus an den Galiläern – Gräueltaten der römischen Besatzungsmacht – und in dem verheerenden Einsturz des Turmes von Schiloach (vgl. Lk 13,1ff.) sieht er nicht belanglose Daten, die Historiker interessieren mögen, sondern Appelle für alle Zeitgenossen. Er beachtet politische Faktoren und reagiert auf sie. Zwei weitere Sachverhalte seien noch genannt. Herodes Antipas ließ Johannes den Täufer hinrichten (vgl. Mk 6,17ff.), weil er dessen großen Anklang fürchtete. Daraufhin verlässt Jesus, dem so auffällig viele Menschen folgen, den Herrschaftsbereich des Herodes; er sucht mit seinen Jüngern Betsaida auf, „einen einsamen Ort" (Mk 6,31.45) im Gebiet des gutmütigen Tetrarchen Philippus. Gegen Ende seines irdischen Lebens flüchtet der Herr schließlich – wie der Evangelist Johannes schreibt – in einen abgelegenen Winkel, nach Ephräm (vgl. Joh 11,54); die Jerusalemer Behörde hatte seine Denunziation gefordert: Wer seinen Aufenthaltsort kenne, müsse ihn anzeigen (vgl. Joh 11,57).

Sogar des Vaters Wille für seine Sendung erkennt er nicht allein durch spirituell-innerliche Intuition. Er lässt ihn sich auch von erlebten Vorkommnissen geben. Auf den um seinen kranken Knecht bittenden heidnischen Hauptmann reagiert er zunächst abschlägig: „Soll ich etwa kommen und ihn heilen?" Als dieser aber dann seinen Glauben an Jesus und dessen Macht bekundet, erkennt er sich gesendet über Israels Grenzen hinaus: „Viele werden vom Osten und Westen kommen und mit Abraham, Isaak und Jakob zu Tische sitzen [...] (Mt 8,5-13). Ein andermal lernt er im Heidenlande von „Tyrus und Sidon" durch eine kanaanänische Frau: Reste vom Brote des Lebens sollen auch hungrige Nicht-Juden sättigen. Und nimmt wahr: Er ist nicht nur „zu den verlorenen Schafen des Hauses Israel" (Mt 15,21-28; Mk 7,24-30) gesandt.

So bleibt Jesu Gott-Sein offen für die äußeren Ereignisse von Leben und Geschichte. Sie haben Gewicht für seinen Erlösungsweg. Und es ist nur zu berechtigt, dass sich heilige Männer und Frauen an dieser Lernbereitschaft Jesu orientieren und nachdrücklich in den Alltagsumständen des himmlischen Vaters Hand suchten. Etwa der heilige Ignatius von Loyola († 1556), großer Gründer des Jesuiten-Ordens. In seiner Autobiografie, dem „Bericht des Pilgers"[1], erwähnt er solche göttliche Pädagogik: Gott habe mit ihm verfahren „wie ein Schullehrer ein Kind beim Unterricht behandelt" (Nr. 27). Dann zählt er die verschiedenen Orte auf, an denen er neue Erkenntnisse gewann: Manresa (durch eine Krankheit; Nr. 32), eine Schiffsfahrt (Valencia nach Italien; Nr. 33), die Wallfahrt nach Jerusalem (Nr. 35). Er folgert, dass ihn äußere Ereignisse zur Vertrautheit mit Gott brachten. Und seinem Orden trug er als Regel auf, „Gott suchen und finden in allen Dingen".

---

1 Ignatius von Loyola, Der Bericht des Pilgers, Freiburg i. Br. 1955.

„Zeichen der Zeit" – missverstanden

Das Wort Jesu von den „Zeichen der Zeit" kann kirchlicher Verkündigung freilich nur Jesu Autorität eintragen, wenn es Jesu Sinn treu
bleibt; andernfalls wird es zu Wortgeplänkel und Augenwischerei
missbraucht. Im Evangelium hat es eine klar umrissene Bedeutung.
Im Mund des Herrn ist die Wendung „Zeichen der Zeit" ein
Protest gegen Pharisäer und Sadduzäer. Jesus selbst will als „Zeichen" anerkannt werden. Der Vater im Himmel, nicht der zeitgenös-
sische *Mainstream* weist den Weg. Die „Peripherie" ist keineswegs
„die DNA des Christentums" – wie man uns einzureden versucht.
Auffälligkeiten in ihr sind lediglich ein Anstoß, nach Gott im Himmel zu fragen. Sie sind zu lesen im neuen Licht Jesu Christi und seiner vorgegebenen Botschaft. So erst erhalten sie Gewicht für Glaube
und Pastoral. „Zeichen der Zeit" sind demnach nicht einfach „aufzuspüren", sondern zu entziffern. Ohne die Lupe einer geistlichen
Prüfung können alle „Zeichen" täuschen und irreführen. Es bedarf
solider Deutungskriterien, die erst der Glaube bereithält. Andernfalls wird Jesu Weisung zur Falle. So drängt sich eine Nachfrage auf,
zumal die Diskussion des deutschen sog. „Synodalen Weges" immer wieder um solche „Zeichen der Zeit" kreist. Es ist fragwürdig,
pastoralen Herausforderungen dies Etikett zu geben. Am glaubens-
fremden Rand gibt es keine Signale, die das menschliche Herz dem
himmlischen Vater zuwenden, aber viele Irrlichter.

Noch Gravierenderes greift um sich: Gott erscheint der synodalen Wegsuche überhaupt als verzichtbar. Generelle Scham wegen des Skandals der Pädophilie verbot schon, ihn zu benennen.
Sein totales Verschweigen angesichts selbst der Pandemie ist ein
stummer Schrei. Die „Jenseits-Welt" (Thomas Luckmann) ist abgeschafft; warum auf ihre Heilswahrheiten setzen? Hans Urs von
Balthasar hatte es in seiner „Cordula" sarkastisch formuliert: „Wir
sind seit Neuestem weltoffen; Einzelne haben sich ernsthaft zur
Welt bekehrt."[2] So schrumpft kirchliches Wollen auf öffentlich einleuchtende Initiativen. Was öffentlich ankommt, wird als „Zeichen
der Zeit" sakrosankt: Zweitverbindung von Geschiedenen, Segnung
homosexueller Paare, demokratische Bestellung zu sakramentaler

---

2   Hans Urs von Balthasar, *Cordula oder der Ernstfall*, Einsiedeln 1966, 111.

Vollmacht. Es herrscht die „Weisheit dieser Welt – die Torheit vor Gott" (1 Kor 3,19). „Zeichen der Zeit" wurde den Protagonisten des „Synodalen Prozesses" zur Trumpfkarte. Welt-Rubriken bestimmen somit die avisierten Ziele. Die Osnabrücker Dogmatikerin Eckholt fordert den Zugang der Frauen zum kirchlichen Weiheamt; „die Zeichen der Zeit" seien „entsprechend zu interpretieren" (12.11.2017). Nach Bischof Bätzing (Limburg) genügt die Intuition von Kirchengliedern zum Festlegen von Katholizität; und er sei ganz „auf der Seite der Visionäre" (28.05.2020). Bischof Wilmer (Hildesheim) fragt: „Wer bestimmt eigentlich, was katholisch ist?" Dann versichert er, dies Recht liege keineswegs nur bei der Hierarchie (04.04.2019). Kardinal Marx spielt in einer Predigt an auf unseren trendigen Ausdruck – um zu konstatieren, die Zeichen des Reiches Gottes wären „im Licht dieser Welt" zu finden (02.03.2020). Die Horizonte von Diesseits und Jenseits sind identisch. Fatale Verwässerung der Transzendenz.

Jesu Kompass – das Gebet

Gibt es ein Gegenmittel? Wer zeigt es auf? Die Kirche lehrt uns, dass der ewige Sohn des ewigen Vaters Mensch wurde wie wir es sind. Was verhalf ihm dazu, dass sein Wollen und Tun dennoch ihm durchsichtig auf den himmlischen Vater hin blieben? Es war nicht zuletzt das Gebet, das seine Gottverwiesenheit existenziell wachgehalten hat – trotz seiner Inkarnation in unverkürztes Menschsein. Besonders der Evangelist Lukas stellt es heraus. Zum Beginn von Jesu öffentlicher Sendung heißt es: „Während er betete, öffnete sich der Himmel, und der Heilige Geist kam sichtbar herab" (Lk 3,21). Als der Zulauf immer größer wurde und er sich seiner Anhänger hätte freuen können, liest man: „Er zog sich an einen einsamen Ort zurück, um zu beten" (Lk 5,16). Vor der Wahl seiner Apostel: „In diesen Tagen ging er auf einen Berg, um zu beten" (Lk 6,12). Als er verklärt wird: „[...] und er stieg mit ihnen auf einen Berg, um zu beten" (Lk 9,28). Im Moment der Übermittlung des Herrengebets: „[...] als er das Gebet beendet hatte, sagte einer seiner Jünger zu ihm: ‚Herr, lehre uns beten'" (Lk 11,1).

Christus tritt betend immer neu ein in den Horizont von Wollen und Urteilen des Vaters – erkennend und fühlend. Diese unverbrüchliche Verankerung in seinem göttlichen Ursprung macht ihn zum „Weg" (Joh 14,6). Wohl kommt das „Mein-Vater" ihm allein zu; doch im „Vaterunser" bezieht er die Jünger-Gemeinde in sein Vaterverhältnis ein. Nie hat jemand maßgebender bekundet, dass wir auf Gott verwiesen sind, als es der Sohn des ewigen Vaters lebte und lehrte. Solche begrenzende Rückbindung der Aktivität gerät jedoch keineswegs zum Schaden apostolischer Wirksamkeit. Muss es nicht verblüffen, dass der eklatant gescheiterte Jesus inzwischen „auf der ganzen Welt verkündet wird" (Mt 24,14)? Auch die Effizienz des schon genannten heiligen Ignatius schwächelte nicht wegen der langen Intervalle, die er an Gott „verlor". Der Heilige war fraglos ein Prototyp missionarischer Umtriebigkeit. Aber er versichert auch, dass er Gott täglich „sieben Stunden" für das Gebet reservierte.[3]

Erst die betende Immanenz in Gott dämpft im Glaubenden den Geist der Welt; Gebet öffnet uns für Hermeneutik und Dynamik Gottes.

---

3   Ignatius von Loyola, Bericht, Nr. 26.

3. GOTT BENENNEN –
IN DER KIRCHLICHEN
SENDUNG

Missionarisch Kirche sein

Düsseldorf, 23. Januar 2007

Papst Johannes Paul II. stellte in seiner Enzyklika über den missionarischen Auftrag der Kirche „*Redemptoris missio*" (1990) wieder einmal den Glaubensschwund unter Christen fest:

„Schon vor dem Konzil sagte man von einigen Hauptstädten oder christlichen Ländern, sie seien ‚Missionsländer‘ geworden. Die Situation hat sich in den darauffolgenden Jahren sicher nicht gebessert" (Nr. 32).

Gerade aus diesem Grunde wollte er das Apostolat erneuern und zur verstärkten Verkündigung des Evangeliums animieren. Wie er bei vielen Gelegenheiten bewies, gehörte er keineswegs zu denen, die angesichts säkularistischer Tendenzen resignierten und Gottes Macht unterschätzen.

Individualisierungsschub

Blitze fallen nicht vom heiteren Himmel. So brauchte denn auch die Gesellschaft unserer Tage viele Phasen und Prozesse, um sich Schritt für Schritt der Transzendenz zu entfremden. Die verschiedenen Stufen sollen nur kurz benannt werden.

– Seit dem 19. Jahrhundert wurden in der Gesellschaft die bislang gültigen ständischen Lebensmodelle abgelöst. Grundlegende Veränderungen bei der Familiengründung, im Arbeitsverhalten und für die Mobilität von Berufs- und Lebensweg entgrenzten die traditionellen Formen des Zusammenlebens. Gab es in Deutschland Ende des 19. Jahrhunderts noch einen relativ hohen Anteil von Menschen, die ledig blieben, so umfasste der Anteil der Verheirateten um 1950 fast die gesamte Bevölkerung. Die Geschlechterrollen blieben dabei scharf umrissen.

– In den Sechzigerjahren nach der Jahrtausendwende gab es dann einen weiteren Entwicklungsschritt. Bislang homogene lokale oder berufliche Großgruppen fielen aus der Tradition. Auch wenn elektronische Medien und die Gleichschaltung der Information durch weltweite Presseagenturen einer totalen gemeinschaftlichen Aufsplitterung entgegenwirkten, so weckte doch die Fülle der Angebote nicht selten kulturelle Vereinzelung, ja sogar den Wunsch, sich provokativ von anderen zu unterscheiden. Die heraufgeführte Vielfalt der Lebensstile wurde so sehr zum Kennzeichen der Gegenwart, dass die sog. „Postmoderne" geradezu definiert ist als „Verfassung radikaler Pluralität" (Wolfgang Welsch).

– Der – wie die Soziologie sagt – so produzierte „Individualisierungsschub" war nur eine logische Konsequenz: Der Einzelne entwuchs klassen- und milieugebundenen Beziehungen und wurde nicht länger von überlieferten Lebensmodellen gestützt. Die Auswirkungen ließen nicht auf sich warten: Uneingeschränkte Individualisierung; Wählbarkeit unterschiedlichster Lebensformen und Berufswege; Mobilität auf dem Arbeitsmarkt; Anhebung der Lebensqualität; bessere soziale Absicherung. All das setzte den modernen Menschen frei.

Soweit die Andeutung einiger Entwicklungsperioden. Dass sich in all diesen Prozessen die Transzendenz weitgehend verflüchtigte, ist leicht wahrzunehmen – distanziert und vielleicht verwundert; oder betroffen und unter Schmerzen. Ein Zeitungsartikel öffnet schnell die Augen über den Religions-Pegel einiger der geographischen Räume. Unter dem Titel „Mama, das ist doch normal, dass wir beten, oder?", berichtet eine Mutter von den Erfahrungen ihres Sohnes im „weltoffenen Berlin"[1].

Vor vier Jahren sei sie in diese Stadt gezogen, die als toleranteste Stadt Deutschlands gelte. Doch sie frage sich heute, wie tolerant man dort gegenüber denen sei, die den christlichen Glauben leben möchten. Ihre erste Irritation sei aufgekommen, als sie in ihrer Wohnung den Kindergeburtstag ihres Sohnes feierte. Eine ihr bekannte Mutter hatte ihr Kind abgegeben und nahm Anstoß an

---

den Holzengelchen, die im Flur hingen. Wirklich unwohl aber sei es ihr geworden, als ihr Sohn eines Tages aus der Schule kam und sie fragte: „Mama, das ist doch normal, dass wir beten?" Es war der Religionsunterricht, der diese Frage bei dem Jungen geweckt hatte.

Die Mutter berichtet:

> „Reli ist ein Lieblingsfach meines Sohnes, weil er die Lehrerin sehr mag. Mein Sohn hat davon erzählt, wie wir das vor dem Schlafengehen machen, während die anderen Kinder offenbar alle nicht beten. Danach haben ihn ein paar aus der Klasse schief angeguckt und blöde Sprüche gemacht nach dem Motto: Ist ja doof, dass ihr betet. Voll uncool. Wohlgemerkt, nicht die Kinder, die in Lebenskunde gehen, sondern Kinder, die mit ihm im katholischen Religionsunterricht sitzen."

Mit der Zeit entdeckte sich die verscheuchte Mutter dann zunehmend fremd in dem angeblich so offenen Milieu. Sie entwickelte eine feine Antenne für die subtilen Formen der Ablehnung ihres Christseins. Wenn sie etwa beim Elternabend oder bei anderen Begegnungen einmal das Abendgebet mit ihrem Jungen erwähnte, traf sie auf Unverständnis; so etwas sei doch total hinterwäldlerisch. Die Beziehungen zu den Bekannten kühlten sich ab. Solche Erfahrungen wurden immer weniger erträglich. Sie entschied sich schließlich, nicht zuletzt ihres Sohnes wegen, nach Bayern zurückzukehren.

Der oft zitierte Individualisierungsschub erbrachte demnach offenbar keinen problemlosen Selbststand des Einzelnen in parteiloser Toleranz; er löste stattdessen da und dort Schwindelgefühle aus. Der weltanschaulich unsicher gewordene Mensch schaut nach neuen, schützenden Gemeinschaftsformen aus. Sie sollen Verlässlichkeiten für die Lebensgestaltung bieten. Weil Bindungen verloren wurden und die neue Freiheit das Individuum überfordert, spricht man gar von einer „Modernisierungsfalle" (Klaus Wahl). Nicht wenige Menschen haben erkannt, dass Freiheit – wie gesagt wurde – immer weniger darin besteht, das zu tun, was man will, „sondern darin, das nicht tun zu müssen, was man darf" (Gregor Siefer). So hat der Verlust der Transzendenz keineswegs den befreiten Menschen erbracht, sondern die Dominanz säkularistischer Lebensmodelle.

Eindrucksvolle Urkirche

Bevor wir allerdings resignieren, wollen wir uns erst noch einmal zurücklehnen und nachdenken. Ein Blick in die christliche Gründerzeit kann uns auf andere Gedanken bringen. Gehen wir zurück in die Zeit unmittelbar nach der Aussendung der Jünger durch den Auferstandenen. Die ersten Christen machten sich auf in den Mittelmeerraum der griechisch-römischen Antike. Es gab weder Generalvikariate mit ihrem bürokratischen Apparat noch den Vatikan, keine katholischen Nachrichtenagenturen, Kirchenzeitungen, keinen Caritasverband oder schulischen Religionsunterricht. Selbstredend sind all diese Einrichtungen nicht überflüssig oder gar schlecht; aber wir alle vergessen leicht, dass sie bei der Evangelisierung nur sekundieren und erst recht nicht verdecken dürfen, was wir von den ersten Christen lernen können.

Wie verbreitete sich das Evangelium, als Jesus Christus es eben verkündet hatte? Einfach gesagt: Es griff um sich durch Überzeugungstäter, nicht durch Professionelle. Wir haben eine sehr genaue Kenntnis des christlichen Lebens aus dieser Zeit – aus Niederschriften heidnischer Schriftsteller, also ungefärbt von christlichem Eigeninteresse. Etwa aus einem fraglos authentischen Brief Plinius des Jüngeren († 113).

Er ist römischer Stadthalter, Freund des Kaisers Trajan und berichtet über Bithynien, an der Südküste des Schwarzen Meeres. Tausend Kilometer von Jerusalem und zweitausend Kilometer von Rom findet er schon im Jahr 112 eine christliche Kolonie. Sie ist so vital, dass sie den römischen Delegaten Plinius in Bedrängnis bringt, weil sie bei der Bevölkerung Missgunst und Denunziation hervorruft; über sie schreibt der Briefautor beiläufig an den Kaiser: Die Christengemeinde gefährde die amtlich bestätigten gesellschaftlichen und staatlichen Einrichtungen; Stadt und Land seien von dieser neuen Lehre befallen; er nennt sie eine „Seuche", weil sie vor nichts und niemandem haltmacht.

Die vielen erstaunlichen Details heidnischer Schriftsteller können leider nur gestreift werden. Wir können ihnen interessante antike Zeugnisse über das gesellschaftliche Leben nach der Zeitenwende entnehmen: Eine starke Reisetätigkeit im Mittelmeerraum, weil Geschäftsleute alle Arten von Lebensmitteln und Luxusgütern quer durch die römischen Provinzen, nach Rom und nach Korinth transportierten. Studenten besuchten die Schulen der berühmten Lehrer von Athen, Alexandria, Rom, Marseille oder Lyon. So waren vereinzelt auch die ersten Christen unterwegs. Diese nutzten offenbar alle Möglichkeiten, andere für die neue Lehre zu gewinnen. Soldaten des römischen Heeres bekehrten sich nachweislich etwa unter dem Kaiser Mark Aurel († 180) und streuten den Glauben an Jesus Christus auch in der Streitmacht aus. Große religiöse Ereignisse, wie Zirkusspiele in Rom, Griechenlands olympische Wettkämpfe oder etwa das Passah-Fest in Jerusalem – all das bewegte schon damals einen ansehnlichen Strom von Menschen und verbreitete auch den Frühling des Christentums in Südeuropa.

Demnach haben sich die erste Bezeugung des Glaubens und seine Weitergabe gleichsam *en passant* vollzogen. Alle gemeinsam und ein jeder Einzelner fühlte sich vom Evangelium beschenkt. Offenbar brannten diese Boten vor Eifer. Wir kennen keinen einzigen Missionar, der von der Gemeinde ausdrücklich zum Zweck der Glaubensverbreitung ausgesandt worden wäre. Christsein genügte; es hieß: sich des Glaubens freuen, ihn mit anderen teilen und selbst Apostel werden.[2]

Solcher Rückblick auf die Missionsmethoden des frühen Christentums zeigt, dass der geoffenbarte Glaube prinzipiell erstaunliche Resonanz wecken kann – auch ohne gewaltsame Mittel, auf die das Christentum leider nicht immer verzichtete und auf die Fanatiker anderer Religionen immer noch setzen.

Freilich dürfte ich mit dem Auftischen von Vergangenem rasch den einen oder andern zum Zwischenruf „*Tempi passati*" provozieren! Wohl bewundernswert dieser ursprüngliche und blutvolle Aufbruch vor 2.000 Jahren! Doch die Zeiten haben sich geändert und mit ihnen die Menschen. Hat nicht Gagarin bei seinem Flug mit Sojus I feststellen müssen: „Der Himmel ist dunkel, Genossen"? Hat nicht der deutsche Hirnforscher Wolf Singer 2004 bei einem Geburtstagsvortrag für die Kanzlerin Angela Merkel das Christentum in die Vergangenheit verwiesen und als gestrig erklärt,

---

2   Belege für die Geschichtsdaten in: ADALBERT HAMMAN, *Die ersten Christen*, Stuttgart 1985, 15 und 67.

ohne dass jemand von der CDU protestiert hätte? Das antireligiöse Klima in Berlin nimmt kaum noch Wunder.

Vitale Impulse heute

Obwohl der Herr nach Vollendung des Erdenlebens „in den Himmel aufgenommen" (Mk 16,19) wurde, erweist er sich – wie gleich nach seinem Heimgang – in der Kraft seines Geistes weiter mächtig in seiner Kirche. Doch ist der erwähnte kurze historische Exkurs mehr als eine Erinnerung an längst vergangene Zeiten. Er leistet Wichtigeres: Er kann auch in unseren Tagen gegen schwächelnde Glaubensweitergabe Elemente der Hoffnung setzen.

Gottes Botschaft vom Heil in Jesus Christus erwies ja nicht nur vor 2.000 Jahren ihre Resonanz und Durchschlagskraft. Es gibt, Gott sei Dank, auch heute vielversprechende Antworten auf den allgemeinen Niedergang traditionellen Christentums. Fünfzehn Jahre lang habe ich mich im Vatikanischen „Rat für die Laien" mit den sog. „Neuen Geistlichen Bewegungen" befasst. Sie haben mich für sich eingenommen. Ich konnte nicht umhin, diese frische Brise des Heiligen Geistes wahrzunehmen und zu schätzen. Und sie zeigten ihre pastorale Effizienz. Wenn ich etwa an die weltweite Kette eines großen geistlichen Ereignisses denke: ohne diese neuen geistlichen Bewegungen kein Internationaler Weltjugendtag, der 1984 aufkam und 2005 endlich auch nach Deutschland kam. Es waren deren Gründer, die sich die Einladung Johannes Pauls II. zu eigen machten; ohne diese Männer und Frauen kein Aufbruch der neuen Jugendpastoral weltweit und in Deutschland. Und was wichtiger ist: Diese Aufbrüche belegen, dass Gottes Offenbarung auch den heutigen Menschen erreicht; Gott ist immer noch in seiner Kirche am Werk. Jedenfalls kann man die neuen „Geistlichen Bewegungen" als Erweis seines fortdauernden Heilswillens verstehen.

Leider müssen an dieser Stelle detaillierte Beschreibungen von Leben und Werk ihrer Gründer entfallen – schon aus Zeitgründen. Nur von der Rückwirkung der neuen Initiativen auf ihre Anhänger soll kurz die Rede sein: Wieso erlebten Menschen unserer Tage neu oder erstmals eine Botschaft, die für so viele schal und abgestanden erscheint? Was am Evangelium faszinierte sie, sodass sie selbst

erfüllt wurden und bereit sind, andere anzustecken? Worin liegt
der Zauber der geistlichen Bewegungen, die auch in unserer Zeit
erstaunliche Glaubensvitalität und unerwarteten Missionseifer verbreiten – nach realistischen Schätzungen werden ja weltweit gegen
100 Millionen Katholiken von ihnen inspiriert? Wenigstens einige
mögliche Gründe sind zu suchen.

Kirche als Gemeinschaft

Der frühere Direktor des Zentrums für psychosomatische Medizin an der Universität Gießen, Horst Eberhard Richter († 2011) hat
sich seit vielen Jahren mehrfach über die Eigenschaften und Bedürfnisse des Menschen geäußert; seine Publikationen brachten es
zu hohen Auflagen und erhielten von der öffentlichen Diskussion
generell große Zustimmung. In seiner Analyse unterstrich er unter
anderem die starke Sozialbindung des heutigen Menschen. So hob
er ans Licht, als logisches Gegenprinzip gegen Rivalitätszwang und
Individualismus habe sich der Sinn für Solidarität herausgebildet:
Immer mehr Menschen seien der Auffassung, dass der wachsende
Konkurrenzkampf um Größe, Macht und Besitz bei der Zerstörung
aller ende. Außerdem ängstige man sich davor, von der Macht der
Institutionen und Apparate mehr und mehr erdrückt zu werden. Es
deute sich eine Veränderung des Lebensgefühls an, das sich von der
Hoffnung entferne, als gott-ähnliches Individuum Verwirklichung
finden zu können und mehr und mehr zu der Idee hingehe, dass
man als Einzelner eigentlich nur noch im Zusammenhang mit anderen und durch andere eine Chance habe, sich zu entfalten.

Sehnsucht nach einem Ort, wo sie in einer persönlichen Beziehung Geborgenheit erfahren können, empfinden gleichfalls
die Glaubenden. „Gemeinschaft" ist darum auch das immer wiederkehrende Stichwort in Gruppen kirchlicher Erneuerung. Dafür
kann die Bewegung der Focolare als beispielhaft gelten. Sie ging
aus einem Kreis junger Mädchen hervor, den am Ende des Zweiten Weltkriegs die Italienerin Chiara Lubich († 2008) um sich sammelte. Für viele Kenner der Pastoral ist dieses „Werk Mariens", wie
sein offizieller Name lautet, geradezu identisch mit dem Ausweis

der Einheitskraft des Evangeliums und der Einübung in konkretes Gemeinschaftsleben.

Einige geistig-geistliche Thesen der Stifterin sind nur Akzente einer Vielzahl ihrer Anregungen; Publikationen vermitteln ein wenig von der Idee einer gott-gestifteten Gemeinschaft und zeigen Wege zu ihr. Übrigens werden etwa vier Millionen Menschen heute von der Botschaft der Focolare inspiriert.[3]

– *Initiative:* „An den Ort, an dem du keine Liebe findest, bringe du die Liebe, und dann wird sich dort Liebe verbreiten" (Johannes vom Kreuz). Christliche Liebe wartet nicht bis zum Anruf der Liebe, um auf ihn zu antworten. Sie tut den ersten Schritt, auch ohne Gegenliebe zu erwarten. Christus hat seine Feinde geliebt und seinen Jüngern die Feindesliebe geboten.

– *Rezeptivität:* Dialog ist das Mittel, die Person und die Auffassung des und der anderen umfassend kennenzulernen sowie ernst zu nehmen. Geduld und Aufmerksamkeit zählen, nicht gültig sind Vorurteile und Polemik.

– *Gleiche Wertschätzung aller:* Die Annahme des Nächsten um Christi willen lässt Ausschluss und Herabsetzung nicht zu. Kulturelle und soziale Unterschiede, die die Gesellschaft unter Umständen aufdrängt, werden in der Bruderschaft mit Christus aufgehoben.

– *Transzendenz:* Jeder, der die Einheit verwirklichen will, kann nur auf ein einziges Recht pochen: auf das Recht, allen zu dienen, weil es Gott ist, dem er in ihnen dient. Gottesverehrung wird wesentlich in der Hinwendung zu den Mitmenschen gelebt.

Das gemeinschaftliche Ideal ist verankert in der biblischen Botschaft vom „Leib Christi" (1 Kor 12,27) als Einheit. Solch biblische Verwurzelung nimmt den Leitworten allen Moralismus und entfernt psychologischen Zwang; sie sind keine Appelle an die eigene Leistung. Im Gleichnis vom „Weinstock und den Reben" (vgl. Joh 15,1-6) geht der Gemeinschaft auf: Dem Wort Christi ist Raum zu geben, damit Er die genannten Weisungen in den Seinen realisiert. Für Theolo-

---

3 Das Folgende stützt sich auf die Publikation CHIARA LUBICH, *Seiner Liebe folgen. Ein Weg zum erfüllten Menschsein*, München 1981, 17–57.

gie und Spiritualität der Focolarini steht Christus in der Mitte; sie schauen nicht einander an wie eine verschworene Interessengemeinschaft oder ein selbstverliebter Freundesklub. Einander verweisen sie auf Gott und können so auch andere zu Gott führen.

Die personale Qualität des Glaubensaktes

Der Wissenschaftler H. R. Richter macht „Geistliche Bewegungen" verständlich; auch Glaubende sehnen sich nach Gemeinschaft. Doch letztlich stützt über rein Humanes hinaus erst theologische Legitimation ihre Ziele. Dies umso mehr, als für die Gemeinschaftlichkeit der Einzelne nicht ausgeblendet und somit der personale Charakter des Glaubensaktes nicht bedroht ist.[4] Wohl mag die Faszination des Miteinander immer eine Versuchung sein, die Gruppe den Gliedern überzuordnen und so zu riskieren, das Individuum zu opfern; die Folge wäre dann der Irrtum des idealistischen Kollektivismus, der das Gruppenganze verabsolutiert und ihm mindestens versteckt mystischen Charakter zuerkennt. Im Gegensatz zu solchem Kollektivismus sind jedoch die neuen Gemeinschaften davor bewahrt, den Einzelnen abzuwerten oder zu übergehen. Ihr höchstes Ziel ist ja gerade die Stiftung der Gottesbeziehung des Je-Einzelnen; dazu verhilft die Gemeinschaft, stellt diese aber selbst nicht her.

Jean Mouroux († 1973), der französische Theologe, hat in einer Studie den personalen Charakter des Glaubensaktes überzeugend beschrieben.[5] Nach ihm fordert der Glaubensakt, dass die menschliche Person dem persönlichen Gott antwortet. Um ihn zu erläutern, ruft er eine Alltagserfahrung zu Hilfe. Er beobachtet, dass bei jeder Begegnung zwischen Menschen Wille, Denken und geistige Gefühle beteiligt sind. Doch der Akt geistiger Kommunion selbst braucht die Entscheidung eines Ichs, sich als Person einer Person anzuschließen *(l'élan spirituel de la personne même)*; der Einzelne wird berührt und setzt sich in Beziehung. In ihr öffnet sich sein ganzes

---

4   Vgl. Hans Urs von Balthasar, *Flucht in die Gemeinschaft*, in: Ders., *Neue Klarstellungen*, Einsiedeln 1979, 61–65.

5   Jean Mouroux, *Je crois en toi*, Paris 1949; deutsch: *Ich glaube an Dich. Von der personalen Struktur des Glaubens*, Einsiedeln ²1951; die im Folgenden angegebenen Seitenzahlen beziehen sich auf die deutsche Ausgabe.

geistiges Wesen. Diese zwischenmenschliche Begegnung ist dem Glaubensakt analog, in dem das Ich den rufenden Gott aufnimmt. Einsicht, Liebe und Wille reagieren, wobei die Liebe zur Pforte des Glaubens wird (25f.).

Der personale Charakter des Glaubensaktes und der Glaubensverbreitung hat eine beachtenswerte Relativierung der kognitiven Momente für die Glaubensfindung zur Folge. Nicht zufällig erscheinen uns in Deutschland Glaubenskraft und ein Leben in Gottes Gegenwart eher angegriffen trotz des hohen Niveaus theologischer Reflexion und der Vielzahl von Institutionen, die Christsein sichern sollen. Eine Denkfabrik soll genügen, damit Heilsdienst produziert wird. Und da und dort mag sich dann die Wahrheit verdunkeln, dass die personale Übergabe an Gott kein Syllogismus ist, sondern die Hingabe aus Gnade des Ich an ein Du.

Das Gewicht zwischenmenschlicher Verbundenheit für unser Christsein erhebt mit soziologischer Methode und Terminologie Franz Xaver Kaufmann (* 1932). Auch wenn er sich anderer Worte bedient, bestätigt er unsere obigen Überlegungen: Nach ihm hat die Glaubensweitergabe gegenwärtig ihren eigentlichen Engpass auf der „interaktiven Ebene". Sie gelingt eben noch nicht durch lediglich „funktionsspezifischen Ablauf", sondern setzt personale Begegnung voraus. „Identifikation mit geliebten oder bewunderten Menschen ist Voraussetzung der Wertübernahme, auf die es letztes Endes bei der Aneignung des Christentums ankommt."[6]

Die Katholische Charismatische Gemeindeerneuerung, eine andere der hier anzusprechenden Geistlichen Bewegungen unserer Kirche, ist in ihrer Vitalität und in ihrem Wachstum wohl eine Reaktion auf mancherlei Kopflastigkeit kirchlicher Verkündigung oder apostolischer Initiativen. Sie belegt darüber hinaus die von mir vorgetragenen Zusammenhänge. Etwa durch den Bericht, den der Repräsentant der Gemeinschaft *Emmanuel*/Frankreich, einer der vielen ihr verbundenen charismatischen Aufbrüche, während der Synode des Weltepiskopats über die Laien in Rom (Oktober 1987) gab. Er entdeckte das Glauben als persönliche Auslieferung an den Herrn.

---

6   Franz Xaver Kaufmann, *Kirche begreifen. Analysen und Thesen zur gesellschaftlichen Verfassung des Christentums*, Freiburg i. Br. 1979, 184.

Sein Name ist Jean-Loup Dherse († 2010). Er war zum Zeit-
punkt seiner synodalen Intervention einer der Vizepräsidenten der
World-Bank in Washington und hatte später die letztverantwortliche
Leitung eines großen Industrieprojekts: des Tunnelbaus, der unterhalb des Kanals England und Frankreich verbindet. In der Syno-
den-Aula gab er sein Zeugnis:

> „Ich arbeitete im Bereich von Wirtschaft und Industrie. In
> fünf Ländern habe ich gewohnt und kenne recht gut ihrer
> zwanzig. Ich bin verheiratet, habe zwei verheiratete Kinder
> und mehrere Enkel. [...] Mein Leben hatte säuberlich getrenn-
> te, unterschiedliche Sektoren, die schlecht harmonierten; sie
> in Übereinstimmung zu bringen, gelang am wenigsten dort,
> wo sie zusammenstießen. Meine Karriere hatte absolute Prio-
> rität, meine Frau kam lange danach, dann meine Kinder. Ich
> interessierte mich für sonst nichts. Ich betete fast nicht.
>
> Der Herr erwartete uns geduldig, wie er jeden erwartet. Das
> Packeis begann zu brechen in den monatlichen geistlichen
> Zusammenkünften mit befreundeten Christen. Wirklich ange-
> rührt aber wurden wir, meine Frau und ich, vor einigen Jahren
> in Paray-le-Monial, der ‚Stadt des Herzens Jesu‘. An jenem
> Karfreitag verstanden wir während eines Gebets in einer klei-
> nen Gruppe, an dem wir zum ersten Mal teilnahmen, dass uns
> Jesus aufforderte, ihn als den Herrn unseres Lebens anzuerken-
> nen. Nach zwei Tagen des Kampfes ging mir am Ostermontag
> während der hl. Kommunion auf, dass ich das Grab Christi war,
> in dem ich ihn im Tode hielt. Aber er öffnete die Tür und ergriff
> Besitz von seinem Eigentum. Ich flehte ihn an, es auch für mei-
> ne Frau zu tun; und er tat es einige Stunden später. [...]
>
> Unser Leben veränderte sich von einem Tag auf den andern.
> Wir übernahmen die Art derer, denen wir begegnet waren, ei-
> nen Stil, der nichts Besonderes hat. [...] Der Herr kann langsam
> unser Leben verwandeln, er kann es vereinfachen (und das gibt
> dann auch die notwendige Zeit für ihn). So bringt er persönli-
> ches, familiäres und berufliches Leben zur Einheit. [...]"[7]

---

7   Festgehalten in PAUL JOSEF CORDES, *Wegskizzen*, in: HEINZ LEHRMANN (HG.), *Auf dem
    Weg zum priesterlichen Dienst*, Paderborn 1994, 345–364, hier: 352.

Der je eigene Heilsweg

Die Wortmeldung von J. L. Dherse hält einen für ihn selbst äußerst bedeutsamen Abschnitt des Lebensweges fest: den machtvollen Einbruch der Person Jesu Christi in seinen Alltag. Der Auferstandene markiert die Geschichte eines Menschen. Soeren Kierkegaard († 1855), der dänische Philosoph, würde sagen: Jesus wurde ihm „gleichzeitig". Damit berührt die Einsicht J. Mouroux's, der eine personale Brücke für den Glaubensakt voraussetzt, das Problem der Zeit. Wie die 2.000 Jahre überwinden, die zwischen dem Heilswerk Christi und mir Heutigem liegen?

Als zentrales Ziel streben die neuen Geistlichen Bewegungen an, dass die Person Jesu Christi dem Suchenden auf irgendeine Weise „gleichzeitig" wird. „Im Heute Gottes leben" ist eine bekannte Publikation des Priors von Taizé, Roger Schutz († 2005). „Lebensbetrachtung in Gemeinschaft" soll den Mitgliedern der geistlichen Familie des Charles de Foucauld den Blick für die Anwesenheit Christi in der Alltagserfahrung schärfen. Glaube lehrt sie in Not und Freude, dass der Himmel nicht dunkel ist. Dann und wann drängt sich ihnen gar der Satz des Völkerapostels auf die Lippen: „Gepriesen sei der Gott und Vater unseres Herrn Jesus Christus" (Gal 1,3).

Der Gründer der Bewegung „Comunione e Liberazione – Gemeinschaft und Befreiung", Luigi Giussani († 2005), ein Priester aus Mailand, hat die Zusammenhänge genauer durchdacht. Seine Überlegungen mögen stichwortartig und exemplarisch bezeugen, welchen Stellenwert die Suche nach „Gleichzeitigkeit" mit Jesus Christus für die geistlichen Gemeinschaften hat.[8] Er beruft sich auf das Staunen des französischen Dichters Charles Péguy über das Unausdenkbare: Gott wird Mensch in Jesus Christus.

„[...] auch Jesus hätte nur ruhig im Himmel zu bleiben brauchen", redet uns der Dichter an in seiner nur scheinbar naiven Art, „wie vor der Fleischwerdung, vor der Erlösung. Doch er ist gekommen, weil der Mensch gekommen ist. Wie groß muss dieses menschliche Ich sein, mein Freund, dass es so viel Welt verschob, dass es so viel Welt aus der Ruhe

---

8   Seine hier erwähnten Auskünfte stützen sich auf einen Beitrag, den Luigi Giussani in der Zeitschrift „30 Tage in Kirche und Welt" 2 (1992) 34–48 publizierte.

brachte, eine so große Welt, die Welt des Unendlichen. Ein
Gott, mein Freund, Gott hat sich stören lassen. Gott hat sich
für mich geopfert."

Nach L. Giussani fällt es auf, dass der Dichter keine Modernisierung der Sprache vorschlägt, damit die Zeitgenossen sich Gottes
Botschaft öffnen; nicht die Inhalte des katholischen Glaubens sind
zu aktualisieren, damit Verkündigung gelingt. Vielmehr muss der
Herr dem Menschen wieder begegnen. Entchristlichung verbreitet
sich nämlich, weil das menschliche Verlangen nach der Person Jesu
Christi ohne Antwort bleibt: Wir möchten neu auf ihn stoßen in
unserer Alltagswirklichkeit heute.

Was charakterisiert ein solches Ereignis? Es tritt auf in Form
eines Zusammentreffens, in einer Begegnung, durch die jener
Mann aus Nazareth, der vor langer Zeit geboren und getötet wurde,
für das Herz meines Lebens wichtig wird. Wenn er mich vielleicht
anschaut durch ein heutiges menschliches Gesicht, durch einen
Gefährten, durch ganz gewöhnliche Leute. Ebenso wie Jesus selbst
es durch die beiden Jünger tat, als er diese in die Dörfer Palästinas
sandte, in die er selbst kommen wollte. Und die Jünger erfahren,
dass sie mächtig sind „in seinem Namen" (Lk 10,17). So ist das
christliche Ereignis eine menschliche Begegnung, durch die sich
Jesus Christus für ein offenes Herz bedeutsam erweist.

Christus kann uns im Bruder oder in der Schwester treffen;
dann springt ein Funke über, und es verändert sich die Relevanz
des Christentums. Neues, bisher Unbekanntes hat das wartende
Herz berührt. Ein anderer ist in unser Leben getreten: Es war endlich eine überzeugende und gewinnende Gestalt, der man folgen
konnte; eine vielleicht liebenswerte Gestalt, auch die Kraft einer
Wahrheit, die wir schon früher kannten, die uns aber bislang eher
unverständlich, hart oder abweisend erschienen war.

Die Ursache dieses Ereignisses und der unbekannten Bewegung nennt die Kirche das Feuer des Heiligen Geistes. Er ist die
Energie, mit der Gottes Geheimnis die Welt durchpulst und die sie
wie einen großen Fluss zur Mündung in Gott selbst treibt. In der
geistlichen Erfahrung offenbart er sich und zeigt sich als gewiss.
In seiner Erlösung wurde uns Christus zur Gegenwart und zum
Anreiz. Die Kraft des Heiligen Geistes lässt dann den nicht ruhen,

der erfasst wurde; sie treibt zu Verkündigung und Zeugnis. Und sie kann bewirken, dass ich meiner eigenen Erlösungsbedürftigkeit leidvoll innewerde. Hellsichtig und neu kann der Mensch nur werden, wenn er dem Du, dem Du Gottes, ausgesetzt wird. Jedenfalls bekundet das die Offenbarung. Der Apostel Petrus erlebt nach dem wunderbaren Fischfang den machtvollen Einbruch Jesu Christi in seine Geschichte. Ihn befällt Staunen und Schrecken zugleich, als ihn Jesu übermenschliche Macht wie ein Blitz trifft. Nichtigkeit und Schuld drücken ihn nieder: „Herr, geh fort von mir, denn ich bin ein Sünder" (Lk 5,8). Er wirft sich dem zu Füßen, den er als seinen „Kyrios" erkennt, anbetend und angerührt vom *Mysterium tremendum et fascinosum*.

Umkehr

Petrus ist kein Einzelfall. Wie er sind Christi Macht und Heiligkeit auch andere große Männer und Frauen der Kirche begegnet, und ihr Lebensweg nahm eine neue Richtung. Martin von Tours († 397) teilte spontan seinen Mantel mit einem frierenden Bettler, der sich später als Christus zu erkennen gab. Franz von Assisi († 1226) küsste den Leprosen und begann ein neues Leben. Teresa von Avila († 1582) befiel schwere Krankheit, durch die sie sich bekehrte. Charles de Foucauld († 1916) ließ sich von Abbé Huvelin führen, so dass ihn in der Sahara die betenden Tuareg die Größe Gottes ahnen ließen. Edith Stein († 1942) stieß auf die Lebensbeschreibung der großen heiligen Teresa und rang sich durch zu einem Leben nur für den Herrn und hinter Klostermauern. Die den Weg zu Gott suchten, trafen auf den Aufruf zum Neuanfang und ließen sich erschüttern. Sie erkannten die eigene Gottesferne und sehnten sich nach der Vergebung ihrer Sünden; *Metanoia* wurde eingefordert.

Gottesbegegnung vertreibt Selbstzufriedenheit – und das kritische Aufdecken des eigenen Versagens weckt den Hunger nach dem Erlöser. Eine 52-jährige Frau, seit 31 Jahren verheiratet und Mutter von fünf erwachsenen Kindern, hat das in einer Gemeinschaft des Neukatechumenats in München erlebt. Sie schreibt in einem Brief:

„Um Zeugnis von der großen Liebe und Barmherzigkeit unseres Vaters im Himmel, von der Auferstehung seines Sohnes – erfahren in meinem Leben – und von der Macht des Heiligen Geistes geben zu können, muss ich zuerst sagen, dass ich durch eine ernste Ehekrise entdecken musste, keinen Glauben zu haben. Zwar in katholischem Elternhaus aufgewachsen, war ich doch unfähig, ein christliches Leben, eine christliche Ehe zu führen; ich war unfähig, unseren Kindern gemeinsam mit meinem Mann den Glauben zu übergeben. Es war uns kein Trost, dass auch andere Ehen zerbrachen und andere Kinder von in der Pfarrei engagierten Eltern nichts mehr von der Kirche wissen wollten; dass eine tiefe Trennung der Religion vom Leben existierte. Besonders deutlich wurde das Elend und die Sinnlosigkeit unseres Lebens am Sonntag: Jeder ging seine Wege auf der Jagd nach Leben, und die Nacht vor dem Sonntag war die Nacht, die alle unsere Sehnsüchte und Wünsche erfüllen sollte, um einen ‚schönen‘ Sonntag zu haben. Überall haben wir, gerade in der Nacht vor dem Sonntag, das Leben gesucht, und den Tod geschmeckt; unsere Kinder haben, wie ihre Freunde, wie ‚alle Welt‘ in diesen Nächten Freude gesucht und Drogen und Alkohol gefunden. Ich sehe, wie barmherzig Gott ist, wie wunderbar seine Wege für mich, für uns waren. ER hat nun gehandelt, und wir feiern, weil Er in Tod und Auferstehung unseren Tod gebrochen hat: Am Samstagabend in der Eucharistiefeier hat er uns ein Fest geschenkt, reich und kostenlos, eine unbeschreibliche Fülle; wirklich ein überfließender Dank ist in mir, auch für die Entdeckung der Macht des Kerygmas, für die Heilung im Sakrament der Versöhnung. Ein neues Leben schenkt der Herr uns."[9]

Bekehrung als dankbare Entdeckung des Heils, das Gott uns gratis anbietet. Die Glieder der Neukatechumenalen Gemeinschaften erkennen es vor allem im bewussten Sich-Öffnen für das neue Leben, das aus der eigenen Taufe fließt: Viele Christen, die schon als Kleinkinder getauft wurden, haben sich dem Glaubensleben entfremdet.

---

9   In: LEHRMANN, *Auf dem Weg*, 360.

Sie sollen durch das *Kerygma*, durch Gottesdienste und den gegenseitigen Halt, den eine kleine Gemeinschaft bietet, in der katholischen Kirche zur individuell-persönlichen Auslieferung an den Vater Jesu Christi geführt werden. Eine nicht länger nur gewusste, sondern eine existenzielle Erfahrung des Taufgeschehens, die den Christen wegen der Kindertaufe heute so häufig abgeht, ist den Erwachsenen verspätet noch zu vermitteln. So wird schon Getauften der lange Weg angeboten, den das Urchristentum mit liturgischen Riten, Bußzeiten und Prüfungen zur Glaubensvertiefung und geistlicher Reifung vorsah. Auch wenn diese Glaubensschule sehr anspruchsvoll ist, so haben sich doch inzwischen in allen Kontinenten viele Hunderttausende für sie entschieden.

Das Wagnis

Intellektuelles Interesse möchte am Schluss vielleicht eine Synthese, die den missionarischen Aufbruch auf einen Nenner bringt. Sie erscheint mir allerdings höchst schwierig. Gerade weil ich die Geistlichen Gemeinschaften und ihre Initiatoren in Rom durch Jahre hin persönlich begleitet habe, treten mir unmittelbar eher ihre Verschiedenheiten in den Blick.

Lediglich eines haben sie wohl gemeinsam: Im Glauben setzen sie auf den gegenwärtigen und handelnden Gott. Sie erleben und bestärken einander in der Überzeugung seiner Nähe. Für sie wiederholt sich die Zusicherung, die schon im 7. Jahrhundert vor Christus der Prophet Zefanja dem auserwählten Volke machte: „Der Herr, dein Gott, ist in deiner Mitte. Er freut sich und jubelt über dich, er frohlockt, wie man frohlockt an einem Festtag" (Zef 3,17). Genau auch dieses Bewusstsein treibt sie zum Zeugnis an. Sie haben erkannt: Missionarssein kann man nicht delegieren.

Zum Experimentieren mit atomaren Brennstäben baute man Laboratorien mit einer besonderen Versuchsanordnung; die Wissenschaftler können sich bei ihren Forschungen bekanntlich nicht in dem Raum aufhalten, in dem gefährliche Strahlungsprozesse ablaufen. So nehmen sie auf das Geschehen in der sogenannten „heißen Zelle" Einfluss, indem sie in einer Kammer für Fernbedienung hinter einer Strahlenschutzscheibe von mindestens einem Meter

Dicke verbleiben. Von hier aus beobachten sie und hantieren mit langen künstlichen Armen. Diese „Manipulatorarme" transportieren die Handgriffe der Forscher in die Gefahrenzone, während die Forscher selbst am sicheren Ort verbleiben.

Keine Frage: Das Atomlaboratorium ist ein Anti-Modell der Evangelisierung. Würde es zunehmend die kirchliche Pastoralkonzeption prägen, so würde möglicherweise das kirchliche System stabilisiert, aber die Bekehrung von Fernstehenden könnte kaum gelingen. Der Vorstoß in gott-fremdes Neuland macht es nötig, dass die Missionare die Mitte der Person wagen. Niemand, der sich einlässt, kann hinter einem schützenden Schirm verbleiben. Wer die Kirche missionarisch will, muss selbst zum Apostel werden. Konsumentenmentalität, die auf Professionelle wartet, liegt schief. Wer besorgt ist über moderne Gott-Vergessenheit, wird selbst Hand anlegen. Apostolat ist kein Brotberuf nach Norm und Dienstvertrag. Den Zeugen entlohnt das Glück in den Augen derer, die Gott durch ihn gefunden haben.

Glaube: „Ja" – Kirche: „Nein"?

Die neue Ordnung, April 2020 [74. Jahrgang], 84–91

> *Denn wir wissen sehr wohl, dass sich an seiner Braut, unserer*
> *heiligen Kirche, immerdar und an allen Stücken wiederholen muss*
> *das Los ihres Bräutigams auf Erden, damit Geschlecht auf Geschlecht*
> *erfahre, glaube und erkenne: gegeben in die Hände der Menschen und*
> *von diesen verstrickt in das Spiel ihrer irdischen Ziele.*

Gertrud von le Fort, Der Papst aus dem Ghetto (1930)

Romano Guardini war ein wortmächtiger und einfühlsamer Mann Gottes. 1922 begann er einen seiner Vorträge mit dem triumphalen Satz: „Ein religiöser Vorgang von unabsehbarer Tragweite hat eingesetzt: Die Kirche erwacht in den Seelen."[1] Nach seiner Beobachtung hatte sich der Blick der Gläubigen offenbar zunehmend über Gottes Heilstat hinaus auf dessen beglückende Folgen für Gottes Volk gewendet. Die Erlösten erfuhren sich froh als Gott-Erwählte und wurden mehr und mehr ihrer eigenen Würde inne. Die „Liturgische Bewegung" hatte dazu beigetragen, dass die Getauften in der gottesdienstlichen Feier die geglaubte Erlösung auch erlebten. Das epochale Werk des französischen Theologen Henri de Lubac „*Catholicisme*", erstmals publiziert 1938, kam 1943 in deutscher Übersetzung heraus. Es schöpft aus dem reichen Schatz der Kirchenväter und akzentuiert mit Verve, dass der mystische Leib Christi als Gemeinschaft lebt inmitten der Menschheit hier auf Erden – nicht jenseits von Zeit und Welt und Wolken. Und die katholischen Gemeinden begannen zu jubeln: „Ein Haus voll Glorie schauet weit über alle Land." In diesem Klima stellten sich alle Bischöfe der Welt zum Vaticanum II die Aufgabe: „Wir fragen also die Kirche, was sagst du von dir selbst?" – so der Erzbischof von Brüssel, Léon Kard. Suenens, am 04.12.1962 im Petersdom, unter großem Applaus. Die Konzilsväter suchten für Gottes Volk eine theologisch überzeugende Selbstdarstellung, damit sie auch die Zeitgenossen gewinnen könnten. Und eine fromme

---

1   ROMANO GUARDINI, *Vom Sinn der Kirche*, Mainz 1990, 19.

Ordensfrau ging 1968 so weit, die Kirche als Vorwegnahme des himmlischen Jerusalem zu besingen: „Eine große Stadt ersteht, die vom Himmel niedergeht in die Erdenzeit. [...] Lass uns durch dein Tor herein und in dir geboren sein, dass uns Gott erkennt." Nun, heute ist auch das letzte Quäntchen solcher Euphorie verflogen. Kaum ein Katholik wagt es noch, in unseren Tagen selbstbewusst den Kopf zu heben. Begeisterung kippte zu Beschämung. Wie sie mir selbst unvergesslich bleibt: Als vor zehn Jahren die Pädophilie-Debatte um sich griff, stieg ich in Köln ins Flugzeug. Ich war mit meinem Priesterkragen den meisten Passagieren als Priester erkennbar. Einige schauten auf mich. Ich fühlte mich miserabel und dachte: „Jetzt halten sie auch dich für einen Kinderschänder." Was damals wie ein Gewitter über uns kam, setzte sich darauf in den Medien als endloses Donnergrollen fort. Und – Gott sei's geklagt – nicht bei allen geweihten Hirten wurde erkennbar, dass solche Schuld und Sünde zutiefst nach Gottes Erlösung rief; dass die Katastrophe eine Antwort aus Glauben und aus prophetischem Freimut forderte. So mehrten sich in den Gemeinden lediglich Unsicherheit und Konfusion. Die Kirche starrt immerzu auf ihr gesellschaftliches Erscheinungsbild. Ihre Glieder müssen erleben, dass ihre Bischöfe keinen Neuaufbruch von Gott her wählten, sondern fortwährend ihre eigenen Wunden lecken. Viele sehnen sich danach, dass die kirchliche Selbstbespiegelung aufhört; dass ihre Glaubensgemeinschaft sich endlich wieder der Faszination Jesu Christi und seiner Zeugen zuwendet.

Fehlbar

Auch wenn ein simpler Ruf: „Schwamm drüber!" unannehmbar wäre. Der Skandal kann nicht unter den Teppich gekehrt werden. Und wir haben der Frevel wegen zunächst vor allem unser Kirchenbild zu korrigieren. Untheologische Schönfärbung hat ihr Gesicht oft zum „Haus voll Glorie" idealisiert und uns vielleicht zum Narzissmus verführt. Wichtige Gestalten der Kirchengeschichte blieben hingegen realistisch, behielten kirchliche Fehlbarkeit im Auge und scheuten keine harsche Kirchen-Kritik. Etwa die Heilige Hildegard von Bingen († 1178). Sie schleuderte auf dem Marktplatz in Köln 1170 dem Dom- und Stadtklerus die vernichtenden Sätze entgegen:

„Ihr schaut ja nicht auf Gott und verlangt auch nicht, Ihn zu schauen. Ihr blickt vielmehr auf eure Werke und urteilt nach eurem Gefallen, indem ihr nach Belieben tut und lasst, was euch gefällt. Wie groß ist solche Bosheit und feindselige Haltung, dass der Mensch weder um Gottes noch um des Menschen willen nicht in der Richtung zum Guten stehen will, sondern Ehre ohne Anstrengung und ewigen Lohn ohne Entsagung begehrt."[2]

Sünde in der Kirche ist nicht zu leugnen; sie ist aufzudecken und zu rügen. Auch wenn die heilige Seherin Hildegard sich trotz ihrer scharfen Maßregelung nie über ihre Glaubensgemeinschaft erhob; sie blieb ihr eingegliedert, indem sie ihren prophetischen Einspruch dem Urteil des Priesters und Geistesmannes Bernhard von Clairvaux († 1153) unterwarf.

Wie mögen durch die Geschichte hin heilige Männer und Frauen an der Kirche gelitten haben! Aber ihr Gebet hatte sich noch nicht in Murren gewandelt. Heute hingegen schlagen Laster und Führungsschwäche um in gesellschaftliche Verachtung. Ihr Beitrag zum Heilsweg für Mensch und Welt leuchtet nicht mehr ein. Sie zu verlassen, ist ein öffentliches Dauerthema. Und schließlich wird die Grundsatzfrage unvermeidlich: Lohnen denn jenseitige Ziele überhaupt noch der Mühe? Simple Logik macht „Kirche" bald verzichtbar; sie steht als solche zur Disposition.

In solch verbreitetem Sinnverlust spiegelt sich allerdings, was schon der Apostel Paulus gegenüber den Korinthern festhält: „Der irdisch gesinnte Mensch lässt sich nicht auf das ein, was vom Geist Gottes kommt" (1 Kor 2,14). Die beschmutzte Kirche verleitet dazu, sie zu einem Sozialkörper zu verstümmeln. Sie erscheint dann wie alle anderen hilfreichen Gesellschaftsgruppen – UNO, NGO, Partei oder „Rotes Kreuz". Man betrachtet sie von außen und beeilt sich, ggf. über sie zu Gericht zu sitzen. Jeder hat das Recht zur Anklage, und das öffentliche Prestige der Kritiker verstärkt deren Relevanz.

---

2   HILDEGARD VON BINGEN, *Briefwechsel*, Salzburg 1965, 170.

Jedwede Plattform ist willkommen, wobei das Gewicht des Vorwurfs weniger von den erwiesenen Fakten als von Rang und Reichweite willfähriger Medien bestimmt wird. Fragwürdige Verdächtigungen werden lanciert und selbst altbekannte Schuld wieder und wieder zu neuen Attacken genutzt. Eine laikale Absetzbewegung beginnt und unterwandert – gut klassenkämpferisch – die Kirchen-Struktur. Das sakramentale Amt erscheint nutzlos. Die Gemeinschaft mit dem fortlebenden Christus ist abgestorben.

Verdienstvoll

Nur das Lamento eines nostalgischen Querulanten? Nein – sondern ein Notruf an das Heer wütender Bilderstürmer. Und die Frage: Hat bei diesen die Wut auf die Kirche zu Gedächtnisverlust geführt? Hat sich den Zensoren verhüllt, dass Gott uns die Kirche gab, damit wir um IHN wüssten? Dann aber sollten sie den Tadel des Propheten Jesaia hören, der ins Licht rückt, was wirklich auf dem Spiel steht: „Du hast den Gott, der dich rettet, vergessen" (Jes 17,19). Wer Kirche liquidiert, vergeht sich an Gott. Der Allmächtige selbst hat sie gewollt, damit Er nicht vergessen wird. Und sogar als Geschändete bleibt sie die Mutter unseres Glaubens; denn ohne sie wäre er uns verborgen geblieben.

1. Generell lag es für uns am familiären Umfeld, welche Deutung unser Dasein erhielt. Wir begannen zu lallen, lernten erste Worte, übernahmen Lebensgewohnheiten und Kultur. In all dem berührte uns auch die Welt der Religion. Sie trat uns näher in Vorbildern und Zeugen; Eltern und Angehörige, Feste und Gedenktage, Gemeinde und Alltagswelt – ein Sinn für die Transzendenz wurde in uns geboren. Der wäre freilich für uns Christen leer geblieben, wenn die Kirche ihn nicht mit Gottes Botschaft gefüllt hätte und unsere anfänglichen Glaubensschritte nicht im kirchlichen Taufsakrament ihren Anker hätten. Der Empiriker nennt den Prozess solcher Identitätsfindung „Sozialisierung". Er stiftet menschlich-geistige Stabilität; genauer gesagt: er baut ein Ur-Vertrauen zum menschlichen Dasein auf. Der deutsch-amerikanische Psychoanalytiker Erik Erikson († 1994) hat diese Sozialisierung untersucht. Als Wissenschaftler ist er nicht von pastoralen Aspekten geleitet. Dennoch hebt

er für diese Entwicklung ausdrücklich eine religiöse Reichweite hervor: „Der Glaube der Eltern, der in dem Neugeborenen das Vertrauen trägt, muss durch die Geschichte hin von der organisierten Religion geschützt werden. Vertrauen, das aus der Zuwendung erwächst, ist faktisch der Prüfstein für die Wirksamkeit einer vorgegebenen Religion."[3] Die Anfangsgründe unseres Glaubens hat also nicht unser Ich entdeckt; sie sind uns nicht anonym zugeflogen; sie wurden uns von glaubenden Gliedern der konkreten Kirche zugereicht.

2. Auch die Kenntnis von Gottes fundamentalem Heilswerk verdanken wir der Kirche. Sie hat die himmlische Offenbarung fixiert und behütet. Gemeinhin haben Religionen mysteriöse Wurzeln. Wenn sie sich auf schriftliche Dokumente berufen, ist deren Entstehung oft undurchsichtig – wie etwa beim Koran, der dem Religionsgründer Muhammad († 632) vom Engel Gabriel geoffenbart worden sein soll. Oder beim Buch „Mormon", das durch eine geheimnisvolle Erscheinung in die Welt kam, wie sie dem Gründer der Mormonen, Joseph Smith († 1844), zugeschrieben wird. Anders bei den Texten des Neue Testaments. Der protestantische Exeget Martin Hengel hat mit Akribie den Prozess dargelegt, der die Anfänge unseres Christentums verschriftlichte. Beeindruckend ist die Vielzahl der ausgewerteten Quellen, die seiner Darstellung historisch große Zuverlässigkeit geben.

Der Exeget verweist zunächst auf die neutestamentlichen Autoren als älteste Träger der autoritativen, apostolischen und nachapostolischen Tradition, die die Worte und Taten Jesu des KYRIOS formulieren. Verantwortliche Hirten geben diesen Schatz in der nächsten Generation zunächst mündlich weiter. So zitiert Clemens Romanus († um 100) die synoptischen Evangelien noch frei. Dabei sind es die gottesdienstlichen Versammlungen, in denen die „Erinnerungen der Apostel" neben den Briefen des Paulus verkündet werden – so etwa bei Justin, dem Märtyrer († 165). Liturgischer Gebrauch wird zum Ausweis ihrer Authentizität. „Die Bedeutung der gottesdienstlichen Schriftlesung für die Sammlung und Texterhaltung der neutestamentlichen Schriften [...] kann gar nicht überschätzt werden."[4]

---

3 ERIK H. ERIKSON, *Childhood and Society*, London 1969, 242.

4 MARTIN HENGEL, *Die vier Evangelien und das eine Evangelium von Jesus Christus*, Tübingen 2008, 59.

Nur langsam schreitet die Verschriftlichung der Texte voran. Bei Papias von Hierapolis († 163) ist offenbar ihre Schriftlichkeit schon fast zur Regel geworden.[5] Freilich obliegt es den geweihten Hirten gleichzeitig, die Kirche vor den sog. „Pseudepigraphen" zu schützen – also vor solchen Dokumenten, die unter falschem Namen in Umlauf waren. Erst eine Urkunde des hl. Athanasius († 373) zeigt uns das „Neue Testament", wie wir es kennen: In einem Osterbrief (aus dem Jahr 367) zählt er genau die 27 Bücher des Neuen Testaments auf, die noch heute als „kanonisch" angesehen werden. Seine Sammlung wird dann von einer Reihe von kirchlichen Synoden bestätigt und fand als Kanon des Neuen Testaments allgemeine Anerkennung.

Die Untersuchung M. Hengels, die ich nur streifen konnte, hat beachtliche Aussagekraft. Wer das Werden des Offenbarungsgutes nüchtern prüft, der erkennt: Es ist unsere Glaubensgemeinschaft, die die Anfangsgründe des Christseins festhält; es ist die Kirche, der wir Gottes Wort verdanken. Mögen wir im sog. christlichen Abendland aufgewachsen sein: ohne Lehre und Beispiel von Familie und Gemeinde wären wir dennoch Heiden geblieben. Mag heute auch jedes bessere Buchgeschäft die Bibel feilbieten und sich Lebensmeister unterschiedlichster Couleur selbst gegen sie auf ihren Text berufen: Es ist die Kirche, der wir letztlich die Offenbarung verdanken. Sie ist der Ort für ihre Bewahrung der mündlichen Weitergabe und schriftlichen Fixierung unter der Obhut ihrer Hirten. Die Garanten ihrer Authentizität verstanden sich als Diener der Kirche. Da brauchen wir uns ob kirchlicher Sündigkeit nicht zu fragen, wem wir denn wohl unser Christsein schulden. Nur wenigen dürfte es wohl in den Sinn kommen, Beethovens Namen zu beschimpfen, weil die „Hymne an die Freude" schlecht gesungen wurde; oder Michelangelo zu schmähen, weil die Sixtinische Kapelle im Vatikan von Touristen überfüllt war.

---

5   Ebd., 122.

Skandalös

Doch vergangene Kirchenverdienste hin oder her: Uns quält in diesem Augenblick die Schande, die sie hier und heute auslöst. Schon der Engländer John Wyclif († 1384) und Jan Hus († 1415) aus Böhmen hatten an der Kirche gelitten und sie als „Hure Babylon" verurteilt. In der kolorierten Lutherbibel des jüngeren Lucas Cranach wird die Hure mit der päpstlichen Tiara dargestellt (1545). Heute möchten fraglos genügend Zeitgenossen dieser Beschimpfung wieder applaudieren. Zwar liegen die aufgezählten Pioniertaten der Kirche zutage. Aber sie räumen nicht das gegenwärtige unerträgliche Ärgernis aus. Vielleicht wird jedoch unser Schmerz etwas kleiner und die Klage leiser, wenn nicht allein die geschändete Braut unser Denken ganz gefangen nimmt; wenn sie vielmehr in die größere Heilsgeschichte zurücktritt und den Blick freigibt auf den Herrn der Kirche, auf Jesus Christus. Solche Öffnung der Sicht ermöglicht, sie – statt allein und isoliert – mit Christus zusammen zu betrachten. Dann möchte dem Fragenden auffallen: Auch Leben und Tun des Herrn der Kirche ist ebenso wenig integrierbar in problemlose Akzeptanz. Sein Schicksal provoziert gleichfalls, kann uns gar zur Anfechtung werden. Wenn wir es nicht länger schönfärben.

Offenbar haben wir ja die Gestalt Jesu Christi pflegeleicht gemacht. Die Vorstellung, dieser Mensch wäre der allgewaltige Gott und unser ewiger Richter, ist ja nicht nur der Welt unerträglich. Obschon es uns doch wirklich angesichts der Ausmaße des Kosmos den Atem verschlagen könnte, dass der Sohn des allmächtigen Schöpfers unser Bruder wurde. Gewohnheit hat unseren Glauben verdünnt und eingeschläfert; er ist stumpf geworden. Das Evangelium hingegen ruft uns nach wie vor laut entgegen: Der da IST, er WIRD! Der Zeitlose tritt in die Zeit. Das „Wort" begegnet sinnlich, der Unberührbare kann getastet werden. So wäre es denn wahr: Er, der die Macht und eigene Weisheit Gottes ist, in dem alle Dinge, die sichtbaren und die unsichtbaren – dieser Selbe ist eng umgrenzt in einem unbedeutend-winzigen Land, von einem Dorfmädchen als kleines Kind geboren worden, wimmernd, wie es alle Neugeborenen tun? Solche Vorstellung eines Gott-Menschen kann den Nachdenklichen nur verwirren. Nicht wenige Weise hat dieser Gott empört. Wir Christen zogen es darum vor, diesen mensch-gewordenen Gott zu domestizieren. Wir feiern stimmungsvolles Weihnachten, den „holden Knaben im lockigen Haar". Dass er der Allgewaltige ist, bleibt wahrhaft ein Ärgernis.

Unsere Irritation kann sich noch steigern, wenn wir dann auf die Kirche stoßen; wenn wir statt Lieblich-Göttlichem in ihr dem Menschlich-Misslichen begegnen. Noch mehr als Christus ist sie ja lauter Widerspruch und Paradox, lau und mittelmäßig selbst für die ewigen Dinge, sogar frevlerische Hure. Wer die Frage des johanneischen Christus an Christi mystischen Leib richten würde – „Wer von euch kann mir eine Sünde nachweisen" (Joh 8,46) –, der gäbe sich der Lächerlichkeit preis. Durch seine Kirche wird der Herr schmerzhaft „Stein des Anstoßes" und „Fels, an dem man zu Fall kommt" (Röm 9,35). Und wir können ihr nicht ausweichen. Den Herrn trifft man nicht auf öffentlichen Plätzen, in Alltagsgesprächen und den Medien an. Die Kirche aber ist immer da, ein lästiger, aufdringlicher Verweis auf den heiligen Gott. Sie stößt sauer auf. Denn sie beschmutzt sich fortwährend durch ihre Vermischung mit uns Sündern.

Verletzend

Henri de Lubac, der unvergleichbare Lehrer, hatte 1938 mit stupender Belesenheit den Glaubensschatz besonders der frühchristlichen Kirchenväter („Zurück zu den Quellen!") zum Aufweis genutzt, dass die Kirche Heils-Gemeinschaft „mitten in der Welt" ist. Derselbe legt dann 1952 die hier von mir angedeuteten Gedanken über das „Dunkel" des Mysteriums Kirche vor. Seine Worte sind nicht am Schreibtisch ausgedacht. Sie gründen in der erlebten, persönlichen Erfahrung, in durchlittener Widerfahrnis. De Lubacs Lebensgeschichte passt beängstigend in unseren Kontext.

In seinem Studium hatte er sich schon mehrfach mit der Sehnsucht des Menschen nach Gott befasst. 1946 legte er seinen theologischen Entwurf in einer breiten Publikation vor *(Surnaturel)*. Doch obschon er in ihr ausdrücklich vermerkte, dass Gottes Gnade ungeschuldet sei, traf ihn der Vorwurf, er leugne den Geschenk-Charakter der Zuwendung Gottes zum Menschen. Danach

musste er „Kirche" – vor allem in ihren gelehrten Köpfen und in
ihrer Hierarchie – als Unverständnis, Missbilligung und Verurteilung erleben. Er beschreibt selbst Vorgänge und Fakten in dem auto-
biografischen Rückblick.[6] Hans Urs von Balthasar berichtete später,
wie der Blitz der päpstlichen Enzyklika „Humani generis" 1950 auf
die Jesuiten-Hochschule in Lyon/Fourvière niederging und besonders seinen hochgeschätzten Lehrer traf: Er wurde suspendiert.

> „Die nächsten zehn Jahre werden für den der Lehrbefugnis
> Beraubten, zunächst aus Lyon Verwiesenen und von Ort
> zu Ort Getriebenen, zu einem Kreuzweg. Seine verfemten
> Bücher werden aus den Bibliotheken der Gesellschaft Jesu
> entfernt und aus dem Handel gezogen." Vergeblich wartet
> de Lubac auf die genaue Benennung seiner theologischen
> Irrtümer durch seine Mitbrüder oder den Ordensgeneral.
> „Ein stummes Gemiedenwerden, das den fühlsamen Mann in
> gänzliche Vereinsamung trieb."[7]

Nur langsam findet der Verfemte wieder Gehör, vor allem durch die
Kardinäle Augustin Bea († 1968) und Giovanni Montini († 1978).
1960 beruft ihn dann Johannes XXIII. als Konsultor zur Vorbereitung des Vaticanum II. und schließlich Johannes Paul II. 1983 zum
Kardinal.

Mutter der Christen

Wirklich ein Mensch, der an der Kirche hätte zerbrechen können!
Was er über sie sagt, stammt demnach weder aus blauäugigem Enthusiasmus noch von einem Scharfmacher der Rechtgläubigkeit. Er
wollte der Kirche neue Leuchtkraft geben, sie aber hatte ihn entehrt
und eliminiert. Und dennoch will er Glied dieser Kirche bleiben. Er
weiß, dass sein persönlicher Glaube, verglichen mit dem der Kirche, immer schwach und unzulänglich ist – und dass dieser Glau-

---

6   HENRI DE LUBAC, *Memoire sur l'occasion de mes écrits*, Namur 1989, 61ff.
7   HANS URS VON BALTHASAR, *Henri de Lubac. Sein organisches Lebenswerk*, Einsiedeln
    1976, 13ff.

be andererseits befreit, weil er aus der eigenen Enge in die Weite
führt. Darum besingt er nach alle ihren Schlägen gegen ihn (1970)
die Kirche:

„Sie bekennt den Dreieinigen Gott, sie erhofft und erwartet
die Wiederkunft des Herrn, sie gibt Zeugnis von ihm durch
einen nie versagenden, in der ganzen Welt fruchtbringen-
den Glauben. Sie ist es, die im Glauben ausschreitend betet
und arbeitet und in allem den Willen Gottes zu erfüllen
sucht. Sie wird vom Heiligen Geist gesammelt und geeint,
auf ihrem Pilgerweg erleuchtet und geführt. Sie ist es, die in
der Erwartung der offenen Schau, ausharrend in der Prüfung des Dunkels, jedes Ärgernis ertragend, eifersüchtig das
empfangene Depositum hütet. [...] Was in uns unrein ist, ist
dort, im innersten Kern, unbefleckt und unfehlbar. Unser
Glaubensgehorsam der absoluten Norm gegenüber inkarniert
sich in unserem Verhältnis zur Kirche; an ihrem vollkommen magdlich-ehrfürchtigen Gehorsam zum Herrn nehmen
wir gliedhaft teil, indem wir als Teile zu ihrer Ganzheit hin
gehorsam sind."

Nach diesem Hymnus lehrt der Autor, man könne im Glaubenspro-
zess gleichsam zwei Phasen unterscheiden: In der ersten gibt die
Kirche den Christen das Wort des Heils weiter, das sie vom Herrn
empfangen hat. Sie überliefert das Ganze der ewigen Wahrheiten in
der Form seiner gegenwärtigen Entfaltung. Doch das Taufbekennt-
nis ist nur der Eintritt in mein Bundesverhältnis mit Gott. Nach
seinem Empfang genügt nicht länger, ihr durch das äußere Band
der kirchlichen Lehre und Autorität verbunden zu sein. Vielmehr
schenkt mir derselbe Geist, der sie wie mich erleuchtet, die Kraft,
in meinem Innern Christus anzuhangen – nicht in Zwangseinheit,
vielmehr in Auslieferung an ihn. Solche Beziehung zu lockern,
wäre ein Irrweg; zur Höchstform der Hingabe an Christus, zum
Martyrium, führt nur die festere Bindung. Und darum reichen Vorstellungen wie „Haus" oder „Tempel" nicht hin, um zu deuten, was
sie für uns ist; solchen Modellen entginge die Innerlichkeit, in der

wir der Kirche verbunden sind. Einzig das Bild der Mutterschaft, das schon der Urkirche bekannt war, ist hier angemessen.[8] Schließlich beruft sich de Lubac noch auf den heiligen Augustinus:

> „Ehrt und liebt die heilige Kirche, macht sie allen bekannt, unsere Mutter, das Jerusalem droben, die heilige Stadt Gottes; sie ist es, die Frucht bringt und im Glauben, den ihr vernommen habt, über die ganze Welt hin wächst; sie, die Kirche Gottes, die Säule und Grundfeste der Wahrheit."[9]

Die Augen des Glaubens

Der sporadische Durchgang durch die Geschichte unserer Mutter Kirche kann unser Verständnis für sie verbessern. Gemeinhin wird ihr Sinn und Wert vom gesellschaftlichen Erscheinungsbild bestimmt. Doch das Phänomen Kirche erschließt sich dem nicht, der nur ihre Außenseite beachtet. Ein oberflächlicher Blick wird sie nicht erfassen, dürfte ihr schon gar nicht gerecht werden. Erst die „Augen des Glaubens" vermögen unsere Mutter im Glauben zu erkennen. Pièrre Rousselot SJ († 1915), der diesen Ausdruck geprägt hat, erläuterte ihn mit einer Alltags-Erfahrung. Er legt dar: Wenn zwei Polizisten ein Verbrechen untersuchen, so werden sie nicht notwendig zum selben Schuldspruch kommen. Dem einen mag der Fall vieldeutig bleiben; für den andern liegt er jedoch klar zutage. Der Unterschied zwischen beiden Urteilen muss dann nicht in den Indizien liegen, die beiden gleichermaßen bekannt sind. Vielmehr dürfte der Erfolgreichere die größere analytische Kraft haben. In gleicher Weise können auch die Glaubensdaten unterschiedlich interpretiert werden. Erst im Licht der Gnade gelingt ihre zutreffende Deutung. Gottes Beistand zeigt zwar keine neuen Elemente, macht aber neue Aspekte sichtbar. Solche Gnade schenkt Gott dem Wohlgefälligen. Ihn lassen die Augen jetzt etwas sehen, was vorher zwar schon da war, was er aber nicht beachtet hatte.[10]

---

8   Vgl. HENRI DE LUBAC, *Credo*, Einsiedeln 1975, 145–155.
9   Ebd., 174.
10   ROGER AUBERT, *Le problème de l'acte de foi*, Louvain 1950, 456–460.

So gelingt auch ein zutreffender Blick auf die Kirche allein den „Augen des Glaubens". Auch für diesen Fall gilt Jesu Wort: Nur „wenn dein Auge gesund ist, wird dein ganzer Körper gesund sein" (Mt 6,22).

Neuevangelisierung: Aufruf – Echo – Ansporn

Associatio Sancti Benedicti – Praglia/Italien, 22. Oktober 2017

Tun wir zunächst einen Blick über den kirchlichen Tellerrand: Die Soziologie sagt uns, dass Zeit und Dauer für geistesgeschichtliche Aufbrüche unabwendbar Ermüdungsprobleme nach sich ziehen: Kraftvolle gesellschaftliche Neuanfänge schwächen sich ab; hohe Ideale werden verwässert. Empiriker sind diesem Prozess, der sich bei allen Institutionen zeigt, unter dem Stichwort der „Zielabweichung" nachgegangen. Etwa der deutsche Soziologe Robert Michels.

Abnutzung

Er untersuchte Entstehung und Bestand linker Parteien und Gewerkschaften im Europa vor dem Ersten Weltkrieg. Menschen ergriffen die Initiative, um die sozialistische Revolution vorzubereiten oder in autoritären Ländern, wie im Deutschland Bismarcks, ein demokratisches System zu errichten. Zum Erreichen des Ziels schlossen sie sich zu Organisationen zusammen. Diese benötigten bald Verantwortliche und Führer. Die leitenden Kreise fanden Gefallen an ihrer Aufgabe, entwickelten aber bald auch handfeste Interessen zum Erhalten ihrer Positionen; bei deren Verlust wären sie ja gezwungen gewesen, zur mühevollen Handarbeit zurückzukehren sowie sich mit weniger Einkommen und Prestige zufriedenzugeben. So verflachte der revolutionäre Prozess; das Interesse der Führung richtete sich auf die Verwaltungsmaschinerie, und es formte sich eine oft erneuerungsresistente, fossile Struktur. Durch seine Studien entdeckte R. Michels somit ein inzwischen gängiges soziologisches Datum; er nannte es das „eherne Gesetz der Oligarchie"[1].

---

1 AMITAI ETZIONI, *Soziologie der Organisationen*, München [4]1973, 20–27.

Kirchenerfahrung

Wer wollte bestreiten, dass der streitenden Kirche solche geschichtlichen Prozesse der Abnutzung *eo ipso* erspart blieben; dass auch
ihr aus diesem Grunde immer die Verpflichtung zur Neuwerdung
aufgetragen ist? Große Gestalten ihrer Geschichte haben sich nicht
gescheut, aufkommende gravierende Missstände in ihr schneidend
anzuprangern und zur Reform aufzurufen. Etwa im 13. Jahrhundert Wilhelm von Auvergne, der Bischof von Paris († 1229):

> „Gottes Geliebte ist die Kirche, solange sie in den Spuren der
> Väter wandelt; nun aber wurde sie zu Babylon durch ihre
> Grässlichkeit und die Einwohnung unreiner Geister und für
> Gott selbst zum Gräuel. Denn wer wäre nicht außer sich vor
> Grauen, wenn er die Kirche mit einem Eselskopf sieht oder
> die glaubende Seele mit Wolfszähnen, einer Schweineschnau-
> ze, gefurchten, bleichen Wangen, einem Stiernacken [...].
> Wegen diesem entsetzlichen Unwesen der Verworfenen und
> Fleischlichen, die in solcher Menge die Kirche überfluten,
> dass vor lauter Spreu die anderen in ihr verdeckt und un-
> sichtbar sind, nennen die Häretiker die Kirche ein Hure und
> Babylon. [...] Braut ist sie nicht mehr, sondern ein Untier von
> furchtbarer Ungestalt und Wildheit.[2]

Dies ist ein Wehruf aus längst vergangenen Zeiten. Wer ihn heute riskierte, weckte wohl einen empörten Aufschrei. „So reden die
Brunnenvergifter allgemeiner Wohlanständigkeit", würde man wohl
protestieren. „Das sind Fanatiker!" Denn in unseren Tagen ist Christsein von Harmoniebedürfnis geprägt. *Pastoral correctnes* beherrscht
kirchliches Miteinander in offiziellen und privaten Kreisen. Begriffe
wie „Ungläubige" oder „Abständige" sind aus dem kirchlichen Vokabular gestrichen, da sie herabsetzend wirken könnten. Gilt nicht den
meisten Kirchenleuten das eigene Haus ohnehin als „gar nicht so
schlecht bestellt"? Im „Bericht zur Lage" kann man Friedfertigkeit
und humanitäres Engagement so vieler Mitbürger loben und auf die
wachsende Zahl der „Menschen guten Willens" verweisen.

---

2   Zitiert in Hans Urs von Balthasar, *Sponsa Verbi*, Einsiedeln 1960, 207.

Sobald allerdings jemand zur Prüfung Maß nimmt an Gottes Wort, mag er auf lauernden Selbstbetrug stoßen. Augenwischerei möchte vergessen machen, dass der Bischof Wilhelm auch heute Grund zu Empörung hätte. Darum hat der heilige Johannes Paul II. Welt und Kirche nicht zugerufen: „Euer Christsein ist O. K. Nur weiter so!" Im Gegenteil: Von ihm stammt eine Initiative, die er in Tun und Lehre unaufhörlich in Umlauf gesetzt hat: „Neuevangelisierung". Durch seine fortdauernden Weisungen und durch sein rastloses Pilgern setzte der Papst aus Polen dieses Wort in Umlauf und mit ihm die Dringlichkeit neuen missionarischen Aufbruchs. Neuevangelisierung wurde zum Leitspruch seines Pontifikats. – Sein Nachfolger nahm den Mahnruf auf: Am Hochfest der Apostelfürsten 2010 etwa griff Papst Benedikt XVI. ausdrücklich auf dies Wort zurück und begründete in seinem Aufruf mehrfach den Zusatz „neu": Evangelisierung sei erforderlich auch in den Ländern, „die die Verkündigung des Evangeliums bereits erhalten haben".

Neuevangelisierung

„Neuevangelisierung" ist demnach für unsere Tage kein wohlfeiles Modewort. Ihre Dringlichkeit liegt auf der Hand. Mag auch die Sündhaftigkeit der Kirche nicht mehr so ins Auge springen wie im Mittealter oder unter Renaissance-Päpsten; mag sie in Fällen von Pädophilie und finanzieller Korruption auch auf die Kraft kirchlicher Selbstreinigung setzen können. Trotzdem dauern in der Kirche Verwässerung und Verwirrung fort. Sie sind lediglich heute subtiler geworden. Geweihte Hirten etwa sind versucht, das Evangelium auf den Zeitgeist zu verkürzen. Kirchliche Katechesen zielen auf nützliche humane „Werte". „Weltliches Denken" hält Einzug. Die Person Jesu Christi und seine Botschaft verkümmern zu dekorativen Füllseln. Prophetische Härte wie Christi „Ich aber sage euch" oder gar sein „Wehe euch" sind nicht zu hören. Solche Botschaft würde angeblich nur verstören. Doch die Folge: Säkularismus drängt uns zur Auffassung: unser Leben auf Erden kann auch reich sein und gelingen ohne die „Arbeitshypothese Gott".

Andererseits darf uns freilich auch Schwarzseherei nicht den Blick verstellen und blind machen. Bevor Depression ihre Lähmung verbreitet, ist an den Spötter Wilhelm Busch († 1908) zu erinnern. Von ihm stammt das Motto: „Es ist ein Brauch von alters her: Wer Sorgen hat, hat auch Likör." Gründe für Trübsal suchen nach Tröstungen. Und die Bedrückung wird dann vielleicht durch zusätzliche Erkenntnisse relativiert oder vertrieben. Mich ermutigte dazu trotz des Glaubensdunkels meine Erfahrung im päpstlichen „Rat für die Laien". Dort lernte ich Männer und Frauen kennen, für die die Losung „Neuevangelisierung" der Lebensinhalt geworden war. Die sog. „Neuen Geistlichen Bewegungen" gaben mir neue Hoffnung.

Geistliches Erwachen

Gewiss: Sie hatten mich zunächst irritiert. Meine Anfangskontakte mit ihnen waren beileibe nicht bestimmt von einer „Liebe auf den ersten Blick". Doch dann lernte ich sie besser kennen. Ihre Stifter – die meisten von ihnen lebten damals noch – sind Christen wie du und ich. Glaubensprüfungen blieben ihnen nicht erspart. Schicksalsschläge sowie kümmerliche religiöse Unterweisung verhinderten, dass sie sich dem himmlischen Vater und seinem Sohn nahe wussten. So war in ihnen – trotz ihrer treuen Teilnahme am Leben der Pfarrei – auf unruhigen Wegen von Angst und Ohnmacht neuer geistlicher Hunger aufgebrochen.

Und dann verdichteten Lebensumstände, das Wort Gottes und Gottes besondere Gnade ihr sporadisches Verlangen. Der Tröster Geist schenkte den Angesprochenen größere Hörbereitschaft. Ihre Verfügbarkeit vertiefte sich durch den apostolischen Eifer, den das Vaticanum II unter den Getauften zu wecken suchte. Obwohl diese Entdecker ihren Glauben eigentlich kannten, berührte sie die Botschaft des Evangeliums irgendwann neu. Genauer: Ein Kernsatz von Gottes Wort oder eine prägnante Glaubenswahrheit trat für sie langsam hervor als Einsicht in ein je eigenes Charisma; sie entdeckten eine Botschaft, die sie nicht mehr losließ.

So konkretisierte sich der Glaubensinhalt zur „Spiritualität". Es vollzog sich, was nach dem großen Hans Urs von Balthasar der Verwendung dieses – so oft missbrauchten – Begriffes „Spiritualität" seine Berechtigung gibt: Eine der uns geoffenbarten Glaubenswahrheiten wird zur Bestimmung – wie er sagt – für „die praktische und existenzielle Grundhaltung eines Menschen". Damit bewirkt – so Baltasar – Spiritualität die „Durchstimmtheit seines Lebens von seinen [scil. durch die Offenbarung geprägten] objektiven Letzteinsichten und Letztentscheidungen her"[3].

Ob nun die Zusicherung des Herrn, selbst anwesend zu sein, wenn „zwei oder drei in meinem Namen versammelt sind" (Mt 18,20); ob Jesu Satz am Kreuz zu dem Lieblingsjünger: „Siehe, deine Mutter" (Joh 19,27); ob unser Begrabensein durch die Taufe auf Christi Tod (vgl. Röm 6,4); ob das Versprechen der Sendung des Geistes durch den Vater in Jesu Namen (vgl. Joh 14,26) oder ob andere biblische Verse: Immer ergriff diese Initiatoren ein bestimmter neutestamentlicher Gedanke und trieb sie zu missionarischem Einsatz. Für sie wurde ein biblisches „Grund-Wort" zur Maxime, sich für Gottes Selbstmitteilung zu öffnen und sich dann senden zu lassen. Ihr Glaube gewann in solcher Fokussierung eine neue Dynamik.

Nach oft langer und quälender Suche, von Gottes Geist beschenkt, wandten sie sich darauf anderen Christen zu und gewannen Gleichgesinnte. Es entstanden kleine Gemeinschaften. Diese setzten sich von ihrer Umwelt ab, ohne mit ihr zu brechen. Man klärte und durchdrang unscharfe Anfangspraxis. Sie blieben als Glaubende mit der Kirche verbunden, auch wenn sie in der entdeckten Spiritualität besondere Akzente setzten. Und sie pflegten im christlichen Alltag ein gewisses Eigenleben, ihr Gründungscharisma. Nur wenn sie ihm treu blieben, konnten sie die Sendung erfüllen, die sie für die Gesamtkirche haben.

Bei vielen Initiativen wiederholt sich, was aus der profanen Geschichte bekannt ist: Gründung von Parteien, von Gewerkschaften, das Engagement für den Frieden, für die Umwelt oder für bedrohte Minderheiten. Doch gegenüber diesseitigen Auslösern von Veränderung kennzeichnet die Gründer Geistlicher Bewegungen ein bedeutender Unterschied: Diese Menschen sind Fackelträger von **jenseitigem** Feuer, durch das sie anfangs selbst entzündet worden waren. Gottes Wort und der Heilige Geist stehen Pate. Die aufgenommenen Anstöße können sich dann auch weit über die eigene Gruppe hinaus als heilshaft erweisen. Ohne diese „Bewegungen" fehlten der Kir-

---

3　Hans Urs von Balthasar, *Das Evangelium als Norm und Kritik aller Spiritualität in der Kirche*, in: Ders., *Sponsa Verbi*, 247–263, hier: 247.

che die immer wieder nötigen Versuche, durch neues Hören auf das Evangelium erneuert zu werden. Oder ganz konkrete pastorale Initiativen zu schaffen – wie etwa die „Internationalen Jugendtage".

Wenigstens einige Namen müssen genannt werden: José Maria Escriva, Josef Kentenich, Chiara Lubich, Luigi Giussani und Kiko Arguello. Und Gott segnete deren Engagement. In einer Zeit, die sich von Glaube und Kirche distanziert, wachsen diese Gemeinschaften an Anzahl. Wer sich für ihre Mitgliederstärke interessiert, staunt ein zweites Mal: Ein grober, aber realistischer Überblick stellt fest, dass sich weltweit – nach den Angaben der Verantwortlichen – die imponierende Anzahl von 90 Millionen Katholiken zu ihnen zählt; weltweit ist demnach fast ein Zehntel aller katholischen Christen von ihnen berührt. So tragen sie viel zu dem Aufbruch bei, den der heilige Johannes Paul II. mit der „Neuevangelisierung" lancieren wollte.

„Gleichwesentlich"

Leider sind die Bewegungen bei manchen Christen nicht selten ungeliebt. Obwohl sich in den Gründungsgeschichten der großen Orden lehrreiche Parallelen finden ließen und ihre Kritiker wie Gegner zu Wohlwollen mahnen könnten; obwohl die charismatischen Aufbrüche von Papst Johannes Paul II. mehrfach sogar als der hierarchischen Struktur „koessential – gleichwesentlich" bezeichnet wurden,[4] verstummen ihnen gegenüber Skepsis und Ablehnung nicht. Erst kürzlich machte die Glaubenskongregation des Apostolischen Stuhles erneut einen Vorstoß zu ihrer Förderung. Mit dem „Schreiben an die Bischöfe der katholischen Kirche über die Beziehung zwischen hierarchischen und charismatischen Gaben im Leben und in der Sendung der Kirche" vom 15. Mai 2016 bestätigt sie ihre starke Dynamik und besondere Anziehungskraft (Nr. 9 und 10) und nennt die echten Charismen „Gaben von unverzichtbarer Bedeutung für das Leben und die Sendung der Kirche" (Nr. 29).

Diese Neuaufbrüche des Glaubenslebens bieten ein buntes Bild. Darum sind sie nicht auf einen Nenner zu bringen durch Ab-

---

4   Erstmals in einem Brief an ein Treffen solcher Bewegungen in Rocca di Papa 1987, dokumentiert in: *I movimenti nella Chiesa*, Atti del II° Colloquio Internazionale (Rocca di Papa, 28 febbraio – 4 marzo 1987), Milano 1987, 25.

straktion oder Generalisierung. Was ihnen dennoch gemeinsam ist, würde ich als „Lebensnähe" bezeichnen. Sie sind inkarniert, nicht verkopft. Ihr Apostolat beachtet, dass die Glaubens-Wahrheit uns auf zwei Ebenen erreichen muss: auf der der Intuition und auf der der Reflexion. Ihre Pastoral wechselt ab zwischen Erleben und Bedenken, und sie verbinden etwa die Teilnahme an einprägsamen großen Veranstaltungen mit deren deutender Aufarbeitung. Dadurch vermeiden sie die Falle, die intellektuelle Seite der Wahrheit durch die emotionale zu ersetzen. Beide Dimensionen müssen ja beteiligt sein. Der Völkerapostel schreibt an die Römer: „Wenn du mit deinem Mund bekennst: ‚Jesus ist der Herr' und in deinem Herzen glaubst: ‚Gott hat ihn von den Toten auferweckt', wirst du gerettet werden" (Röm 10,9). Er weist auf den doppelten Aspekt der Glaubensverankerung hin. Das rettende Heilswort gilt beidem: der Welt greifbaren Erlebens und der Intimität des Herzens. Das artikulierte Glaubenswissen ist mit einer persönlichen existenziellen Entscheidung zusammenzudenken. Auf diese Weise macht sich Glaube über Dinge und Ereignisse hinaus an einer Person fest: am Du des lebendigen Gottes, der als „Gott für uns und mit uns" von Jesus Christus verkündet und jedem von uns in Christus nahegekommen ist. Genau in diesem Punkt wollen die Geistlichen Bewegungen korrigieren, was die Welt der Politik und die Welt der Medien uns einreden: die Entstellung Gottes zu einem des anonymen *Divinum*.

Die neuen kirchlichen Bewegungen reagieren auf einen pastoralen Mangel, der unser Christsein erfasst hat. Wache Christen wollen nicht zulassen, dass Kirche und Gesellschaft auf falsche Götter setzen. So macht sich der Getaufte fortwährend zum Sprachrohr des Psalmisten, der schon Israel zurief: „Gott, dein Weg ist heilig. Wo ist ein Gott, so groß wie unser Gott?" (Ps 77,14).

Ansteckend

Neben ihrer prononcierten Theozentrik gibt es wohl bei den Neuen Bewegungen ein zweites, gegenwärtig eher atypisches Kriterium: sie sind umtriebig und stecken andere an. Ihre Mitglieder widerstehen der Versorgungsmentalität, einer bei allem verbreiteten Einstellung unserer Tage. Nach allgemeinem Selbstverständnis ist heute schließlich der Kunde König. Jeder denkt bei sich: Ich habe Rechte; meinen Erwartungen muss entsprochen werden; die Ware ist mir „frei Haus" zu liefern, wenn ich bezahle – auch mit der Kirchensteuer. Die Kirche erscheint als Versorgungsdepot, das mir seine Produkte zur Verfügung zu stellen hat. – Neuevangelisierung aber ist das Gegenteil von Anspruchsdenken. Neuevangelisierung lässt Passivität in Engagement umkippen.

Ein platonisches Ideal ohne Realitätsbezug? Keineswegs! Die ersten Christen jedenfalls waren weit davon entfernt, sich als „Konsumenten" zu verstehen; sie sahen sich als „Akteure". Es scheint, dass sie die Vitalität wieder zum Leben erweckten, die wir aus dem Mittelmeerraum von den ersten Christen kennen.

Der römische Historiker Tacitus († 120) wählte für ihre Art der Überzeugungsverbreitung den Ausdruck „Ansteckung" – inmitten der Verfolgung durch den römischen Staat und der Unterdrückung durch die Juden: als Flüsterpropaganda von Gattin zum Gatten, vom Sklaven zum Herrn wie vom Herrn zum Sklaven, vom Bäcker zum Käufer, verborgen in den kleinen Lädchen oder auf der *Agora;* so berichten es uns die Zeugnisse, die uns überkommen sind. Der platonische Philosoph Kelsos aus dem 2. Jahrhundert, bekannt als Feind des Christentums, mäkelte über sie: „Wir beobachten in den Privathäusern der Weber, Schuster und Walker Leute, die das Letzte an Unwissenheit und bar jeglicher Bildung sind. In Gegenwart der Meister, Männer mit Erfahrung und Urteilsvermögen, würden sie sich hüten, den Mund aufzumachen. Treffen sie aber auf die Kinder des Hauses und die Frauen, die genauso einfältig sind wie sie selbst, dann schwatzen sie ihre Wundergeschichten heraus."

Die Stichelei des Kelsos kehrte sich freilich gegen den Spötter; er hat vergeblich verunglimpft. Nach dem Urteil verlässlicher Historiker nahmen die Christen schon zwei Jahrhunderte nach Jesu Tod und Auferstehung eine unauslöschliche Präsenz im römischen Imperium ein. Am Vorabend des Konstantinischen Friedens (313) wird ihre Zahl von Spezialisten auf bis zu 10 % der Reichsbevölkerung geschätzt – trotz der Nachstellungen der römischen Behörden, trotz des oft feindlichen Widerstands der Juden gegen die „neue Lehre"[5].

---

5   Fundstellen in ADALBERT HAMMAN, *Die ersten Christen*, Stuttgart 1985, 67, 72 und 74.

Die Last des Eigengewichts

Vielleicht haben Sie, liebe Schwestern und Brüder, die harsche Kritik des Bischofs Wilhelm von Paris noch im Ohr. Auch wenn deren zeitbezogene Berechtigung unbestreitbar ist; auch wenn die Kirche heute leider der bestgehasste Widerpart der „alten Schlange" ist, die sie immer wieder verunstaltet: diese wahren Worte des großen Kirchenmannes dürfen nicht allein unser Kirchenbild bestimmen. Sie brauchen eine Ergänzung.

Erstaunlich ist, dass Gottes Geist die Gemeinschaft der Glaubenden wieder und wieder regeneriert. Neues bricht auf, sodass die vielgescholtene Kirche sich verjüngt und mit bislang unbekannten Früchten überrascht. Solcher Neuanfang gelingt vom Nährboden Kirche aus. Weil es der mystische Christus ist, der uns das Wegzeigen von uns selbst und das Zeigen auf Gott hin lehrt. Moderne Egomanie kann geheilt werden. Dank der Kirche lernen Geistesmenschen, dem Schweigen Gottes entgegenzutreten und diese Gottvergessenheit durch die eigene Selbstvergessenheit niederzuringen. Hans Urs von Balthasar hat in seiner unnachahmlichen Weise formuliert, wie diese Mutter Kirche uns hilft, dass wir von uns selbst loskommen, „von diesem Fluch des Eigengewichts, der Rolle, die mit der eigenen Person identisch gesetzt wird, sodass, wenn ich meine Rolle liebe, ich mich schließlich doch in meine Person verliebe: davon loszukommen, ohne sich dem Menschen zu entfremden, weil Gott Mensch geworden ist, nicht im leeren Raum, sondern im Gemeinschaftsraum der Kirche. Er hat in die Mitte der Geschichte der Menschheit und all ihrer Gräuel und Höllen die Kirche als strahlend unberührbares Hochzeitsbett aufgestellt – das Hohelied schildert's – und die endlose Problematik der Kirche ist kein so dichter Nebel, dass nicht in den Heiligen immer wieder das Licht der Liebe durchblitzte: naiv, keiner Ideologie zu verdächtigen, von keinem Programm zu verzwecken"[6].

---

6   Hans Urs von Balthasar, *Klarstellungen*, Einsiedeln 1978, 188f.

„Deus caritas est."
Zur Redaktionsgeschichte der Enzyklika

Universität Freiburg, Caritaskongress – November 2016

Eine der katholischen Fakultäten der Universität Freiburg unterrichtet und erforscht eine eher junge Disziplin, die Caritas-Wissenschaft. Dieser Lehrstuhl ist andererseits der älteste seiner Art mindestens in Deutschland. Anlässlich eines Symposions über den kirchlichen Dienst am Nächsten wurde ich gebeten, heute in einer öffentlichen Vorlesung an der Universität die aktuelle Sicht der Kirche und ihre Weisungen für diese Materie zu kommentieren. Mit einer allseits verbreiteten Anteilnahme an der Not des Menschen hat ja fraglos auch das allgemeine Interesse an der kirchlichen Liebestätigkeit zugenommen. Solche Sensibilität gibt nicht zuletzt der ersten Enzyklika Benedikts XVI. „Über die Liebe" hohe Aktualität. Und ich nutzte die Gelegenheit, um Sie alle gleichzeitig über den oft komplizierten Werdegang eines päpstlichen Lehrschreibens zu informieren. So tritt zugleich der Akzent klarer hervor, den der Papst mit seinem Lehrtext offenbar setzen wollte.

Angeregt von Johannes Paul II.

1995 ernannte mich Johannes Paul II. zum Präsidenten von *Cor unum*. Dieser vatikanischen Abteilung obliegt die menschliche und christliche Förderung der kirchlichen Hilfswerke. Erst später entdeckte ich, dass der damalige Papst offenbar von mir eine stärkere Glaubens-Profilierung kirchlichen Helfens erwartete. Er hatte vor Augen, dass auf diesem erfreulich leuchtenden Feld kirchlichen Engagements auch einige dunkle Schatten lagen. Sie hängen mit einer Art von genereller Verweltlichung des Christentums zusammen. So drängt religionslose Weltsicht auch kirchliche Helfer zu religiöser Abstinenz, zu einer Philanthropie, die in der westlichen Welt inzwischen gleichsam zur Kultur gehöre. Die gute Kooperation der Hilfsorganisationen mit der „öffentlichen Hand" und mit privaten

Geldgebern verstärkt noch diesen säkularisierenden Trend; denn solches Miteinander nötigt zu präziser Verwaltung und schafft gleichzeitig Abhängigkeit von religiös neutralen Geldgebern – wie etwa vom Staat. Es kommt sogar vor, dass Situationen von Ungerechtigkeit und Unterdrückung caritative Akteure dazu verleiteten, statt Nächstenliebe politische Auseinandersetzung zu wählen. Gelegentliche Dienstgespräche mit dem Papst und meine Erfahrung in dem neuen Arbeitsbereich machten mich hellsichtig für die Problematik. Am 17. Dezember 1999 regte ich darum in einem Brief an Johannes Paul II. ein „Dokument des Lehramtes" an, in dem der Papst „den Sinn der Nächstenliebe aus christlicher Sicht klären könnte".

Humanitäre Sensibilität

Zweifellos ist es ein großer Segen, dass die Spuren des christlichen Erbes die Gesellschaft durchziehen. Auch wenn post-christliches Leben nicht mehr darum wissen sollte, dass der Mensch Ebenbild Gottes ist, so verteidigt es generell doch seine Würde. Humanitäre Sensibilität ist allenthalben geschätzt. Jesu Gleichnis vom barmherzigen Samariter ist im Strom gegenseitiger Zuwendung und Verantwortung füreinander in unseren Tagen gut angenommen. Dem einen oder anderen Engagierten mag es gar scheinen, dass kirchliche Liebestätigkeit inzwischen besser daran täte, sich in die Strukturen säkularer Hilfsorganisationen hinein aufzulösen – wie es etwa in den Niederlanden geschah, als man die katholische Caritas in das konfessionslose Hilfswerk *Cordaid* integrierte. Man mag dann fragen: Warum nicht die kirchliche Hilfe am Nächsten dem „Roten Kreuz" oder UNICEF zuführen? Entsprechend dem Slogan: „Es gibt nichts Gutes – außer man tut es!" Für die öffentliche Wahrnehmung liegt das entscheidende Kriterium der Hilfe eben in ihrer Faktizität.

Religionslose Philanthropie kann ohne Zweifel manches Elend wenden. Christen aber wissen, dass der Mensch – um es mit Karl Rahner († 1984) zu sagen – mehr ist als ein intelligentes, ein „findiges Tier"[1]. Säkularer Humanismus verkürzt christliche Anthropologie,

---

1   KARL RAHNER, *Grundkurs des Glaubens*, Freiburg i. Br. 1976, 58.

und er darf nicht zur bestimmenden Leitkategorie werden, schon gar
nicht für die Caritas. Hier steht die Kirche vor einer fundamentalen
Herausforderung. Durch Jahrhunderte hindurch schwamm kirchliche Nächstenliebe im Kielwasser der Pastoral, ohne auf eine Begründung angewiesen zu sein. Mitleid mit den leidenden Mitmenschen
und der Kampf gegen das Elend hatte Jesus selbst der Glaubensgemeinschaft in die Wiege gelegt – er, von dem die Apostelgeschichte
schreibt, dass er „umherzog und Gutes tat" (Apg 10,38). Nach biblischer Weisung war diese Liebe nichts anderes als der Ausweis der
Gottesliebe; sie praktizierte das zweite Gebot, das dem ersten gleich
ist (vgl. Mt 22,34ff.). Das Wort der Schrift und menschliche Sensibilität gaben den Christen die Praxis der Liebestätigkeit ein. Vom
Schlicht-Gläubigen bis zum gefeierten Heiligen wurde sie spontan
geübt. Man reflektierte die Nächstenliebe nicht, brauchte zum Tun
keine systematische Abhandlung. Nicht einmal das Vaticanum II
stellte die kirchliche Diakonie systematisch dar; es beschränkt sich
vielmehr auf verstreute und sporadische Einzelforderungen. Erst in
unseren Tagen sieht sich die Kirche genötigt, ihr eigenes Liebestun
zu begründen und zu profilieren – nicht zuletzt wegen der Gleichschaltung ihres Helfens mit säkularem Humanismus.

Stolpersteine

Das Interesse des Papstes und unsere Arbeitserfahrung ließen *Cor
unum* demnach einige Gedanken für ein päpstliches Lehrschreiben
zusammenstellen, und wir unterbreiteten dem Büro des Papstes
erste Aspekte. Ohne Zweifel hatte unser Wunsch, der Papst möge
ein Lehrschreiben zur Caritas publizieren, sehr hoch gegriffen. So
traf er denn auch im Staatssekretariat auf wenig Gegenliebe – nicht
zuletzt wegen des Papstes angegriffener Gesundheit und seiner ab-
nehmenden Schaffenskraft. Jedenfalls warteten wir vergeblich auf
eine Reaktion. Und es schien mir, das Thema wäre „vom Tisch".
Dann, im Februar 2003, zeigte sich, es war nicht ganz vergessen.
Der Papst höchstselbst schaltete sich ein. Er lud mich in sein Apart-
ment zum Essen und beauftragte mich zur Erstellung einer ersten
Version für seine öffentliche Weisung. Dieser stand dann allerdings
erneut ein bemerkenswert langer Redaktionsprozess bevor, der ty-

pisch ist für die grundsätzliche Komplexität des Entstehens vatikanischer Dokumente.

Wir machten uns wieder an die Arbeit und formulierten einen Vorschlag, den ich im Mai desselben Jahres Kardinal Ratzinger zeigte. Er ergänzte einiges und riet mir, ihn ins Italienische zu übersetzen. Das zu tun, forderte seine Zeit. Schließlich übergaben wir dem Kardinal nochmals den neuen Entwurf. Diesen sah er gründlich durch und versah ihn mit Verbesserungen sowie Einfügungen, die er mir später dann zusandte. Die so entstandene Fassung schickten wir darauf an das Staatssekretariat.

Vor den Sommerferien, am 28. Juli 2004, erhielt ich daraufhin vom Büro des Papstes eine unerwartete Antwort: Unser Projekt sei ungeeignet. Gestützt auf allerlei wenig einleuchtende oder kaum relevante Beanstandungen, wurde bezweifelt, ob die weitere Arbeit an dem Text sinnvoll sei. Doch die Vorsehung kam mir zu Hilfe. Kardinal Ratzinger verbrachte just in diesem Jahr seinen Sommerurlaub in Brixen/Südtirol; auch ich pflegte dort jährlich meine Ferien zu machen. Es war also leicht, dort meinen Mentor um Rat zu fragen. Ich besuchte ihn im Priesterseminar, und er diktierte mir gleich einen Antwortbrief an das Staatssekretariat, der unseren abgelehnten Entwurf verteidigte. Außerdem vermerkten wir, dass die Erstellung eines Dokumentes auf den Wunsch des Papstes selbst zurückginge und ich daher der übernommenen Aufgabe nachzukommen gedächte. Das Schreiben ging am 9. September ab. So hielten wir die Tür offen. Die sich anschließenden Monate weckten freilich den Eindruck, unser Projekt sei definitiv gescheitert.

„Habemus Papam"

Papst Johannes Paul II. starb am 2. April 2005, und schon sehr rasch darauf trat Kardinal Ratzinger seine Nachfolge an. Der neue Papst wohnte in den Anfangstagen seines Pontifikats in dem Vatikanischen Gästehaus *Santa Marta*. Deshalb traf es sich, dass ich ihm schon bald begegnete. Wir redeten kurz miteinander, und er fragte mich, als ob er mein unausgesprochenes Anliegen geahnt hätte: „Was wird denn nun aus der Enzyklika?" Mir war natürlich bewusst, dass ein Papst in seinem ersten Lehrschreiben gleichsam sein „Regierungsprogramm" formuliert. So entgegnete ich spontan: „Ich denke, der neue Papst hat viele Dinge im Sinn, die er in seiner ersten Enzyklika behandeln möchte. Aber wenn in seinem Kopf noch ein wenig Raum wäre für das Thema ‚Caritas‘, würde ich mich sehr freuen." Er darauf: „Ich werde mich bald entscheiden." Wenig später ließ er mich dann wissen, er wolle in diesem Dokument das Liebesgebot darstellen. Seine Festlegung gefiel mir sehr – führte sie doch unseren mühevollen Einsatz zu einem glücklichen Abschluss. Vor allem durfte man von Papst Ratzinger einen tiefschürfenden Antrieb für die caritative Sendung der Kirche sowie für die Glaubwürdigkeit ihres Dienstes erwarten.

Überzeugt von dem theologischen Klärungsbedürfnis in der Welt des caritativen Engagements, von dessen Gewicht für die Annahme des Evangeliums und von der theologischen Genialität ratzingerscher Gedanken, machten wir uns daran, für die angesagte Enzyklika eine spektakuläre Veröffentlichung vorzubereiten. Nach verschiedenen Rücksprachen planten wir für Januar 2006 in Rom einen Kongress „Über die christliche Liebe". Dieser Schritt war nicht ohne Risiko. Wohl kannten wir das Thema. So schlossen wir darauf, dass unser Dikasterium für den Start des Dokuments zuständig war. Andererseits konnten wir durch ein vorzeitiges Ankündigen weder bestimmte Inhalte noch genaue Termine präjudizieren. Wie aber zu etwas einladen, ohne inhaltliche Motivationen zu benennen? Wie den vielbeschäftigten Verantwortlichen für die kirchliche Caritas ihre Zeit und lange Wege abringen, ohne die Autorität eines päpstlichen Lehrschreibens in die Waagschale zu werfen? Doch der Blindflug gelang. Wir waren hochzufrieden, dass sich fast 200 geweihte Hirten sowie Leiter der Hilfsorganisationen aus allen Kontinenten anmeldeten.

Am 25. Januar 2006 wurde das Dokument „*Deus Caritas est* – Gott ist die Liebe" dann endlich allen zugänglich.

Die elementare Klärung

Natürlich fühlte sich unsere vatikanische Abteilung *Cor unum* sehr geehrt, dass wir einen substanziellen Beitrag zu einem päpstlichen Lehrdokument hatten beisteuern können. Bei genauerer Lektüre war es allerdings unübersehbar, dass der dem Papst zugereichte Text ein ganz anderes Gesicht bekommen hatte. Da war zunächst die unverbrauchte lebendige Sprache des Papstes und die Ergänzung durch viele neue Aspekte. Entscheidend aber trat hervor, dass der Papst die alte Version gleichsam auf den Kopf gestellt hatte. Unsere Vorarbeiten hatten die anstehende Problematik induktiv dargelegt. Tenor war die allseits erkennbare Hilfsbereitschaft des Menschen und der Gesellschaft gegenüber Bedürftigen. Die Idee von einem „Marshall-Plan" und Entwicklungs-Ministerien der Regierungen waren ja erst unlängst aufgekommen. Früher hatte durch Jahrhunderte das Interesse an fremden Völkern vor allem kolonialistischen, wenn nicht gar ausbeuterischen Charakter; inzwischen war das Bewusstsein gewachsen, der Mensch verdiene Beistand und Hilfe seiner Würde wegen. Vor diesem Hintergrund hatten wir das Engagement der Christen in diesem Feld, ihre vielen spontanen, individuellen, ökumenischen und nicht zuletzt kirchlich-amtlichen Initiativen behandelt. Dann wurde das Vaticanum II und der Beitrag der Kirche für das Gelingen der menschlichen Gemeinschaft bedacht (etwa die „Pastoralkonstitution" Nr. 26; 42f.). Schlussendlich hatten wir gefolgert, es sei an der Zeit, dass sich die Kirche im vielstimmigen Chor all der Gutwilligen ihres eigenen Parts versicherte – ohne sich freilich in solcher Selbstbesinnung abzukapseln.

Vor dem Hintergrund unseres bisherigen Entwurfs springt der Schwerpunkt ins Auge, den Papst Benedikt mit seiner eigenen Darstellung dem Problem gegeben hat. Er verzichtet auf jede stufenweise pädagogische Hinführung zum Thema. Er beginnt mit einem Paukenschlag: *„Deus caritas est* – Gott ist die Liebe" und stellt in der ersten Hälfte der Enzyklika nur diese Hauptaussage dar. Die Ausführungen zu allen implizierten technischen und praktischen Fragen überlässt er dem 2. Teil. Die Redaktionsgeschichte der Enzyklika zeigt also – noch über deren eindeutigen Titel hinaus –, dass der hermeneutische Schlüssel für ihre Lektüre in der Gottesfrage liegt. Das ist der Akzent, den der Papst allem Vollzug kirchlichen Engagements geben will. Ihn treibt die Not, in unserer Zeit alle Pastoral in Person und Wort Gottes zu verankern. Selbst den geweihten Hirten steht ja generell am Liebesgebot vorwiegend die innerweltliche Effizienz vor Augen. So erlebten wir es jedenfalls während der bischöflichen Ad-limina-Besuche in unserer Abteilung *Cor unum*. Generell wurde bei dieser Gelegenheit der 2. Teil der Enzyklika zur Sprache gebracht – die strukturellen und organisatorischen Angaben. So waren wir es oft, die das Interesse auf die Sinnspitze „Gott" lenken mussten. Wir stellten gelegentlich die provokative Frage, warum der Papst sich denn wohl so ausführlich mit dem Thema „Gott" befasst hätte. Wir waren sicher, so die Aussageabsicht Papst Benedikts zu treffen. Selbstverständlich zielt das Liebesgebot auf die Tat. So gilt das Lehrschreiben prinzipiell dem Vollzug diakonalen Helfens. Es versichert seine Unerlässlichkeit, deutet dann den biblischen Horizont der Caritas aus, gibt allen Engagierten Geleit; es will ferner die Anbindung katholischer Hilfswerke an die Kirche. Doch übersteigt es eine Dienstanweisung für den Caritas-Verband. Der Papst beabsichtigt mehr. Mit seiner Katechese über Gott spricht er letztlich alle Glaubenden an. Das Christsein schlechthin ist betroffen. Denn nicht nur unser aller caritatives Tun, sondern eines jeden Existenz wird mit Nachdruck neu auf Gott verwiesen. Das ist der Grund dafür, warum sich Papst Benedikt so ausführlich mit Gott und seiner Liebe zu den Menschen befasst. Er konfrontiert noch einmal jeden mit der biblischen Wahrheit: In Gott allein ist letztlich Heil und Sicherheit – wie es im Alten Bund der Prophet Habakuk gegen die Bedrohung durch äußere Feinde, die Chaldäer, seinem Volk zurief: „Gott, der Herr, ist meine Kraft! Er macht meine Füße schnell wie die Füße der Hirsche" (Hab 3,19). Dass es Gott gibt, ist mehr als eine Binsenwahrheit. Denn zwischen bloß „Gedachtem" und prägend „Gelebtem" kann ein Abgrund liegen.

Wellness-Angebote

Die Redaktionsgeschichte von *Deus caritas est* führt demnach zu einem elementaren Aufruf: ein neues Gott-Bewusstsein für unsere Kirche! Und der Appell gilt allen; christliches Engagement soll sich nicht leichthin mit der weltlichen Philanthropie identifizieren. Keineswegs ein überflüssiger Warnruf – jedenfalls nicht, wenn der Fokus auf die aktuellen kirchlichen Gesundheits-Förderung gerichtet wird; wenn man die Frage prüft, wie es bei den von der Kirche angebotenen Genesungsmodelle um die transzendente Verankerung steht.

Schon ein Blick ins Internet lässt erkennen, dass in Deutschland die asiatischen Wellness-Angebote *boomen*. Sie sind sehr gefragt und für Veranstalter offenbar finanziell auch recht einträglich. Einige dieser Meditationsformen sollten benannt sein:

– *Tai-Chi*, ein im Westen rezipierter Taoismus meditativer Selbstverteidigung;

– *Qigong* als Konzentration des Geistes auf die inneren Körperorgane und auf die sie bewohnenden Götter, im Geist von Daoismus und Konfuzianismus;

– *Yoga* in seinen Variationen: in der klassischen Form nimmt es den Dualismus von Natur und Geist auf und zielt durch körperliche Übungen auf die Vereinigung mit dem Göttlichen.

– *Reiki* – eine japanische Heilslehre, die Führung zur Harmonie mit sich selbst und den Kräften des Universums verspricht;

– *Osho*, benannt nach einem indischen Philosophen, der die Bewegung begründete;

– *Sathya Sai Babà*, das ist der Name des Stifters eines weltweit arbeitenden indischen Hilfswerks und

– *L'ayurveda*, eine indische Heilkur.

Unter den katholischen Ordenshäusern in der Bundesrepublik, die im Online-Netzwerk „*Qigong* & Meditation" anbieten, fand ich auf Anhieb mehr als zehn Klöster.

Nun haben wir als Christen keine Berührungsängste mit anderen Weltanschauungen: die Wahrheit unseres Glaubens braucht fremde Religionen nicht zu fürchten. Aber aufmerksam macht diese Mode dennoch. Eine religiöse „Fitness-Welle"? Okkultismus? Wie viele Scharlatane nutzen den Zeitgeschmack? *New Age* als „Trojanisches Pferd" für das Christentum? Solche Fragen stellen sich, auch wenn die christenfeindlichen Wurzeln solcher geheimnisvoller Gesundmacher nicht gleich ins Licht treten und wenn sie den Heilungssuchenden zunächst wohl gleichgültig sind.

Der kritische Beobachter erwägt: Müssten all die asiatischen Heilsangebote nicht als strikt profane Gesundheitsmethoden er-

kennbar sein – wie die Kur in einem Thermalbad oder das Wassertre-
ten von Pfarrer Kneipp? Mangel an Transparenz ist verantwortungs-
los – gerade in der Pastoral. Sind religiös-heidnische Initiativen mit
denen des geoffenbarten Glaubens austauschbar? Der Beichtstuhl
lässt sich eben nicht durch die Couch des Psychoanalytikers ersetzen; genauso wenig wie das Gebet vor dem Tabernakel mit dem
Sanctissimum durch den Blick auf den Fernsehapparat.
Belangvoller ist noch der Einspruch, den Kenner der Materie
machen. Sie versichern, dass einige der Praktiken den christlichen
Glauben langsam zersetzen. Das heidnische Netz, das diese Methoden trägt und effizient macht, verschafft sich Schritt für Schritt
Zugang zum Fühlen und Denken der Patienten. Und die Führungs-
stärke derer, die in solche Modelle „eingeweiht" sind, erweist sich
bald als dominant. Ihre gott-lose Saugkraft lässt sich auf Dauer nicht
ausschalten. Dennoch haben sie ihren Platz gefunden unter dem
Dach der katholischen Kirche, das oft auch ein Dach der Caritas ist.
Verschiedene Praktiken wie Meditation, *Counseling,* Handauflegung,
„Erleuchtung" und nicht zuletzt das veranstaltende Forum geben ihnen paradoxerweise sogar einen Anstrich von Glaubensförderung.

So legt sich denn noch eine weitere Beanstandung nahe: Darf
die schicke Beliebtheit asiatischer Religionen den Reichtum verdrängen, den das Erbe unserer Kirche für heilige Gott-Sucher bereithält? Etwa

– Franziskus von Assisi und seine Sehnsucht nach der Heimat
   Jesu Christi

– Ignatius von Loyola und seine Exerzitien

– Teresa von Avila und die Kriterien authentischer Mystik

– Grignion von Montfort und die marianische Frömmigkeit

– Charles de Foucauld und die eucharistische Anbetung

– Teresa von Kalkutta und das Ringen mit dem Elend

– Johannes Paul II. und die Neuevangelisierung

All diese Schätze zu verschleudern, wäre nicht nur undankbar, sondern sogar dumm.

Die wirklich diabolische Falle dieser Meditations-Konjunktur
zeigt sich schließlich jenseits vom Nebel möglicher Missverständ-
lichkeiten unter dem streng theologischen Brennglas. Schon vor
Jahren sah sich die Römische „Glaubenskongregation" zu einer Klärung veranlasst. Sie erging in einem differenzierten Dokument, das
die Übung solcher Methoden prüfte.[2] Es bestreitet nicht, dass sie
als gesundheitsfördernd empfunden werden können; entsprechende Details sind hier nicht zu wiederholen. Andererseits warnt es vor
verderblichem Synkretismus. Dann hebt der Text hervor, dass solche Praktiken das sabotieren, was christliche Meditation ausmacht:
Die asiatischen Methoden lehren die eigene Tiefe zu suchen; wer
sich ihrer bedient, wird auf sich selbst zurückgeworfen. Der Klient
kreist um sein Ich; er verschließt und isoliert sich. Gott gerät aus
dem Blick. Wörtlich heißt es: „In sich selber zu bleiben, darin liegt
die eigentliche Gefahr" (Nr. 19). Hier tritt der teuflische Pferdefuß
zutage: die Egomanie. Christen genügen sich jedoch nicht selbst;
sie setzen nicht auf Selbsterlösung. Sie glauben an den Vater Jesu
Christi als die Quelle seelischen und leiblichen Heils. Und dass
es eben die Sünde ist, aus der letztlich alle Misere erwächst. Die
menschliche Neigung zum Bösen, wie sie der Völkerapostel erlebt
und beschreibt (vgl. Röm 7,18ff.), ist halt kein Kindermärchen.

Christen sind gott-verwiesen

Somit erhebt sich angesichts des um sich greifenden Medita-
tions-Rauschs eine fundamentale Beschwerde an die Adresse der
Kirchlich-Verantwortlichen, die nicht als Übertreibung belächelt
werden sollte: Können sie ruhig ansehen, dass unter dem Dach der
Kirche das Evangelium pervertiert wird? Dass man Christi Erlösungswerk unerträglich aushöhlt? Dass Menschen darin bestärkt
werden, ihr Heil ohne Gott zu suchen?
       Gott-Vergessenheit liegt in der Luft. Der frühere Erzbischof von
München, Kardinal Julius Döpfner, meldete solchen Mangel schon
vor Jahren an. Er war gewiss kein weltfremder Frömmler, sondern
griff machtvoll ein in das Rad der Kirchengeschichte. So hat er das

---

2   Glaubenskongregation, Schreiben vom 15.10.1989.

Vaticanum II maßgeblich mitgeprägt und dann in den 70er-Jahren als Präsident der Deutschen Bischofskonferenz seine Gesundheit und sein Leben zu früh verbraucht. Bei der Synode der Bistümer der Bundesrepublik Deutschland in Würzburg (1972–1975) hinterließ er einen bedenkenswerten Satz, der den Nagel auf den Kopf trifft:

„Wir können dem Menschen von heute keinen besseren Dienst erweisen, als ihn sicher zu machen: Gott ist, und er ist für mich, er ist für uns da."[3]

Dieser Appell ist nicht abzuheften. Seine Dringlichkeit verschärft sich durch fortgesetztes mediales Trommelfeuer. Glaubensfeinde betreiben subtil oder unverhohlen Gottes Abschaffung. Sie kämpfen für einen „Humanismus ohne Gott". Ihre These: Menschen können aus eigener Kraft einander gut sein. Etwa der „Spiegel-Redakteur" Roman Leick. Er kommentierte zeitgleich mit der Publikation von *Deus caritas est* eine Pariser Ausstellung zum „Erbe der Aufklärung" mit den Worten: Seit der Französischen Revolution brauche „die christliche Nächstenliebe [...] nicht mehr die Krücke der Religion zu ihrer Begründung."[4]

Dante Alighieri

Der Lehrtext Papst Benedikts hat demnach keineswegs ausgedient. Und er spricht zu uns noch stärker, wenn wir beim Lesen die tiefste Absicht seines Autors im Blick behalten: Benedikt will uns anstecken mit seiner geistlichen Sensibilität und durch mitreißenden Enthusiasmus. Und er weiß auch wie nur wenige für diese Gottesliebe zu entzünden. Dass er erst einmal knapp die Hälfte seiner Enzyklika nutzt, um mit seiner gewinnenden Sprache diesen Gott zu rühmen, kennzeichnet ihn zutiefst. Noch deutlicher wurde er bei der Vorstellung seiner ersten Enzyklika in der *Sala Clementina* vor der Kurie und all den Delegierten. In diesem festlichen Rahmen fand er nochmals neue Aspekte seiner eigenen inneren Bewegung.

---

3   Eröffnung der 4. Vollversammlung am 21.11.1973.
4   In: Der Spiegel, 15.05.2006.

Der größte italienische Dichter inspirierte ihn zu einem hymnischen Lobpreis der göttlichen Dreifaltigkeit. Mit dem Anfang seiner Rede möchte ich schließen.

„Die kosmische Reise, in die Dante in seiner göttlichen Komödie miteinbeziehen will, endet vor dem ewigen Licht, das Gott selbst ist, vor jenem Licht, das zugleich ‚die Liebe ist, die auch die Sonne bewegt und die anderen Sterne.' Licht und Liebe sind ein und dasselbe. Sie sind die uranfängliche schöpferische Macht, die das Universum bewegt. Auch wenn diese Worte aus Dantes († 1321) Paradies das Denken des Aristoteles durchscheinen lassen, der im Eros jene Macht sah, die die Welt bewegt, so nimmt dennoch Dantes Blick etwas völlig Neues wahr, das für den griechischen Philosophen noch unvorstellbar war. Nicht nur, dass sich ihm das ewige Licht in drei Kreisen offenbart, an die er sich mit jenen uns bekannten eindringlichen Versen wendet: ‚Du ewig Licht ruhst in dir selbst allein, erkennst dich, bist erkannt, verstanden in dir und lächelst dir in Liebe zu.' Tatsächlich noch überwältigender als diese Offenbarung Gottes als trinitarischer Kreis der Erkenntnis und der Liebe ist die Wahrnehmung eines menschlichen Antlitzes – das Antlitz Christi –, das sich Dante in dem zentralen Kreis des Lichtes zeigt. Gott, unendliches Licht, dessen unermessliches Geheimnis der griechische Philosoph erahnt hatte, dieser Gott hat ein menschliches Antlitz und – so dürfen wir hinzufügen – ein menschliches Herz."[5]

---

5   Festgehalten in COR UNUM (HG.), *Deus caritas est. Dokumentation des Internationalen Kongresses über die christliche Liebe*, Vatikan 2006, 7; URL: https://www.vatican.va/content/benedict-xvi/de/speeches/2006/january/documents/hf_ben-xvi_spe_20060123_cor-unum.html.

Neue „Geistliche Bewegungen" in der Kirche

Festschrift zum 65. Geburtstag Rainer Maria Cardinal Woelki.[1]

Dass eine anscheinend unaufhaltbare Säkularisierung ruinös an Religion und Kirche nagt, liegt auf der Hand; die Feststellung braucht keine neuen Bestätigungs-Daten. Mochte für Friedrich Gogarten († 1967) eine Neubestimmung auf Religion noch dem Glauben dienen, so reicht heute ihre Zerstörungskraft weit über die Religion hinaus. Entchristlichung mit all ihren inhumanen Implikationen verletzt Mensch und Gesellschaft: Krieg, Umweltzerstörung, Religionsverfolgung, Menschen- und Organhandel, Umerziehungs- und Konzentrationslager. Von der „Tragödie des Humanismus ohne Gott" schrieb schon 1943 der geniale Henri de Lubac – freilich nicht, um nur zu klagen.[2] Ihm wurde das Drama des Gottesverlustes vor allem zur Herausforderung. Resignation reicht nämlich nicht als Antwort. Der Glaubende erinnert sich, dass die Zusage des göttlichen Retters untrüglich ist. Gerade für die verschärfte Not durch irdische Drangsale fordert ihn dieser auf: „Richtet euch auf, und erhebt eure Häupter" (Lk 21,28)! Ruft euer Heil „von oben" herab, dort hält es der Erlöser für euch bereit. Öffnet euch neu dem Glauben an ihn.

Die „Internationale Theologische Kommission" hat in diesem Jahr das Dokument veröffentlicht „Die Reziprozität zwischen Glaube und Sakramenten in der sakramentalen Heilsordnung." Die Abhandlung kann keineswegs als Selbstbestätigung dieses vatikanischen Gremiums abgetan werden; sie hilft vielmehr, das Fundament unseres Christseins zu stützen. Mit präzisen theologischen und überzeugenden pastoralen Hinweisen wehrt sie der Glaubens-Atrophie und zeigt Wege aus der aktuellen pastoralen Konfusion. Über diese generelle Opportunität des Textes hinaus verweist sie ferner –

---

1   MARKUS GRAULICH/KARL-HEINZ MENKE (HG.), Fides incarnata, Freiburg 2021. Als Thematik sollte eine Aussage der Internationalen Theologen-Kommission von 2020 gewählt werden.

2   HENRI DE LUBAC, *Die Tragödie des Humanismus ohne Gott*, Salzburg 1950.

quasi en passant – auf ein Phänomen, das global seine große pastorale Relevanz bewiesen hat. Weil es jedoch in den deutschen Diözesen generell eher als „Mauerblümchen" verkümmert, drängt sich mit seiner Benennung gleichsam eine spirituelle Entwicklungshilfe für ultramontane Kirchen auf.

1. Ein pastoraler Lichtblick

Die Nummer 185 der Abhandlung behandelt „Das Wachstum des Glaubens und das Katechumenat". Sie stellt fest, die gediegene Vorbereitung auf den Sakramenten-Empfang sei später durch „mystagogische Katechese" fortzusetzen. Dann wörtlich:

> „Einige der sogenannten neun kirchlichen Bewegungen praktizieren geeignete Modelle der kontinuierlichen Förderung des Glaubens und einer kontinuierlichen Katechese. Sie erreichen eine Sozialisierung des Glaubens des Einzelnen und damit deren kirchlicher Anbindung. In diesen Bewegungen wird die sakramentale Dimension des Glaubens neu entdeckt durch ein bewusstes Empfangen der göttlichen Heilsgabe, durch eucharistische Anbetung, häufigen Empfang der Sakramente, durch Bewusstmachung der unwiderruflichen Zuwendung Gottes."[3]

Diese deutliche Wertschätzung von Sinn und Effizienz solcher Neuaufbrüche mag zur Kommentierung anregen. Sie nimmt den Text als Chance, um in deutschen Diözesen ein Umdenken anzustoßen – und nicht zuletzt deren Einschwingen in die weltweite *Catholica*. Denn für die Universalkirche war die nachkonziliare Verbreitung solcher Neuanfänge beeindruckend.[4] So jedenfalls die Behauptung des genialen Hans Urs von Balthasar. Er war unbestritten der

---

3   INTERNATIONALE THEOLOGISCHE KOMMISSION, *Die Reziprozität zwischen Glaube und Sakramenten in der sakramentalen Heilsordnung* (3. März 2020), in: Verlautbarungen des Apostolischen Stuhls (Nr. 223), hg. vom Sekretariat der Deutschen Bischofskonferenz, Bonn 2020, 185.

4   Ein *Directory* des *Pontifical Council for the Laity* (Città del Vaticano 2010) hält den letzten greifbaren Stand dieser Gruppen fest. Bis zum Erscheinungsjahr der Publikation 2010 trat die stolze Anzahl von 123 Bewegungen mit dem Apostolischen Stuhl in Kontakt. Endgültige Approbation erhielten: 86 Gemeinschaften; Approbation „ad experimentum": 25 Gemeinschaften.

beste Kenner theologischer und spirituell-heilsgeschichtlicher Strömungen sowie gleichzeitig ein hoch motivierter Seelsorger. Er kon-
statierte 1985 in einer vom „Päpstlichen Rat für die Laien" erbetenen
Untersuchung Grundsätzliches und Aktuelles zum Aufbruch der
„Geistlichen Bewegungen":

> „Es muss [!] aber wohl erst unser Jahrhundert abgewartet
> werden, um eine solche Blüte und Vielfalt von selbständigen
> Laienbewegungen in der Kirche sich ausbreiten zu sehen,
> deren einzelne sich zwar immer noch an großen Charismen
> der Vergangenheit orientieren können, die Großzahl aber aus
> neuen, eigenständigen Anregungen des Heiligen Geistes
> hervorgegangen sind."[5]

2. Dogmatische Einordnung und Relevanz

Vielleicht können einige empirische sowie theologische Überlegungen bislang noch immer skeptische Hirten in deutschen Landen für
diese Neuaufbrüche gewinnen.

Begonnen sei mit einem soziologischen Datum. Für die Soziologie sind in Organisationen sog. „Zielabweichungen" (Amitai Etzioni) unvermeidlich. Solcher Beobachtung entsprechend registrierte
der Theologe Joseph Ratzinger auch in unserer Kirche bedauerliche
Abnutzungserscheinungen. Er nimmt sie als Kenner der Kirchengeschichte in Vergangenheit und Gegenwart wahr. Einsichten in
Offenbarung und Anthropologie zeigen ihm: Das Sein des Menschen besteht „in der immerwährenden Neuheit des beständigen
Übergangs vom Alten zum Neuen Bund, von dem Menschen, wie
er nun einmal und immer ist, zu dem Menschen, so wie er einmal
und für immer werden soll"[6]. Auch Reibungsverluste sind demnach unvermeidlich. In solcher Analyse berauscht der Autor sich
nicht an „brüchiger Restauration romantisch erträumter besserer
Anfänge". Sondern er hält fest, dass das Erneuerungsbemühen „zu

---

5   HANS URS VON BALTHASAR, *Laienbewegungen in der Kirche*, in: DERS., *Gottbereites Leben.*
     Der Laie und der Rätestand, Einsiedeln 1993, 214–240, hier: 216f.
6   JOSEPH RATZINGER, *Gesammelte Schriften Bd. 8/2: Kirche – Zeichen unter den Völkern.*
     Schriften zur Ekklesiologie und Ökumene, hg. v. Gerhard Ludwig Müller, Freiburg i. Br.
     2010, 1191.

einer neuen Übersetzung der einen Wahrheit des Bundes Gottes
mit den Menschen in die je neuen Zeiten wird"[7].
Professor Ratzinger versteht die gebotene Vitalisierung gar als
eine Art „Geburtserbe". Zu Ende des Konzils 1965 hielt er in der katholischen Studentengemeinde Münster einen Vortrag mit dem Titel „Was heißt Erneuerung der Kirche?"[8]. In ihm überrascht er mit
einer Deutung des öffentlichen Handelns und Verkündigens Jesu,
die für des Theologen Verständnis von „Bewegungen" nicht unbeachtet bleiben darf. Zwecks rechter Abgrenzung aller kirchlichen
Reform zur „Rechten" und zur „Linken" verweist er auf den „Raum
des christlichen Ursprungs [...], in dem sich alles Spätere schon im
Ansatz vorgebildet finden lässt". Und dann charakterisiert er Jesu
Lehren und Wirken in seinem Volk als „Erneuerung", als „Erneuerung des Alten Testaments".[9] Vom Apostel Paulus sagt er, er habe
die „Reformation" des Alten Testaments zum Neuen im Glauben an
diesen Jesus Christus vollzogen, als er „mit unerbittlicher Schärfe
für die christliche Neuheit und Erneuerung gegen den alten Sau-
erteig ankämpfte"[10]. Die Nötigung, zu einer Scheidung der Geister
zwischen oberflächlichem Bewahren und bloßer Modernisierung
zu kommen, „wird auch unserer Generation nicht erlassen"[11]. So
schlussfolgert der Referent angesichts der Heilstat Jesu, an dessen
Werk sei „exemplarisch der Weg der Erneuerung überhaupt abzu-
lesen"[12]. Jesus darf also als Initiator einer „Bewegung" verstanden
werden. Durch ihn ist sie als Methode grundsätzlich gutgeheißen.
Gleichzeitig hat der Herr ihre inhaltliche Orientierung – der Wille
des himmlischen Vaters – und die soziale Wirkung – die Jüngerschaft – festgelegt. Führer und Geführte dürfen sich nach dem
Modell des Herrn ausrichten, auch wenn sie ihm nie ganz genügen werden.

Auch als Präfekt der Glaubenskongregation hat der Kardinal
später oftmals auf frische Glaubensanstöße aufmerksam gemacht.
Er durchleuchtete etwa ihre Theologie und ihr pastorales Gewicht

---

7   Ebd., 1193.
8   Ebd., 1186–1202.
9   Ebd., 1196.
10   Ebd., 1187.
11   Ebd., 1188.
12   Ebd., 1196.

in zwei fundamentalen Veröffentlichungen.[13] In ihnen scheint auf, welch weites ekklesiales Feld sie berühren – wenn er sie etwa in einem ersten Klärungsschritt durch die Stichworte „Institution und Charisma", „Christologie und Pneumatologie" sowie „Hierarchie und Prophetie" erläutert. Vor allem macht er einsichtig, warum sie in einer weltlichen Welt eine missionarische Chance und eine Hoffnung für viele sind.

Selbstredend kann ein Prüfer ihrer pastoralen Aktivität nicht umhin, sich ihrer immer neu befremdenden Variabilität zu stellen – zu oft begegnet er leider der Klage von Amtsträgern über den chaotischen Stil von „Erneuerungsgruppen". Der Theologe Ratzinger knüpft demnach zunächst bei dem bischöflichen Unmut an, den sie vielleicht auslösen. Er verweist sofort auf den Heiligen Geist, der „wo er einbricht, das eigene Planen des Menschen immer stört". Doch unser Autor nimmt auch wahr, dass oft mehr als vordergründige Phobie hinter den Reserven einiger Bischöfe steht. Er spricht von „ernsten Schwierigkeiten".

> „Denn diese Bewegungen zeigten Kinderkrankheiten. In ihnen war die Kraft des Geistes zu spüren, der aber durch Menschen wirkt und sie nicht einfach von ihren Schwächen befreit. Es gab Tendenzen zur Ausschließlichkeit, zu einseitigen Akzentsetzungen und damit die Unfähigkeit, sich ins Leben der Ortskirche einzufügen. Aus ihrem jungen Elan heraus waren sie überzeugt, dass sich die Ortskirche gleichsam zu ihrer Form und ihrer Höhe aufschwingen müssen und nicht umgekehrt sie sich in ein manchmal wirklich etwas verkrustetes Gefüge hineinzerren lassen dürften."[14]

Die entstehenden Konflikte gingen allgemein freilich in unterschiedlicher Weise zu Lasten sowohl von „Institution" wie auch von „Charisma"; sie seien praktischer Natur, sollten demnach nicht „zu sehr ins Theoretische" hochgesteigert werden. Der Theologe weist sie dann in die „bleibende Grundform des kirchlichen Lebens" ein, „in der sich die Kontinuität ihrer geschichtlichen Ordnung ausdrückt".

---

13   Ebd., 363–390 und 391–422.
14   Ebd., 364.

Seine Überlegungen münden zunächst in die Frage, „wie der theologische Ort dieser ‚Bewegungen' in der Kontinuität der kirchlichen Ordnung richtig bestimmt werden könne"[15]. Seine Antwort:

„Ortskirche und apostolische Bewegungen werden beide immer wieder erkennen und annehmen müssen, dass gleichzeitig beides gilt: ubi Petrus, ibi ecclesia – ubi episcopus, ibi ecclesia. Primat und Episkopat, ortskirchliche Struktur und apostolische Bewegungen brauchen einander: Der Primat kann nur leben durch und mit einem lebendigen Episkopat, der Episkopat kann seine dynamische und apostolische Einheit nur wahren in der Hinordnung auf den Primat. Wo eines von beiden geschwächt wird, leidet die Kirche als Ganze."[16]

3. Ellipse und Bipolarität

Mit den beiden Bezugspunkten „Petrus" und „Ortsbischof" legt Kardinal Ratzinger die dogmatischen Bezugspunkte der „Geistlichen Bewegungen" fest. Diese Gruppen sind gleichzeitig dem universalen Primat wie dem lokalen Episkopat unterstellt und somit an die Zuständigkeit des Ortsbischofs und des römischen Papstes gebunden. Als Verständnismodell mag also die Figur der Ellipse dienen, da solchen Aufbrüchen *zwei* Zentren zugewiesen sind, wobei freilich die theologische Priorität des Petrusamtes im Blick zu halten ist.

Die Nachteile solcher Doppelorientierung lassen sich zunächst nicht übersehen – schon die Bibel kennt das Dilemma, dass niemand zwei Herren zu dienen vermag. Aber in der Geschichte der Kirche und vor allem mit Rückblick auf ihre Erneuerung hat sich die Ellipse dennoch bewährt. Unser Theologe beginnt mit der Erwähnung des heiligen Basilius des Großen († 379); er habe mit seiner Mönchsgemeinschaft keine Sondergruppe habe schaffen wollen, sondern „das ganze Christentum" im Blick gehabt, „die dem Evangelium gehorsame und von ihm her lebendige Kirche". So sei in der Ortskirche ein neues Lebenszentrum entstanden, „das die

---

15 Ebd., 364f.
16 Ebd., 389f.

ortskirchliche Struktur der nachapostolischen Kirche nicht aufhebt, aber doch auch nicht einfach mit ihr zusammenfällt, sondern als belebende Kraft in ihr wirksam ist". In solchen Prozessen habe sich das Papsttum durch die lokalen Veränderungen hindurch als wesentlicher Halt der Kirchenstruktur erwiesen. Der Nachfolger des Petrus in Rom habe solche Bewegungen nicht geschaffen, aber die von ihnen gestiftete Dynamik kirchlicher Sendung nach innen und außen lebendig erhalten. Das zeige sich wieder im 10. Jahrhundert in der Reformbewegung von Cluny, als „Petrus" die Emanzipation der *vita religiosa* aus dem Feudalwesen und aus der Herrschaft bischöflicher Feudalherren gestützt habe. Vielfältig und überzeugend sind Ratzingers Argumente für ein ausgeglichenes Miteinander von Orts- und Universalkirche; sie reichen bis zu den missionarischen Kongregationen und caritativen Frauengemeinschaften des 19. Jahrhunderts und können an dieser Stelle nur signalisiert werden.[17]

Als letztes Beispiel für die höchst passende katholische Struktur mag der vitale Neuanfang ein wenig breiter ausgeführt werden, den unsere Kirche durch die Bettelorden im Mittelalter erhielt. Ratzinger hat diesen Prozess schon 1969 in einer Studie „Zum Einfluss des Bettelordensstreites auf die Entwicklung der Primatslehre" erarbeitet.[18] Mit vielen erhellenden historischen Details führt der Professor aus: Die inzwischen fraglos sehr verehrten und kanonisierten Gründer der Bettelorden brachten zu ihren Lebzeiten das friedliche Miteinander von Weltklerus und Mönchen durch die Stiftung ihrer Gemeinschaften nachdrücklich aus dem Gleichgewicht. Mönche ohne festen Wohnsitz durchstreiften ganz Europa. Sie predigten bald hier, bald dort. Sie hatten keine festen Einkünfte, sondern erhielten an Ort und Stelle durch die Mildtätigkeit der Christen das Lebensnotwendige. Doch sie gaben durch ihr Wort und Zeugnis der Botschaft Christi neues Leben, sodass sich ihnen viele Glieder des Volkes Gottes zuwandten. Die lokal umgrenzten Rechte der Ortsseelsorger und die Bischöfe wurden nicht selten übergangen. Auch unterliefen die Bettelmönche das Pfründewesen als solches, denn sie praktizierten und kündeten die Bergpredigt, nach der man sich

---

17   Ebd., 376–383.
18   Diese Untersuchung ist aufgenommen in: JOSEPH RATZINGER, *Gesammelte Schriften Bd. 2: Offenbarungsverständnis und Geschichtstheologie Bonaventuras. Habilitationsschrift und Bonaventura-Studien*, hg. v. Gerhard Ludwig Müller, Freiburg i. Br. 2009, 663–692.

nicht um den morgigen Tag zu sorgen braucht, da man vom himmlischen Vater das Notwendige erwarten darf (vgl. Mt 6,26). Sie waren ferner frei von allen materiellen Bindungen an ein Ordenshaus;
lediglich die geistige Verbundenheit mit der Gemeinschaft und an
den *Minister generalis* hatte Gewicht.

„Die von den Bettelorden ausgelöste hierarchische Entgren-
zung führte dazu, dass nun allenthalben Seelsorger tätig
waren, die über keinen bischöflichen Auftrag und über keine
bischöfliche Vollmacht verfügten, sondern Boten eines Gene-
ralministers waren, der sich allein dem Papst verantwortlich
wusste. Das bedeutete, dass nun mit einem Mal in der gesamten christlichen Welt eine Gruppe von Priestern tätig war, die
unmittelbar dem Papst unterstanden, ohne Zwischenschal-
tung eines lokal gebundenen Prälaten."[19]

Die damit von den Mönchen faktisch herbeigeführte Bindung an
den Papst wirkte verständlicherweise wieder auf die Gläubigen insgesamt zurück: Der Bischof von Rom trat stärker hervor, und es
zeigte sich seine ekklesiale Relevanz.

Wohl ist heute in einigen Ortskirchen Rom-Treue für Katholiken nicht unbedingt ein Qualitätsausweis. Die „Peripherie" steht
hoch im Kurs. In ihr suchen kirchliche Schrittmacher nach Glaubensquellen und den „Zeichen der Zeit". Da kostet der schützende
Arm des Petrusamtes die charismatischen Aufbrüche eher Sympathie, als dass er ihnen solche einbrächte. Doch neben der Kirchengeschichte sind sogar Soziologen ins Feld zu führen, um die Genialität römisch-katholischer Kirchenstruktur in der Form der Ellipse
zu belegen.[20]

---

19   Ebd., 671.
20   Werner Stark, ehemaliger Ordinarius der *Fordham University* in New York, hat sich in
      zwei fundamentalen Werken mit der Singularität der katholischen Kirchenstruktur be-
      faßt: *The Sociology of Religion. A Story of Christendom*, Bd. I–V, New York 1966–1972,
      und *The Social Bond. An Investigation into the Bases of Law-abidingness*, Bd. I–VI, New
      York 1976–1987. Sie sind an anderer Stelle dieser Publikation ausgewertet.

4. „Synodaler Weg"

Theologie und Empirie bestätigen den hohen Wert der Korrelation zwischen Welt- und Ortskirche. Religionssoziologen machen dabei unabweisbar, dass die Kraft von Neuaufbrüchen ohne Rückbindung an den Stuhl Petri zur Sekte dahinschmilzt. Sie stützen ihre These auf eine angemaßte Dominanz des Staates über die Religion. Allerdings müssen es nicht immer politische Gründe sein, die eine ortskirchliche Loslösung von der römischen Zentrale fördern. Solche Besorgnis wecken neuestens jedenfalls Satzung und bisheriger Verlauf des sog. „Synodalen Weges". Selbstbewusst bekundet diese Initiative neues, zeitnahes Christentum und präsentiert sich gelegentlich sogar als weltweiter Vorreiter eines modernen Kirchenverständnisses. Ihre Betreiber setzen zwar zu Recht darauf, dass Christsein sich Zeitströmungen zu öffnen hat. Doch verkündet Gott nach dem Tod des letzten Apostels keine zusätzlichen Botschaften: „Die christliche Heilsordnung, nämlich der neue und ewige Bund, ist unüberholbar, und es ist keine neue öffentliche Offenbarung mehr zu erwarten vor der Erscheinung unseres Herrn Jesu Christi in Herrlichkeit" (Konstitution „Über die Göttliche Offenbarung", 4). Christi Heilswerk hat demnach keine Nachträge, die aufgrund neuer Lebenserfahrungen von uns Menschen ergingen. Seine Wahrheit liegt ein für alle Mal vor in der Heiligen Schrift, von der kirchlichen Lehre gedeutet.

Nicht wenige Lehrstuhlinhaber katholischer Fakultäten proklamieren hingegen Gemeinde-Erwartungen und öffentliche Meinung zu neuen Heilsbotschaften, zu „Zeichen der Zeit" (Mt 16,3), die Gott erste heute seiner Kirche mitteile. Obschon doch Fachgelehrte eigentlich wissen müssten, dass Jesus Christus sich mit diesem Ausdruck gerade von der öffentlichen Meinung absetzte. Er wies so den ungläubigen *Mainstream* in seinem Volk zurück und wollte unumstößlich feststellen, selbst das „Zeichen der Zeit" zu sein, von dem allein das Heil zu erwarten ist.

Der „Synodale Weg" desavouiert sich demnach selbst, wenn er in Gemeinden und Öffentlichkeit gegenwärtig verbreitete Theologieauffassungen zu neuen Glaubensquellen erhebt; wenn nicht Glaubenskategorien, sondern parlamentarische Abstimmungen über Inhalte der Heilswahrheit befinden. Dann verfälscht zwar nicht staatliche Präpotenz den Glauben; es ist die Wucht säkularistischer Kultur, die zur Lehr-Entkoppelung von der Weltkirche führt und Gottes vorgegebene Offenbarung zum dekorativen Beiwerk macht.

5. Keine Einbahnstraße

Henri de Lubac († 1991) belehrt eines Besseren. Der sensible Theologe brachte gleich nach dem Vaticanum II seine „Quellen kirchlicher Einheit" zu Papier. In der Studie stellt er sich auch der theoretischen und praktischen Kontestation des römischen Zentrums der Kirche. Um die Aversionen theologisch zu durchleuchten, räumt er wohl ein, dass die „Entfaltung oft tiefer Verschiedenheit" die Kirche bereichere. Dieser Gewinn habe jedoch seine substanzielle Grenze. Das hohe Gut der *Communio* im Glauben dürfe eben nicht durch „dogmatischen Pluralismus gefährdet" werden. An Stelle einer Gesamtkirche „sähe man dann eine nach den verschiedensten Seiten gezerrte und von gegenseitig sich herausfordernden Extrempositionen bedrohte Kirche"[21].

In unserer Kirche dient die effiziente Rückkoppelung an die römische Zentrale offensichtlich der Erhaltung des rechten Glaubens in den Ortskirchen und der Wahrung der *communio fidei* innerhalb der *Catholica*. Wie viele Impulse zur Glaubensvertiefung haben in einer Diözese begonnen und sind dann über den Stuhl Petri in die Gesamtkirche geflossen – von den Mendikantenorden des Mittelalters bis hin zur liturgischen Bewegung und zur Wiederentdeckung der Bibel in jüngster Vergangenheit!

Ein noch frischeres Beispiel sind die Internationalen Jugendtage. Ich erlebte ihre Stiftung aus nächster Nähe. Schon bald nach meiner Berufung 1980 in den vatikanischen „Rat für die Laien" gründeten wir das *Centro San Lorenzo in piscibus*. Jugendliche Pilger aus Deutschland hatten sich nämlich nicht selten beschwert, sie träfen in Rom immer nur auf „alte Steine"; sie wollten endlich auch junge Römer und Römerinnen kennenlernen. Wir fanden eine geeignete Kirche in der Nähe des Vatikans und bauten den Keller zu

21 Henri de Lubac, *Quellen kirchlicher Einheit*, Einsiedeln 1974, 61f.

bescheidenen Versammlungsräumen um. Die neuen *Movimenti* ordneten junge Leute aus Rom für einen regelmäßigen Präsenzdienst ab. Aus dem Kreis dieser freiwilligen Helfer kam dann wenig später der Vorschlag, zum angekündigten „Außerordentlichen Heiligen Jahr 1983/84" auch die Jugend der Welt zu einem Meeting einzuladen. Heute ist mir klar: Hätte es noch eines greifbaren Arguments bedurft, mich von der gott-gewollten Sendung der „Geistlichen Bewegungen" zu überzeugen, so wäre er mir mindestens in diesem Ereignis geliefert worden: In den „Internationalen Jugendtagen" servierte Gott den Beleg gleichsam auf einem Silbertablett.

Obwohl es auch damals an Widerständen nicht mangelte. Wohl gefiel uns der Vorschlag im „Rat für die Laien". Doch waren wir andererseits der Organisation einer derartigen Veranstaltung fraglos nicht gewachsen. Eine solche Großveranstaltung könnte höchstens gelingen, wenn all die neuen geistlichen Initiativen zupackten, die im *Centro* mitarbeiteten. Wir luden sie ein und rangen ihnen ihre Bereitschaft ab – gegen den Willen einiger älterer Gruppenleiter, die wegen ihrer sehr schlechten Erfahrungen bei einem ähnlichen Treffen im Heiligen Jahr 1975 nicht zu gewinnen waren. Die jungen Leute jedoch ließen sich – Gott Dank! – ihre frische Unbekümmertheit und den nötigen Schwung nicht ausreden.

Im Vatikan hielt sich die Zustimmung zu unserem Vorhaben gleichfalls erkennbar in Grenzen. Und im Weltepiskopat reagierte man sogar ablehnend, ein Kommentar: „Es kommt dem Vatikan nicht zu, unsere Jugend zu organisieren." Angesichts all dieser Distanz sahen freilich die neuen Initiativen ihre Stunde gekommen. Jenseits der kirchenoffiziellen Kanäle – Nuntiatur, Bischofskonferenz, Ortsordinarius – waren sie weltweit gut vernetzt und schlugen die Werbetrommel. Nicht zuletzt, weil uns der Heilige Vater Johannes Paul II. selbst Mut machte. Er kam zur Eröffnung von *San Lorenzo*, empfing uns mit den jungen Mitarbeitern zu seiner morgendlichen Eucharistiefeier und sorgte dafür, dass uns die Finanzen nicht ausgingen.

Trotz unserer totalen Unerfahrenheit mit solchen *Events* und neuen, ärgerlichen Behinderungen durch die Stadt Rom – eine Zeitung titelte: „Die Hunnen kommen" –, wurde das Treffen zu einem echten Kirchenereignis. Gegen 300.000 junge Leute folgten der

Einladung des Papstes und nahmen am Palmsonntag an der heiligen Messe auf dem Petersplatz teil. Die Öffentlichkeit lernte nach dem chaotischen „Woodstock" (1969) eine andere Jugend kennen. Und die Kirche erhielt ein neues Modell geistlicher Jugendarbeit.

6. Autoritative Bestätigung

Mit dem Stichwort „Weltjugendtage" ist nun der Schritt von Joseph Ratzinger/Benedikt XVI. zu seinem Vorgänger getan. Dieser heilige Johannes Paul war es, der als Papst den Neuaufbrüchen des Glaubens ihren kanonischen Ort in der Kirche gab. Die Synode des Weltepiskopats 1987 mit dem Thema: „Berufung und Sendung der Laien in Kirche und Welt zwanzig Jahre nach dem II. Vatikanischen Konzil" war der geeignete Anlass. Das Vaticanum II hatte ja die missionarische Sendung aller Getauften herausgestellt und allerlei Fragen zu deren Apostolat hinterlassen. Dennoch waren es wohl die neuen „Geistlichen Bewegungen", die zu einem brisanten, wenn nicht zu dem zentralen Kontroverspunkt der Versammlung wurden. Es zeigte sich: Nicht nur manche Reserven gegen die Neuaufbrüche standen im Raum; da und dort wurde deren kirchenrechtliche Zurückweisung erwartet.

Schon die Antworten der nationalen Bischofskonferenzen zum Vorbereitungspapier, die *Lineamenta,* erwähnten die Spannungen, die mit ihnen unter den Gläubigen aufgebrochen wären. Die gerade etablierten „Laienräte" auf Pfarr- und Diözesanebene sorgten sich um ihre Kompetenz. Ausdrücke wie „Parteikämpfe" und „Ringen um die Machtverteilung" wurden gebraucht. Die Berichte signalisierten „Rivalität" und „kompetitive Psychologie"; diese schwächten die Vitalität der Pfarrgemeinde. Gleichzeitig erregte Missfallen, dass einige dieser spirituellen Neuanfänge offenbar die älteren Laienverbände an Zahl und Glaubens-Ausstrahlung überrundeten.

Während der Synode selbst hielten sich einige Ortsbischöfe in der Ablehnung der neuen Bewegungen dann auch keineswegs zurück. Sie wählten deutliche Worte, an die ich mich als Synodenmitglied gut erinnere. Man brauche doch das pastorale „Rad nicht nochmals zu erfinden"; gebe es für die Aufgaben der Seelsorge nicht nach wie vor die Pfarrei; traue man ihr nichts mehr zu? (Kardinal Cé,

Venedig). Andere beklagten den „Intimismus" dieser religiösen Initiativen, die lokale Probleme missachteten; die Bewegungen erhielten ihre Richtlinien ja von Zentren eines fremden Kulturbereichs, für den die Fragen „vor Ort" irrelevant wären. „Man muss eine parallele (d. h. eine nicht von der eigenen Diözese inspirierte) Pastoral verbieten" (Kardinal Lorscheider, Fortaleza/Brasilien). Ähnlich äußerten sich auch andere Synodenväter, die offenbar um ihre diözesane Eigenständigkeit fürchteten. Dass in den ohne Frage oft ungewöhnlichen pastoralen Neuanfängen auch eine große Chance lag, war diesen geweihten Hirten bislang entgangen: die Chance zur Kräftigung des Glaubens und der Dynamik der Kirche. Vor allem aber wussten sie offenbar nicht, dass Papst Johannes Paul II. die neuen Gemeinschaften bereits präzise theologisch qualifiziert hatte: Bei einer Audienz unseres „Rat für die Laien" am 2. März desselben Jahres hatte er diesen Neulingen ihren strukturellen Ort in der Kirche gegeben. Er hatte von den beiden Kräften der kirchlichen Sendung gesprochen, der institutionellen – die damals keineswegs beanstandet wurde –, aber auch der charismatischen. Letztere hatte er mit einem gewichtigen Wort als „koessential – gleichwesentlich" bezeichnet.

Glücklicherweise waren nicht bei allen Synodalen die Erfahrungen mit den Neuaufbrüchen unerfreulich. So trat Kardinal Macharski aus Krakau entschieden dafür ein, diesen Gruppen Vertrauen zu schenken und ihnen pastoralen Aktionsraum zu öffnen. Eugenio Corecco, Bischof von Lugano und ehemaliger Professor des Kirchenrechts, relativierte den Ausschließlichkeitsanspruch der Pfarrei: Auch wenn sie aus praktischen Gründen die entscheidende Seelsorgearbeit zu leisten habe, sei sie nicht sakrosankt. „Im Gegensatz zur Teilkirche (oder Diözese) ist die Pfarrei keine theologische Wirklichkeit." Ihre theologische Qualität bestände lediglich in der Aufgabe, die eucharistische Gemeinschaft im Auftrag des Bischofs aus Wort und Sakrament aufzubauen und präsent zu machen. So müssten denn neben den Pfarrstrukturen auch andere geistliche Kräfte in ihr Platz finden.

Wegen meiner römischen Erfahrung wollte auch ich die Synoden-Väter von der pastoralen Kraft der Neuaufbrüche überzeugen. Wenig diplomatisch versuchte ich es mit argumentativer Logik und beachtete zu wenig, wie sehr das Problem „emotional besetzt" war.

Ich begann – vielleicht etwas schulmeisterlich – mit einer hermeneutischen Vorbemerkung: Nicht eine politische, sondern nur eine religiöse Sicht dieser kirchlichen Wirklichkeiten stehe an. Um dann weltliches Denken zu relativieren, wählte ich ein Beispiel aus meiner Geschichte: den deutschen Kanzler Bismarck. Der habe im 19. Jahrhundert mithilfe der Kulturkampf-Gesetze für unser Land die Priesterausbildung, die Bischofsernennungen und die katholischen Ordensgemeinschaften in seine eiserne Hand bringen und dominieren wollen. Ein solcher Versuch sei gewiss für staatsmännische Logik folgerichtig; denn nur eine vor Fremdeinflüssen geschützte Macht sei auf Dauer politisch gesichert. Doch ein kirchlicher Hirte könne solch politische Methoden nicht auf sein Verhältnis zu geistlichen Aufbrüchen anwenden. Er ließe sonst außer Acht, dass er nicht Herr, sondern Diener desselben Geistes sei, der diese Impulse antreibe. Der Ordinarius eines Bistums nähme sich sonst selbst die Legitimation; denn seine Autorität komme von demselben Parakleten, den er in anderen missachte.

Für ein zweites Argument verwies ich dann auf die *communio*-Struktur der katholischen Kirche und deren Garanten: das Petrusamt. Diözesen seien keine Inseln, vielmehr nach allen Seiten hin offene lebendige Zellen, die vom Band der *communio* zusammengehalten würden. Ortskirchen blieben Kirche nur in dem Maß, in dem sie verwoben seien im katholischen Kommunion-Verbund.

> „Und es war das Petrusamt, das durch die Geschichte hin der Kirche dieses Band der communio erhalten hat. Es garantierte die communio in der Zeit des frühen Christentums. [...] bewahrte die Kirche während des Bettelordensstreites des Mittelalters in der communio [...] (und ist) noch heute das Prinzip der communio affectiva und effectiva der Weltkirche."

Von Blaise Pascal stamme das Wort: „Die Vielheit, die sich nicht zur Einheit zusammenschließt, ist Verwirrung; die Einheit, die nicht von der Vielheit abhängig ist, ist Tyrannis." Ursprünglich habe sich dieses Wort des Franzosen gegen das Papsttum gerichtet. Mit Blick auf das Ganze der Kirchengeschichte bekomme es jedoch einen weiteren Sinn, da gerade das Petrusamt die Einheit in der Vielheit garantiere und Freiraum für Neues schaffe. Zweifelsohne verursachten die „Geistlichen Bewegungen" mancherorts Turbulenzen, selbst Auseinandersetzungen. Doch nie hätten alte Schläuche den neuen Wein fassen können; man brauche eben neue Schläuche.[22] Wohl war ich mir beim Formulieren dieses Textes bewusst, dass ich mit ihm den einen oder anderen Bischof ärgern könnte. Doch überraschte mich der Grad von Provokation, den er etwa bei dem hoch angesehenen Bischof von Mailand, Carlo Maria Martini, hervorrief. Dieser war schon bislang in seiner Diözese nicht eben als Freund der neuen Aufbrüche aufgetreten. Und er kannte wohl meine positive Einstellung zu den neuen Bewegungen. So hatte er meine Intervention abgewartet – obschon im Synodenverlauf die Kardinäle normalerweise vor den anderen Mitgliedern das Wort ergriffen. Zwei Tage nach meiner Apologie gab er dann sein Statement. In ärgerlichem Ton knüpfte er direkt bei meiner Schlussaussage an: Er, Kardinal Martini, habe keine Angst vor neuem Wein; auch weil er überzeugt sei, unsere Kirche sei kein altes Fass, sondern ein neuer Schlauch mit einem jungfräulichen Schoß. Dann wies er alle Ansprüche der Bewegungen auf Eigenständigkeit zurück; sie hätten sich dem größeren Pastoralplan der Ortskirche anzugleichen. „Vielleicht brauchen diese Wirklichkeiten mehr Mut, sich den Überraschungen des Geistes anzuvertrauen, der auch durch die Hirten handelt."[23] Das saß! Die Replik sollte fraglos die neuen Bewegungen definitiv abhängen. Und auch deren Verteidiger kamen in die Schusslinie. So fragte mich ein Bekannter voller Besorgnis: „Musst du nicht befürchten, dass man dich aus dem Vatikan entfernt?"

Wenig später fasste mich Papst Johannes Paul auf dem Flur im Vorbeigehen beim Arm, lächelte wohlwollend und fragte mich: „Geht der Kampf weiter?" Seine Geste beruhigte mich; anscheinend hatte ich doch keinen Fehler gemacht. Im Nachapostolischen Schreiben zu dieser Synode *Christifideles Laici* von 1988 hielt er dann – neben Kriterien für ihre Kirchlichkeit – fest: Diese „Geistlichen Bewegungen" hätten verantwortlich teil an der Sendung der Kirche, am Evangelium Christi als Quelle der Hoffnung für die Menschen und der Erneuerung für die Gesellschaft; außerdem böten sie sich

22   Der vollständige Text ist nachzulesen in: PAUL JOSEF CORDES, *Die Synode über die Laien als „Glaubensschule"*, in: IKaZ 17 (1988) 153–165.
23   Zitat aus: BRUNO SECONDIN, *I nuovi Protagonisti*, Cinisello Balsamo 1991, 44f.

wegen der Sozialnatur des Menschen an, „im Kontext einer pluralistischen und zersetzten Gesellschaft [...] ein christliches und mit den Forderungen des Evangeliums kohärentes Leben zu führen und ein missionarisches und apostolisches Engagement einzugehen". Solche Gemeinschaften seien darum keine Art von „,Zugeständnis' der Autorität", sondern leiteten sich ab „aus der Taufe als dem Sakrament, durch das die Laien berufen werden, aktiv an der communio und an der Sendung der Kirche mitzuwirken"[24].

7. Theozentrisch verankert

Im Wirken Papst Johannes Pauls II. lassen sich viele Gründe finden, die ihn zum Anwalt von Neuaufbrüchen des Glaubens werden ließen. Er schützte und förderte die spirituelle Gruppe „Licht und Leben" („Oazy") seines priesterlichen Freundes Franciszek Blachnicki († 1987), dem er in der 50er-Jahren erstmals begegnet war. 1970 rief er seine Erzdiözese Krakau zu einer Synode mit der Teilnahme von Laien zusammen; sie begann 1972 ihre Arbeit. Während des Vaticanum II trat er bekanntermaßen als Promotor des Laienapostolats hervor. Später als Bischof von Rom stieß er die „Neuevangelisierung" an und suchte immer wieder die persönliche Begegnung mit Gründern und Gruppen der „Geistlichen Bewegungen"; er hatte augenscheinlich im persönlichen Umgang deren apostolische Kraft erkannt. Doch über all diese biografischen Daten hinaus motivierte ihn letztlich wohl ein theozentrischer Aspekt dazu, alle Getauften für die Verbreitung von Gottes Heilswort zu gewinnen. Diesen fraglos überraschenden Gedanken hält er in seinem spirituellen Tagebuch fest. Er ist herauszustellen in einer Kirchensituation, die über Strukturverbesserungen, neuen Personalkonzepten und ökonomisch initiierten Imageverbesserungen den Blick auf Gott zu vergessen scheint.

Wie bekannt machte sich der Heilige zu seinem eigenen spirituellen Wachstum private Notizen über seinen Gottesbezug; sie

---

24   Papst Johannes Paul II., *Nachsynodales Apostolisches Schreiben CHRISTIFIDELES LAICI von Papst Johannes Paul II. über die Berufung und Sendung der Laien in Kirche und Welt*, Rom 1988, Nr. 29.

wurden nach seinem Tod publiziert.[25] Über lange Jahre hin merkte er sich theologische Inhalte, die ihn während seiner Exerzitien ausfüllten. Nüchtern und mit einfachen Worten spiegeln sie seine Frömmigkeit. Sie deuten an, wovon seine Seele bewegt wird. Wenn wir jemanden kennenlernen wollen, treffen wir ihn betend in seiner tiefsten Aufrichtigkeit.

Am 1. September 1964 bewegt Bischof Wojtyła wieder einmal das Geheimnis des dreifaltigen Gottes, wie Gott selbst es uns in der Heilsgeschichte offenbart. Vor Gott stellt er sich betend und kritisch unserer menschlichen Neigung, sich monadenhaft zu verschließen; unserer Versuchung, uns selbst zu vergötzen. Dieser „Kult des eigenen ‚Ich'" ist aber aufzubrechen – zumal unsere Natur an der Selbstverschlossenheit leidet und erst zur Fülle kommt, wenn sie sich dem Du öffnet. Und meditierend hält er fest, was ihn selbst Zeit seines Lebens beglückte; was ihm den Weg zum Priestertum gewiesen hat und ihn mit Dank erfüllt: sich in der Glaubensweitergabe an andere Menschen zu verschenken. In dieser Erfahrung erkennt er einen Weg zu Gott auch für alle anderen Glieder der Kirche. Gottes Sohn, vom himmlischen Vater gesandt, steht ja vor der Tür jedes menschlichen Herzens (vgl. Offb 3,20). Er bittet um Einlass und greift unsere Sehnsucht auf; Christus möchte uns Anteil geben an Gottes eigener Liebe und seinem Erlösungswillen. Wojtyła dann wörtlich: „Mit diesem Begriff (sc. von Gottes Teilgabe) konnte der menschliche Gedanke, begleitet von der Offenbarung, den Weg zur Wirklichkeit Gottes und zum Geheimnis Gottes finden. Denn Gott ist derjenige, der sich ganz gibt."

Gottes sicherer zu werden im Einsatz für sein Evangelium – eine fromme Utopie? Keineswegs! Die Berührung durch das Heilige zeigt Wirkung. Ein Ehepaar aus sogenannten besseren Kreisen einer deutschen Großstadt; beruflich angesehen und gesellschaftlich geachtet; eine gesunde Familie, erfreuliche Kinder. Doch sie suchen mehr, und irgendwann schlagen sie den „Weg des Neokatechumenats" ein. In einer längeren Glaubensschule geht ihnen zunächst die Selbstbezogenheit ihrer eigenen Frömmigkeit auf. Dann entdecken sie in ihrer Umwelt Fälle von erschreckender Unerlöst-

25   KAROL WOJTYŁA/JOHANNES PAUL II., *Ich bin ganz in Gottes Hand. Persönliche Notizen 1962–2003,* Freiburg i. Br. 2014.

heit. Nach und nach wächst die Überzeugung, dass Gottes Wort und die Gemeinschaft der Kirche Menschen heilen kann. Nicht ohne Zittern lassen sie sich darauf ein, ihre eigene geistliche Erfahrung andern mitzuteilen; Hören und Bezeugen wechseln einander ab. Langsam geht ihnen eine neue Welt auf: Sie erfahren, wie die Hinführung anderer zu Gott sie innerlich reich macht; wie beglückend es ist, dem Nächsten gläubige Hoffnung zu geben – durch das Wort des Lebens. So viel Glück wird ihnen geschenkt, dass sie nach einigen Jahren ihres Engagements zu mir kommen und sich beschweren: Nicht für die zeitraubenden Gespräche mit anderen Suchenden; nicht, dass der eine oder andere Bekannte sie kritisierte, denn sie ließen sich nicht mehr bei den üblichen gesellschaftlichen Verpflichtungen blicken; nicht, weil ihr intensiver Einsatz für das Evangelium sie sektenverdächtig machte. Sie warfen mir etwas ganz anderes vor: „Warum ist uns nicht schon viel früher gezeigt worden, dass wir selbst missionieren können? Warum haben wir so viel Zeit vertan, bevor wir dies Wunderbare an unserem Glauben entdeckten – Christi Apostel zu sein?"

8. Dank und Segenswunsch

Die Erzdiözese Köln zeigte sich schon vor der 7. Ordentlichen Bischofssynode über die „Berufung und Sendung der Laien in Kirche und Welt" interessiert für die kirchlichen Neuaufbrüche des Glaubens. Für den November 1984 lud mich ihr damaliger Ordinarius Kardinal Joseph Höffner zur Dechanten-Konferenz ein. Er bat mich, über „Geistliche Bewegungen" zu referieren. Einige dieser Gruppen hatten schon in diesem Bistum Fuß gefasst, und sie konnten sich beim Treffen selbst vorstellen. Sein Nachfolger Kardinal Joachim Meisner ist weiter für sie eingetreten und war – noch Bischof von Berlin – einer der attraktiven Katecheten beim ersten Internationalen Jugendtag 1984 in Rom. Kardinal Rainer Maria Woelki pflegt dieses Erbe, sodass inzwischen schon über 30 solcher Initiativen in seinem Erzbistum eine Heimat gefunden haben. Stellvertretend für sie alle sind wenigstens einige von ihnen nennen:

- Charismatische Erneuerung (CE)
- Comunione e Liberazione
- Fokolar-Bewegung
- Sant'Egidio
- Neokatechumenaler Weg
- Regnum Christi
- Schönstatt-Bewegung

Als Freund der „Geistlichen Bewegungen" möchte ich im Namen von diesen und allen anderen Kardinal Woelki aufrichtig danken, dass er Vertrauen in sie setzt und sie wohlwollend fördert. Zur Vollendung des 65. Lebensjahres dem Erzbischof von Köln Gottes Segen und *„ad multos annos"!*

4. GOTT BENENNEN – BESCHENKT IN DER EUCHARISTIE „NEHMT, DAS IST MEIN LEIB" (MK 14,22)

Christi Leib – erniedrigt

Religionslehrer Köln, 22. Oktober 2012

Vor wenigen Wochen erschien eine Publikation des Bonner Dogmatikers Karl-Heinz Menke zur Theologie der Sakramente auf dem Buchmarkt.[1] Schon bald bewegte das Buch die Gemüter der Fachtheologen. Es ist fraglos ein genialer Wurf, auch wenn seine erfreuliche Präzision nicht ohne die eine oder andere Zuspitzung gelingt. Sie will im ökumenischen Feld gleichsam eine Brandmauer zum Schutz des katholischen Glaubens aufzeigen. Der Autor sieht den Katholizismus von „Entsakralisierung" und „Funktionalismus" bedroht und konkretisiert seine Warnungen mit vielen Details, auch am nachkonziliaren Verständnis der eucharistischen Feier. Mit einige Gedanken, die unserer eucharistischen Anbetung dienen sollen, stehen wir demnach mitten in einer hochaktuellen Diskussion.

„Tätige Teilnahme"

Zunächst gestehe ich freimütig, als Seminarist sehnsüchtig auf die Erneuerung unserer Liturgie gewartet zu haben; schließlich brachte sie uns das Vaticanum II. Und ihre – vielleicht zu rasche – Durchsetzung in den Gemeinden erscheint mir noch heute ein durchaus berechtigter und pastoral sehr nützlicher Schritt. In fast allen Kirchen steht der Zelebrant nun hinter dem Altar, und den Gläubigen bleibt der direkte Blick auf das heilige Geschehen geöffnet. Die Verkündigung umfasst den ganzen Reichtum beider Testamente. Predigt und Fürbitten suchen Lebensnähe. Der Empfang des Herrenleibes ist für die Feiernden nicht länger eine Ausnahme. Und er hat seinen Ort innerhalb der Messfeier – nicht wie früher oftmals vor oder nach dem Gottesdienst. So vollzieht sich in der Liturgie die vom Konzil gewünschte „tätige Teilnahme". Ich erinnere mich noch sehr gut an die Sonntagsmessen vor dem Vaticanum II und kann nicht recht begreifen, dass man ihnen nachtrauert.

---

1 Karl-Heinz Menke, *Sakramentalität. Wesen und Wunde des Katholizismus*, Regensburg 2012.

Allerdings darf es uns nicht zur Missachtung alles Sakralen verleiten, wenn die Schranken des Numinosen nun herabgestuft sind – der mittelalterliche Lettner oder die „Ikonostase" der Ostkirche. Bitter wäre es, würde das heilige Geschehen zu geschäftiger Alltäglichkeit; würde vergessen, dass die liturgischen Zeichen als solche nicht genügen, sondern Tieferes transparent machen wollen. Die Nahrungsaufnahme der eucharistischen Speise will ja das Biologische übersteigen. Was wir vollziehen, soll „Haftpunkt" für ein Gnadengeschehen sein, wie der Exeget Heinz Schürmann († 1999) es formulierte. Dieses Essen hat seinen Sinn in etwas Geistlichem; das Mahl zu verweltlichen, würde es leer machen. Gemeinschaftliches Beten und Singen öffnet Glauben und Gemüt für die Begegnung mit dem Heiligen und Heilenden. Diese Korrelation und Transparenz zu erfassen und wach zu halten, fällt nun heute leider weniger denn je in den Schoß.

Nicht nur, weil es immer das *Phänomen* ist, das uns Postmoderne dominiert; wer hat schon noch die Energie und wer nimmt sich die Zeit, das in der Erscheinung Verborgene mitzudenken? Trauriger noch, weil unser Sinn für Größe und Würde gelitten hat! Das demokratische Lebensgefühl nivelliert die Status- und Rangunterschiede. Überordnung vorauszusetzen, ist nicht Teil unseres Lebensgefühls. Gleichheit auf Augenhöhe – fraglos ein Gewinn für den Alltagsumgang – würde aber die Feier und den Empfang des Herrenmahls profanieren.

Es war schon vor Jahren in einer Kirche des Sauerlands. Unbeachtet machte ich dort einen Besuch, als ein Priester gerade mit etwa 40 Jugendlichen die heilige Messe feierte. Der Augenblick des Kommunionempfangs kam. Wie *ein* Mann stand die ganze Truppe auf und rannte zum Altarraum. Der Zelebrant reagierte heftig. Er schickte alle zurück in die Bänke und hielt eine aufgebrachte, längere Katechese. Der Tenor: „Ihr solltet nicht so gedankenlos den Leib des Herrn empfangen wie ihr euch vielleicht an der Kirchentür das Weihwasser nehmt!" Dann spendete er die heilige Kommunion. Etwa ein Drittel der jungen Leute blieb auf ihren Plätzen.

Das Staunen

Gelegentlich müssen wir innehalten, um die Routine unserer Frömmigkeitsgewohnheiten abzuschütteln; die eingefahrene Praxis bewusst dem Licht des Glaubens aussetzen; unsere Verpackung der theologischen Sätze aufreißen, damit sie uns wieder zu existenziellen Wahrheiten werden. Damit wir uns erneut fragen: Wer tritt mir beim eucharistischen Geschehen entgegen, wer bietet sich mir dar? Gnadenhaft mögen wir innewerden: Es ist der Sohn des allmächtigen Gottes, des Schöpfers Himmels und der Erde. Der da ist Gott selbst, mein Vater, mein Erfinder. Und ich – in meiner Niedrigkeit nichts als ein winziges Sandkorn am Gestade der Welt! Wer das zusammen denkt, hat Grund zum Staunen.

Kürzlich erhielt ich vom Arzt schwarz auf weiß die Ergebnisse meiner Blutuntersuchung. Weil mir bislang der *Check-up* nie Sorge machte, heftete ich den Bericht normalerweise ungesehen ab. Diesmal las ich die Zahlen. Über vierzig Angaben: Natrium, Kalium, Eisen, Hämoglobin, Leukozyten etc. Und immer passten die Ergebnisse der Zählung genau zwischen die vorgesehenen Minimum-Maximum-Werte, die einen gesunden Organismus anzeigen. Es mag kindlich klingen: aber ich war wirklich verblüfft über das Geheimnis unseres Körpers, die Gesetzmäßigkeit und Präzision. – Gleiche Verwunderung erfasst mich manchmal vor dem Fernsehschirm, wenn man über die Ausmaße des Kosmos spricht, die wir zunehmend erahnen. Oder als man kürzlich das *„Higgs-Teilchen"* dingfest machte. Ich bin gar nicht imstande, Einzelheiten vorzutragen – die Weiten der Milchstraße, riesiger als die unsrige mit ihrem kleinen blauen Planeten, bis hin zu den Schwarzen Löchern, die angeblich 95 % des Universums besetzen. Eines Tages wollte mir ein italienischer Nuklear-Physiker die Bedeutung von den *Neutrinos* erklären. Ich habe kaum etwas verstanden, habe mir nur gemerkt, dass sie offenbar schneller sind als das Licht und sich evtl. Einsteins Relativitätstheorie als falsch erweist. Makrokosmos und Mikrokosmos – welche Wunder! Wer sie wahrnimmt, wird gewiss den allmächtigen Schöpfer nicht länger verniedlichen und zu einem „Gott im Taschenformat" verkleinern. Selbst wenn sich mir dieser Gott demütig in der Gestalt des Brotes darbietet.

Und er will den demütigen Schöpfer auch nicht eintauschen gegen einen fernen oder gefährlichen Gott, wie ihn andere Religionen lehren. Der Christ erinnert sich ja, dass etwa der Moslem sich Allahs Willen auszuliefern hat, sich aber nicht von einem liebenden Vater angenommen weiß. Oder im Hinduismus: In Honkong besuchte ich einen Hindu-Tempel. Auf dem Altar thronte ein Götze mit grausamer Fratze. Eine Frau trat ein. Sie suchte angesichts der launischen und tyrannischen Gottheit Gnade zu erringen. Voller Angst warf sie immer wieder drei geschnitzte Stöcke vor der Gestalt in die Höhe. Das waren – so sagte mir P. Hubert, mein Begleiter – ihre Lose. Sie hatte den Ritus so oft zu wiederholen, bis diese – zurückgefallen auf die Erde – in ihrer Anordnung ihr eine gute Zukunft zeigten. So janusköpfig kann das Göttliche ohne die Kunde Jesu von einem himmlischen Vater sein.

„Kenosis"

In Christus geschieht, was sich weder Sterbensangst noch kühnste Sehnsucht hätten ausdenken können. Gott überbrückt den Abgrund seiner totalen Unterschiedlichkeit zum Menschen, verzichtet auf alle Distanz und Bedrohung. Er sucht meine Nähe. Er kommt, mir seine Liebe zu bekunden – erniedrigt sich hinein in das materielle Zeichen eines Stückchens Brot. In Jesus ereignet sich ein unglaublicher Prozess in Gott. KENOSIS nennt die Bibel solche Herablassung. Gottes Sohn nimmt den beschriebenen Abstieg auf sich – freilich um den Preis seiner totalen Selbstentleerung.

Im Philipperbrief (2,6-8) schreibt Paulus:

> „Er war Gott gleich, hielt aber nicht daran fest, wie Gott zu sein, sondern er entäußerte sich und wurde wie ein Sklave und den Menschen gleich. Sein Leben war das eines Menschen; er erniedrigte sich und war gehorsam bis zum Tod, bis zum Tod am Kreuz."

Wir kennen den Abschnitt. Wer ihn neu hört, dem beschreibt er Unfassbares. Die prägende Daseinsweise Christi ist von göttlicher Natur. Er ist Gott und kann höher und größer nicht gedacht werden.

Doch hält er sein Gott-Sein nicht selbstsüchtig fest, um es lediglich für sich auszukosten. Er nimmt eine Menschen-, ja eine Sklavennatur auf sich – mit allen Implikationen. Sie sind uns geläufig, aber sie sind darum keineswegs Lappalien für Jesus: Begrenztheit des Menschenlebens, Bedingt- und Ausgeliefertsein, beladen mit der Erdenlast; so entstellt, dass man sein Gesicht vor ihm verhüllt; einem Verbrecher gleich. Bis hin zu seiner Hingabe am Kreuz, die auf dem Altar gegenwärtig wird.

Ohne Christi Abstieg, den Paulus in diesem Hymnus besingt, kein Geheimnis der Eucharistie. Welches Risiko von Verkennung und Missachtung ging Gott ein! Selbst für uns Glaubende. Er scheute sich nicht, dass wir seine Wirklichkeit verkürzen auf das, was vor unseren Augen ist: der zerschundene Leib, das Stückchen Brot. Seine Größe ist verhüllt. Und wir verwässern unseren spontanen Respekt vor dem Numinosen. Die Römer sagten: *„Cotidiana vilescunt* – Alltägliches verliert an Glanz." Zeichen sprechen nur, solange unser Sinn für sie geschärft wird. So muss uns gegen die gewohnte Durchschnittsbanalität das unfassbare Ereignis aufrütteln, das Menschen nicht erfinden konnten.

Der Apostel Paulus hat es offenbar gewusst und versichert es angesichts des gekreuzigten Sklaven Christus. Denn sein Hymnus endet nicht mit dessen unglaublicher KENOSIS. Die Zernichtung ist nicht der Schlusspunkt. Wir haben den ganzen Philipper-Hymnus zu lesen und an unser inneres Ohr heranzulassen.

Der Apostel schreibt nämlich nach den Versen über die Erniedrigung:

> „Darum hat ihn Gott über alle erhöht und ihm den Namen verliehen, der größer ist als alle Namen, damit alle im Himmel, auf der Erden und unter der Erde ihre Knie beugen vor dem Namen Jesu und jeder Mund bekennt: ‚Jesus Christus ist der Herr' – zur Ehre Gottes, des Vaters."

Die Mitte des Hymnus formuliert eine „Kehre". Der Abstieg endet nicht mit der Erniedrigung des Kreuzesdramas. Er hat noch eine „himmlische Nachgeschichte". Sie besteht in der „Erhöhung", ja – wie die Exegeten sagen – in einer „Übererhöhung". Alle im Himmel, auf Erden und unter der Erde sollen ihre Knie beugen vor dem

Namen Jesu. Und diese totale Proskynese wird nochmals unterstrichen im Nachsatz von dem „Namen über allen Namen" – wobei „Name" nach biblischen Verständnis ja weit mehr ist als Bezeichnung oder Anredeform; er drückt die Eigenschaften und Kräfte des Benannten aus.

Mit seinem Lobpreis weist uns der Völkerapostel an, in den eucharistischen Gestalten nicht mehr nur den erniedrigten Herrn zu sehen. Über alle erhöht, trägt Jesus einen Namen, der größer ist als alle Namen. Er ist zu preisen und zu verehren. Wir haben im Glauben gleichsam seinen Abstieg vom Vater rückgängig zu machen und uns in Lob und Preis vor seinem „Gott-Sein" zu beugen.

Augen des Glaubens

Nicht erst der postmoderne Mensch tut sich schwer, sich von Christi Gegenwart in der Eucharistie ergreifen zu lassen. Schon in der jungen Kirche lesen wir Appelle, die eucharistischen Gestalten seien nur der „Haftpunkt", damit wir das Unglaubliche glaubten. Kyrill von Jerusalem († 386) etwa lehrt:

> „Betrachte daher Brot und Wein nicht als rein irdische Dinge! Denn nach der Versicherung des Herrn sind sie Leib und Blut Christi. Wenn dich auch die Sinne hier im Stiche lassen: der Glaube möge dir Festigkeit geben! Nicht nach dem Geschmack darfst du hier urteilen, der Glaube muss dir die zweifellose Sicherheit geben, dass du des Leibes und Blutes Christi gewürdigt wurdest."[2]

Es ist bezeichnend, dass diese Mahnung des hochangesehenen Theologen aus einer seiner Mystagogischen Katechesen stammt. In solchen Belehrungen wollte die junge Kirche die Herzen der Taufbewerber für das heilige Geschehen des Gottesdienstes öffnen. Die liturgische Form der Feier hat ja fraglos für unser emotionales Einstimmen auf den Herrn und für unseren Glauben ein kaum zu überschätzendes Gewicht. Der Vollzug des Geschehens und das deutende Wort der Belehrung sind das erste Mittel, das Ärgernis

---

2   CYRILL VON JERUSALEM, IV. Mystagogische Katechese: Über den Leib und das Blut Christi, Nr. 6.

der unfassbaren, skandalösen Erniedrigung gleichsam abzufangen, damit wir dem „Namen über allen Namen" die gebotene Ehre erweisen. Rang und Hochschätzung der Form des Gottesdienstes galten darum als christliches Gemeingut. Wie es uns etwa ein kleines Zeugnis aus früherer Zeit lehrt.

In der „Nestorchronik", der Kirchengeschichte eines Mönchs aus dem Höhlenkloster zu Kiew aus dem Jahr 987, wird von der Glaubenswerbung um Fürst Volodymir berichtet, der ab 980 dort regierte. Bulgarische Moslems, byzantinische Griechen, Deutsche des lateinischen Christentums und Hebräer – sie alle hatten versucht, ihn und das Volk der Rus' für ihre Religion zu gewinnen. Der Herrscher habe sich jedoch nicht ohne die Prüfung der Einladungen entscheiden wollen. Er habe darum seine Abgesandten zur Mitfeier der jeweiligen Liturgien ausgesandt, um die beste Religion zu wählen. Als diese auch in Griechenland den Ritus in Augenschein genommen hatten und zurückgekommen waren, berichteten sie ihrem Fürsten:

> „Wir wussten nicht, ob wir im Himmel oder auf der Erde waren. Auf Erden gibt es kein Schauspiel von solcher Schönheit, und wir sind nicht fähig, es zu beschreiben: Da verbindet sich Gott mit dem Menschen, und ihre Liturgie ist die beste aller Länder. Wir können diese Schönheit immer noch nicht vergessen; jeder Mensch schmeckt die Süßigkeit, dann verweigert er das Bittere. So sind auch wir keine Heiden mehr."[3]

Liturgie kann uns einen Vorgeschmack vom himmlischen Jerusalem geben. Nicht durch unverhoffte Irritationen oder provozierende Schocks, wie sie nach dem Konzil in Mode kamen; wir gaben damals die Devise aus: „Keine Messe ohne Happening!" Sondern durch die spürbare Ehrfurcht der Feiernden und den gewinnenden Glanz des Vollzugs. In ihnen werden die natürlichen Erwartungen, unsere Sehnsüchte und Erfahrungen aufgenommen. Festliche Gewänder und Weihrauch machen sie zu einem erhabenen Schauspiel. Moderate Musik und gemeinsame Lieder heben unser Herz und lassen Freude aufkommen. Zufällig sah ich Anfang September

---

3   So der Bericht in der „Nestor-Chronik" aus dem Jahr 987, hier zit. n. Pia Sbriziolo, *Racconto dei tempi passati. Cronaca russa del secolo XII*, Torino 1971.

aus London im Fernsehen die Abschlussveranstaltung von *„Proms 2012".* Viele Hunderttausende sangen an unterschiedlichen Orten durch das Fernsehen zugeschaltet den englischen Klassiker: *„Land of Hope and Glory, Mother of the Free, [...]".* Trotz großer lokaler Distanz spürte ich die Emotionen, die das Konzert weckte; wie stark müssen sie erst für die Feiernden selbst gewesen sein. Mir war das ein neuer Hinweis: Auch würdige Messfeiern und erst recht die der großen Feste können in einer Kirchengemeinde eine starke Öffnung der Gefühle bewirken. Dann gelingt es uns besser, dass wir unsere Knie beugen vor dem Namen Jesu und aus tiefsten Herzen bekennen: Er ist der Herr.

Noch eine zweite Hilfe möchte ich nennen, die zur angemessene Begegnung mit der Eucharistie führen kann. Neben der bewegten und farbenfrohen Liturgie hat die Kontemplation des Altarssakraments neue Freunde zu finden vermocht – nicht zuletzt unter jungen Menschen. Hunger nach auch geistlicher Ergriffenheit ist ja in unseren Tagen nicht mehr verdächtig oder bigott. Solches Verlangen hat zu Frömmigkeitsformen geführt, die nach dem Konzil fast unbekannt waren. In unterschiedlichen Gemeinden versammelt man sich um das ausgesetzte *Sanctissimum.* Oder an die Anbetungsnächte ist zu erinnern, die von Köln ausgingen und in Deutschland unter dem Wort *„Nightfever"* jüngstens Fuß gefasst haben. In mehr als 30 deutschen Städten öffnen sich monatlich spätabends die Kirchen. In Österreich, in der Schweiz, in den Niederlanden, in Luxemburg und Belgien zieht man gleichfalls mit solchen Gebetsstunden die Jugendlichen an. Zentral ist den jungen Leuten das stille Gebet vor dem eucharistischen Herrn. Im intimen Zwiegespräch gibt man ihm den Namen, der über allen Namen ist. Man weiß ihm in lokaler, greifbarer Nähe; ihn sucht man mit den Augen im spärlichen Licht der Kerzen; ihn erkennt man neu als den Herrn über Gegenwart und Zukunft. Viele von ihnen kommen auch, das Bußsakrament zu empfangen. Und als man sich im August 2000 von ihnen vom Joshua-Camp in London aus unter die Sportler der Olympiade mischte, zeigte sich wieder wie Jesus-Frömmigkeit mit Apostolat und Neuevangelisierung Hand in Hand gehen.

Diese neue Pastoral kann sich auf Papst Benedikt selbst berufen. Er proklamiert ja wie kaum einer heute die Ehre Gottes des

Vaters und Jesus Christus als dessen Herold. Dabei zielt er nachdrücklich auf das Miteinander von festlicher Liturgie und intimer Nähe und macht die stille Begegnung mit dem erniedrigten Gott in der Brotgestalt gleichsam zur Bedingung für eine würdige, gott-gemäße Feier. Erneut begründete er deren gegenseitige Verwiesenheit in seiner diesjährigen Fronleichnamspredigt (7. Juni 2012) – nicht ohne die bewegenden Stunden eucharistischen Gebets etwa während des Internationalen Jugendtages auch in Köln zu erwähnen. Er führte aus, liturgischen Feiern hätte eine innere Haltung des Glaubens und der Anbetung voranzugehen, sie müssten von dieser Glaubenshaltung begleitet werden und darin ausklingen. Dann wörtlich:

> „Die Begegnung mit Jesus in der heiligen Messe verwirklicht sich wahrhaftig und in Fülle, wenn die Gemeinde zu erkennen vermag, dass er im Sakrament sein Haus bewohnt, uns erwartet, uns zu seinem Tisch lädt und dann, nachdem sich die Versammlung aufgelöst hat, bei uns bleibt, in seiner diskreten und stillen Gegenwart, uns mit seiner Fürsprache begleitet und weiterhin unsere geistlichen Opfer sammelt und sie dem Vater darbringt."

Er wies dann auf die Besonderheit hin, die die vorgesehene Fronleichnams-Prozession bereithielt:

> „Im Augenblick der Anbetung sind wir alle auf derselben Ebene, auf Knien vor dem Sakrament der Liebe. Das gemeinsame Priestertum und das Amtspriestertum finden sich im eucharistischen Kult vereint. Es ist dies eine sehr schöne und bedeutsame Erfahrung, die wir verschiedene Male in der Petersbasilika erlebt haben und auch bei den unvergesslichen Gebetswachen mit den Jugendlichen – ich erinnere zum Beispiel an jene von Köln, London, Zagreb und Madrid."

Exempla trahunt

Sie alle, meine Damen und Herren, sind Religions-Katecheten der Erzdiözese Köln, die sich auf den diesjährigen Nationalen Eucharistischen Kongress vorbereitet. Genau aus diesem Grund befasst sich auch Ihre diesjährige Pädagogische Woche mit dem Geheimnis der Eucharistie. Freilich wäre es irrig, die Begegnung mit Christi Abschiedsmahl auf eine Reflexion über entsprechende Lehrinhalte zu verkürzen. So habe ich Ihnen als Einstieg für Ihr Gebet theologische und spirituelle Anhaltspunkte zugemutet. Und diese hatten eigentlich nicht andere, sondern uns selbst als Glaubende im Blick. Doch unser Tun schlägt ja immer Wellen über uns hinaus. Der Erzieher weiß ja um die alte Erfahrung: *„Verba docent, exempla trahunt"* – vielleicht die anspruchsvollste aller pädagogischen Wahrheiten.

Geistige Kommunion – nicht archivieren

Als Kleinschrift publiziert, Kisslegg ⁵2018, hier verkürzt

Seit Beginn der Ankündigung einer Bischofssynode über Ehe und Familie bei einem „Öffentlichen Konsistorium" der Kardinäle im Februar 2014 warteten Kirche und Öffentlichkeit gespannt auf deren Verlauf und die Ergebnisse. Nicht zuletzt bewegte manche Gemüter, ob sie einen Vorstoß bringen würde, wiederverheiratete Geschiedene zum Empfang der Eucharistie zuzulassen. Kardinal Walter Kasper, emeritierter Präsident des Päpstlichen Rates für die Einheit der Christen, war vom Papst beauftragt worden, bei diesem Treffen seine Sicht der anstehenden Problematik darzulegen. Er nutzte ein ausführliches Doppelreferat, um erneut seine schon oft dargelegten Argumente für ein mögliches „Schlupfloch der Barmherzigkeit" vorzutragen. Der Text seiner Vorträge und eine kaum zählbare Fülle von nachfolgenden Stellungnahmen, Interviews und Artikeln sorgten später dafür, dass diese Absicht im Gespräch blieb; denn obwohl in Frageform vorgetragen, war in seinen Äußerungen durchgängig der Wille zu erkennen, an den bislang gültigen Rechtsnormen für den Kommunionempfang zu rütteln: Der Theologe schien erreichen zu wollen, dass Katholiken, die die traditionelle Pastoral als „öffentliche Sünder" bezeichnet, das Essen des Leibes und das Trinken des Blutes Christi ggf. doch erlaubt werde.

Nach der Darlegung des Referenten war unter den Kardinälen eine lebhafte Diskussion entstanden über eine solche neue Pastoral, wie sie der Referent anzielte. Einige Väter erinnerten daran, dass das Wort des Evangeliums selbst ein fundamentales Hindernis gegen die Zulassung dieser Christen zum Empfang der Eucharistie sei. Der Herr lehre ja in der Bergpredigt: „Ich sage euch: Wer seine Frau entlässt, obwohl kein Fall von Unzucht vorliegt, liefert sie dem Ehebruch aus, und wer eine Frau heiratet, die aus der Ehe entlassen worden ist, begeht Ehebruch" (Mt 5,32). Eine wie immer konditionierte Zulassung wiederverheirateter Geschiedener zur Kommunion würde jedoch die Öffnung des Eucharistie-Empfangs für solche

Personen bedeuten, die Christus „Ehebrecher" nennt. Die Anregung Kardinal Kaspers nötige demnach der Kirche eine Quadratur des Kreises auf; er übersteige letztlich überhaupt die Autorität aller geweihten Hirten, die schließlich an die Heilige Schrift gebunden sind. Es sei zudem der protestantische Exeget Ulrich Luz, der in seinem Kommentar zum Matthäusevangelium auf die katholische Konsequenz aus dieser Anordnung des Herrn verweise; sie käme der Anordnung des Herrn wirklich nahe. Und derselbe halte auch fest, dass bis zum 5. Jahrhundert in den urchristlichen Glaubensgemeinden solchen Wiederverheirateten wegen des Herrengebots der Kommunionempfang verboten war.[1]

Quadratur des Kreises

Ohne Zweifel ist die kirchliche Aufmerksamkeit heute mehr denn je den wiederverheirateten Geschiedenen zuzuwenden; ihre stark gewachsene Zahl gebietet den geweihten Hirten, diesen Gliedern der Gemeinde besondere Zuwendung und Anteilnahme zu zeigen. Vor allem ist zu ihrem Besten auch für die, die vom Empfang der Eucharistie ausgeschlossen sind, nach einer personalen Begegnung mit dem Herrn zu suchen. Zeigt uns die Geschichte der Kirche einen Weg, solche Christen wieder Christus zuzuführen, weil sie sich in einer kanonisch blockierten Situation nach inniger Gemeinschaft mit ihm sehnen? Eine Antwort auf diese Frage wird freilich nicht das zitierte Herrenwort außer Acht lassen oder gar schlicht auf die kirchliche Ratifizierung von „öffentlicher Sündhaftigkeit" zielen. Sie dürfte auch den gordischen Knoten des hochkomplexen Problems nicht zerschlagen können.

Da es schon in der Ankündigung des Konsistoriums der Theologe Kardinal Kasper war, dem das Aufzeigen der theologischen Grundkategorien für die anstehende Thematik oblag, konnte ich nach den Überlegungen der „Synode der Bistümer in der Bundesrepublik Deutschland"[2] und nach Bischof Kaspers Hirtenbrief von 1993 seine Absicht erahnen. Ich bereitete mich darum auf eine

---

1 ULRICH LUZ, *Das Evangelium nach Matthäus* I/1, Einsiedeln 1985, z. St.
2 Sie fand 1972–1975 in Würzburg statt; das „Schlupfloch der Barmherzigkeit" wurde in ihr zu einem geflügelten Wort.

Stellungnahme vor und wies gleich nach seinem Referat auf das oben zitierte Wort Jesu aus der „Bergpredigt" und seine Deutung von Ulrich Luz hin. Doch ich wollte mich in dem pastoralen Dilemma konstruktiv an der Suche nach einer Lösung beteiligen. Darum benannte ich eine Möglichkeit der Christus-Begegnung, die auch den wiederverheirateten Geschiedenen offenstände und über Jahrhunderte den Glaubenden Trost und Nahrung für ihre Gottverbundenheit gewesen war: die „Geistige Kommunion". Sie habe nur das innere Begehren des Herzens als Bedingung. Gerade die Tatsache, dass solcher Form der Vereinigung mit dem Herrn keinerlei kirchenrechtliche Barriere im Weg stehe, gäbe ihr für unseren Kontext hohes Gewicht.

In den Augen von Kardinal Kasper fand meine Anregung keine Gnade. Er nahm nach der Diskussion im Kardinalskollegium Gelegenheit zu ausführlichen Antworten auf die vielen kritischen Einwände. Dabei erwähnte er auch kurz den Vorschlag der „Geistigen Kommunion", lehnte ihn aber rundum ab. War es, weil die mögliche Hervorhebung dieser Herren-Begegnung das Hauptargument schwächen würde, für den Zugang zum Tisch des Herrn müsse in einigen Fällen die göttliche Barmherzigkeit den Ausschlag geben? Oder sollte durch das Umgehen einer Alternative schlicht verhindert werden, dass die Speerspitze im Kampf für das Essen der eucharistischen Speise stumpf würde? Der Kommentar des Kardinals, den wiederverheirateten Geschiedenen die „Geistige Kommunion" zu empfehlen, lautete knapp und schlicht: Wer zum sakramental-zeichenhaften Empfang der Eucharistie nicht zuzulassen wäre, der sei auch unwürdig für die „Geistige Kommunion".

Doch hier irrt der Theologe Kasper. Denn kirchliches Recht, das in unserem Falle die Zulassung zur Kommunion verweigert, und andererseits die geistliche Verfasstheit des Herzens – das sind zwei verschiedene Paar Schuhe. Wie allgemein bekannt ist, kann das Recht auch in der Kirche nur empirisch-soziales Tun und Lassen ordnen. Es kann nicht über die seelische Situation des Menschen befinden und nimmt dies auch nie in Anspruch. Deshalb trifft das Verbot des Eucharistieempfangs nach dem Recht der Kirche eben die sogenannten „öffentlichen" Sünder. Die intime Sehnsucht eines Glaubenden, mit dem Herrn eins zu werden, entscheidet sich hingegen auf der Ebene der persönlichen Frömmigkeit, und die ist von außen letztlich nicht verlässlich zu beurteilen. Manche Geschiedene glauben sich subjektiv gerechtfertigt – und mögen es vor Gott auch sein; andere wissen sich schuldig und wollen gerade deshalb dem Herrn begegnen. Solch innerer Befund ist dem kanonischen Recht entzogen. Und kirchlichen Hirten ist es demnach auch verwehrt, die Herzensentscheidung der Betroffenen Bedingungen zu unterwerfen, auch wenn solche kanonisch relevant wären. Wie der „Päpstliche Rat für Gesetzestexte" ausdrücklich feststellt, beurteilt das kirchliche Recht in dieser Frage lediglich die äußere, sozial greifbare Situation der Betroffenen, nicht ihr subjektiv-inneres Streben.[3] Diese Einschränkung ist schließlich zudem von kanonischer Grundüberzeugung gedeckt: Ein altes Axiom des kanonischen Rechts lautet: *„De internis non iudicat iudex* – der Richter urteilt nicht über die innere Verfasstheit des Menschen."

So konnte denn auch Benedikt XVI., beim Welttreffen der Familien in Mailand befragt zur Pastoral der wiederverheirateten Geschiedenen, einen theologisch berechtigten Hinweis auf die „Geistige Kommunion" geben. Der Papst wurde nach den Möglichkeiten gefragt, die der Kirche für die Pastoral der wiederverheirateten Geschiedenen zu Gebote ständen (2. Juni 2012). In seiner Antwort erwähnte er u. a.:

„Sehr wichtig ist es auch, dass sie (sc. die wiederverheirateten Geschiedenen) spüren, dass die Eucharistie wahr ist, dass sie an ihr Anteil haben, wenn sie wirklich in Gemeinschaft mit dem Leib Christi treten. Auch ohne den „leiblichen" Empfang des Sakraments können wir mit Christus in seinem Leib geistlich vereint sein. Das zu verstehen zu geben, ist wichtig. Dass sie tatsächlich einen Weg finden, ein Leben des Glaubens zu führen, mit dem Wort Gottes, mit der Gemeinschaft der Kirche, und dass sie sehen, dass ihr Leiden ein Geschenk an die Kirche ist, weil sie so allen dienen, auch um die Stabilität der Liebe, der Ehe zu verteidigen; und dass dieses Leiden nicht nur eine körperliche und psychische Qual ist, sondern

---

auch ein Leiden in der Kirchengemeinschaft für die großen Werte unseres Glaubens."

Obwohl während der Bischofssynode des Oktober 2014 der Empfang des Herrenleibes durch die „wiederverheirateten Geschiedenen" dann ein heiß diskutiertes Thema war, sucht man das Stichwort „Geistige Kommunion" im postsynodalen Dokument des Papstes vergeblich. Papst Benedikts Wort und das Kirchenrecht empfehlen daher mit Nachdruck weitere Überlegungen zu dieser Form der Begegnung mit dem Herrn. Dass der nachkonziliare „Katechismus der katholischen Kirche" von 1993 die „Geistige Kommunion" ganz verschweigt, ist sicher ein pastorales Armutszeugnis und bedarf fraglos der Korrektur. Offenbar ist ja selbst Fachtheologen nicht mehr geläufig, was „Geistige Kommunion" bedeutet.[4] Wie mag es da erst um seine Wertung in der Pastoral unter Christgläubigen bestellt sein! Dieser Übung gläubiger Frömmigkeit kommt demnach dringend neue Aufmerksamkeit zu; sie verdient es nicht, in Diskussionen mit polemischen Schnellschüssen erledigt zu werden.

Christsein mit „Herz und Mund"

Zunächst muss offenbar jeder beim Begründen von geistiger Weise der Christusbegegnung versichern, dass er fest zur irdischen Greifbarkeit des göttlichen Heilstuns steht. Sowohl die Menschwerdung des Gottessohnes wie die sakramentale Struktur der Kirche nutzen für Gottes Erlösungswerk Elemente, die für unsere Sinne wahrnehmbar sind: Worte, die man hören, Zeichen, die man sehen und Dinge, die man berühren kann. Erlösung ist nicht in ein mystisches Hinterzimmer zu verbannen; sie verflüchtigt sich nicht in spiritualistischen Nebel.

Aber mit der Greifbarkeit des Heilsgeschehens ist keineswegs die undifferenzierte Gleichsetzung von Demonstration und Authentizität behauptet. Hier liegt der Pferdefuß von Walter Kaspers Behauptung – nicht nur, weil ihr die päpstlichen Worte und das Kirchenrecht widersprechen. Gottes geoffenbartes Wort steht ihr ganz generell entgegen. Eindeutig ist Jesus selbst, etwa wenn er seine

---

4   Vgl. etwa ein Leserbrief in „Die Tagespost" vom 7. Dezember 2014.

Zeitgenossen kritisiert und den Unterschied, ja den möglichen Gegensatz zwischen dem „Außen" und „Innen" des Menschen hervor-
hebt: „Dieses Volk ehrt mich mit den Lippen, ihr Herz aber ist weit
weg von mir. [...] Nicht das, was durch den Mund in den Menschen
hineinkommt, macht ihn unrein, sondern was aus dem Mund des
Menschen herauskommt, das macht ihn unrein" (Mt 15,8.11). „Weh
euch, ihr Schriftgelehrten und Pharisäer, ihr Heuchler! Ihr haltet Becher und Schüsseln außen sauber, innen aber sind sie voll
von dem, was ihr in eurer Maßlosigkeit zusammengeraubt habt"
(Mt 23,25).

Das Neue Testament steht mit solchem Durchblick auf die Natur des Menschen und sein mögliches Fehlverhalten in der Tradition der alttestamentlichen Propheten. Bei manchem von ihnen ist es
geradezu ein Grundzug der Verkündigung, die Spaltung zwischen
äußerlichem Frömmigkeitstun und innerer Haltung anzuprangern.
Nur zwei Zitate sollen diese Ansicht belegen: „Frömmigkeit ist mir
lieber als Schlachtopfer, Erkenntnis Gottes lieber als Brandopfer",
sagt der Prophet Hosea (Hos 6,6). Und Amos predigt: „Sucht mich,
damit ihr am Leben bleibt! Sucht nicht Betel auf, zieht nicht nach
Gilgal, geht nicht nach Beerseba! [...] Sucht den Herrn, damit ihr am
Leben bleibt" (Am 5,4f.). In gleicher Weise legt auch der Psalmist
das Kriterium der Gottwohlgefälligkeit ins Innere des Menschen:
„Schlachtopfer gefallen dir nicht, und brächte ich Brandopfer dar,
du möchtest sie nicht. Opfer für Gott ist ein zerknirschter Geist;
ein zerknirschtes und zerschlagenes Herz wirst du, o Gott, nicht
verschmähen" (Ps 51,18). Neben dem Kirchenrecht unterscheidet
demnach schon die Bibel das äußerliche Tun des Menschen von der
Qualität des Herzens.

Dieser Blick auf Gottes Offenbarung holt nicht nur neue geistliche Hilfen für die wiederverheirateten Geschiedenen ans Licht. Er
muss angesichts einer verbreiteten Unbekümmertheit des Kommunionempfangs wohl zu einem pastoralen Weckruf werden: Für die
Hinwendung zu Gott zählt gewiss der äußere Akt sakramentalen
Tuns, doch ohne den inneren Mitvollzug des Menschen bleibt er
leer. Offenbar ist die Versuchbarkeit des Menschen groß, sich mit
äußeren Gesten zu begnügen und den spirituellen Anspruch in
unserer Gottesbeziehung zu verdrängen. Eine geistige Begegnung

mit dem Herrn fällt eben nicht automatisch mit der sakramentalen
Aufnahme seines Leibes und Blutes zusammen.

„Glaube, und du hast gegessen!"

Die Feier des Herrenmahles mit seiner Frucht, der heiligen Eucharistie, ist das größte Sakrament des Neuen Bundes. Das Zweite Testament begründet an unterschiedlichen Orten die Würde und den
Wert des eucharistischen Brotes, das uns zur Speise wird. Die vielen
Details können hier nur erläutert werden. Der Empfang der heiligen
Kommunion ist Mittel zum Erhalt und zur Festigung unseres ewigen Lebens; er bezieht den Gläubigen ein in das Opfer Christi selbst
und macht die Getauften im Auferstandenen zu einem Leib. Im
Verlauf der Jahrhunderte tritt in der Entwicklung kirchlicher Frömmigkeit dann zunehmend der Gedanke hervor, dass die Eucharistie
eine leibhaftige Begegnung mit Jesus ist, die als personal-mystische
Sicht des Geschehens verstanden werden kann – ein Gesichtspunkt,
der zunehmend Verbreitung findet.

Gleichzeitig vermehren sich die Stimmen, die für den Eucharistieempfang auf den pastoralen Schatz einer „Geistigen Kommunion" abheben. Groß ist die Anzahl der Heiligen und Kirchenlehrer,
die ihn ansprechen und uns nahebringen, indem sie die spirituellen Früchte des Kommunizierens hervorkehren. Die griechischen
Theologen Basilius († 379) und Gregor von Nazianz († 390) sehen
die Wirkung des Kommunionempfangs in der Begnadung mit dem
Geist Gottes; Hilarius von Poitiers († 367) bezeichnet den Genuss
des irdischen Christus als Mitteilung des trinitarischen Lebens. Johannes Chrysostomus († 407) schärft ein, dass nach Pauli Wort der
„Leib des Herrn zu unterscheiden" (1 Kor 11,29) ist, und folgert, die
sakramentale Wirklichkeit eröffne sich nicht den Sinnen; sie müsse
im Glauben vom geistlichen Menschen empfangen werden. Für all
diese Kirchenväter steht das zeichenhafte Essen des Leibes Christi
nicht in sich isoliert; es zielt vielmehr auf gnadenhaft-innere Früchte. So der heilige Augustinus: „Man sagt euch: der Leib Christi. Und
ihr antwortet: Amen. Seid also Glieder des Leibes Christi, auf dass
euer Amen wahr sei! [...] Seid denn, was ihr seht, und empfangt,
was ihr seid." Doch er ist es auch, der das sakramentale Essen rela-

tiviert und die geistige Begegnung mit dem Herrn betont. In seiner prägnanten Sprache treibt er diese Wahrheit auf die Spitze. Seine Predigten zum Johannesevangelium enthalten den für unser Thema fundamentalen Satz: „*Ut quid paras dentes et ventrem? Crede, et manducasti!* – Warum bereitest du die Zähne und den Leib? Glaube, und du hast gegessen."[5]

Aus solcher theologischer Grundlegung „Geistiger Kommunion" folgte eine lange und weittragende Wirkungsgeschichte. Bis zum Toleranzedikt Kaiser Konstantins (312) hatten die Gläubigen die heilige Messe im engen Kreis derer gefeiert, die nach langem Katechumenat und oft in Zeiten der Christenverfolgung zu geistlicher Reife herangewachsen waren. Nun aber strömten wegen der neuen Freiheit und wegen des staatlichen Schutzes viele Menschen in die Gemeinden, deren persönliche Entscheidung für den Glauben weniger radikal war. Man begann, am Opfermahl teilzunehmen, ohne den Leib des Herrn zu essen. Durch die Völkerwanderung und die Germanenmission nahm das Sprachverständnis für die Liturgie ab; die Gemeinde konnte den Gebeten und Handlungen der Priester nicht länger folgen und deutete seine Zelebration nur noch allegorisch und symbolisch. Aus all diesen Gründen verminderte sich die Zahl derer, die dem Herrn durch sakramentales Essen begegneten; man begnügte sich damit, sich ihm in geistiger Weise zu nahen.

Diese Weise ging mit einer zunehmenden Individualisierung der Liturgie einher und verbreitete sich im Laufe der Geschichte unter den Gläubigen. Im Mittelalter sah man dann den eucharistischen Jesus als den Gast der Seele, den König, dem man entgegengeht, an den man sich im persönlichen Gespräch wie an ein Du wendet. Bernhard von Clairvaux († 1153) mit der Brautmystik des Hohen Liedes, Bonaventura († 1274) und besonders die Mystiker des 14. Jahrhunderts wie der deutsche Heinrich Seuse († 1366) etwa trugen viel zur Verbreitung eines personalisierten Eucharistieempfangs bei. Mit wachsender Anthropo- und Egozentrik in der Weltsicht zur Zeit der Renaissance verkümmerten dann der kommunionale und eschatologische Sinn des eucharistischen Geschehens mehr und mehr; es beschränkte sich auf das Innerlich-Intime. Und

---

5   Die Fundstellen zu den verschiedenen Zitaten Augustins finden sich in: Henri de Lubac, *Katholizismus*, Einsiedeln 1943, 82.

der theologische Reichtum des liturgischen Vollzugs verkümmerte: die Hineinnahme in das große Erlösungsopfer Christi, die Freude über Christi Sieg und seine Auferstehung, der Gottesdienst als Fest. Es blieb der individuelle Aspekt der Christus-Begegnung, der sich in einer „Geistigen Kommunion" bündelte.

Auch eine größere Sensibilität gegenüber der Sünde reduzierte den faktischen Empfang der Eucharistie unter dem Zeichen des Brotes. Kriege, Pest und andere Seuchen quälten die Menschen und erscheinen ihnen oft als Strafe Gottes für ihr Vergehen. Nun hatte der Apostel Paulus die Gemeinde in Korinth gelehrt, Gott werde die unwürdige Teilnahme am eucharistischen Mahl nicht ungestraft lassen. Schwäche, Krankheit und Tod seien die Folge des unwürdigen Empfangs der Eucharistie: „Wer unwürdig isst und trinkt, der isst und trinkt sich das Gericht, da er den Leib des Herrn nicht unterscheidet. Darum sind unter euch viele Schwache und Kranke und so manche entschlafen" (1 Kor 29f.). Die „Geistige Kommunion" jedoch konnte nie unwürdig empfangen werden. Wer sie beging, der zog sich somit nicht die Drohung des Völkerapostels an die Gemeinde in Korinth zu. – Schließlich darf für das Fernbleiben vom Tisch des Herrn nicht die Glaubensentfremdung übersehen werden, die den „Gipfel des Tuns der Kirche" (so das Vaticanum II) nur noch als lästige Pflicht ansah. In jedem Fall ist bezeichnend, was sich dann in einem „Kirchengebot" niederschlug: Die Katholiken mussten aufgefordert werden, wenigstens einmal im Jahr die heilige Kommunion zu empfangen (vgl. KKK 2942).

Die hier sehr gerafft dargestellte kirchliche Praxis der „Geistigen Kommunion" zeigt, dass ihre Verbreitung manche Schattenseiten hatte. Doch unverkennbar sind auch ihre theologisch legitime Übung und ihre heilsame Wirkung durch die Jahrhunderte hin. Die Dekrete des Konzils von Trient (1545–1563) und der *Catechismus Romanus* (1567) erwähnen sie darum und halten an ihr fest. Sie gibt durch Glaube, Sehnsucht und Liebe Anteil an Christi Opfer. Ihre geistliche Frucht ist nach der Einschätzung kirchlicher Autorität der der sakramentalen Kommunion annähernd gleich.

Liturgischer Aktivismus?

Von dem intim-mystischen Eucharistieverständnis, wie es die aufgezeigten Wurzeln der „Geistigen Kommunion" erkennen lassen, unterscheidet sich nun freilich unsere heutige Sicht des Herrenmahles beträchtlich. Unser gegenwärtiges Verhältnis zum Altarssakrament ist geprägt von manchen Anregungen, die die Praxis des Eucharistieempfangs nahelegen. Da sind zunächst die Anregungen der liturgischen Bewegung, die seit der Wende zum 20. Jahrhundert den Vollzug des Gottesdienstes inspirierten. Sie wollte gottesdienstliche Versammlung als aktive Gemeinschaft. Ihre Eingebungen führten im Zweiten Vatikanischen Konzil zum Stichwort der „actuosa participatio – der tätigen Teilnahme" als Leitvorstellung für den Gottesdienst. Zur heiligen Kommunion hinzuzutreten, wurde zum zentralen Merkmal dafür, dass der Teilnehmer an der Eucharistiefeier nicht länger passiv zugeschaut hatte. – Gewiss senkte das Kommuniondekret des heiligen Papstes Pius X. vom August 1910 gleichfalls die Barriere, die in der Kirchengeschichte leider den Kommunionempfang zu einer Seltenheit gemacht hatte. – Ferner folgte aus der Neufassung des eucharistischen Nüchternheitsgebotes die Zunahme des Kommunizierens. – Besonderen Einfluss hatte schließlich die Herausstellung des Gemeinschaftscharakters der Eucharistiefeier. Gegen privatistische Frömmigkeit und die Verengung der Eucharistie auf eine rein persönliche Begegnung mit Christus, dem „Gast und Bräutigam der Seele", wuchs wieder das frühchristliche Bewusstsein von der Kirche als Leib Christi.

Definitiv hat uns das Zweite Vatikanische Konzil gelehrt, in unseren Gemeinden alle intimistischen Scheuklappen der Frömmigkeit abzulegen. Eher bedroht gelegentlich „liturgischer Betrieb" mit um sich greifender Veräußerlichung den Gottesdienst. So gewinnt dann ein anderer Aspekt von Lehre und Erfahrung an Beachtung, auf den uns unser Interesse an der „Geistigen Kommunion" gleichfalls verweist. Schon seit der frühen Christenheit finden wir nämlich große Theologen, denen gerade die spirituelle Wirkung des leiblichen Genusses ein Anliegen ist. Etwa Tertullian († nach 220), Cyprian († 258) und Augustinus († 431) heben auf die geistliche Eingliederung in den mystischen Leib Christi ab; sie zeigen die Grenzen des nur zeichenhaften Essens des Herrenleibes und betonen die spirituelle Wirkung des Kommunizierens. Die griechischen Theologen Basilius († 379) und Gregor von Nazianz († 390) stellen heraus, dass die Eucharistie den Geist Christi schenkt. Andere Kirchenväter wie Ambrosius († 397), Gregor von Nyssa († 394) oder Johannes Chrysostomus († 407) lehren, bei diesem Sakrament handle es sich um eine Wirklichkeit, die mit den Sinnen überhaupt nicht zu erfassen ist; es müsse im Glauben, d. h. von pneumatischen Menschen, aufgenommen werden. Und seit dem schon zitierten Augustinus-Wort: „Warum bereitest du die Zähne und den Leib? Glaube, und du hast gegessen!" ist ja der Appell zur Vergeistigung des Eucharistie-Empfangs nicht mehr zu steigern.

Weil sich der Staub der Jahrhunderte auf die „Geistige Kommunion" gelegt hat, scheint für ihr Wiedergewinnen schließlich eine Sachklärung unabdingbar. Man stößt ja auf Meinungen, die den Begriff „Geistige Kommunion" mit einem traditionsfremden oder beliebigen Inhalt füllen; sie führen nicht weiter. Wer den Ausdruck gebraucht, sollte wissen, wovon er spricht. „Geistige Kommunion" versteht sich als Alternative zum physisch-realen Empfang, der ja veräußerlicht werden kann, sodass er ohne heilshafte Wirkung bleibt oder gar von Gott entfremdet. Das Wort möchte demnach die Werthaftigkeit des „nur" mentalen Empfangs festhalten. „Geistige Kommunion" würde missverstanden, gälte sie schlicht als würdiger Kommunionempfang – als Gegenbegriff gegen sündhaftes Essen des Herrenleibes.[6]

Die Aussagen der genannten Kirchenväter und Theologen sind für die „Geistige Kommunion" ein sicheres Glaubensfundament. Sie vermitteln eine verlässliche theologische Basis für ihre Übung. Für die heutige Seelsorge verdient sie aus unterschiedlichen Gründen neue Beachtung. Da ist vor allem die Komplexität der wiederverheirateten Geschiedenen, die hier und da zum Anstoß ihrer Wiederentdeckung wurde. Es ist erwiesen, dass sie betroffenen Paaren zu einer willkommenen geistlichen Hilfe wurde; dass sie also nicht als fruchtlose Theorie abgetan werden kann. Ferner ist kranken oder alten Menschen, die an einer Eucharistiefeier nicht leiblich

---

6   So etwa der erwähnte Leserbriefschreiber, der fälschlich meint, „geistig" in „geistlich" korrigieren zu müssen.

teilnehmen können, ihr aber dank der elektronischen Medien folgen, die „Geistige Kommunion" ein wirksamer Trost. Nicht zuletzt
können die Weisungen unserer Heiligen und Kirchenväter, die an
der Wurzel ihrer Verbreitung stehen, evtl. heute wieder die Praxis
des Kommunionempfangs in unseren Gemeinden beeinflussen:
Dass nicht schon äußerliches Essen, sondern erst das „Aufnehmen
mit dem Herzen" die Sinnspitze der Kommunion ausmacht.

Nicht archivieren, sondern lancieren

Der hohe Rang der „Geistigen Kommunion" im kirchlichen Glau-
benstun ist für lange Jahrhunderte gut bezeugt. Der Dogmatiker
Johannes Auer hat darum zu Recht Mitte des vergangenen Jahrhunderts ihre theologischen Wurzeln und ihren Gewinn für die Verin-
nerlichung der Christusbeziehung neu dargestellt. Seine Untersuchung ist mit historischen Nachweisen reich belegt, und niemand,
der sich verantwortlich mit dem Stichwort befasst, darf sie übergehen.[7]

Eine Fülle von theologischen und pastoralen Faktoren legte es
nahe, sich der „Geistigen Kommunion" wieder zu erinnern; die Bischofssynode zu Ehe und Familie ist dazu nur ein Anlass. Denn sie
hat einen Sinn nicht nur für solche Gläubige, die sich in der kanonisch blockierten Situation nach einer personalen Begegnung mit
Jesus Christus sehnen; sie möchte auch neu sensibilisieren für den
unfassbar hohen Rang des Kommunionempfangs überhaupt und
kann vielleicht eine lasche Praxis korrigieren. Und sie mag denen
geistlichen Trost spenden, die sich vergeblich nach dem konkreten
Empfang des Herrenleibes sehnen. Die Liturgie-Enzyklika „Media-
tor Dei" Papst Pius' XII. enthielt noch 1947 den Aufruf: „Es ist der
dringende Wunsch der Kirche, dass die Christen, besonders wenn
sie nicht leicht das eucharistische Mahl in Wirklichkeit empfangen
können, es wenigstens durch Verlangen empfangen."

Die Wahrheit von der „Geistigen Kommunion" ist neu zu vermitteln. Nicht nur Alte und Kranke suchen ja Christi Antlitz. Allen
Gläubigen kann die Kenntnis, die heilige Kommunion „geistig" zu

---

7   JOHANN AUER, Geistige Kommunion. Sinn und Praxis der communio spiritualis und ihre
     Bedeutung für unsere Zeit, in: GuL 24 (1951) 113–132.

empfangen, eine Antwort sein. Besonders die sonntäglichen Mess-übertragungen sind eine Gelegenheit, die Auferstehungskraft des Herrn zu erbitten – wenn etwa die lokal Entfernten von Kommentatoren aus dem „Off" im Augenblick des Kommunionempfangs angeleitet werden, Christus geistig aufzunehmen. Unter den Gläubigen Italiens sind vorgeformte Gebete im Umlauf, die solche spirituelle Begegnung mit dem Herrn erbitten. Wer einen deutschen Text sucht, wird wohl nur fündig, wenn er in alten Kirchenbüchern blättert. So steht etwa in dem Paderborner Diözesangesangbuch *Sursum corda*, das am 2. Juni 1874 durch den Bekenner-Bischof Konrad Martin eingeführt wurde:

> „O mein Jesus, ich glaube an dich, die ewige Wahrheit. Ich hoffe auf dich, die unendliche Gütigkeit. Ich liebe dich, das höchste, vollkommenste Gut. Ich verlange herzlich danach, dich mit dem Priester in der heiligen Kommunion zu empfangen. Weil mir dieses aber jetzt nicht vergönnt ist, so komme wenigstens geistiger Weise zu mir; kehre durch deine Gnade und Liebe in meine Seele ein. Ich umfasse dich, o Jesus, als wärst du wirklich in mir zugegen. Lass nicht zu, dass ich jemals von dir getrennt werde. Amen."

Zeitgemäßere Formen solcher Gebete zu erstellen wäre fraglos eine lohnende Aufgabe. Überhaupt müsste diese vergessene Übung wieder einen Ort finden in Verkündigung und Katechese. Die Pastoral-Kommission der Deutschen Bischofskonferenz und das Liturgische Institut Trier könnten sie als Motor der Christusliebe ausweisen.

Eucharistie-Empfang ist Konfessionsbekenntnis

„Die Tagespost", *11. Juli 2018*

Eine Mehrheit der Deutsche Bischofskonferenz votierte kürzlich (27.06.2018), in konfessionell gemischten Ehen könnte auch der nicht-katholische Partner in Einzelfällen und unter bestimmten Bedingungen die heilige Kommunion empfangen. Diese Entscheidung ist fraglos von der pastoralen Sorge der geweihten Hirten eingegeben. Doch sie weckte starke theologische Bedenken – nicht nur in Deutschland. Widerspruch bezog sich zunächst auf eine kanonisch ungedeckte Nutzung des katholischen Kirchenrechts[1] Starke Missbilligung lösten aber vor allem die hier implizierte theologischen Daten aus, die eine solche Einladung durch die Lehre der Kirche zu rechtfertigen suchen.

Der Tradition verpflichtet

Das Vaticanum II hat in der Konstitution „Über die göttliche Offenbarung" den Christus der Heiligen Schrift und den Christus der Tradition miteinander verbunden. So hat es der Glaubensgeschichte der Kirche – trotz so mancher Turbulenzen – einen hohen Rang bei der Wahrheitsfindung eingeräumt. Lange vorher hatte ein Klassiker der theologischen Reflexion schon drei Kriterien benannt, wie aus dem überkommenen Glaubensgut eine zutreffende theologische Erkenntnis gewonnen werden könnte: der heilige Vinzenz von Lerin († 450). Eines der Unterscheidungsmerkmale für die Ausschaltung von theologischen Irrtümern ist für diesen bewährten Autor das Alter einer aufgezeigten Wahrheit; denn die Geschichte der Offenbarungserkenntnis ist ja die Geschichte der – trotz aller „Fehler und Runzeln" (Eph 5,27) – vom Heiligen Geist geführten Kirche. Mit

---

1   Die zitierte *„Gravis necessitas"* des CIC can. 844 § 4 meint etwa die Todesgefahr, nicht aber „ein dringendes Bedürfnis".

dem heiligen Vinzenz legt sich also ein Rückblick auf die Anfangs-
zeit der *Catholica* auch für die Beurteilung der Initiative der Deutschen Bischofskonferenz nahe. Einwände ergeben sich dann etwa aus der Theologie des heiligen Augustinus. In seinen Worten an Neugetaufte stellt er dar, dass
der Leib Christi unter den Zeichen von Brot und Wein die Gemeinschaft der Empfangenden unzertrennbar eint. Er sagt:

„Hören wir den Apostel, der von diesem Sakrament sagt:
,Wir alle, die vielen, sind ein einziger Leib, ein Brot.' Versteht
und freuet euch. Bedenket, dass das Brot nicht aus einem
einzigen Korn bereitet wird, sondern aus einer großen Menge
von Körnern. [...] Und was den Kelch betrifft, liebe Brüder,
so denkt daran, wie der Wein entsteht. Viele Beeren hängen
an der Traube, aber Saft, der aus ihnen fließt, vermischt sich
zur Einheit."[2]

Keine Frage: Der genannte Leib Christi ist für Augustinus die eine,
katholische Kirche! Gerade in den Auseinandersetzungen mit Hä-
retikern, etwa den Donatisten, passt es nicht in seine Vorstellungen,
irgendeine nicht-katholische christliche Abspaltung als „Kirche" zu
bezeichnen. Die „Kirchenkonstitution" *Lumen gentium* des Vaticanum II hat solche Theologie später in den Satz gefasst: „Diese (sc.
von Christus gegründete) Kirche, in dieser Welt als Gesellschaft
verfasst und geordnet, ist verwirklicht in der katholischen Kirche,
[...]" (Nr. 8).

Die Kirche: Leib Christi

Für Augustinus ist die Korrelation zwischen dem eucharistischen
Christus und seinem Leib, der Kirche, total. Individuelles tritt für
diesen Lehrer zurück; die in Christus gestiftete Gemeinschaft der
Glaubenden bleibt Christi Heilsobjekt. Mehr noch: Es herrscht eine
uneingeschränkte Wechselseitigkeit zwischen dem eucharistischen
Herrn und seiner Kirche. Dabei erwirkt der „wahre Leib", in dem der
Sohn des allmächtigen Gottes präsent ist, die geglaubte Heilswirk-

---

2   Zitiert in Henri de Lubac, *Katholizismus als Gemeinschaft*, Einsiedeln 1943, 82.

lichkeit des mystischen Leibes als seine Gemeinschaft. In seinen Katechesen bleibt Augustinus nie stehen beim äußeren liturgischen Vollzug, sondern er möchte die von Christus auf die Glaubensgemeinschaft ausgehende Wirkung theologisch deuten.

Heute spezifizieren wir für die Glaubensgemeinschaft Kirche den paulinischen Ausdruck „Leib" mit dem Beiwort „mystisch". Der verlässliche Glaubenslehrer Henri de Lubac SJ hat erhoben, dass dies Beiwort „mystisch" von der Eucharistie übernommen wurde. Geschichte zeige: Wie man im ersten christlichen Jahrtausend vom „mystischen Brot" spräche – weil es ein Brot sei, mit dem man ein Mysterium herstellt, nämlich das Mysterium des Altares –, so könne man folglich vom „mystischen Leib" reden, weil er auf dem Altar der Leib sei, durch den sich unser „Mysterium" herstelle. „Eucharistie" verhalte sich zur „Kirche" wie die Ursache zur Wirkung, wie das Mittel zum Ziel und dabei gleichzeitig wie das Zeichen zur Wirklichkeit. Zwischen dem „wahren Leib" des individuellen Christus und dem kommunitären „mystischen Leib" herrscht strenge gegenseitige Verwiesenheit. Vor de Lubacs reich belegter Vätertheologie bleiben gegenüber der Interkommunion unüberwindliche Schranken: Niemand kann Christi Leib empfangen, ohne Glied dieser Glaubensgemeinschaft zu werden. Auch „bestimmte Umstände" erwirken einzelnen Getauften, die nicht zur feiernden Glaubensgemeinschaft gehören, keine Ermöglichung zum Empfang des Herrenleibes.[3]

Kommunion

Die hier versuchte Prüfung der eingangs erwähnten bischöflichen Position müsste eigentlich auf eine Fülle von theologischen Studien verweisen, die uns der spätere Kardinal Henri de Lubac hinterlassen hat. Er hat wie kaum jemand vor ihm das Altarssakrament erforscht – biblisch, patristisch, historisch und dogmatisch. Winzig ist noch ein Detail, das für unseren Zusammenhang aus diesem grandiosen Werk angefügt werden soll. Es betrifft den Begriff der „*communio* – Kommunion"[4].

---

3   HENRI DE LUBAC, *Die Kirche*, Einsiedeln 1968, passim.
4   HENRI DE LUBAC, *Corpus mysticum*, Einsiedeln 1969, 30–36.

Dieser Ausdruck wird in der frühen Kirche mehrfach verwendet. In der Kommunion vollendet sich Aufnahme des Katechumenen in die Glaubensgemeinschaft. Sie schließt auch die Bußzeit eines Pönitenten ab, und zwar in dem Sinn, dass man ihm zur Wiederaufnahme die heilige Kommunion reichte. So meint *communio* die volle Einigung mit der Kirche. Die erste Kirchenordnung, die „Apostellehre" (etwa von 215), schreibt daher, die Eucharistie sei ein Opfer, das in seiner Reinheit durch die Sünde gefährdet werden könne. Darum seien die Sünden zu bekennen, ehe Eucharistie gefeiert würde. Und keiner dürfe essen und trinken, der nicht durch Taufe zur kirchlichen Gemeinschaft gehöre.[5] Auch einer der ältesten Theologen unserer Kirche, der Märtyrerbischof Ignatius von Antiochien († 108), hebt hervor, dass die Eucharistie allein den im Glauben an Christus Geeinten zukommt. Irrlehrer „hielten sich von der Eucharistie fern, weil sie nicht bekennen, dass die Eucharistie das Fleisch unseres Erlösers Jesu Christus ist". Sie stürben in ihrer Streitsucht.[6] Demnach wird die heilige Kommunion im Urchristentum nur mit hohen Bedingungen eingeräumt; es setzt Kriterien der Würdigkeit und Orthodoxie voraus. Im sakramentalen Empfang findet beides ihr Siegel. Nach den *Canones* des Konzils von Ancyra (314) ist die Zulassung zum heiligen Tisch TO TELEION – das Vollkommene. Den Leib des Herrn zu empfangen, meint somit, in Glaubensüberzeugung und Lebensform der kirchlichen Gemeinschaft zuzugehören.

Kirchliche Einheit setzt daher mehr voraus als physisches Beisammensein. Vielmehr wird geistig-geistliche Realität vorausgesetzt und ist ihr Fundament. De Lubacs Reflexion unterlässt es später nicht, auch dessen Fehlen kurz anzusprechen. Er zitiert den heiligen Augustinus und dessen Wort von der Kommunion der Unwürdigen: Es gäbe ja auch Menschen, die voraussetzungslos zum heiligen Tisch hinzuträten, um das Sakrament zu empfangen. Was täte der Herr mit diesen? Er handle nicht wie im Abendmahlssaal, als es ihm eine süße Speise war, das Pascha mit seinen Jüngern zu essen. Er handle wie am Kreuz, als er den hingehaltenen bitteren Trank zwar kostete, aber dann zu trinken sich weigerte. Warum

---

5   *Didaché* 14,1 und 9,5.
6   Ignatius von Antiochien, *An die Smyrner*, 7,1f.

sich weigerte? „Er will sie sich nicht einverleiben."[7] Der Empfang bleibt fruchtlos.

„Das Heilige den Heiligen"

Schließlich bringt dieser Vorstoß verschiedener deutscher Bischöfe erneut eine ökumenische Problematik ans Licht: „Im heiligsten Sakrament der Eucharistie ist wahrhaft, wirklich und substanzhaft der Leib und das Blut zusammen mit der Seele und Gottheit unseres Herrn Jesus Christus und daher der ganze Christus enthalten", schreibt der Katechismus der katholischen Kirche (KKK 1374). Luther, Calvin und Zwingli leugnen hingegen die sakramental immer vorgegebene, objektive Wirklichkeit Christi; sie begnügen sich für dessen Gegenwart in der eucharistischen Speise mit einer vom Empfänger bestimmten Glaubensdeutung. Wie aber wäre beim nicht-katholischen Empfänger „in Einzelfällen" die rechte katholische Überzeugung ausmachen? Dürfen die verantwortlichen Hirten alles dem subjektiven Empfinden der Hinzutretenden überlassen? In der frühen Kirche lautete der Ruf vor der Spendung der Eucharistie: „Das Heilige den Heiligen." Noch heute ertönt er in der Liturgie des heiligen Chrysostomus.

Wer sich an Theologie und Pastoral der frühen Kirche orientiert, kann der deutlichen Weisung nur zustimmen, die das kirchliche Lehramt für heute gibt. Papst Benedikt XVI. erließ sie in seinem nachsynodalen apostolischen Schreiben über die „Eucharistie: Quelle und Höhepunkt von Leben und Sendung der Kirche"[8]. Dort heißt es, die Ehrfrucht vor der Eucharistie verböte es, das Sakrament des Leibes und Blutes Christi zum

> „bloße[n] ‚Mittel' zu machen, das unterschiedslos angewendet wird, um ebendiese Einheit zu erlangen. Die Eucharistie drückt ja nicht nur unsere persönliche Gemeinschaft mit Jesus Christus aus, sondern schließt auch die volle *Communio*

---

7   DE LUBAC, *Corpus mysticum*, 316f.
8   BENEDIKT XVI., *Nachsynodales Apostolisches Schreiben SACRAMENTUM CARITATIS seiner Heiligkeit Papst Benedikt XVI. an die Bischöfe, den Klerus, die Personen gottgeweihten Lebens und an die christgläubigen Laien über die Eucharistie, Quelle und Höhepunkt von Leben und Sendung der Kirche*, Rom 2007.

mit der Kirche ein. Das ist also das Motiv, warum wir mit
Schmerz, doch nicht ohne Hoffnung, die nicht katholischen
Christen bitten, unsere Überzeugung, die auf die Bibel und
die Überlieferung zurückgreift, zu verstehen und zu respektieren. Wir meinen, dass die eucharistische Kommunion
und die kirchliche *Communio* so zuinnerst einander angehören, dass es für nicht katholische Christen im Allgemeinen
unmöglich ist, die Kommunion zu empfangen, ohne die
kirchliche *Communio* zu teilen" (Nr. 56).

Die Geschichte und die Lehre der Kirche erheben darum Widerspruch gegen den Beschluss der Deutschen Bischofskonferenz.
Glaubensfestlegungen transzendieren die Lehrautorität von nationalen Bischofskonferenzen; deren Kompetenz ist praktischer Natur
und auf soziologische Notwendigkeit begrenzt. Wenn sie sich für
ihre pastoralen Weisungen an die verbindliche Glaubenswahrheit
gebunden wissen, können sie sich nicht wohlfeilem Opportunis-
mus und dem Zeitgeist beugen. Sie werden sich schon gar nicht von
dem beschämenden Irrtum leiten lassen, Gottes Heilswerk begän-
ne erst im III. Millennium – erst heute, mit ihnen.

Interkommunion – Menschenwerk? Zum Votum: „Gemeinsam am Tisch des Herrn" vom 11.09.2019

„Die Tagespost", 22. Juli 2020

Die hartnäckige Forderung, auch Nicht-Katholiken den Empfang der Eucharistie in der heiligen Messe zu erlauben, nötigt dazu, der Motivation für solch dringliches Begehren nachzugehen. Das Dokument des Ökumenischen Arbeitskreises evangelischer und katholischer Theologen „Gemeinsam am Tisch des Herrn" (GTH) formuliert erneut dieses Drängen und gibt gleich einen Fingerzeig:

> „Daher wird die Trennung (sc. konfessionsverschiedener Christen) am Tisch des Herrn als besonders tiefer Schmerz erfahren. Ihre Überwindung gehört zu den vordringlichen Zielen der ökumenischen Verständigung" (GTH 2.4).

Belastet demnach die Autoren, dass nicht alle Christen bei derselben Gelegenheit und am selben Ort kommunizieren? Soll schon Gemeinsamkeit in rein äußerlicher Praxis die Einheit der Christen bewirken? Wohl kaum; denn Soziologie und Psychologie allein können sie nicht erbringen. Die ersehnte Gemeinschaft kann nur eine von Christus selbst geschenkte communio in der Wahrheit stiften, nicht irgendeine Implikationen-Therapie. Die anstehende Problematik hat demnach den Horizont des Tuns zu übersteigen und in den der Glaubenslehre einzutreten. Somit muss als Erstes der Eucharistieempfang derer theologisch durchdacht werden, die zu diesem Tisch hinzutreten.

Der wahre Leib des Herrn

Was sagt uns das Votum? Es erwähnt nur knapp, dass fruchtbarer Eucharistieempfang vom Glauben des Christen abhängt, stellt aber zur theologischen Bestimmung der eucharistischen Gabe (fides quae) lediglich fest, die „Selbstvergegenwärtigung Jesu Christi" hätte „in der Gemeinschaft am Tisch des Herrn" ihren „dichtesten Ausdruck" (GTH 2.4). Versichert wird ferner ein „Jesus-Bezug" des Mahles (GTH 3.10.4). Die theologische Qualifizierung des eucharistischen Brotes unterbleibt. Der Begriff „Transsubstantiation" erhält viel Interesse, dient aber den Autoren – anders als im Tridentinum (DH 1652) – nicht zur Bezeichnung der gewandelten eucharistischen Gaben, sondern wird auf das „Abendmahls**geschehen**" (Hervorhebung von mir) als Ganzes bezogen. Außerdem wird er im Votum relativiert; denn es heißt, das Konzil nenne den Begriff lediglich *aptissime*: besonders geeignet"; er sei darum veränderbar, offen „für künftige Reflexionen" (GTH 5.1.7).

Oder wollten die Autoren den Eucharistieempfang in die „Metaphorik" verweisen? Auch diese Idee wird einmal eingeworfen mit Verweis auf die Brotrede bei Johannes (Joh 6,63: „das Fleisch nützt zu nichts"); der Verweis dieser Sätze ins Bildhafte sei angeblich eine „Tradition" (GTH 3.7). Dann aber fragt schlicht die Logik: Warum soll man zum Tisch des Herrn hinzutreten, wenn der Empfang ohnehin keinen Realitätscharakter hat?

So bleibt in GTH ungeklärt und vage, was ein Christ als die empfangende Gabe zu glauben hat. Ja, das Votum unterschlägt den existenziellen Zentralaspekt eucharistischen Vollzugs: die individuell-persönliche Begegnung des menschlichen Ichs mit dem göttlichen Du. Den johanneischen Vers: „Wer mein Fleisch isst und mein Blut trinkt, der bleibt in mir und ich bleibe in ihm" (Joh 6,56) bezeichnet verlässliche Exegese als „Immanenzformel", weil im Eucharistieempfang die sakramentale Verbindung zur personalen Union wird.[1] Solch mystisch-intimes Miteinander verdeckt GTH durch seine Verabsolutierung des Sozialfaktors.

Der Glaube an die wahre Gegenwart Christi unter den Gestalten von Brot und Wein, die sog. Realpräsenz, ist Teil der katholischen Lehre (vgl. KKK 1373ff.). Sie wird für Katholiken aus ökumenischen Gründen keineswegs verzichtbar. Um sie neu zu bestätigen, soll nur der große Lehrer Romano Guardini († 1968) zu den biblischen Einsetzungsberichten zitiert werden:

---

1   Rudolf Schnackenburg, *Das Johannesevangelium II*, Freiburg 1971 z. St.

„Um den Sinn dieser Worte haben fast zwei Jahrtausende gebetet, gedacht und gekämpft. [...] Wenn wir also fragen, was sie bedeuten, wollen wir uns zunächst klar werden, wie wir sie nehmen wollen. Die Antwort kann nur lauten: ganz schlicht; so wie sie dastehen. Der Text meint genau das, was er sagt. Jeder Versuch, ihn ‚geistig' zu verstehen, ist Ungehorsam und führt in den Unglauben."[2]

Das Votum von GTH krankt an solcher Eindeutigkeit. Dieser kirchenpolitische Schachzug erweist sich jedoch als Bumerang. Die Teilnahme am Mahl als solche kann nämlich auch gnadenlos bleiben. Die erwähnte johanneische Rede hat ihr positives und negatives Kriterium in der totalen Glaubensauslieferung. Wer sie verweigert, protestiert: „Was er sagt, ist unerträglich" (Joh 6,52-65). Jesu Worte beanspruchen, dass er im Zeichen des Brotes *realiter* unsere Speise wird. Ohne die Zuversicht in seine reale Präsenz verfehlt Kommunizieren Sinn und Ziel.

Die „Kommunion-Briefe"

Mit dem Ausfall klarer theologischer Konturen von Christi Realpräsenz entschwindet heute auch das Gewicht, das der Kommunionempfang in der frühen Kirche hatte. Es tritt zuverlässig zutage durch die sog. „Kommunionbriefe". Diese Ausweise waren zur Zeit der Apostolischen Väter und noch nach dem Toleranzedikt Kaiser Konstantins (313) der Identifikationsausweis der Christen, falls diese in andere Regionen und Länder reisten. Über mehrere Jahrhunderte hin sind sie nachweisbar. Sie belegen, dass die Kirche kein authentischeres und gediegeneres konfessionelles Bekenntnis kannte, als den in der heiligen Messe konsekrierten Herrenleib zu empfangen.

So berichtet der Mönch Sophronius – er ist im 7. Jahrhundert Patriarch von Jerusalem – von einem Christen, der aus einer Abspaltung zur Großkirche übertreten wollte. Er fürchtete sich aber vor der Rache seiner häretischen Gemeinde. Als diese dann erfuhr, er hätte bei der katholischen Messfeier die Eucharistie empfangen, gab sie nach. Seine Konversion war besiegelt. Der auferstandene Er-

---

2   ROMANO GUARDINI, *Der Herr*, Würzburg 1951, 437.

löser war der unüberbietbare Zeuge und Garant nicht eines allgemein christlichen, sondern des konfessions-spezifischen Glaubens;
der Genuss des Herrenleibes war stärker als jedes Lippenbekennt-
nis. Der Historiker L. Hertling konstatiert, in solcher Praxis werde
die Grundauffassung der frühen Kirche greifbar: die sakramentale Kommunion sei das Zeichen und geradezu die Wirkursache der
kirchlichen Gemeinschaft, genauer gesagt, die Wirkursache der
Eingliederung in die Gemeinschaft.[3]

Die Pastoral der frühen Kirche belegt demnach glänzend
den Rang des Glaubens an den gegenwärtigen Christus und demzufolge den des Kommunizierens. Weil Christus in Brotgestalt
Realitätscharakter hatte, zeigte sein Empfang zuverlässiger die
Glaubensüberzeugung als alle mündlichen Beteuerungen. In den
maßgeblichen ersten christlichen Jahrhunderten wäre folglich eine
„eucharistische Gastfreundschaft" für nicht-katholische Christen
widersinnig gewesen. Denn jeder Kommunizierende gehörte nach
dem Empfang unumgänglich zu der gastgebenden Gemeinschaft.

Die Kirche und ihr sakramentaler Ursprung

Neben der Sakramententheologie erhebt auch eine zutreffende
Ekklesiologie Einspruch gegen das Votum. Während das Taufsakrament eher Individualcharakter hat, betont die Eucharistie den
Vorrang des Kommunitären: Die Glaubensgemeinschaft ist das
Subjekt, das einen Empfang des Herrenleibes einräumt. Sie handelt freilich nicht aus eigenem Vermögen; es ist vielmehr der Herr
selbst, der sie eucharistisch schafft. So besteht eine unlösbare Verwiesenheit der Glaubensgemeinschaft auf die Eucharistie. Für den
heiligen Johannes Chrysostomus († 407), Kirchenlehrer und einer
der größten christlichen Prediger, wirkt die heilige Kommunion
machtvoll die Glaubenseinheit der Christen, denen sich der Herr
im Sakrament schenkt:

> „Vernehmen wir das Wunder dieses Sakramentes, das Ziel
> seiner Einsetzung, die Wirkungen, die es hervorbringt! Wir

---

3   Ludwig Hertling, Communio und Primat, in: Miscellanea Historiae Pontificae, Rom
     1943, 1–48.

werden ein einziger Leib, sagt die Schrift, Glieder seines
Fleisches und Bein von seinem Bein. Dies bewirkt die Nahrung, die er uns reicht. Er mischt sich in uns, damit wir eins
werden, wie ein Leib, der dem Haupte verbunden ist."[4]

Der Heilige versichert in seiner brillanten Theologie die unscheid-
bare Verknüpfung zwischen Herrenleib und kommunizierender
Gemeinde. Sie stützt sich nicht auf beliebiges Zusammentreten
am selben Ort, sondern wird geschaffen durch den Gott-Menschen
selbst, der sich uns *realiter* im Brote schenkt.

Biblisch, urkirchlich und in der Vätertheologie waren der
eucharistische Herrenleib und der mystische Leib der Kirche untrennbar aufeinander bezogen. H. de Lubac spricht in seiner großen Untersuchung „Corpus Mysticum" beiden für diese frühe Zeit
„reziproke Ursächlichkeit und Garantie"[5] zu. Das Bewusstsein ver-
bundener Wechselseitigkeit wurde freilich durch die Jahrhunderte
hin verwässert – besonders zu Lasten des gnadenhaft-geistlichen
Fundaments der Kirche. So zeichnet der Theologe – gestützt auf
weit über 1.000 Fußnoten – die Entwicklung nach, wie eucharis-
tischer und mystischer Leib Christi auseinandergetreten sind und
sich das Verständnis von Kirche säkularisierte. Als „sichtbare Gesellschaft" trat sie in Gegensatz zur „intimen Gefügtheit des Leibes
Christi". Dazu hätte sich der „vorstoßende Gemeinschaftsgedan-
ke" verfälschend ausgewirkt und die Messfeier „in Naturalismus
absinken" lassen. Doch diese wäre eben keine „Versammlung zur
gemeinsamen Mysterienfeier".

„Nicht die begeisterte kollektive Einübung in die Gemein-
schaftsleistung wird jemals von selber daraus die Einheit der
Glieder Christi herstellen. Diese erfolgt nicht ohne Vergebung der Sünden, die die erste Frucht des vergossenen Blutes
ist. Gedächtnis des Leidens, Opferhingabe an den Vater,
Bekehrung der Herzen: ohne diese ganz innerlichen Wirklichkeiten wird man nie etwas anderes als eine Karikatur der
christlichen Gemeinschaft erstellen."[6]

---

4   Zitiert in HENRI DE LUBAC, *Katholizismus als Gemeinschaft*, Einsiedeln 1943, 81.
5   HENRI DE LUBAC, *Corpus Mysticum*, Einsiedeln 1969, 311.
6   Ebd., 320f.

Fazit: Wir Katholiken haben dreierlei festzuhalten: die eucharistische Realpräsenz, den Bekenntnischarakter des Eucharistieempfangs und das gnadenhafte Fundament kirchlicher Gemeinschaft. Sie zu missachten, macht aus der Interkommunion fruchtloses Menschenwerk. Schlimmer noch: Wenn kirchliche Führer die „eucharistische Gastfreundschaft" pauschal für alle Getauften propagieren, wie sichern sie bei diesen die Gültigkeit des Eucharistie-Empfangs? Es könnte ja passieren, dass sie die „Perlen" und das „Heilige" verschleudern. Dann aber hätten sie sogar Jesu Drohung gegen sich, zertreten zu werden (vgl. Mt 7,6).

Vatersein – eine Nebenrolle?
Über Lebens- und Glaubensprobleme

Eisenstadt, 6. November 2006

Statistiken und eine Flut von Veröffentlichungen belegen, dass es beim männlichen und vor allem beim väterlichen Selbstverständnis heute kriselt. Umfragen, Detailuntersuchungen, Tiefeninterviews, Zeitungsartikel und Monografien greifen die Frage auf. Anfang September vergangenen Jahres (09.09.2005) veröffentlichte die FAZ einen ausführlichen Artikel mit dem Titel „Der verunsicherte Mann". Er führte den Mangel an Geburten nicht nur auf die Entscheidungen der Frauen zurück. Ein mindestens genauso wirksamer Grund sei – wie es heißt – der „Zeugungsstreik" von Männern. Sie könnten sich die Vorstellung, Vater zu sein, immer weniger zu eigen machen; Passivität, die von latenter Verwirrung bis zur bewussten Indifferenz reiche, lähme sie.

Soziologisch-politische Wurzeln

Die Zurückhaltung der Betroffenen kommt jedoch nicht unvermittelt und ohne Vorwarnung. Lange schon brauten sich ruinöse Widrigkeiten zusammen. Da ist zunächst ein genereller Wandel des Autoritätsverständnisses in der Gesellschaft: Galt für die Agrarstruktur etwa des 19. Jahrhunderts, dass der Sohn vom Vater seine Lebenstüchtigkeit lernte und dass Heranwachsende zu ihm aufschauten, so wissen heute junge Leute viel mehr von einem Computer als Erwachsene. Auch erlangt man in unseren Tagen gesellschaftliche Geltung nicht einfach mit der Zunahme von Jahren. Ferner braucht Autorität in einem demokratischen System freie Zustimmung; sie ist dazu noch zeitlich begrenzt und gilt keineswegs – wie in der traditionellen Familie – ein ganzes Leben lang. Nicht zu vergessen ist schließlich, dass Identität und Zueinander der Geschlechter durch Feminismus und Gender-Theorien grundlegend erschüttert sind. All diese Faktoren festigten keineswegs das männliche Selbstverständnis. Schrittmacher der Diskussion findet man in den USA. Sie versucht das Problem zu identifizieren und zu lösen. Frustration soll überwunden werden. Manche propagieren den „neuen Mann". Auch in den europäischen Breiten reagieren Psychologen und Männerforscher auf die Irritationen. Die „Brigitte-Studie" von 1985 oder neuere Untersuchungen, wie sie das *Council of Europe* 1998 in Straßburg veröffentlichte, zeigen: der „neue Mann" ist „sanfter". Männer und Väter sollen veranlasst werden, sich in Verhalten und Reaktionen den Frauen und Müttern anzugleichen. Man setzt auch für Betreuung und Erziehung der Kleinen auf „Geschlechterflexibilität": Ein Mann, der die Grundversorgung von Säuglingen und Kindern übernimmt, wird in seinem Wesen mitfühlender und menschlicher.

Den wirren Höhepunkt fand dieser Versuch, eine neue Geschlechterordnung einzuführen, in dem sog. „Gender-Mainstreaming". Ihm liegt die Behauptung zugrunde, dass Geschlechterrollen – im Gegensatz zum biologischen Geschlecht – nur angelernt sind. Propagiert und durchgesetzt hat diese Sicht ein radikaler Feminismus. Man verschweigt einfach die schrecklichen Menschenversuche des Amerikaners John Money († 2006) vor 40 Jahren: der Forscher nahm bei einem eineiigen Zwillingspaar die Geschlechtsumwandlung eines Jungen zum Mädchen vor, die schließlich Suizid beging. So können die Thesen des „Gender-Mainstreaming" weiter gesellschaftliches Denken und politische Ziele beeinflussen – etwa nachzulesen auf der Website der christdemokratischen Ministerin für Familie etc. der Bundesrepublik Deutschland, Ursula von der Leyen.[1]

Rechtsprechung

Es war vorauszusehen, dass die staatliche Gesetzgebung nicht lange brauchte, um sich der neuen Anthropologie eines militanten Feminismus zu öffnen. Frankreich, Deutschland, England und die USA schränkten das Sorgerecht für Kinder bei Männern spürbar ein. In Deutschland wurden erste grobe Neukonzepte aus den 70er-Jahren

---

1   FAZ, 07.09.2006.

des vergangenen Jahrhunderts in den 90ern zwar abgeschwächt. Aber die Nöte der Väter, denen man die Kinder vorenthält, sind u. U. nach wie vor groß. Zeitungsartikel halten fest, dass Männer „als verlassene Ehemänner und Väter zu den Stiefkindern des Rechts geworden sind"[2]. Wer wundert sich da über die Polemik der Geschädigten?

Hier die zornige Wortmeldung eines betroffenen Vaters:

> „Nun waten die Richter durch Gülle, besonders im Streit um das Sorgerecht. Viele Väter geben von vornherein klein bei, und sie sind gut beraten, die Kontrollhoheit der Mütter über ihre Kinder gar nicht erst herauszufordern. Im Löwinnenkampf ums Kind ist jedes Mittel recht, denn der raunend beschworene Mutterinstinkt verleiht jeder Skrupellosigkeit höhere Weihen. Der Karlsruher Gerichtsgutachter Ernst Ell schätzt, dass in ‚jeder dritten Streit-Akte der Vorwurf des sexuellen Missbrauchs durch den Vater eine Rolle spielt'. Oft sind es staatlich geförderte Frauengruppen wie ‚Wildwasser e. V.', die suggestiv bei der Indiziensuche gegen Väter helfen. In 95 % der Fälle in Sorgerechtsprozessen sind die Anschuldigungen frei erfunden."[3]

Neue staatliche Gesetze und Gerichtsentscheide zielten darauf, für die Heranwachsenden bessere Daseinsbedingungen zu schaffen. Das gelang nicht. Vielmehr brachte die neue Anthropologie es mit sich, dass die Zahl der Ehescheidungen kontinuierlich anstieg. Im Jahr 2000 betrug sie in Deutschland 194.000, in Österreich 19.552. Solch nüchterne, die Praxis aller Zeitgenossen beeinflussende Zahlen werden in der Regenbogenpresse und im Fernsehen orchestriert von den motivierenden Stories. Seitensprünge und Trennungen von Filmstars und Politikern, die „Rosenkriege", beschäftigen die Medien und werden ausgewalzt. In Fernsehserien haben Männer und Frauen Gelegenheit, sich gegenseitig anzuklagen und zu beschimpfen. Man streitet nicht ohne Bosheit um Geld, Wohnrechte und den Verbleib der Kinder. Und die öffentlich-rechtliche Sendeanstalt pervertiert jeden Schutz von Ehe und Familie, wenn sie solche Sto-

---

2   FAZ, 05.09.2005.
3   MATTHIAS MATUSSEK, *Verlierer sind die Väter*, in: Der Spiegel 47 (1997) 98f.

ries mit den Worten legitimiert: „Es geht um das Ja-Wort zur Trennung – wie bei der Hochzeit, so emotional, so entschieden, eben nur
umgekehrt."[4] Die Leidtragenden solcher Zerstörungswut sind die Kinder. In
Österreich etwa wurden im Jahr 2000 von den genannten Schei-
dungen 18.044 Minderjährige zu Scheidungswaisen.[5] Das Gezer-
re um sie selbst und die Streitereien der Erwachsenen machen die
Kleinen nieder. Psychologen haben beobachtet, dass die Mädchen
ihre Schmerzen eher für sich behalten; für sie stellen sich dann An-
fälle von Depressionen ein. Bei Jungen kommt es zu Lernschwierig-
keiten, zu Wutanfällen, zu destruktivem Verhalten und Tierquälerei.
Und eine schlimme Langzeitwirkung besteht darin, dass bei ihnen
sich die Hoffnung auf eine gelingende Ehe relativiert, weil sie für
eheliche Harmonie kein orientierendes Modell erlebt haben.

Wer für gesellschaftliche Entwicklungen sensibel ist, mag in
der Familienfrage eine Zeitbombe ticken hören. Der oben schon zitierte Autor, als Spiegelredakteur gewiss des Konservatismus unver-
dächtig, spricht auch die tiefer liegenden Gründe für solche Erkran-
kung der fundamentalen menschlichen Bindungen an:

Zitat:

„Eine Gesellschaft, in der die Eltern die unmittelbare Bedürf-
nisbefriedigung als Lebensrecht propagieren und jeden Frust
vermeidend aus ihren Beziehungen fliehen, brütet traurige,
ichschwache Null-Bock-Treter aus. Die gestiegene Bereitschaft Jugendlicher zur Gewaltkriminalität in Deutschland –
sie explodierte in den letzten fünf Jahren um über 100 % – ist
auch ein Echo auf die seelische und emotionale Verwahr-
losung der Elterngeneration. Die sanfte Gesellschaft, die
manche Theoretiker irgendwann außerhalb der verachteten
patriarchalischen Familie vermutet hatten, hat sich verkalku-
liert. Sie steuert auf eine Katastrophe hin."[6]

---

4   *Scheidungskampf. Beute Kind,* in: Der Spiegel 9 (2002).
5   *In Österreich werden 43 Prozent der Ehen wieder geschieden,* URL: https://www.derstan-
    dard.at/story/702324/in-oesterreich--werden-43-pozent-der-ehen-wieder-geschieden.
6   Der Spiegel 47 (1997) 101f.

Adoleszenz

Nicht nur die schulpflichtigen Kinder werden vom Narzissmus der selbstsüchtigen Erwachsenen lädiert. Die Schäden, die deren Fehlverhalten den Nachkommen zufügt, treten sogar schärfer bei den Heranwachsenden ans Licht. Und das Gewicht der Vater-Sohn-Beziehung ist erneut höchst relevant. Wie etwa eine Studie zum Rechtsextremismus zeigt, die unterschiedliche soziologische Untersuchungen zum Bild vom „neuen" Mann auswertet. Sie beschriebt die schlimmen Folgen zunehmender Abwesenheit der Väter. Deren Verlust trägt zur Verbreitung der Mythen „rechter" Orientierung bei und fördert den Wunsch nach dem starken Mann. Es könne nicht übersehen werden, dass Jugendgewalt *Jungen*gewalt sei.[7] Fehlende Identifikation mit dem Vater führt offenbar zu Macho-Gehabe und zu Gewaltbereitschaft. Die rechtsextreme Gewaltszene besteht ja ausschließlich aus Männern.

Empiriker lassen keinen Zweifel daran, dass beim Heranwachsenden auch das öffentliche Bild vom Mann und Vater prägend wirkt. Schon gesellschaftliche Zielsetzung fordert demnach zur Prüfung und Klärung des Bildes heraus, das die Öffentlichkeit von ihnen anbietet. Die in der Gesellschaft vom „Manns-Bild" herausgestellten Konturen und Eigenschaften beeinflussen nachdrücklich die Identität und das Rollenverständnis von Adoleszenten. Wir Menschen sind immerzu mimetische Wesen, besonders jedoch, wenn wir unseren Weg ins Leben suchen. Ein großer Wissenschaftler, der amerikanische Soziologe Werner Stark, stellt heraus, dass „Vatersein" vorherrschend durch die verbreitete gesellschaftliche Vorstellung vermittelt wird: Da die Natur dem Menschen wohl kaum einen Vaterinstinkt gegeben habe, werde dieser von der Gesellschaft geprägt; nicht instinktives Verhalten, sondern Vorbilder prägten sich im Heranwachsenden aus.[8]

---

7   Gunter A. Pilz, *Jugend, Gewalt und Rechtsextremismus. Möglichkeiten und Notwendigkeiten politischen, polizeilichen, (sozial-)pädagogischen und individuellen Handelns*, Münster 1994, 55ff.

8   Werner Stark, *The Social Bond II*, New York 1978, 185–191.

Mütter und Väter

Niemand von uns kann sich ein Leben lang davor schützen, auf den Stress des Alltags, auf Hilflosigkeit und Tod zu treffen. Und oft genug lehrt uns solche Verwirrung unsere Ohnmacht; dass wir nicht Herr bleiben, sondern unterliegen. Der Mensch erfährt die Kontingenz seines Daseins.

In der Angst und Bedrängnis ist es zunächst die Mutter, die von den Menschen herbeigerufen wird – im Krankenhaus, nach einem Verkehrsunfall oder auf dem Schlachtfeld des Krieges. Oft ist ja der kein Kind mehr, der nach ihr schreit. Sie ist – ganz tief hat sich das in uns verankert – die Erste, die dem Kind menschliche Nähe schenkte. Durch ihren Anruf erwacht es langsam zum Selbstbewusstsein. Es liest ihr Lächeln und ihre Hingabe, die in ihm eine liebende Antwort wecken. Mutter und Kind halten einander als „Zentren in der gleichen Ellipse der Liebe" (H. U. von Balthasar).

Aber auch dem Vater jagen wir nach, weil er Halt verspricht. Er soll uns Anker bei Bedrohung und in Verlorenheit sein. Männer wie Frauen bleiben lebenslang auf der Suche nach ihm, selbst wenn sie seine Güte entbehrten, statt sie zu erleben. Er war ihnen gegenüber abweisend oder abwesend. Wieso sehnten sie sich dennoch nach ihm? Es wäre doch zu vermuten, dass sein schlechtes Bild jedes Vertrauen zerstört hätte. Worin mögen die Gründe liegen, dass sich ihr Zutrauen am „Vater" festmachte, auch wenn der ihnen keinerlei Grund erfahren ließ?

Erik Erikson, ein angesehener US-Psychoanalytiker, hat sich besonders mit den Lebenskrisen beschäftigt, denen das Kind bei der Lösung aus seiner elterlichen Bindung ausgesetzt ist.[9] Er stellt sich diesem Problem und beleuchtet somit unsere Untersuchung in einem zentralen Punkt: Er hat herausgefunden, dass Vaterbegleitung unersetzlich ist für den Prozess, in dem der Mensch seine Identität aufbaut. Für die erste Wahrnehmung des Kleinkinds, so betont der Forscher, sind Väter zunächst einmal Nicht-Mütter, die andere Art Mensch. Wohl gehören sie zur mütterlichen Umwelt; doch sie erweisen zunehmend ihre Eigentümlichkeit. „Die Väter beeindrucken als machtvoller Widerpart der Mütter." Einzelheiten

---

9   Nachfolgendes aus Erik H. Erikson, *Der junge Mann Luther*, Reinbek 1970, 134ff.

der väterlichen Sonderstellung sind zwar vom Baby nicht klar festzuhalten; doch empfinden Kinder diese andere Art Mensch „als tief zu Ersehnendes und zugleich Furchterregendes". So gewinnen Väter einen entscheidenden Anteil an der erwachenden Identität des Kindes. Diese Kinder entdecken mit zunehmender Klarheit: Der Vater war schon da, als ich noch nicht existierte; er war stark, als ich schwach war; er sah mich, bevor ich ihn sah. „Sie (Väter) sind keine Mütter-Wesen, deren Aufgabe es ist, kleine Kinder zu betreuen; sie (Väter) lieben uns anders, gefährlicher." In diesem Eindruck, den Menschen als Kinder gewinnen, liegt wohl der Ursprung einer Vorstellung, die in Mythen und Träumen greifbar wird: die Vorstellung, dass uns die Väter vernichten können, bevor wir stark genug sind, als ihre Rivalen zu bestehen. Wir verdanken demnach den Vätern nicht nur das Leben aus der physischen Zeugung, sondern auch die Bewahrung dieses Lebens durch ihren ungefragt gewährten Schutz, durch ihre freiwillige Verpflichtung, durch die väterliche Liebe.

Vom Vater bedroht, suchen Kinder wohl Zuflucht bei den Müttern. Doch das geschieht nur, wenn die Väter nicht hinreichend oder nicht in der richtigen Weise für das Kind da sind. Wenn Kinder anfangen, den Mut zur Eigenständigkeit zu fassen; wenn sie sich vom mütterlichen Urgrund emanzipieren, in dem sie nur scheinbar immer verharren wollen: Dann gewahren die Kinder die Attribute der Männlichkeit. Sie mögen die physische Berührung des Mannes und den Klang seiner anleitenden Stimme. „Väter, die ihr Kind zu halten und zu führen verstehen, sind gleichsam Wächter über dessen autonome Existenz." Von der Gegenwart des männlichen Körpers geht etwas auf das keimende Selbst des Kindes über. Wer niemals in dieser Weise von seinem Vater oder seinen Vätern als Individuum hervorgebracht und entwickelt worden ist, dessen Selbstachtung bleibt eingeschränkt; er mag vielleicht in der Mutter den Vater suchen; doch wenn die Mutter die Vaterrolle für ihn übernimmt, wird er sie später aus diesem Grund verwünschen. E. Erikson schreibt:

> „Es gibt nämlich etwas, das nur ein Vater vermag: nur er kann das drohend Gebietende seiner Erscheinung durch das Hüteramt seiner leitenden, lenkenden Stimme ausgleichen. Nächst dem Erkennen, das ein gütiges Gesicht bekundet, ist die Bestätigung das Hauptelement des menschlichen

Identitätsgefühls. Es geht hier weniger um die Frage, ob ein
Vater im Urteil anderer mustergültig ist, als darum, dass er
greifbar ist, dass er bestätigt. Unerreichbare gute Väter sind
die schlimmsten."[10] Wenn die menschliche Nähe schon des Vaters zum Kind so folgen-
reich ist, um wie viel mehr die der Mutter. Wir reden zwar vom hohen Gut des Kindes und zielen angeblich auf sein Wohl, doch unter
der Hand verkehrt sich unsere Perspektive. Missliche Fragen müssen mindestens erlaubt sein an Politiker und ihre Modelle moderner
Kinderpädagogik: Frühkindbetreuung im Hort mit wechselnden
Bezugspersonen; Ganztagsschulen. Evtl. gefallen sie den Wählern,
evtl. helfen sie, dass die Familie finanziell überlebt. Aber sie sollten
nicht als Steigerung der „Lebensqualität" und bessere Erziehungs-
formen proklamiert werden. Die menschliche Nähe von Vater und
Mutter ist für die kindliche Seele unersetzbar. Eine Familienpolitik,
die kindliche Bedürfnisse dem Egoismus der Erwachsenen, femi-
nistischer Emanzipation und staatlicher Wirtschaftskraft opfert, se-
gelt unter falscher Flagge.

Hinweise von Denkern und Journalisten

Doch nun zurück zu unserem Blick auf den Vater. Einige Stichworte verdienten Erläuterung und Beachtung, damit die Chancen und
der Reichtum des Vaterseins vor Augen treten. Sie sollen aus Zeitgründen nur genannt sein:

- Beschenkt werden
- Überwindung von Narzismus und Egozentrik
- das Erlernen der Hingabe
- erfüllte Autorität
- Bewährung in Prüfungen
- Bestehen von Grenzerfahrungen.

Der Reichtum dieser Facetten des Vaterseins wäre darzulegen. In
einer Publikation habe ich versucht, sie zu entfalten im Rückgriff
auf wichtige Autoren unserer Geistesgeschichte wie: S. Kierkegaard,

---

10   Ebd., 136.

G. Marcel, D. von Hildebrand, E. Levinas, K. Wojtyła; J. Splett. Philosophie scheint unerlässlich für eine gediegene Behandlung unserer Frage.[11] Doch nicht nur die Denker, auch das konkrete Leben selbst vermittelt Erkenntnisse über die Komplexität des Vaterseins. Fakten überzeugen stärker als abstrakte Schlüsse. Susan Faludi, eine der führenden Feministinnen der USA und Pulitzer-Preisträgerin von 1992, hat unserer Materie eine faszinierende Reportage gewidmet.[12] Etwa zehn Jahre nach einem flammenden Appell für die größeren Rechte der Frau wollte sie die Auswirkung des neuen Frauenbildes auf die Männer erkunden. Dann legte sie 662 eng bedruckte Seiten mit ausschließlich authentischen Berichten von lebenden Personen vor. Sie sind bewegender Demonstrationsstoff. Einmal erschüttert die Autorin, wenn sie die Verwirrung im männlichen Selbstverständnis aufzeigt. Aber noch wichtiger ist wohl, was sie selbst bei ihrem Abenteuer von Nachforschungen, Begegnungen und Interviews an Neuem lernen musste: Ursprünglich hatte sie den Plan, mit Männern zu reden über Themen wie Arbeit, Sport, Ehe, Religion, Krieg und Vergnügen. Doch diese selber hätten darauf bestanden, dass die Journalistin sie über ihre Väter befragte.

Ihre Interviews konfrontieren nicht nur mit der Frustration ihrer Gesprächspartner. Sie entdeckt in den Worten der Männer auch einen Hunger, der die Welt übersteigt, eine Sehnsucht nach Transzendenz. Sünde und Versagen werden sichtbar. Und dann geschieht das völlig Unerwartete: Die Schwierigkeit, wie diese Opfer väterliches Unvermögen verzeihen können, bringt die Gottesfrage zutage. Einer der Verletzten berichtet, was eine klösterliche Einkehr im Geist der Charismatischen Gemeindeerneuerung bei ihm bewirkte. Er entdeckte den Vater Jesu Christi als seinen eigenen Vater. Und nur darum konnte er seinem leiblichen, bislang gehassten Vater wieder gut sein.[13]

Wer das konkrete Leben Betroffener sensibel durchdenkt, der mag wohl auch auf tiefes menschliches Sehnen nach väterlicher Geborgenheit stoßen. Nicht selten ruft dann die Schuld der Väter bei

---

11 Viel zu dürftig habe ich einige zur Sprache gebracht in: PAUL JOSEF CORDES, *Verlorene Väter. Ein Notruf,* Freiburg i. Br. 2002.

12 SUSAN FALUDI, *Stiffed. The Betrayal of the American Man,* New York 1999.

13 Belege in: CORDES, *Verlorene Väter,* 81–83.

den Söhnen auch den Willen zur Versöhnung wach; das Bedürfnis, neu Sohn zu werden. Nachsicht üben aber können die Leidenden nur, wenn sie ihren Groll abgeben. So führte die Ausleuchtung der Vaterproblematik schließlich zur Entdeckung der Gottoffenheit von uns Menschen.

Der heilige Franz und sein Vater

Sehr konkret durch den Blick auf die dramatische Auseinandersetzung zwischen dem heiligen Franz von Assisi und seinem Vater, dem reichen Tuchhändler Pietro di Bernardone! Der Kampf zwischen beiden ist durch Zeitzeugen und authentische Schriften sehr gut dokumentiert.[14] Zunächst bietet der Sohn das Bild eines exzentrischen mittelalterlichen Playboys. Doch bald sucht dieser unter Schmerzen den von Gott für ihn vorgesehenen Weg. Der himmlische Vater ist es, der nach dem Herzen des jungen Mannes greift und ihn durch unscheinbare Ereignisse langsam zur größeren Verfügbarkeit führt. Er wird sich aus diesem Grund mehr und mehr von seinem irdischen Vater abwenden, auch weil dieser ihn wie eine Habe aus seinem Privatvermögen verplant, ihn nicht einmal für Gottes Sendung freigeben will. Im Jahr 1206 trennt sich der schon entfremdete Sohn in Assisi auf dem Marktplatz vor der Kirche San Rufino endgültig von seinem Erzeuger, der ihn öffentlich der Verschwendung angeklagt hatte. Franziskus gibt das geforderte Geld und die Kleider zurück und sagt vor dem Bischof und den versammelten Ratsherren: „Von nun an will ich sagen können: Vater unser, der du bist im Himmel, und nicht länger sagen: mein Vater Pietro di Bernardone."[15] An der Geschichte zwischen Francesco und Pietro lässt sich ablesen, wie der himmlische Vater die Generationsbeziehung zwischen Vater und Sohn antasten und stören kann; Sohnsein hat demnach für den Blick des Glaubens notwendig mit Gott zu tun – mag sich Messer Bernardone noch so sehr gegen diese Wahrheit sträuben.

---

14   Die reichste Fundgrube liegt vor in *Fonti Francescane*, Padova 1982.
15   Ebd., Nr. 1043.

Abraham und Isaak

Anders als Pietro handelt der Vater Abraham. Wir kennen diese
bewegende alttestamentliche Geschichte. Der Patriarch übergibt
seinen Sohn Isaak ganz dem Willen Gottes. Jahwe stellt ihn – wir
können uns der Erschütterung nicht erwehren – mit einem un-
glaublichen Befehl auf die Probe: „Nimm deinen Sohn, deinen einzigen, den du liebst, [...] und bring ihn dort auf einem der Berge, den
ich dir nenne, als Brandopfer dar" (Gen 22,2). Mit diesem Ansinnen
wendet Gott Abrahams Gottoffenheit in Gottverlassenheit. Doch sie
führt Abrahams Glauben in eine Tiefe, wie sie selten anzutreffen
war in der Heilsgeschichte. Sören Kierkegaard, der dänische Philosoph, hat sie auszuloten versucht. Er hinterließ eine Studie mit dem
Titel „Lobrede auf Abraham", in der er Abrahams Verankerung in
Gott hymnisch besingt: ein „Glaubensritter", der in der reservelosen
Annahme von Gottes unergründlichem Willen „Gottes Vertrauter,
des Herren Freund wird"; der erreicht, dass er „wenn ich menschlich sprechen soll, dass er ‚Du' zu Gott im Himmel sagt". Und dann
wird Kierkegaards Gesang auf den Glauben zu einem wunderbaren
Loblied auf die Frucht solcher Gottesliebe:

> „Wer aber Gott liebt, der braucht keine Tränen, keine Bewun-
> derung, er vergisst das Leiden in der Liebe, ja so gänzlich hat
> er es vergessen, dass hinterher nicht die geringste Ahnung
> seines Schmerzes vorhanden sein würde, wenn Gott nicht
> selbst daran erinnerte; denn ER sieht das Verborgene (Mt 6,6)
> und kennt die Not und zählt die Tränen und vergisst nichts."[16]

Doch die Forderung Gottes und Abrahams Glaube geben auch Ärgernis. Menschen nehmen Anstoß an einem Gott der Offenbarung,
wenn dieser von Vätern sogar Kindesopfer fordert. Wie beispiels-
weise der bekannte deutsche Psychologe Tilmann Moser, der eine
wütende Abrechnung mit Gott herausschreit:

> „Ich habe dich, wie es mir deine Diener nahelegten, ange-
> staunt ob deiner Güte, Abraham den Isaac nicht schlachten
> zu lassen. Du hättest es ja so leicht fordern können, er hätte

---

16   Sören Kierkegaard, *Furcht und Zittern*, Reinbek 1967, 112.

es für dich getan, und mit dem Rest von Menschenwürde in deinem auserwählten Volk hätte es nur noch ein wenig fürchterlicher ausgesehen. Oder hast du vielleicht nur ein unverschämtes Glück gehabt, dass dir in letzter Sekunde die Idee kam, einen Engel an den Ort des geplanten Gemetzels zu schicken? Vielleicht wären dem guten Abraham doch noch Zweifel an den Vorteilen seiner privilegierten Beziehung zu dir gekommen, wenn ihn erst Isaacs Blut bespritzt hätte? Bei deinem eigenen Sohn warst du dann ungenierter und hast deinem Sadismus freien Lauf gelassen. [...] Ich weiß, du hast nach mageren Jahren zurzeit eher wieder Hochkonjunktur, und es könnte unfair scheinen, gerade jetzt mit dir eine kleine Abrechnung zu halten. Ich kann aber nichts dafür, wenn ich so unerhört lange gebraucht habe, dich zu durchschauen. Wie gesagt, ich hielt dich für verwest, bis ich entdeckte, dass du als Krankheit in mir weiterlebst."[17]

Wahrhaftig eine Lästerung, die den Atem verschlägt.

Gott als Vater?

Tilmann Moser und Sören Kierkegaard könnten die beiden Antagonisten des Kraftfeldes sein, in dem der Mensch von heute seine Beziehung zu Gott finden soll – der Gehorsame und der Rebell. Für beide Autoren wirkt die Erfahrung des natürlichen Vaters unübersehbar in die Gottesvorstellung hinein. Das ist festzuhalten. Und all unsere Überlegungen haben überhaupt die menschliche Lebensgeschichte des Glaubenden in den Blick zu nehmen; sie ist sehr belangvoll für menschliche Gott-Offenheit und kann den Zugang zu ihm behindern, wenn solche Vatererfahrung schlecht war. So regen uns Kierkegaard und Moser an, unsere eigene Gefühlslage zu rational zu prüfen und ihren Einfluss intellektuell zu erfassen. Damit Behinderungen gegen ihn vielleicht von indernisse für glaubendem Vertrauen ausgeräumt werden. Weise geistliche Lehrer haben ja nie das Gewicht bezweifelt, das unsere Lebensgeschichte für unsere Urteilskraft hat; denn es ist beste scholastische Wahrheit, dass

---

17   TILMANN MOSER, *Gottesvergiftung*, Frankfurt a. M. 1976, 20f.

unser Verstand von unser irdischen Wahrnehmung abhängt: „*Nihil est in intellectu, quod non prius fuerit in sensibus* – Es gibt nichts im Verstand, das nicht vorher in den Sinnen gewesen wär.“ Und was für unser Menschsein gilt, gilt gleichfalls für unser Christsein. Ich will mich zuerst dem Extrem nähern, das Tilmann Moser verkörpert. In welcher Tradition macht sich dessen Aufschrei fest? Welche Erkenntnisse und Behauptungen sträuben sich, Gott im Himmel „Vater“ zu nennen und „Ja!“ zu ihm zu sagen? Welche Barrieren Gott gegenüber treten uns im geistige Erbe der Menschheit entgegen? Verständlicherweise kann ich hier nur einige Andeutungen machen und einige Stichworte anführen, die aufklären möchten.

Schon zu Beginn des Christentums, in der jungen Kirche, wird eine überraschende Rücknahme des Vaternamens für den biblischen Gott erkennbar. Etwa beim heiligen Aurelius Augustinus, dem großen Kirchenlehrer († 430). Bei seinem intensiven Nachdenken über das Heil akzentuiert er stärker das Geheimnis Gottes „in sich“ – als jenes Gottes Handeln „für uns“, das der Vater durch den Sohn im Heiligen Geist vollzieht. Auch wenn er etwa in seinen berühmten „Bekenntnissen“ anrührend bezeugt, dass seine Liebe zu Gott die Intimität eines Kindes hat, so verzichtet er doch für diesen Gott fast immer auf den Vaternamen. Gewiss auch deshalb, weil der Name „*Pater* – Vater“ in seiner heidnischen Umwelt missverständlich war: der Begriff meinte ja für Römer und Griechen den Allvater der Götter, der Menschen und des Kosmos, nicht aber den Vater Jesu Christi.

Noch stärker als in der frühen Kirche verschattet sich die Vaterschaft Gottes in den Schriften Martin Luthers. Für ihn verliert das Bild Gottes die gütigen Züge, derentwegen das Kind den Vater sucht und ihm nahe sein möchte. Für den Reformator hat seine persönliche Lebensgeschichte dieses Problem heraufbeschworen. Sein Leiden unter seinem gewalttätigen Vater ist von Psychologen mehrfach dargestellt worden.[18] Sein Eintritt in das Kloster gegen den Willen des Vaters belastete ihn sein Leben lang. Und der Vater im Himmel erschien ihm offenbar so bedrohlich, dass er diesen Vater bei seiner ersten Messfeier nicht einmal direkt anzusprechen wagte. Er gesteht es selbst lange nach seiner Primiz:

---

18   Vgl. Erik H. Erikson aaO. 21.

„Und als ich während der Messe dabei war, das Hochgebet zu beginnen, erfasste mich ein solcher Schrecken, dass ich geflohen wär, wenn mich der Prior nicht ermahnt hätte. Denn als ich die Worte las: ‚Te igitur clementissime Pater etc. – Dich also, gütigster Vater' empfand ich, dass ich mit Gott ohne Mittler sprach; ich wollte wie Judas vor aller Augen davonlaufen. Denn wer kann die Majestät Gottes ertragen ohne den Mittler Christus?"[19]

Unser Gottesbild wird mitgeformt von unserer persönlichen, je eigenen Vatererfahrung ebenso wie von theologischen und geistesgeschichtlichen Strömungen, die viele Quellen haben. Wir müssen keinesfalls von Martin Luther beeinflusst sein, wenn wir in Gott nicht mehr länger den liebenden Vater, sondern er sich zum rohen „Keltertreter" verzerrt. Oder wenn wir nicht länger beim allmächtigen Schöpfer Hinwendung und Geborgenheit suchen. Nach dem Reformator hat der Vater der Psychoanalyse Sigmund Freud († 1939) erneut dafür gesorgt, dass sich der moderne Mensch schwertut mit seiner Vaterbeziehung und demzufolge mit seinem Gott-Vertrauen.

Freud deutet die Vater-Sohn-Bindung nach der griechischen Sage vom König Ödipus. Die Tragödie des Dichters Sophokles enthält für ihn den Schlüssel für jedes Vater-Sohn-Verhältnis. Typos des Vaters ist der König Laios, der seinen Sohn verwirft, weil dieser nach dem Orakel sein Mörder sein würde. Und das Orakel behält recht – trotz aller vom Vater getroffenen Vorsichtsmaßnahmen. Freud fasst zusammen:

„Das Schicksal des Ödipus ergreift uns nur darum, weil es auch das unsrige hätte werden können, weil das Orakel vor unserer Geburt denselben Fluch über uns verhängt hat wie über ihn. Uns allen vielleicht war es beschieden, die erste sexuelle Regung auf die Mutter, den ersten Hass und gewalttätigen Wunsch gegen den Vater zu richten; unsere Träume überzeugen uns davon."[20]

---

19   „Tischrede" vom 28.03.1537.
20   Sigmund Freud, Gesammelte Werke. Die Traumdeutung. Über den Traum, Bd. II/III, Frankfurt a. M. 1968, 26.

Kein Christ ist eine Insel. Kursierende Weltanschauungen beeinflussen uns. Sie werden vermittelt durch Medien, durch Deutungen von Geistesgrößen, durch Schriftsteller und Professoren. Oft sind sie nicht deklariert, sie kommen auf leisen Sohlen und ohne Namensschilder. Deshalb ist es gut, ihre Wurzeln zu suchen und freizulegen. Statt sich ahnungslos von ihnen vereinnahmen zu lassen von „reißende[n] Wölfen" (Mt 7,15), die sich als harmlose Schafe geben.

Wenn etwa ein katholischer Religionspädagoge die frühchristliche Häresie des „Modalismus" neu serviert und dem biblischen Vater Jesu Christi personale Realexistenz abspricht; der katholische Professor entwirklicht den Vater zu einem bildhaften Ausdruck–angeblich zur Befreiung des Menschen.[21]

Nach ihm trumpft jede Vater-Kategorie notwendig mit dem Machtaspekt auf. Die von ihr bestimmte Struktur geriere Unfreiheit. Das „Patriarchat" sei durchgängig die Quelle menschlicher Entwürdigung. Die verhängnisvolle jahrhundertelange Identifikation von Gott und Vater habe zu einer beklagenswerten Seelenverwüstung geführt. Der Mensch entbehre jedoch heute allen Raum für einen „Vater in Himmel", der ohnehin kein geoffenbartes Du sei. Folglich ist es für den Autor höchste Zeit, „dass das Gotteskonstrukt sich vom Vaterkonstrukt emanzipiert" (88). Der geoffenbarte Vater wird zum „Symbol" deklariert, das „auf eine ‚dahinter' stehende Wirklichkeit verweist, die als solche unanschaulich und unbegreiflich ist" (27). Aber der Vater kann substituiert werden. An seine Stelle tritt Jesus. Dieser ist Vater „für die Kinder" (132), macht „Gott als Vater sichtbar" (139) und gibt väterlichen „Schutzraum" (149). Der Vater wird also nicht „wiederentdeckt" – wie der Titel des Büchleins behauptet, sondern schlicht abgeschafft.

Solchem patrozidem Kahlschlag gegenüber brauchen wir den Blick auf Jesus und die Offenbarung. Immer neu setzt der Herr in Gleichnissen und direkten Belehrungen an, um unseren Blick auf Gott den Vater zu lenken. Für die vier Evangelien zählen die Wortstatistiker 170-mal den Vaternamen im Munde Jesu. Und der Sohn ist doch schließlich für uns der einzige zuverlässige Zeuge. Zum Abschluss des Prologs des Johannesevangeliums schreibt der

---

21   HELMUT JASCHKE, Gott Vater? Wiederentdeckung eines zerstörten Symbols, Mainz 1997; eingeklammerte Zahlen verweisen auf die Seiten.

Evangelist über Jesus: „Niemand hat Gott je gesehen. Der Einzige, der Gott ist und am Herzen des Vaters ruht, er hat Kunde gebracht" (Joh 1,18).

„Abba – lieber Vater"

Wenigstens für einen biblischen Begriff möchte ich schließlich noch etwas Kostbares vermerken, was wir aus Jesu Botschaft wissen und über die Identität des allmächtigen Schöpfers uns zu eigen machen dürfen – für den Begriff „Abba".
Ich stütze mich vor allem auf JOACHIM JEREMIAS, *Abba*, in: DERS., *Abba. Studien zur neutestamentlichen Theologie und Zeitgeschichte*, Göttingen 1966, 15–67, bes. 33–38 und 54–56. Bei der Deutung dieses Wortes tritt Jesu großes Vermächtnis klar ans Licht. Die Juden kennen wohl in ihren Gebeten die Anrede „Vater". Für die Zeit Jesu ist sie jedoch äußerst selten nachzuweisen. Jesus gestattet nun den Jüngern auf deren Bitte hin, sie beten zu lehren, den Vater „Abba" zu nennen. Schon damit tut er etwas durchaus Staunenswertes. Ferner hat die jüdische Vater-Anrede generell die plurale Form. Beim Evangelisten Lukas steht sie im Munde Jesu dem gegenüber im Singular: „Abba – mein Vater". Jesus gebraucht den Vokativ. Er überschreitet damit die Frömmigkeitsvorstellung seines religiösen Umfeldes beachtlich.

Allem Anschein nach schloss ein Gefühl von Abstand und Respekt Gott gegenüber bei jedem Juden schon den Gebrauch der Anrede „Vater" aus. Jesus wählt darüber hinaus für das Gespräch mit Gott gegen allen Sprachgebrauch seiner Zeit eine Vater-Anrede, mit der aramäische Kinder ihren leiblichen Vater zu nennen pflegen. Es ist doppelt neu und unerhört, wenn er diesen Schritt tut. Wir könnten sie heute etwa mit „Papa" oder „lieber Vater" übersetzen. Wir dürfen zu Gott sprechen wie ein Kind, so schlicht, innig und geborgen. Jesus räumt den Seinen ein Recht ein, das eigentlich sein eigenes Vorrecht, das des Sohnes, ist.

Gott als Vater anzusprechen, ist ein Privileg der Jünger. Der Herr befugt uns, Gott als Abba anzusprechen und gibt uns Anteil an seinem eigenen Gottesverhältnis. In der geläufigen Fassung des Herrengebetes schränkt das Pronomen „unser" den Vaterbegriff ein auf die Gemeinschaft derer, die Jesus nachfolgen. Gegenüber Außenstehenden hüllt der Herr Gott in Gleichnisse und Bildworte, und er nennt ihn keineswegs den Vater all seiner Zuhörer. So wird die Wendung „euer Vater" zur Losung der Jüngergemeinde. All ihre Glieder möchte der Herr in seine eigene Gemeinschaft mit dem Vater einbeziehen. Der Anfang des Gebetes, das Jesus seine Jünger lehrt, darf also erläutert werden mit dem Sinn, den Paulus in seinen Briefen dem Wort „Abba" – etwa Röm 8,15 – gibt: Jedes Mal, wenn ihr Gott als Abba ruft, sichert er euch zu, dass ihr wirklich seine Kinder seid. Verlasst euch auf ihn wie auf einen guten Vater.

Geistige Vaterschaft

Schon mehrfach hatte ich Gelegenheit, mit jungen Leuten über ihr Verhältnis zum Vater zu sprechen. Besonders in Lateinamerika war Betroffenheit spürbar, wenn die Auswirkung der natürlichen Vaterbeziehung auf das Gottesverhältnis thematisiert wurde; man litt ohnehin schon seelisch daran, den leiblichen Vater in Kindheit und Jugend entbehrt zu haben. Nicht nur um die Belasteten zu trösten, sondern auch, weil uns Gott wirklich Möglichkeiten einräumt, den Mangel an früher, guter Vatererfahrung im späteren Leben noch zu heilen, ist es angezeigt, kurz der Idee geistiger Vaterschaft nachzugehen.

Nicht jedes gelungene Vater-Sohn-Verhältnis hat eine biologische Basis. Es gibt auch aufrichtende Begleitung, die aus geistig begründeter Zuwendung erwächst. Schutzlose und Ratsuchende schauen nach ihr aus. Lebensmeister können sie bieten: der Rabbi oder der Starez, der Ordensstifter oder der Einsiedler, der Mönch oder der geistliche Führer, der Guru oder der Zen-Meister. Ihre Verbreitung in so vielen Biografien spricht für ihre Sinnhaftigkeit. Auf viele und sehr unterschiedliche Weise helfen sie dem Menschen, der je eigenen inneren Stimme, dem DAIMONION (Sokrates), zu folgen.

Die Lebensbeschreibungen von großen Männern und Frauen der Kirche zeigen daher die effiziente Einwirkung solcher spiritueller Begleiter: Teresa von Avila und ihre Beichtväter (u. a. Diego Cetina, Juan Pradanos, Balthasar Alvarez); Elisabeth von Thüringen und Konrad von Marburg; Vinzenz von Paul und Kardinal Berulle,

Charles de Foucauld und Abbe Huvelin. Personale Wegweiser helfen in Problemsituationen mit den veränderten Lebensumstän-
den fertigzuwerden; bislang unbekannte Einsichten in das eigene
Selbstverständnis zu integrieren; den Glauben zur Daseinsbewäl-
tigung zu stärken. Auf viele Weise können neue Weggefährten den
Mangel mildern, den fehlende Väter kosten. Demzufolge ist andererseits allen, die um des Himmelreiches willen auf eigene Kinder
verzichten, geistig-geistliche Vaterschaft eine hohe Aufgabe und ein
passender Trost.

Ein Prototyp prägender Vorbildlichkeit war vielen fraglos in
unseren Tagen die Väterlichkeit Karol Wojtyłas/Papst Johannes
Pauls II. Während diese Tatsache kaum bestritten wird, ist weniger bekannt, dass er „Gefolgschaft" auch tiefgehend reflektiert hat
und sich als Philosoph mit dem Einfluss von Leitfiguren auf deren
Anhänger befasste. Er habilitierte sich 1953 an der Theologischen
Fakultät der Universität Krakau mit einer Arbeit unter dem Titel:
„Über die Möglichkeiten, eine katholische Ethik in Anlehnung an
das System von Max Scheler zu schaffen."[22] In seiner Studie setzte
er sich gründlich mit der Vorstellung des deutschen Philosophen
Max Scheler († 1928) von geistiger Führung und Wertvermittlung
auseinander. Neben der hohen Wertung des Anthropologen setzt er
sich freilich auch von einigen Komponenten in Schelers Denksystem ab. Er vermisst etwa bei Scheler, dass Vollkommenheit sich auf
eine von der Person zu unterscheidende Wahrheit („Lehre") stützt;
für den Philosophen fällt sie mit der konkreten Form des natürlichen Vorbildes zusammen. Ferner sind die vorbildlichen Elemente für Scheler nicht unbedingt realisiert, sondern es genügt schon,
sie anzuzielen; diese Intellektualisierung nähme dem Vorbild aber
den Anreiz zu konkreter Gefolgschaft – wie sie etwa Paulus fordert
(vgl. 2 Thess 3,7.9). Und schließlich verkenne der deutsche Denker,
dass für Glaubende erst die überfließende Gnade Gottes konkrete
Vollkommenheit ermöglicht.

---

22   Vgl. KAROL WOJTYŁA, *Primat des Geistes. Philosophische Schriften*, Vatikan 1979; darin:
      Schelers ethisches System – Aufbau und Hauptprinzipien, 40–84, hier vor allem 8off.

In der Kritik an Scheler zeigt sich in Karol Wojtyła der Vollblut-Apostel, der nicht nur der Sache denkerisch auf den Grund gehen, sondern der Glaubenswahrheit in den Mitmenschen Konkretion verschaffen will. Zu Recht ist er in die Reihe derer getreten, die als Heilige den Weg zu Gott weisen durch ihre geistige Vaterschaft.

Corona-Pandemie als Glaubenstest?

CNA Deutsch, 21. März 2020

Auch wenn die Leipziger Messe für dieses Jahr abgesagt wurde, kamen doch in einigen Buchhandlungen Autoren zu Wort: „Leipzig – liest". Einer der Inhaber zu seinen ersten Gästen: „Da – dieser Stapel, das ist der alte Roman ‚Die Pest' von Albert Camus; er hat neuerdings wieder guten Absatz." „Die Pest" ist ein Klassiker der Weltliteratur.[1] Der Verfasser erhielt 1957 den Nobelpreis für sein literarisches Werk.

Die Wucht der Erzählung kann leider durch die folgende Inhaltsangabe nur verwässert werden; doch ist sie erhellend. Camus möchte in einer Chronik dokumentieren, wie „sich 194..." die Pestseuche in der Stadt Oran an der algerischen Küste ausbreitete. Dr. Bernard Rieux ist die Zentralfigur des Geschehens. Eines Morgens liegen einige tote Ratten in seinem Hausflur. Er schiebt sie nichts ahnend mit dem Fuß beiseite. Die Pest greift um sich. Alle Hoffnung auf die moderne Medizin und Hygiene können ihr kaum Einhalt gebieten. Zug um Zug wird die ganze Stadt erfasst und fordert Hunderte von Todesopfern. Doch mit Mut, Widerstandskraft und Nächstenliebe bietet der Arzt dem Fiasko die Stirn.

Später führt Camus den katholischen Priester Paneloux ein, um die Relevanz von Religion bei Katastrophen zu erörtern. In einem Gespräch Dr. Rieux' mit dem jungen, politisch engagierten Tarrou fällt dessen Name. Und der Mediziner macht keinen Hehl aus seinem Atheismus: Wenn er selbst an einen allmächtigen Gott glaubte, würde er aufhören, die Menschen zu heilen; er könnte diese Sorge ihm überlassen.[2]

---

1   Hier beziehe ich mich auf die Ausgabe: rororo Taschenbuch 1953.
2   Ebd., 72.

Unermüdliche Solidarität

Angesichts der gegenwärtigen Corona-Pandemie haben Politik und Gesellschaft alle Kräfte zu ihrer Eindämmung und Überwindung gebündelt. Einsatz wie Eifer sind umwerfend und musterhaft. Die Medien überschlagen sich, Informationen vorzutragen, zur Vorsicht zu mahnen, Maßnahmen der Politiker weiterzureichen. In der Führungsetage eines Pharmakonzerns musste ein Vorsitzender den Hut nehmen, weil er beim Suchen eines Impfstoffes die europäischen Interessen missachtet hatte. Der atemlose Kampf von Bernard Rieux gegen die Pest scheint sich heute zu wiederholen – nicht im algerischen Oran, sondern weltweit. Doch reicht für Christen schon der Stapel Bücher „Die Pest" an der Tür des Buchgeschäfts? Begnügen sich Christen mit der gleichen Motivation, wie sie Camus' Protagonist erkennen lässt? Wären in der Corona-Pandemie nicht ihre Augen vielleicht doch zum Himmel zu erheben und wäre von Gott nicht zu reden, obwohl er schweigt?

In den veröffentlichten Statements der deutschen Bischöfe überwiegen Dankbarkeit gegenüber Ärzten und Helfern, Ermutigung zur Verfügbarkeit im Dienst am Nächsten und Bestärkung in humanitärer Disziplin. Etwa: Es sei eine schlimme Nachricht, dass die aktuelle Lage keine öffentlichen Gottesdienste mehr zulasse. Doch seien Solidarität und Vorsicht geboten. Das Ansteckungsrisiko sei zu vermindern, besonders bei Kranken, gegenüber Alten und Schwachen. Die Katholiken werden aufgerufen, Verständnis zu zeigen. Die Kirche sei Teil der Gesellschaft und müsse ihren Beitrag leisten. So oder ähnlich klingen die Anweisungen, mit denen die geweihten Hirten den Ausfall der Gottesdienste bekannt machen.

Geistliche Denkanstöße kann man in den Verlautbarungen nur mit Mühe entdecken. Da und dort kommt die Anregung zum Gebet. Das Wort „Gott" wird fast immer vermieden. Generell herrscht ein nüchtern-gesellschaftlicher Verordnungsstil. Obschon doch die Gläubigen ein wenig Licht aus dem Glauben fraglos nötig hätten. Die gesellschaftlichen Medien gehen ja ausführlich den greifbaren Daten und Ursachenketten nach. Doch können sie allein die Pandemie in Gänze deuten? Rufen sie nicht nach Ergänzung?

Erinnerung und Erkenntnis

Die kirchliche Tradition hat in Seuchen mehr gesehen als eine technische Herausforderung. Sie kennt viele Situationen menschlicher Bedrängnis, in denen sich der laute Notschrei zu Gott erhob. Er durchdrang Deutschland vor allem, als unser Land von der Pest heimgesucht wurde. Der „Schwarze Tod" schlug immer wieder zu vom 14. bis zum 19. Jahrhundert. Weil Glaubende ihr Leben und Schicksal nicht ohne den Allmächtigen deuteten, flehten sie in ihrem Elend Gott an. Und sie beschworen ihn, indem sie sich Maßnahmen und Formen ausdachten, die sie tiefer in Glaube und Gott verankern sollten. Manche von ihnen wurden auch als wiederkehrende Bitte um Schutz für die Zukunft feierlich gelobt. So kam es zu Bräuchen, die sich teils bis heute durchgetragen haben. Etwa die Passionsspiele in Oberammergau, die in diesen Tagen wieder in aller Munde sind. Als 80 Einwohner des Dorfes 1633 der Seuche zum Opfer gefallen waren, versprachen die Überlebenden: Sie wollten alle zehn Jahre das „Leiden und Sterben Jesu Christi" aufführen; sie wollten durch ein Schauspiel auch als Mitwirkende eine tiefe, innere Begegnung mit Christi Passion selbst erfahren und eine Begegnung mit ihm vielen anderen Menschen ermöglichen. Von 1634 an wurde im Ort kein Pesttoter mehr verzeichnet.

Andernorts entstanden in Deutschland Gottesdienste und Prozessionen aus derselben Hinwendung zu Gott; nur wenige können hier erwähnt werden: Passionsspiele in Markt Schierling/ Bayern, im unterfränkischen Sömmersdorf, in Oberschwarzach bei Schweinfurt, Hallenberg im Hochsauerland oder Amberg nahe Nürnberg. Auch die in ganz Europa errichteten „Pest-Kreuze" bekunden dieselbe Bitte und den gleichen Dank. Ich habe persönlich zwei von ihnen aus meinem Heimatort in Erinnerung, die leider inzwischen dem Straßenbau zum Opfer fielen.

Solcher Glaube veranlasste auch Papst Franziskus am 3. Fastensonntag 2020, die Quarantäne des Vatikans zu verlassen und in Rom über die Via del Corso zur Kirche San Marcello zu gehen. Er besuchte in ihr ein uraltes Kruzifix. Der Gekreuzigte half nach der Überzeugung der Römer im Jahr 1522, die Stadt von der Pest zu befreien. Schon Papst Johannes Paul II. hatte sich ihn im Heiligen

Jahr 2000 zum Erweis besonderer Verehrung gewählt – nicht in Qualen einer Epidemie, sondern beim großen Schuldbekenntnis unter der Last der kirchlichen Sünde: Am ersten Fastensonntag umarmte er den Gekreuzigten am Hauptaltar der vatikanischen Basilika. In seinem sehr persönlichen Gebet erbat er, stark zu sein für den Lebenskampf. Dann heißt es:

„Oft denke ich leider nicht an deinen Schmerz und trage dir nur den meinen vor. Und du legst deine Hand auf mich und tröstest mich. Heile meine Wunden mit deiner Liebe; nimm mich in deine Arme und lass mich dein Herz spüren, das brennt in Liebe zu mir."

Ganz ohne Frage ist es die Erfahrung von Ohnmacht und Mühsal, die manche zu Christus treibt. Der Volksmund bringt es auf die knappe Formel: „Not lehrt beten". In der Nähe des Erlösers mag sich dann unsere bekümmerte Bitte wandeln. Christi Liebe ergreift uns neu. Und vielleicht wird die Begegnung mit seiner Liebe zur Anfrage an die eigene Liebesfähigkeit. Plötzlich werden wir unserer eigenen Erlösungsbedürftigkeit inne, und sie erschüttert uns. Der Apostel Petrus hat das beispielhaft erlebt.

Bei der Berufung der ersten Jünger am See Genezareth erkennt Simon nach dem wunderbaren Fang etwas von der Macht und Göttlichkeit des Jesus von Nazareth. Verwirrung befällt ihn. Doch seine eigene Erbärmlichkeit verleitet ihn nicht, sich in sein Ich zu verkriechen. Er sucht den Herrn, fällt ihm zu Füßen und bittet – paradoxerweise; denn er brauchte doch gerade seine Nähe: „Herr, geh weg von mir; ich bin ein Sünder" (Lk 5,1-8). Sein Blick des Glaubens zielt auf die Gemeinschaft mit dem Herrn; angesichts von Christi Heiligkeit hat er das Ausmaß seiner Schuld wahrgenommen. So können jeden Glaubenden Betroffenheit und Ratlosigkeit – je nach Umständen – innerlich aufbrechen. Dann mag er aus Gnade den Vater im Himmel um Erlösung und Bekehrung anflehen.

Kerker der Immanenz

Da und dort wurde die Frage geäußert, ob Gott in der Pandemie auf unsere Sünden reagiere. Die Frage weckte wütende Kritik und lauten Protest. Ein Bischof äußerte: „Coronavirus als Strafe Gottes zu bezeichnen, ist zynisch." Das Verdikt träfe fraglos zu, würde man bei jedem einzelnen Infizierten das Siechtum auf eine persönliche Sünde zurückführen; das Johannesevangelium sagt ja bei der Heilung des Blindgeborenen unmissverständlich, nicht alle Krankheit hat ihren Grund in der menschlichen Sünde (vgl. Joh 9,1ff.). Doch Gottes Wort bekundet andererseits auch klar, dass gott-widriges Leben Krankheit nach sich ziehen kann. Verlässliche Exegeten stellen fest: „Krankheit ist der Sünde Sold" (Wilhelm Stählin † 1975). So lehrt es etwa die Perikope von der Heilung des Gelähmten in Kafarnaum, die die Verknüpfung von Krankheit und Sünde unabweisbar macht (vgl. Mk 2,1ff.). Augenfälliger noch ist die Beschuldigung des Paulus, Glieder der Gemeinde von Korinth würden den Leib des Herrn unwürdig empfangen; und aus diesem Grunde „sind unter euch viele schwach und krank" (1 Kor 11,30). Andererseits ist dem Apostel freilich auch Gottes Eingriff zur Heilung vor Augen: Nicht allein durch irdische Hilfe widerstand sein Mitstreiter Epaphroditus einer lebensbedrohenden Krankheit. Es „war Gott, der sich seiner erbarmt hat" (Phil 2,26f.).

Demnach schließt die Bibel bei Fällen von Krankheit und Heilung Gott nicht aus. Ein Nexus kann auch für die Pandemie nicht gestrichen werden. Noch viel verderblicher als solche Korrektur des Gotteswortes wirkt sich dann aber eine Philanthropie aus, die Gott die Züchtigung überhaupt untersagt: „Die Vorstellung von einer göttlichen Bestrafung gehört nicht zur christlichen Vision – auch nicht in so einer dramatischen Situation, wie wir sie gerade erleben" (Radio Vatikan deutsch, 8. März 2020). Wer Gottes Liebe so vollmundig entstellt, der verurteilt besserwisserisch die Volksfrömmigkeit von Jahrhunderten. Er hat Gottes Wort gegen sich, in dem es heißt: „Gott behandelt euch wie Söhne. Denn wo ist ein Sohn, den sein Vater nicht züchtigt?" (Hebr 12,7). Und was am tiefsten bestürzt: Solche Tröster verschließen nicht nur Kirchtüren, sondern den Himmel. Gott ist aber nicht apathisch.

Unser Auftrag

Wie gut, dass der Bischof von Ars/Frankreich ‚Pascal Roland, die Seuche anders kommentierte. Sie habe eine kollektive Panik erzeugt und unsere verzerrte Beziehung zur Realität des Todes enthüllt. Dann seine Frage, die nach noch tieferen Motiven forscht:

„Zeigt sie nicht die beunruhigenden Auswirkungen des Verlusts von Gott? Wir wollen die Tatsache verbergen, dass wir sterblich sind, und weil wir uns verschlossen haben in die geistige Tiefe unseres Ichs, verlieren wir uns."[3]

Glaubende machen sich fraglos wie alle Mitbürger die hygienischen, medizinischen und politischen Vorstöße gegen die Epidemie zu eigen. Für Fachleute ist dabei irdische Eindimensionalität unumgänglich. Doch heilsgeschichtliches Denken lässt sich nicht auf Diesseits-Praktisches verkürzen. Christen sind gerufen, Empirisches zu hinterfragen. Wenn Medikamente fehlen, wenn Krankenhausbetten nicht ausreichen, wenn Zwangsisolation jemanden mit unbestimmter Angst und mit seiner eigenen Ohnmacht bedrückt – dann durchschauen viele die Brüchigkeit aller menschlichen Hilfen. Der Christ mag hierauf vielleicht die Nähe Gottes suchen und sich ihm – im Augenblick der Gnade wie Petrus – neu ausliefern. Bischof Pascal von Ars hat die richtige Frage gestellt.

In seinem Roman „Die Pest" beschreibt Albert Camus einen Heroen, der aus eigener Kraft einer Stadt den Lebenswillen erhält und einen Großteil ihrer Bewohner vor dem Tod bewahrt. Im Angelpunkt des Romans bekennt der Dichter sein einziges Problem: Wie man ohne Gott ein Heiliger sein könne. Camus will auf Gott verzichten. Wenn er es nicht gar für geboten hält zu verhindern, dass Helfer der Menschheit auf ihn setzen.

Obwohl doch „Pest" und „Corona-Pandemie" uns Menschen letztlich ohne Antwort lassen, weil sich Gott verhüllt hat! Jedenfalls lehrt das der heilige Johannes Paul II. Er hat in seinen Mittwochsaudienzen vor Jahren schon über den Prophet Jeremia des Alten Bundes gesprochen, einen Mann voll leidenschaftlichen Mitgefühls für sein Volk und Gottes unbeugsamer Zeuge. Der Seher tritt in einer

---

3   Diözesan-Portal, 02.03.2020.

seiner Klagen vor uns hin – niedergedrückt vom grauenhaften Leid, das die Seinen getroffen hat: Es herrscht lebensbedrohender Hunger als Folge der Dürre; zum Himmel schreit das Feld der Leichen, die der Krieg auftürmte. Jeremia ist tränenüberströmt, als er beides beschreibt. Und Johannes Paul II. dringt weiter ein in den Text: Bedrohung und Zerstörung unseres Lebens wären noch nicht die schlimmste aller Tragödien, die uns betreffen könnten. Es gäbe eine noch größere Katastrophe. Jeremias Frage drücke sie aus: „Hast du denn Juda ganz verworfen, wurde dir Zion zum Abscheu?" Dann nimmt der Papst gleichsam Dr. Rieux' Wort aus der „Pest" wieder auf und seufzt: Die schrecklichste Not des Menschen sei „die des Schweigens Gottes, der sich nicht mehr offenbart und sich scheinbar in seinem Himmel eingeschlossen hat, so als sei er des menschlichen Tuns überdrüssig". Aus diesem Grunde fühlten sich so viele Menschen alleingelassen, verloren und voller Furcht.[4]

Covid-19 nötigt uns Christen, zu Gott zu rufen und ihn zu verkünden – um den Glauben in uns selbst zu stärken und um Gott in der Welt von heute nicht aussterben zu lassen – und wären wir auch nur ein „heiliger Rest" (vgl. Jes 4,3).

---

4   Katechese am 11.12.2002 zu Jeremia 14,17-21.

Gottes Herrlichkeit und die „Werte auf dem Rücken"

CNA Deutsch, 30. April 2020

Die Corona-Pandemie veranlasste besonders die Politiker, alle im Dienst der Gesundheit Stehenden um ihren unermüdlichen Einsatz zu bitten. Die ersten Appelle der geistlichen Hirten setzten ähnlich ihren Akzent beim Dank an Ärzte und Pflegepersonal und ermahnten zum Einhalten der staatlichen Ordnungsvorschriften. Anspielungen auf Glaubenselemente und Gebet traten erkennbar zurück. Dann kam die „Heilige Woche", und Prediger wie öffentliche Beter vergaßen nicht, Jesus Christus zu erwähnen – freilich vorwiegend, um Leid und Elend in der Welt zu thematisieren. Man besprach und betrachtete Krankheit, Flucht, Krieg, Ausbeutung und Naturzerstörung bei den Menschen. Die Repräsentanten der Kirche blieben im Horizont öffentlicher Meinung und kommentierten gemeinhin weltliches Geschehen.

Zweifelsohne hat das Gleichnis vom „Barmherzigen Samariter" das moderne Denken stärker geprägt als die anderen biblischen Weisungen; für Papst Benedikt ist der Gedanke der Barmherzigkeit sogar ein „Zeichen der Zeit" (Lk 12,54-56), das zu beachten der Herr selbst anmahnt.[1] Wer freilich die humanitäre Sorge zum Kern christlicher Botschaft machte, verkürzte sie bedenklich. Die Hinwendung zum Mitmenschen unterschlüge Sünde und Erlösung. Nächstenliebe verkümmerte zur „Philanthropie" – jenem Gutsein, das seit dem römischen Kaiser Julian Apostata das „adäquate Gegenstück zum christlichen Liebesbegriff"[2] ist. Christliche Barmherzigkeit beinhaltet mehr als helfende Menschlichkeit – mögen sich auch beide überschneiden. Und wer Jesus Christus als Prototyp des Humanismus in Umlauf bringt, mag zwar heute *„en vogue"* sein. Doch ist solche Beliebtheit nicht von der biblischen Offenbarung gedeckt. Gottes Wort zeigt auf, was alles bei solchem Manöver auf der Strecke bleibt. Genauigkeit ist fällig.

---

1   La Stampa, 16.03.2016.

2   RUDOLF REHN, Art. *Philanthropie*, in: HWPh VII, 543–552, hier: 547.

Israels Delegation und Untreue

Für eine der Quellen des Alten Testaments, den Elohisten, wurde Israel aus der damals lebenden Völkervielfalt herausgenommen, um ganz in den Dienst Gottes zu treten. Gott selber trifft die Wahl: „Jetzt aber, wenn ihr meine Stimme hört und meinen Bund haltet, werdet ihr unter allen Völkern mein besonderes Eigentum sein" (Ex 19,5). Der allmächtige Schöpfer hat sich geneigt, Israel als seinen Vertragspartner anzunehmen. „Nur euch habe ich erwählt aus allen Stämmen der Erde" (Am 3,2). Der Schritt, den er tut, zielt aber nicht nur auf Israel; aus ihm folgt auch Heil und Gericht der Menschheit: „Segnen will ich, die dich segnen, und wer dir flucht, den will ich verfluchen" (Gen 12,3). Israel wird Gottes Delegierter unter den Völkern. Solche Sendung gereicht Israel zu höchstem Ruhm. Dabei bleibt Jahwe selbst der eigentliche Träger, dass dies Volk herausgehoben ist: Seine unvergleichliche Mächtigkeit soll in der Geschichte augenscheinlich werden: „So will ich am Pharao [...] meine Herrlichkeit erweisen" (Ex 14,17). Später verkündet der Prophet Ezechiel, Jahwe enthülle einen Teil seines übernatürlichen Wesens und offenbare seine KABOT, seine Herrlichkeit: Der Seher schaut sogar den geöffneten Himmel (vgl. Ez 1,1ff.).

Trotz solch unglaublicher Annäherung bleibt Gottes Volk zu Ehrfrucht und Scheu genötigt. Vor allem aber darf es mit Gottes Schutz und Beistand rechnen. So betet der Psalmist: „Um der Ehre deines Namens willen [...] reiß uns heraus und vergib uns die Sünden! Warum dürfen die Heiden sagen: ‚Wo ist nun ihr Gott?'" (Ps 79,9f.) Oder: „Du wirst dich erheben, dich über Zion erbarmen; [...]. Dann fürchten die Völker den Namen des Herrn und alle Könige der Erde deine Herrlichkeit" (Ps 102,14.16).

Und die Antwort des Volkes auf solch einmalige Gunst? Es verstößt fortlaufend gegen die versprochenen Abmachungen. Einer der Gottesmänner klagt: „Weh dem sündigen Volk, der schuldbeladenen Generation, der Brut von Verbrechern, den verkommenen Söhnen. Sie haben den Herrn verlassen, den heiligen Israels haben sie verschmäht und ihm den Rücken gekehrt" (Jes 1,4). Oder ein anderer: „Weil sie die Weisung des Herrn missachteten und seine Gesetze nicht befolgten, weil sie sich irreführen ließen von ihren

Lügengöttern, denen schon ihre Väter gefolgt sind, darum schicke ich Feuer gegen Juda, es frisst Jerusalems Paläste" (Am 2,4). Das Volk ist nicht treu.

Der Heilige selbst heiligt Israel und die Völker

So muss denn Gott selbst sein Volk läutern und die Entlaufenen zu sich zurückführen. Ezechiel verkündet: „Meinen großen, bei den Völkern entweihten Namen, den ihr mitten unter ihnen entweiht habt, werde ich wieder heiligen. Und die Völker – Spruch Gottes, des Herrn – werden erkennen, dass ich der Herr bin, wenn ich mich an euch vor ihren Augen als heilig erweise" (Ez 36,23). Oder: „Meinen Namen offenbare ich meinem Volk Israel, ich will meinen heiligen Namen nie mehr entweihen. Dann werden die Völker erkennen, dass ich Herr bin, heilig in Israel" (Ez 39,7). Das Motiv Gottes für solche Heiligung Israels ist sehr bedenkenswert. Des Volkes Frevel erzürnen Gott gleichsam nur sekundär. Gravierender ist stattdessen, dass Gottes Name unter den Völkern beschmutzt wird. In Ägypten ließ er Israel seinen Zorn nicht spüren – nicht um die Abtrünnigen zu schonen, sondern der Ehre seines eigenen Namens wegen: „Ich wollte ihn nicht entweihen vor den Augen der Völker, in deren Mitte Israel lebte" (Ez 20, 9.14.23). Um seiner eigenen Glorie willen wirkt er große Taten, durch die das Volk seiner Heiligkeit innewird: „Wenn das Volk sieht, was meine Hände in seiner Mitte vollbringen, wird es meinen Namen heilig halten. Es wird den Heiligen Jakobs als heilig verehren und erschrecken vor Israels Gott" (Jes 29,23). Der Angelpunkt für das Geschick seines Volkes ist er selbst; es repräsentiert ihn. Er soll als Heiliger erkannt und gesehen werden, und zwar über Israel hinaus. „Das Volk, das ich mir erschaffen habe, wird meinen Ruhm verkünden" (Jes 43,21). Das ist Israels Sendung. Verschleudert es aber den wahren Sinn seiner Erwählung, vermindert sich dadurch unter den anderen Völkern Gottes Geltung und Zauber. Für Israel bedroht die eigene Schlechtigkeit demnach den tiefsten Grund seiner Erwählung, weil die Strahlkraft Gottes selbst unter den Völkern und der Glaube an IHN zerfällt. Sein Name wird vergessen.

Israel erkannte in seiner Geschichte gegenüber den anderen Stämmen und Ethnien sein spezifisches „Nahverhältnis" zu Gott. Solcher Vorrang gilt zunächst jedoch nur sekundär ihm selbst und ist darum kein Grund, sich über andere Gruppen zu erheben. Dennoch ist es herausgenommen. Es ist ausgezeichnet, ganz im Dienste Gottes zu stehen. An ihm lässt sich somit das Handeln Gottes mit der Menschheit ablesen; es ist Gottes „Paradigmavolk der Weltgeschichte". Jüdische Gelehrte sehen für die rabbinische Epoche in Israel den Advokat Gottes auf Erden. Die Korrelation zwischen Gott und Israel ist gar so eng, dass Kenner urteilen: „Israels Schicksal wurde selbst für das Schicksal Gottes in dieser Welt als entscheidend erachtet. Israel ist der Kooperator Gottes."[3]

Gerhard von Rad berührt in seiner großen „Theologie des Alten Testaments" immer wieder diese untrennbare gegenseitige Verwiesenheit Gottes und seines Volkes. Einmal schreibt er:

„Damit, dass Jahwe Israel sammelt und in sein Land zurückbringt, ‚heiligt sich Jahwe vor den Völkern' (Ez 20,41). Das ‚Sichheiligen' ist also viel mehr als nur etwas Innerliches oder etwas Geistiges; es ist ein Geschehen, das sich in der breitesten politischen Öffentlichkeit ereignen und das von den Völkern dann auch wahrgenommen wird. Jahwe ist es seiner Ehre schuldig [...]."[4]

Israel ist auserwählt, um Gottes Heiligkeit unter den Völkern sichtbar zu machen. Da es sich oft verfehlt, muss Gott immer wieder strafend eingreifen. Er heiligt sich, indem er Israel züchtigend heiligt. In den Ausersehenen hat er einen Ort in der Geschichte der Menschheit. Die Heiligkeit des erwählten Volkes soll das Zeichen sein: Gott ist, und er will den Menschen nahe sein.

---

3   Vgl. auch KURT SCHUBERT, *Die Religion des Judentums*, Leipzig 1992, 57–73.
4   GERHARD VON RAD, *Theologie des Alten Testaments*, Bd. 2: *Die Theologie der prophetischen Überlieferung Israels*, München 1960, 250f.

Säkularisierung

Christus, Gottes Sohn, macht im Neuen Bund Gottes Verheißung und die Verpflichtung seines Volkes keineswegs hinfällig. Er bekundet hingegen: Gottes Handeln mit Israel ist nicht ins Leere gestoßen. Jesus von Nazareth ist ihre Erfüllung. Gott und seine unvergleichliche Größe haben in Jesus von Nazareth endlich das angemessene Gegenüber gefunden. Nach Jesu Heilstat kann der Apostel Petrus auf dem Tempelplatz in Jerusalem verkünden, Gottes Bund dauere fort und nun sei das Neue Israel sein Vertragspartner und Repräsentant:

> „Ihr seid die Söhne der Propheten und des Bundes, den Gott
> mit euren Vätern geschlossen hat, als er zu Abraham sagte:
> Durch deinen Nachkommen sollen alle Geschlechter der Erde
> Segen erlangen" (Apg 3,25).

So treten in Christus auch die Seinen das Erben von Jahwes Heilsverheißung an. Und auch sie haben die vorrangige Pflicht, Gottes Heiligkeit und das Gedenken an ihn unter den Völkern wachzuhalten.

Im 3. Jahrtausend übersteigt das überkommene Gebot offenbar unser aller Kräfte. „Gott-Vergessenheit" kennzeichnet unseren geistigen Horizont. Wohl garantiert uns der Apostel Paulus nach wie vor, dass Gottes unsichtbare Wirklichkeit „an den Werken der Schöpfung wahrgenommen werden" (Röm 1,20) kann. Doch eine neue Weltanschauung verdunkelt solche Zusicherungen heute mehr als je zuvor. Sie prägt die Optik der Menschheit, auch die der Christen. Sie verführt die Geschöpfe, sich zu befreien von der „Schaffung der Idee Gottes – dem Produkt der Projektion des Menschengeistes" – so kennzeichnet der Philosoph Augusto Del Noce († 1989) das neue Selbst- und Weltverständnis, das sich „Säkularisierung" nennt.[5]

Als Reaktion hat sich darum der Christ in unseren Tagen wach und bewusst der alttestamentlichen Offenbarung über Größe und Majestät Gottes zu erinnern, damit sein Gott- und Weltverständnis von der Offenbarung gelenkt ist. Den ersten Christen, die ja aus dem Judentum kamen, war Gottes Hoheit präsent als eine Binsen-

---

5   Giacomo Marramao, Art. *Säkularisierung*, in: HWPh VIII, 1133–1161, hier: 1150.

weisheit. Aber heute! Gottes alttestamentliches Selbstbild ist wieder
zu entdecken. Mit großer Deutlichkeit insistiert ein bedeutender
nicht-katholischer Wissenschaftler – erstaunlich, weil es im Protestantismus eine Tradition der ungebührlichen Relativierung des
Alten Testaments gibt – wörtlich:

> „Für uns alle als christliche Lehrer und Verkündiger bedeutet
> das, dass wir das Alte Testament unaufhörlich durchforschen
> und kirchlich lebendig machen müssen, um Jesus und das
> Evangelium selbst zu verstehen und anderen verständlich zu
> machen." In Beachtung des alttestamentlichen Gotteswortes
> könne der heutige Mensch erkennen, „wir schulden uns Gott
> ganz und gar, werden dieser Verpflichtung aber in keiner
> Weise gerecht"[6].

Jesus – „ganz" mit Gott

Lassen wir uns vom Alten Testament so das Licht für die Begegnung mit dem Neuen geben, dann enthüllt auch das Neue Gottes
Rang und Größe. Als die Jünger von Jesus beten lernen wollen, lehrt
er sie als Erstes die Bitte an den Vater, sein Name solle geheiligt
werden (vgl. Lk 11,2). Er macht wohl eine Anleihe an das jüdische
Kaddisch-Gebet. Dies war vor allem im Gottesdienst der Synago-
ge üblich und ihm seit Nazareth vertraut: Jahwes alttestamentliche Majestät wird gegenwärtig, wenn es mit den Worten beginnt:
„Erhoben und geheiligt werde sein großer Name auf der Welt, die
nach seinem Willen erschaffen wurde." Verherrlicht wird Gott demnach, wenn seine „Heiligkeit" sichtbar und bestimmend wird. Jesus
möchte des Vaters „Gott-Sein" fördern. Er verbindet die Hoheitswor-
te mit der vertrauensvollen Anrede ABBA, die neutestamentliche
Nähe einbringt. Dabei beinhaltet die Bitte, dass Gott selbst solche
Heiligung bewirke; die grammatikalische Form ist das *passivum
divinum"* – eine Umschreibung dafür, dass Gott selbst am Werk ist.

---

6   Peter Stuhlmacher, in: Peter Kuhn (Hg.), *Gespräch über Jesus. Papst Benedikt XVI.
     im Dialog mit Martin Hengel und Peter Stuhlmacher*, Tübingen 2010, Diskussion 86–113,
     hier: 102f.

Wohl soll auch das Geschöpf Gottes durch die Gebotserfüllung zu Gottes Achtung beitragen; doch überragt Gottes Heiligkeit und Ansehen alle menschlich erreichbaren Ausmaße.

Gleichsam als Echo auf die genannte Vater-unser-Bitte lautet des Vaters Ausspruch im Johannesevangelium: „Ich habe ihn (sc. meinen Namen) schon verherrlicht und werde ihn weiter verherrlichen" (Joh 12,28). Der Evangelist weist ihn einer „Stimme vom Himmel" zu. Des Vaters Herrlichkeit, die tiefste Sehnsucht Jesu, wird diesem in einer unmittelbaren Gottesoffenbarung zugesichert. Klarer kann das Ziel aller Offenbarung – Gottes Herrlichkeit – wohl nicht ins Wort gebracht werden als durch solche Gebets-Korrelation. Und sie bekundet zugleich den inneren, unlösbaren Nexus zwischen Vater und Sohn. „Das Verhältnis Jesu zum Vater verträgt keine Gottes Transzendenz sichernde Entfernung", so der hoch geachtete Exeget Rudolf Schnackenburg zu dieser Stelle.[7]

a) Gesandter des Vaters

Wenn heute von Religionen die Rede ist, wissen wir große Stifter und Menschheitslehrer zu nennen – etwa Zarathustra, Buddha, Laotse oder Mahomed. Sie verbreiteten Regeln, wie der Weg der Wahrhaftigkeit zu finden sei; hinterließen eher philosophische Grundsätze über die Kraft der Reinheit und der Vollkommenheit menschlichen Geistes. Unter ihnen kennt der Gründer des Islam auch den höchsten Herrscher „Allah" – doch der Name „Vater" findet sich nicht unter den ihm zugesprochenen 99 Namen. Bei Christen wird Jesus Christus hingegen im *Credo* bekannt als der „eingeborene Sohn Gottes, aus dem Vater geboren vor aller Zeit". Er ist demnach in die genannte Reihe der Religionsstifter nicht integrierbar – jedenfalls nicht, wenn wir uns vom Glauben der ersten Christen und der katholischen Kirche leiten lassen; dann zeigt uns Jesu Christi Vermächtnis verlässlich die Wahrheit des Christseins.[8]

Jesu Heilswerk für uns gründet im himmlischen Vater. Mochte man im flehentlichen Gebet des Sohnes am Ölberg und in seiner

---

7 Rudolf Schnackenburg, *Das Johannesevangelium II*, Freiburg i. Br. 1971, 487.
8 Vgl. zum folgenden Hans Urs von Balthasar, *Mysterium Paschale*, in: Johannes Feiner, Magnus Löhrer (Hg.), *Mysterium Salutis. Grundriß heilsgeschichtlicher Dogmatik. 3.2 Das Christusereignis. Zweiter Halbband*, Einsiedeln 1969, 133–326, hier: 269ff.

Gottverlassenheit am Kreuz noch eine Spannung zwischen väter-
lichem und jesuanischem Willen vermuten, so wird sie im Gehorsam des Sohnes zum gemeinsamen Fundament beider für unsere Erlösung. Überhaupt darf der Vater als Träger unserer Rettung
nicht übersehen werden. Er ist es, der „seinen eigenen Sohn nicht
verschont, sondern ihn für alle dahingegeben hat" (Röm 8,32). Er
war es auch, der Jesus „von den Toten erweckt hat" (Apg 3,15 u. ä.),
und zwar war es des Vaters „Herrlichkeit" (Röm 6,4), die ihn auferweckte. So realisiert sich die alttestamentliche DOXA nun definitiv.
Das Attribut „der Jesus von den Toten auferweckt hat" (Röm 8,11;
2 Kor 4,14; Gal 1,1) wird gleichsam zu „Gottes Ehrenname" (H. U.
von Balthasar). In dieser Weise ist es der Vater, der den Sohn vor der
Welt verherrlicht; er bestätigt ihn und inthronisiert ihn zum Pan-
tokrator. Der Vater selbst bekundet in solchem Handeln die letzte
Rechtfertigung für die Wahrheit seiner Offenbarung und für die
Wahrheit von Jesu Leben. Er führt den Prozess fort, den die Welt
nur scheinbar gegen sein Wort gewonnen hat, den sie dann jedoch
in Christi Sieg endgültig verliert.

> „Da der Sohn das Wort des Vaters ist, zeigt der Vater, indem er
> den Sohn als den gerechtfertigten, verherrlichten erscheinen
> lässt, sich selbst. Die Erscheinungen des Auferstandenen sind
> Selbstdarbietungen Gottes durch ihn."[9]

Und der Sohn: Er hat in göttlicher Souveränität das „Leben in sich
selbst" (Joh 5,26), weil der Vater es ihm gegeben hat. Das Trini-
tätsgeheimnis offenbart sich, da die Person des Sohnes die in ihm
erscheinende Person des Vaters kundtut. Sein Verzicht auf die
„Gottesgestalt" und die Annahme der „Knechtsgestalt" (Phil 2,6ff.)
bringen keine Selbstentfremdung in das dreieinige Leben Gottes; er offenbart sich darin paradoxerweise als Gott. Der Evangelist Johannes vermag beides – „Kreuzigung" und „Verherrlichung"
(Joh 12,28.32) – zusammenzudenken, ohne Raum für den Widerspruch unseres natürlichen Denkens zu lassen.

> „Auf die Macht des Vaters hin, die eins ist mit dessen Sen-
> dung, lässt sich der Sohn in die äußerste Schwäche herab;

---

9   Ebd., 273.

dieser Gehorsam ist aber so sehr Liebe zum Vater und darin so sehr eins mit der Liebe des Vaters, dass der Sendende und der Gehorchende aus der gleichen göttlichen Liebesfreiheit heraus handeln."[10]

Wer unsere Erlösung betrachtet, wie sie die Hl. Schrift überliefert, kann nicht vom Vater absehen. Jesus ist ohne den Vater nicht zu haben. Wer den Vater nicht mitdenkt und nicht mitbenennt, läuft Gefahr, den Jesus von Nazareth für eigene Interessen zu verzwecken. Noch im honorigsten Fall schrumpft Gottes Sohn zum „Boten der Nächstenliebe", zu einem der großen Menschenfreunde der Geschichte. Doch würde ein solcher Philanthrop das Gebot der Gottesliebe durch das der Nächstenliebe ersetzen; er machte aus dem „Zweiten" den „Ersten" (vgl. Lk 10,25-28).

b) Im Vater gründend

Nach den neutestamentlichen Schriften ist Jesus Christus nicht nur der Gesandte des himmlischen Vaters. Er weiß in ihm auch seinen Ursprung und den bleibenden Halt. In der Bergpredigt ist der Bezugspunkt seiner Weisungen immer wieder der Vater: zur Nächstenliebe, zum Almosen, dem Fasten und der Zuversicht. Die Wundertaten, mit denen er den Glauben an seine Sendung stiften will, lassen seine fortdauernde Nähe zum Vater erkennen: sein Seufzen (vgl. Mk 7,35) und sein Aufblicken zum Himmel (vgl. Mk 6,41) oder wenn er sich ausdrücklich auf den „Finger Gottes" (Lk 11,20) beruft. Nicht zuletzt: die Nächte im Gebet zum Vater (vgl. Lk 6,12 und zahlreiche andere). Ebenso binden die wenigen Hinweise des Vaters, die er in unseren heiligen Büchern gibt, ihn an den Sohn zurück: bei Jesu Taufe (vgl. Mk 1,11), bei der Verklärung (vgl. Mt 17,4) und in seiner letzten öffentlichen Rede (vgl. Joh 12,28).

Das Evangelium des Johannes zeigt, dass Jesu trinitarische Verankerung zugleich seine messianische Sendung ausmacht. Der Verfasser legt einen bei ihm einzigartigen Begriff in Jesu Mund: HORA, die „Stunde". Sie ist die vom Vater gesetzte Zeit für beider total synchronisches Handeln: Jesus tritt in sie mit der Bitte ein:

---

10   Ebd., 274.

„Vater, verherrliche deinen Namen" (Joh 12,28). Hier wie in vielen anderen Versen spricht dies Evangelium Jahwes alttestamentliche Würde und Glanz an, die KABOT, Gottes DOXA. Und es ist Jesus, der diese endgültige Herrlichkeit Gottes offenbart (vgl. Joh 11,40). Darum können die Glaubenden die „Herrlichkeit des einzigen Sohnes vom Vater" (Joh 1,14) in Jesu Wirken sehen. Beim Streitgespräch will der Sohn die Juden überzeugen, dass er ganz zur Ehre des Vaters lebt: „Er hat mich nicht allein gelassen, weil ich immer das tue, was ihm gefällt" (Joh 8,29). Der Herr steht für diesen Auftrag ein, obgleich er für ihn lebensbedrohlich ist: „Da hoben sie Steine auf, um sie auf ihn zu werfen. Er aber verbarg sich und verließ den Tempel" (Joh 8,59). Sein Wesen und Wirken richten sich mit allen Kräften auf Gottes Verherrlichung, in die er selbst eingebunden ist: „Jetzt ist der Menschensohn verherrlicht und Gott ist in ihm verherrlicht" (Joh 13,31).

Ja, er darf selbst seine eigene Verherrlichung durch den Vater erwarten: „Wenn Gott in ihm verherrlicht ist, wird auch Gott ihn in sich verherrlichen, und er wird ihn bald verherrlichen" (Joh 13,32). Im Rückblick galt das ganze Werk des Sohnes eben dieser Verherrlichung des Vaters: „Ich habe dich auf der Erde verherrlicht" (Joh 17,4). Er nimmt sie auch für sich in Anspruch: „Verherrliche du mich jetzt bei dir mit der Herrlichkeit, die ich bei dir hatte, bevor die Welt war" (Joh 17,5).

Als der Promotor der Ehre, die Gott zukommt, gedenkt er schließlich auch seiner Jünger: „Alles, um was ihr in meinem Namen bittet, werde ich tun, damit der Vater im Sohn verherrlicht wird" (Joh 14,13). Denn auch die Seinen sind einbezogen: „Mein Vater wird dadurch verherrlicht, dass ihr reiche Frucht bringt" (Joh 15,8). Das Hohepriesterliche Gebet lässt später die Tiefe dieser Wahrheit erahnen: dass wir die Verherrlichung, die gewiss der Person Jesu Christi gilt, auch unseretwegen nicht vergessen dürfen (vgl. Joh 17,1ff.).

Die Werte auf dem Rücken

Max Scheler († 1928) war ein wichtiger Philosoph der Gegenwart; auch der Priester Karol Wojtyła widmete ihm intensive Studien. In seiner Auseinandersetzung mit Kants Wertevorstellung sprach Scheler von den Werten „auf dem Rücken"[11], d. h. von solchen Werten, die der Mensch bei seinem Handeln nicht intendiert, die sich aber sekundär bei der guten Tat realisieren. Diese seine Überlegungen zur Ethik enthalten auch einen pastoralen Fingerzeig, der gerade in unseren Tagen Beachtung erheischt: Die Offenbarung bezeugt: Sein und Handeln des Gottessohnes haben ihren primären und vollen Sinn in des Vaters und in Jesu Verherrlichung. Jesus und wir Christen stehen unter dem alttestamentlichen Grundauftrag: die Advokaten für Gottes Glorie in der Gesellschaft zu sein. Niemand wird selbstredend Eigengewicht und Eigenwert von Schöpfung und Geschöpfen bestreiten. Auch gilt es, wie das „Herrengebet" zeigt, Gott unsere menschlich-irdischen Sorgen und Nöte vorzutragen und in Angriff zu nehmen. Doch darf bei allem irdischen Verlangen der erörterte, fundamentale Sinn der Heilsgeschichte nicht in den Wind geschlagen werden. Gerade die Kirche muss sich ihn trotz ihres Kampfes um diesseitigen Bodengewinn vor Augen halten: Dadurch, dass Gottes Ruhm und Anerkennung vorrangig und ungeschmälert angestrebt wird, wirkt unser Dienst das Heil der Menschheit. Setzen wir bei unserer Sendung jedoch zuerst auf „Gerechtigkeit, Friede und Bewahrung der Schöpfung", so wird Gottes Offenbarung verdunkelt und die aktuelle „Gott-Vergessenheit" gefördert.

---

11   MAX SCHELER, *Der Formalismus in der Ethik und die Materiale Wertethik*, URL: https://www.ciando.com/img/books/extract/3787324755_lp.pdf (Stand: 21.04.2020), 49.

Biblisches gegen die Homosexualität

CNA Deutsch, 7. April 2021

Der Glaubenskongregation des Apostolischen Stuhls wurde die Frage vorgelegt, ob gleichgeschlechtliche Paare kirchlich gesegnet werden dürfen. Ihre Antwort (22.02.2021) weckte in Deutschland lautstarken Widerspruch. Man versicherte u. a., einer kirchlichen Verurteilung der Homosexualität fehle überhaupt das biblische Fundament. Universitäre Lehrer hätten wissenschaftlich erwiesen, der Heiligen Schrift sei die Sündhaftigkeit des homosexuellen Verkehrs unbekannt. Das Internet sekundiert willfährig – auch den überraschten Katholiken.

Ilse Müllner, Prof. für katholische Theologie der Uni Kassel, befand: „An keiner Stelle verurteilt die Bibel Homosexualität." Sie konnte diese These im Portal der Deutschen Bischofskonferenz „katholisch.de" (10.08.2018) widerspruchslos verbreiten.

Nach Ulrich Berges, katholischer Alttestamentler an der Uni Bonn, kennt das AT homosexuellen Verkehr nur als Akt der Demütigung. Ihn so zu verstehen, sei überhaupt nicht vergleichbar mit der heutigen Form freier Lebensbeziehung. Die Bibel könne demnach – etwa im Buch Levitikus – heutiges homosexuelles Tun „nicht verbieten, weil sie das gar nicht kennt" (Domradio Köln, 24.03.2021).

Die FAZ echot rasch, dass „kein seriöser Bibelwissenschaftler einzelne negative Aussagen zur Homosexualität im Alten oder Neuen Testament für geeignet hält, die römische Position zur Homosexualität zu rechtfertigen" (26.03.2021).

Solche Befunde ordnen sich ein in die gängige öffentliche Meinung, in staatliche Gesetzgebung und eine kluge Lobby-Arbeit der LGTB. Sie korrespondieren mit jüngsten empirischen Untersuchungen zum Thema. So bleibt denn – *sine ira et studio* – zu prüfen, ob das inkriminierte Reskript der Glaubenskongregation von wissenschaftlich-exegetischer Erkenntnis wirklich gedeckt ist oder nicht.

Hermeneutik

Gewiss muss beim Verpflichtungsanspruch biblischer Forderungen unterschieden werden zwischen theologisch-ontisch ausgerichteten Weisungen und solchen, die sich partikulär auf äußerlichen Lebensstil und die Alltags-Etikette beziehen.[1] Erstere sind nämlich nicht funktional für ein geordnetes menschliches Miteinander der Gemeinde gegeben, sondern haben personal-ontische Qualitäten. Sie sind darum über zeitliche Fixierung hinaus fortdauernd gültig. Wer ihren Fortbestand leugnete, übersähe, dass Geschichte wohl Kultur und Kenntnis, aber nicht das Wesen des Menschen verändert. Er würde ferner den tief-existenziellen Anspruch von Gottes Heilswort missachten oder banalisieren. Wenn demnach Universitätslehrer etwa die Aussagen des Apostels zur Homosexualität mit denen über kulturelle und rituelle Praktiken gleichsetzen – man versucht es gar, indem man Pauli Ächtung der Homosexualität (vgl. Röm 1,26) lediglich das Gewicht ritueller Vorschriften für den Gottesdienst (vgl. 1 Kor 11,2) einräumt –, so irren sie hermeneutisch und verführen pastoral. – Verblüffend ist ferner die professorale Behauptung, die biblische Verurteilung betreffe eine prinzipiell andere Form von Homosexualität: Heute meine sie eine auf Dauer angelegte Liebesbeziehung von Menschen gleichen Geschlechts; eine solche aber sei im Altertum unbekannt gewesen. Einmal wird diese These ohne Beleg in den Raum gestellt. Ferner ist hier auch logischer Widerspruch einzulegen: Numerische Vermehrung des sündigen Aktes gibt diesem keine neue moralische Qualifizierung; auch dem Kleptomanen bleibt der Diebstahl verboten. – Schließlich: Wohl muss die empirische Aufdeckung bioethischer Wurzeln homosexueller Neigung – sie bleiben freilich schon seitens der Wissenschaft in vielem Diskussionsmaterial – der Kirche ein guter Grund für vermehrte pastorale Zuwendung sein. Doch empirische Erkenntnisse nehmen dem gesunden Menschen nicht die freie Entscheidung.

---

1   HEINZ SCHÜRMANN, *Die Frage nach der Verbindlichkeit der neutestamentlichen Wertungen und Weisungen*, in: JOSEPH RATZINGER, *Prinzipien christlicher Moral*, Einsiedeln 1973, 9–39, hier: 25ff.

Buchstabe und Geist der Heiligen Schrift

Judentum und Christentum sind nach Gottes Willen durch auserwählte Personen, durch deren Geschichte und hervorstechende Vorfälle entstanden. Ihr Glaubensverständnis und ihr Geist sind von Erfahrenem und Tradiertem geformt. In diesen Zeugen kündet sich die unverbrüchliche Dauerhaftigkeit von Gottes Wort und Wille an; beides trägt sich in ihnen durch. Für fundmental Stiftendes und ontisch-existenziell Bindendes gibt es demnach weder Vergessen noch ein Verfallsdatum. Ein elementarer biblischer Anknüpfungspunkt für die Sündhaftigkeit der Homosexualität ist der biblische Bericht über die Zerstörung von „Sodom und Gomorra"[2].

Jahwe selbst interveniert. Der Autor der jawistischen Erzählung hat schon vor der Strafaktion den Grund für Gottes Eingreifen benannt: „Das Klagegeschrei über Sodom und Gomorra, ja, das ist laut geworden, und ihre Sünde, ja, die ist schwer" (Gen 18,20). Im Fortgang des Prozesses erläutert die Bibel dann die Art der schweren Sünde: Es ist die Perversität der „Männer von Sodom, jung und alt"; sie fordern von Lot die Herausgabe der jungen Männer: „Bring sie heraus zu uns, dass wir mit ihnen Geschlechtsverkehr haben" (Gen 19,4f.) Hier benennt der Text die Gott-Widrigkeit. In dem alten Kulturland Kanaan waren – nach Kennern der Antike – geschlechtliche Verirrungen stark verbreitet. Widernatürliche Unzucht hatte um sich gegriffen durch die erotisch-orgiastischen Kulte von Baal und Astarte. Solcher Gier war der israelische Immigrant Lot, der Neffe Abrahams, nun wegen seiner himmlischen Gäste ausgesetzt – gewiss „blühende Jünglinge, deren Schönheit die böse Lust besonders reizte"[3]. Wohl darf im Kontext die Heiligkeit des Gastrechts nicht ausgeklammert werden. Doch wer die Weisung des Abschnitts auf die Schutzpflicht für Fremde reduziert, verkennt den schon im Vorkapitel genannten Hinweis für Jahwes Inspektion: die „schwere Sünde". Ihretwegen vollzieht Jahwe sein Gericht, indem er „auf Sodom und Gomorra Schwefel und Feuer regnen ließ" (Gen 19,24).

---

2   Gen 18 und 19, hier gedeutet nach GERHARD VON RAD, *Das erste Buch Mose (3)*, Göttingen 1958, 183–192.

3   Ebd., 185.

Sodom wird wegen seiner abartigen Ausschweifungen an manchen Stellen der biblischen Bücher zum Muster tiefster Verkommenheit. In der Tat ist es demnach beschämend, dass Professoren beim göttlichen Verbot der Homosexualität diesbezügliche direkte Einzelverse der Bibel fordern. Gerade diese Spezialisten müssten doch die Heilige Schrift nicht punktuell, sondern in ihrem Geist befragen. Dann hätte sich ihnen ein anderes Ergebnis gezeigt: „Sodom" ist in der Bibel durchgängig ein Anknüpfungspunkt für menschliche Sünde und Verderbtheit – weit über alle Einzelaussage hinaus. Sammelwerke verzeichnen eine Fülle von Schriftstellen: **AT:** Jes 1,9f.; Jer 23,14; 49,18; Lev 20,13; Dtn 29,22. **NT:** Mt 10,15; Röm 9,29; 2 Petr 2,6; Jud 7; Offb 11,8. Obwohl bei diesen biblischen Verweisen auf „Sodom" nicht immer sexueller Frevel erkennbar wird, bleiben jüngste exegetische Behauptungen ungedeckt, wenn sie Sodoms Sünde lediglich als Fehlen der Gastfreundschaft deuten. Der überragende Kenner des AT, Gerhard von Rad, hält es für möglich, dass erst nachträglich die Verletzung des Gastrechts auf Sodom bezogen würde, weil Sodom „de[r] Sitz aller Sünden"[4] ist.

Als neutestamentlicher Festpunkt für die fällige Diskussion sind die bekannten Verse des Römerbriefs fundamental.[5] Der Apostel legt in ihnen dar, dass die Menschheit in sittlicher Verwirrung und Auflehnung lebt. Ein Beispiel aus der Welt der Heiden ist deren korrumpierte Geschlechtlichkeit. Sie hat sich in der AKATHARSIA (Unreinheit) verfangen, die nach juden-christlichem Urteil in der heidnischen Sexualisierung des öffentlichen und privaten Lebens besteht. Mit ihr verbindet sich die EPITHYMIA, das selbstsüchtige Begehren. Es beherrscht den Menschen von innen her. Der Apostel scheut sich nicht, diese schändlichen Leidenschaften beim Namen zu nennen: der perverse gleichgeschlechtliche Verkehr von Frauen oder von Männern. So prangert Paulus gezielt widernatürliches Sexualverhalten von Menschen an (vgl. Röm 1,26-28), das auch als Sodomie bezeichnet wird. Der bedeutende katholische Exeget Schlier gibt in seiner Erklärung dieser Passage des Römerbriefs die Gründe an für die sexuelle Perversion des Geschlechtstriebes: Gott habe

---

4   Ebd.
5   Röm 1,18-28; ich folge für diesen Passus der Exegese von HEINRICH SCHLIER, *Der Römerbrief*, Freiburg i. Br. 1977, z. St.

die Heiden blind gemacht wegen ihres Ungehorsams und Undanks gegen den Schöpfer. Deren sexuelle Abartigkeit sei also nicht einfach historisch, psychologisch oder soziologisch zu klären; vielmehr erkenne der Glaube in ihr, wie Gott selbst die Selbst- und Weltvergötterung des Menschen bestrafe. Gottlosigkeit schlage um in die Selbstentehrung des Menschen.

Alle Zitate und Anspielungen auf den Vers 27 des Römerbriefes, die sich in den neun Bänden des unvergleichlichen biblischen Standartwerks „Theologisches Wörterbuch zum Neuen Testament" finden lassen, belegen die Gottwidrigkeit der Homosexualität.[6] Für renommierte protestantische Exegeten spricht Paulus von ihr als „Abgrund geschlechtlicher Liebe" (Albrecht Oepke); „Folgen vom Missbrauch des sonst gepriesenen menschlichen Körpers" (Herbert Preisker); Verkehrung der „Wahrheit Gottes" (Hans Wolfgang Heidland); „sexuelle Verderbtheit" (Wilhelm Michaelis); „Abfall von Gott" (Herbert Braun).

Nur Flatteure versuchen, Analyse und Schuldspruch des Völkerapostels in den zeitgenössischen *Mainstream* einzuebnen. Judentum und Christentum haben nicht jahrhundertelang geirrt. Selbst wenn trendige katholische und protestantische Exegese uns unter dem Druck der Homo-Lobby Sand in die Augen streuten mit ihrem Anspruch, erst ihnen hätte sich der wahre Sinn von Gottes Wort erschlossen. Geradezu grotesk ist es, des Apostels Verdikt der Homosexualität zu eliminieren mit der Lokalisierung der inkriminierten Verse im Römerbrief, wenn man schreibt: Erst im 2. Teil seines Briefes mache der Apostel ethische Angaben; der erste Teil sei rein illustrativ ohne Verpflichtungscharakter.

---

6   ThWNT X.I, Stuttgart 1978, 807.

Homosexualität ist zutiefst gott-widrig

Wohl verdient der Katholik, dessen sexuelles Begehren sich auf das gleiche Geschlecht richtet, eine individuelle pastorale Zuwendung der Kirche; dies räumt die Glaubenskongregation in der eingangs erwähnten „Antwort" ausdrücklich ein. Doch ist Neigung nicht gleich Vollzug; des einen kann der Mensch nicht leicht Herr werden, das andere untersteht seiner freien Entscheidung. Homosexuelles Ausleben wird indes vom Buchstaben und Geist der Offenbarung Gottes als Gott-Widrigkeit qualifiziert. Im Genesis-Bericht bringt diese „Sünde, ja sie ist schwer" Jahwe selbst dazu, einzuschreiten. Der Römerbrief sieht den Grund solcher Perversion in einem fatalen Tausch: Gott wird im Ungehorsam und Undank preisgegeben und an seine Stelle tritt die Apotheose des Menschen. Was für die Antike galt, ist wahr für unsere Zeit, für die sensible Mahner „Gottesfinsternis" (Martin Buber) oder „Gott-Vergessenheit" (Joseph Ratzinger) beklagen. Demnach haben Glaubender und Kirche die dringliche Pflicht, nicht Permissivismus, sondern Gottes Rechte zu benennen und zu verkündigen. Sie haben aufzuzeigen, dass menschliches Heil im Sohn des ewigen Vaters bereitliegt. Die Sündhaftigkeit der Homosexualität hingegen zu leugnen oder gar Gottes Segen für ihre gott-widrigen Akte anzubieten, steht zu Gott und seiner Offenbarung in frontalem Widerspruch.

Im Verhängnis: Lernen von Manzoni

„Die Tagespost", 2. *April 2020*

Die italienische Presseagentur *Adnkronos* berichtet: Seit Ausbruch der Pandemie sei der Verkauf des Romans „Die Pest" von Albert Camus sprunghaft angestiegen; 73 Jahre nach seinem Erscheinen stehe er auf der Liste der 10 *online* meistverkauften Bücher.[1] Bereits sein Titel gibt ihm Aktualität für unsere gegenwärtige Krise. Auch beeindruckt das heroische Engagement und die prometheische Selbstgewissheit seines Protagonisten, des Dr. Rieux. Dieser bekennt: Wenn er selbst an einen allmächtigen Gott glaubte, könnte er diesem die Pestkranken überlassen. Doch „da die Weltordnung durch den Tod bestimmt wird, ist es vielleicht besser für Gott, wenn man nicht an ihn glaubt und dafür mit aller Kraft gegen den Tod kämpft, ohne die Augen zu dem Himmel zu erheben, wo er schweigt"[2].

Ganz anders hat der italienische Dichter Alessandro Manzoni († 1873) in seinem Roman *„I promessi sposi* – die Verlobten" auf diese Seuche reagiert.[3] Sein Werk zählt zur Weltliteratur und gilt nach Dantes Göttlicher Komödie als die prominenteste Schöpfung der klassischen *Italianità*. Johann Wolfgang Goethe bewunderte es. Und es wurde gleich nach seiner Veröffentlichung 1827 ins Deutsche übersetzt.

Manzoni: Die Pest

Interessant erscheint, dass die gegenwärtige Pandemie auch dieser Dichtung neue Aufmerksamkeit sicherte. Der *Corriere della sera*, die wohl wichtigste Zeitung Italiens, holte es aus der Vergangenheit und titelt: „Diese Pest in Mailand spricht von uns" (12.03.2020). Was sagt das Meisterwerk – 200 Jahre nach seiner ersten Edition? Hat es eine Botschaft für uns, die wir in die Corona-Seuche verstrickt sind?

---

1   4. März 2020.
2   ALBERT CAMUS, *Die Pest*, Hamburg 1953, 73.
3   Hier zitiert nach ALESSANDRO MANZONI, *I promessi sposi*, Milano 1966–1983.

Die Geschichte spielt am Südhang der Alpen, im Herzogtum Mailand. Zwei junge Menschen, Lucia und Renzo, haben ihre Hochzeit vorbereitet. Sie soll am nächsten Tag gefeiert werden. Doch aus einer momentanen Laune heraus brüstet sich der kriminelle, örtliche Feudalherr Don Rodrigo, es gelänge ihm, dieses Mädchen noch unverheiratet für sich auf seine Burg zu holen. Durch seine Schergen droht er dem Pfarrer Don Abbondio mit dem Tode, sollte er dieser Trauung assistieren.

Die Brautleute sind niedergeschmettert, ergeben sich aber nicht. Besonders Pater Cristoforo steht ihnen zur Seite – ein alter Kapuzinermönch, den die einfachen Leute hoch verehren, weil er so gottesfürchtig ist und den Armen immer beisteht. Doch auch er kann letztendlich nichts ausrichten. So bliebt den Verlobten nur die Flucht. Zusammen mit Lucias Mutter Agnese können sie dem Zugriff des Despoten Don Rodrigo knapp entkommen. Dann müssen sie sich trennen: die beiden Frauen finden in einem Kloster Unterschlupf, Renzo flieht nach Mailand. Als politischer Aufwiegler beschuldigt, findet er Sicherheit in der Stadt Bergamo. Dort forscht er weiter nach seiner Braut und erfährt, sie sei in Mailand. Also macht er sich wieder auf in diese Stadt.

Was ihm dort begegnet, erschüttert ihn zutiefst: der „Schwarze Tod". Eine dunkle Rauchwolke, die von zahllosen verbrannten Leichen stammt, hängt über der Stadt. Renzo fragt sich mühsam durch das Chaos und bekommt heraus, Lucia sei von der Krankheit befallen in ein Hospital eingeliefert worden. Dann mutet der Dichter uns in einigen Kapitel Schilderungen zu, die zu den großen literarischen Pestdarstellungen seit der Antike gehören. Hier nur einige Zeilen:

> „Der Leser tritt ein in ein Lazarett mit 16.000 Pestkranken. Jeder Meter Boden ist belegt. Die beiden endlosen Fluchten zur rechten und linken Pforte überfüllt von Siechen und chaotischen Leichenbergen, auf Säcken oder Stroh; und durch den ganzen riesigen Raum hin ein wogendes Gewimmel; da und dort ein Kommen und Gehen, ein Haltmachen, ein Laufen, Hinlegen, Aufstehen von Kranken, Rasenden und Pflegern [...]."[4]

---

4   Ebd., Capitolo XXX.

Das Vermächtnis

Aus meiner mehr als dürftigen Skizze geht nun kaum hervor, dass der Titel des „Corriere" recht hat: „Die Verlobten" hätten auch zwei Jahrhunderte nach ihrer Veröffentlichung uns etwas zu sagen – über die bewegende Begegnung mit einem literarischen Kunstwerk hinaus. Was kann es sein? Eine kämpferische These – wie sie Albert Camus vorlegt – wird im Roman nicht erkennbar. Manzonis Vermächtnis über die Wirkung von Pandemien ist höchstens diskret angedeutet: Das Aufbauschen von Gefahren; Verschwörungstheorien, die rasch den Sündenbock liefern; Lieblosigkeiten, die wir heute *Hatespeech* nennen würden.

Aber die Epidemie ändert nicht nur menschliches Alltagsverhalten. Auch Spirituell-Geistliches tritt beim Dichter hervor: Dass Fromme versucht sind, mit magisch anmutenden religiösen Praktiken übernatürlichen Schutz zu schaffen: die vom Volk herbeigezwungene Prozession mit den Reliquien des heiligen Karl Borromäus wird zu einer schrecklichen Katastrophe. Dass jemand in seiner Ohnmacht von glaubwürdigen Zeugen Weisung für sein Leben erwartet. Dass sich – wie von selbst – der Blick nach oben richtet: Gott wird benannt, das Kreuz, das Beten, die Gottesmutter Maria. Und inmitten all der vielfach Pest-Gequälten: die Patres des Kapuzinerordens, die sich gestärkt durch Christi Hilfe der Pflege der Kranken widmen – gelassen und ohne an die Gefahren für ihre Gesundheit zu denken.

Mit diesen Akzenten hebt Manzoni ins Wort, was seine Schilderung der Pest so scharf der Camus' widerspricht. Er verweist auf den Glaubenshorizont, um die Kräfte zu benennen, die uns Menschen in der Not stark machen. Der Glaube hält Mittel bereit, die dem Bösen trotzen und Zuversicht wie Hoffnung ermöglichen.

Etwa Lucia lebt es uns vor. Sie sagt:

> „Wir brauchen uns nichts vorzuwerfen; wir mühen uns im Glauben, und Gott wird uns beistehen – wie Pater Cristoforo gesagt hat."

Und Manzoni fährt fort:

„Dann wandte sie sich an Den, der die Herzen der Menschen
in seinen Händen hält und der – wenn er will – die härtes-
ten erweichen kann. Sie verschränkte die Arme im Zeichen
des Kreuzes über ihrer Brust und betete einen Augenblick
still; dann zog sie ihren Rosenkranz heraus und sprach
ihn mit größerem Glauben und größerer Inbrunst als je in
ihrem Leben."⁵

In ähnlicher Hinwendung zu Gott begegnet uns Lucias Beichtvater,
Pater Cristoforo. Er sucht die geprüfte Braut und deren Mutter nach
der Drohung des Feudalherren Rodrigo auf. Dann kommt unerwartet auch der Bräutigam Renzo dazu. Dieser fragt sofort:

„Haben Sie es Ihnen erzählt ... Pater?" „Nur zu viel; ich bin
darum hier." „Was sagen Sie zu diesem Schurken? ..." „Was
soll ich zu ihm sagen? Er ist nicht hier, er kann uns nicht
hören, wie können ihm meine Worte heilsam sein? Dir, mein
Renzo, sage ich, dass du auf Gott vertrauen musst und dass
Gott dich nicht verlassen wird." „Gesegnet seien Ihre Worte!",
rief der Jüngling aus.

Bevor der Pater das Haus verlässt:

„Hört mich, Kinder", nahm Bruder Cristoforo wieder das
Wort, „ich will heute noch mit dem Menschen (sc. dem Feudalherr Don Rodrigo) reden. Wenn Gott sein Herz lenkt und
meinen Worten Kraft gibt, gut; wenn nicht, so wird Er uns
irgendeine andere Hülfe senden."⁶

Am Ende von Renzos 800-seitiger Odyssee, die Manzoni zu einem
Inspirator der italienischen Sprache und zu einem Klassiker der
Weltliteratur gemacht hat, versichert der Autor nochmals persön-
lich – gleichsam aus dem „Off" –,

„dass die Leiden wohl oft aus der Ursache kommen, die der
Mensch ihnen gibt; dass indessen auch das behutsamste und
unschuldigste Betragen sie nicht fernhält; dass aber, wenn sie
kommen – verschuldet oder nicht verschuldet –, das Vertrau-

---

5   Ebd., Capitolo III.
6   Ebd., Capitolo V.

en auf Gott sie mildert und für ein besseres Leben heilsam macht. Dieser Schluss, obwohl von einfachen Leuten gefunden, hat uns so richtig geschienen, dass wir ihn als den Kern der ganzen Geschichte hierher zu setzen gedacht haben"[7].

Der Doppelauftrag

Es ist ganz offensichtlich fahrlässig, nur Camus zu lesen. Denn die Autoren des „Gemeinsamen Wortes der katholischen, evangelischen und orthodoxen Kirche in Deutschland zur Corona-Krise" (20.03.2020) hätte die Lektüre Manzonis Substanzielles lehren können. Ihr Text hat seinen Schwerpunkt in einer langen Reihe praktischer Verhaltensweisen, wie man sie allerorts hört. Zur gegenwärtig uns alle verstörenden Not heißt es bei den heutigen Hirten lediglich, es gäbe „keine einfachen Antworten". Dann bleibt nur der banale Gemeinplatz: „Gott ist ein Freund des Lebens" – ein Zuruf, der wohl zu jedem Pfarrfest passt. Die große *Quaresima* schrumpft auf rechtes Sozialverhalten: Die Pandemie soll einüben, den „Kopf nicht hängen" zu lassen und „sich den Notleidenden zuzuwenden". Sünde, Kreuz, Tod und ewiges Leben bleiben unerwähnt. Das Evangelium vom himmlischen Vater, der seinen Sohn aus Liebe zu uns in den Tod gab und auferweckte, wird verpasst. Doch gäbe gerade Gottes definitive Erlösung anderes Licht – auch wenn wir Gott einmal mehr nicht begreifen, sagt doch schon der heilige Augustinus: „Wenn du ihn verstehst, so ist er nicht Gott" (PL 38,360).

Manzonis „Verlobte" sind gewiss in die Jahre gekommen; doch wurden sie wieder hochaktuell. Unsere neue Ohnmacht zwingt uns, gen Himmel zu blicken. Gewiss gibt es zahllose Helfer im Kampf gegen die Seuche, die sich nicht als Gläubige verstehen. Auch ist Gott kein Lückenbüßer, unsere Unerklärlichkeiten zu deuten. Doch Camus' atheistischer Humanismus war immer eine Falle: als ob wir Nächstenliebe als vorrätige Gabe und autarke Kraft besäßen – auf Appelle hin abrufbar, weil naturgegeben. Der Herr selbst nimmt uns diese Illusion und lehrt uns: Unser Herz ist nicht gut (vgl. Mk 7,15; Lk 11,13). Wie es kritische Selbstbeobachtung ohnehin of-

---

7　Ebd., Capitolo XXXVIII.

fenbart: Wir halten im Samariterdienst oft genug nicht durch, wenn er uns die eigene Haut kostet.

So bindet das Kriterium des Christseins uns Glaubende um des Nächsten willen an Gott. In seiner großen Enzyklika „Gott ist die Liebe" (2006) begründet Papst Benedikt die unumgängliche Verklammerung:

> „Wenn die Berührung mit Gott in meinem Leben ganz fehlt, dann kann ich im anderen immer nur den anderen sehen und kann das göttliche Bild in ihm nicht erkennen. Wenn ich aber die Zuwendung zum Nächsten in meinem Leben weglasse [...], dann verdorrt auch die Gottesbeziehung" (Nr. 18).

5. GOTT BENENNEN – AMTLICH GESANDT

Brauchen Seminaristen „Artenschutz"?

„Die Tagespost", 25. April 2015

Für einen deutschen Weihbischof sind die Spendung des Firmsakraments und die Visitation der Pfarreien generell die Schwerpunkte seiner diözesanen Verpflichtungen. Sie führen ihn in viele Gemeinden und ermöglichen manche Kontakte mit der „Basis". Vor meiner Versetzung in den Vatikan machten sie für mich vier Jahre lang den Hauptinhalt meiner Tätigkeit aus. Irgendwann verband ich mit den Reisen in die Dekanate die Anregung, auf geistliche Dienste hinzuweisen. In der üblichen Vorbereitungskonferenz bat ich die priesterlichen Mitbrüder, bei meinem anstehenden Besuch auch eine Begegnung von jungen Leuten zu organisieren, die sich für Priester- und Ordensberufe interessierten. Der Zustrom war nicht eben berauschend, aber der kleine Kreis half zu dichten Gesprächen und zu großer Aufrichtigkeit. Meine erste Frage war meistens: „Was sagen Bekannte oder Klassenkameraden, wenn sie hören, dass Ihr Euch mit dem Priesterberuf befasst?" Durchwegs kam die Antwort: „Fast alle warnen oder sind dagegen." Allerdings auch: „Nur unsere Oma macht mir Mut." Schon diese Information weckte in der Runde eine wichtige Einsicht: Es liegt nicht an meiner eigenen Person, wenn andere die Wahl dieses Berufs missbilligen; der Beruf als solcher weckt Vorbehalte, ist gefährlich, erscheint abseitig oder verstiegen. Die Begegnungen waren wohl schon hilfreich, weil sie bei Interessierten diese Einsicht erbrachten. Später hörte ich mehr als einmal, sie hätten bei dem einen oder anderen dazu beigetragen, den Weg zum Priestertum anzutreten.

An der Abzweigung

Jüngstens wurde in der Kirche viel unternommen, die Hemmschwelle gegenüber der Wahl des Weihesakramentes zu senken. Priesteramtskandidat zu sein, macht nicht mehr generell zum Exoten. Die deutschen Bischöfe richteten für ihre Diözesen Zentren der Berufungspastoral ein. In den allermeisten Diözesen wurde der „Tag der offenen Tür" eingeführt: Seminaristen empfangen in ihren Häusern Neugierige, sprechen mit ihnen und bauen so evtl. Vorurteile ab gegen die Welt der „Priesterzöglinge". In der Zeitung „Die Tagespost" kommen regelmäßig junge Leute zur Sprache, die den Sprung in dieses „kalte Wasser" gewagt haben. Mutige suchen nach gott-verbundenen Personen und Orten der Anbetung. Und Glaubenszeugen sowie eine dichte Atmosphäre der Frömmigkeit wecken nicht selten die Frage, ob Gott mich vielleicht für einen geistlichen Beruf erwählt hat.

Die Förderung geistlicher Berufe gehört fraglos zum Grundauftrag der Kirche selbst. Schon in frühester Zeit bestand in ihr offenbar kein Überschuss an Dienern des Evangeliums. Sonst hätte das Neue Testament wohl kaum Jesu Satz festgehalten: „Die Ernte ist groß, aber der Arbeiter sind wenige." Und mit seinem Bedauern zeigt der Herr uns gleichzeitig an, von woher wir eine Bewältigung des Übels erhoffen dürfen: „Bittet daher den Herrn der Ernte, Arbeiter in seine Ernte zu senden" (Mt 9,37). Wir können demnach dem Problem der Rekrutierung von Priestern nicht apathisch zusehen. Der Herr selbst drängt uns zum Gebet. Es wird nicht nur unsere Lippen bewegen. Wenn es aus dem Herzen kommt, wird es von kluger Förderung, von werbender Hochschätzung begleitet.

Geistliche Berufungen sind ein Zeichen von Glaubensdichte in Familien und Kirchengemeinden. Auch ohne die Priesteramtskandidaten zu verhätscheln, brauchen diese das Wohlwollen und die Bestätigung der Gläubigen. Solche Überzeugung müssen sie spüren, da sie gewiss stärker dem öffentlichen Gegenwind ausgesetzt sind als die meisten von uns. Sie sind keineswegs Schmuddelkinder, vielmehr von Gott und vom Evangelium gewollt. Und alle nagenden Skandale machen dies Zertifikat noch dringlicher.

Der Weg

Auch trotz allerlei Widerpart finden heute Berufene den Weg in ein diözesanes Priesterseminar. Die Bezeichnung des Ausbildungsortes ist von dem lateinischen Wort für „Pflanzstätte" abgeleitet. Das kleine Samenkorn der Berufung muss aufgehen, heranwachsen und zu einer widerstandsfähigen Pflanze werden. Lediglich traditionelle und kulturelle Stützen reichen nicht länger hin, priesterliche Identität zu schaffen. Die unabdingbare Selbstgewissheit braucht für die Sendung eine klare theologische Grundlegung. Und sie hat in Jesu Botschaft wie auch in der kirchlichen Lehre vor allem des Vaticanum II verlässliche, hieb- und stichfeste Wurzeln. Nur sind diese den künftigen Priestern aufzuzeigen. Der Eintritt ins Priesterseminar ist ferner nur der Beginn eines Weges; dessen Ziel liegt noch fern. Doch ihn unter Gleichgesinnten und in Begleitung erfahrener Priester zu gehen, hat sich sehr bewährt. In den Niederlanden hatte man nach dem Vaticanum II all diese Häuser leichtfertig aufgelöst. Im letzten Jahr durfte ich dann in Rolduc den Gedenktag – den *Dies natalis* – der Wiedereröffnung des Seminars mitfeiern. Der Dank für die neue Kraftquelle des Glaubens im Nachbarland war in allen Gesichtern zu lesen.

Vorrangig ist der neue Lebensabschnitt vom Studium bestimmt. Bislang mochten das Gottesverhältnis und die Hinneigung zum Priestertum verschwommen sein oder nur dem Gefühl entstammen. Die Theologie kann dann die Motive auf die Ebene des Denkens heben. Sie gibt Glauben und Beruf schärfere Konturen, führt ein in die faszinierende Welt von Christi Heilswerk und schärft den Blick auf Gott und seine Kirche. Hatte den Kandidaten bislang vielleicht eine zarte Nähe zu Jesus bewegt, so wird er gern die Chance zu besserer Kenntnis nutzen; Vertrautheit möchte ja immer auch Genaueres wissen. Bei solchem Wachstum im Glauben sind lästige, vielleicht schmerzhafte „Häutungen" unvermeidlich. So entwickelt sich Reife. Und das Gespräch mit den Studienkollegen und den verantwortlichen Priestern gibt neue Festigkeit.

Prüfungen

Mir erscheint es bedauerlich, ja heute unverantwortlich, dass nicht alle Kandidaten in der Theologie des Weihesakraments tatsächlich Vorlesungen über das Weihesakrament hören; man sagt, ihre Zahl sei an den Fakultäten erkennbar minimal und verdiene wohl kaum besonderen „Artenschutz".

Und wie steht es sonst um die an deutschen Universität gelehrte Theologie? Baut sie den Glauben der Studenten auf? Da wären

Pauschalurteile sicherlich falsch. Doch wer die Diskussionen wahrnimmt, die innerhalb der theologischen Fakultäten aufgebrochen sind, hat Grund zur Sorge. Nicht überall integrieren sich die Dozenten dort in das von Gott geoffenbarte Glaubenserbe der Kirche. Der emeritierte Systematiker für Theologie, Karl-Heinz Menke, hat erst kürzlich einen neuesten Abweg aufgegriffen.

Er widerspricht in einer „Streitschrift" den Thesen seiner Kollegen Stephan Goertz (Mainz) und Magnus Striet (Freiburg).[1] Diese beiden Lehrstuhlinhaber eröffnen zur Verbreitung ihrer Glaubenssicht gleich eine neue Schriftenreihe. Mit dem Titel „Theologie im Umbruch" (verlegt bei Herder, Freiburg) rufen sie zur Wehr auf gegen die „Hierarchiebetonung [...], den Zentralismus [...], die antimodernistische Haltung", die sich in der katholischen Kirche breitgemacht habe. An der Schlusserklärung zum Theologen-Kongress „Das Konzil eröffnen" (München 2015) zeigt sich, dass ihre Positionen von manchen Dozenten der Lehrstühle geteilt werden.

Der vielfach ausgewiesene Dogmatiker Karl Heinz Menke analysiert in seiner Publikation die wissenschaftlichen Linien, die die beiden genannten Ordinarien vorbringen. Sie zu referieren, ist hier nicht der Ort. Es genügt, den springenden Punkt zu benennen, mit der sie ihre Kirchenkritik begründen. Er besteht im Umschlag kreatürlicher Gott-Bezogenheit in ausschließliche Mensch-Verwiesenheit. Wenn es etwa bei S. Goertz heißt: „Alle Operationen, die ehemals zwischen Gott und Mensch ausgespannt waren, sind nun reflexiv auf den Menschen selbst zurückgebogen." Professor Menke verdeutlicht diese Täuschung, indem er sie deutet: „Was zu gelten hat, lässt sich nicht durch Bezugnahme auf Gott oder die ‚Wahrheit an sich', sondern nur durch Rekurs auf die Vernunft der Freiheit des Menschen selbst erkennen."[2] Die Wissenschaft über Gott, über seine Offenbarung und sein Heilswerk löst sich in solch neuem Denksystem vom Anker ihrer elementaren Legitimation und verfällt der totalen Anthropozentrik.

Doch was ohne das Du Gottes bleibt, wäre armselige Ich-Verkrümmung, Jesu Rat der Ehelosigkeit um des Himmelreiches willen führte zu bedauernswertem Masochismus. Wenn der künftige

---

1   KARL-HEINZ MENKE, *Macht die Wahrheit frei oder die Freiheit wahr?*, Freiburg i. Br. 2017.
2   Ebd., 113f.

Priester um Gott betrogen wird, erlischt ihm der Glanz des Glaubens:
Liturgie als Festakt von Gottes Größe, Freude über die Selbstoffenba-
rung Gottes als sein unverdienter Gnadenerweis, Verkündigung von
Gottes mächtigen Taten als Vergegenwärtigung seines Heilswerkes,
Feier der Sakramente als beglückende Gnadenerweise Gottes.

Reifung

Nach anfänglichem Enthusiasmus mag der Kandidat während der
Ausbildung versucht sein, sich passabel einzurichten. In ihrem Realismus mahnt ja die Bibel alle Berufenen, nicht von der „erste[n] Liebe" (Offb 2,4) abzulassen. Dazu kommt, dass Alumnen dünn gesät
sind. In den Augen der Bischöfe gelten sie folglich als kostbar, und
die Diözese räumt ihnen möglichst alle äußeren Hindernisse aus
dem Weg. Das kann zu Verbürgerlichung verleiten. Obwohl heute
zweifelsohne der unchristliche Gegenwind der Öffentlichkeit Kandidaten dagegen wappnen dürfte, dass ihr Berufsziel sich zu einem
angenehmen Brotberuf verwässert.
      Generell ist die Begleitung durch geistliche Lebensführer
kaum zu überschätzen. So viele Lebenswege von Heiligen sind dafür ein Beispiel. Und der protestantische Glaubenszeuge Dietrich
Bonhoeffer schrieb: „Der Christus im eigenen Herzen ist schwächer als der Christus im Worte des Bruders; jener ist gewiss, dieser
ist ungewiss."[3] Besonderen Rang erhält spirituelle Orientierung
in der sakramentalen Versöhnung, wenn ein Priester im Namen
Christi den Beichtenden von seinen Sünden losspricht. Die Kirche
kennt kaum eine andere Möglichkeit, dass ein Christ sich so rückhaltlos in das Licht Gottes stellt und dass er so befreiend Gottes
Barmherzigkeit erfährt. Umso stärker war ich besorgt, als vor einiger Zeit Mitbrüder erwähnten, dass nicht in allen Seminaren die
Alumnen zur regelmäßigen Beichte geführt würden. Nur wer selbst
die Lossprechung erfahren hat, kann ihre Frucht bezeugen.
      Alle Methoden und Mittel der Ausbildungszeit stehen für
den Alumnen unter dem einen Ziel: dem Gewinnen und Vertiefen
der Freundschaftsbeziehung zum Du Jesu Christi. Im Herrn hat

---

3   In: *Bonhoeffer-Auswahl 3 „Entscheidungen"*, München 1979, 148.

der allmächtige Gott eine Brücke aus Ewigkeit in unseren Alltag geschlagen. Er bleibt der „Weg" zu dem heute selbst von einigen theologischen Vorreitern vergessenen Gott. Seine Jüngerschaft macht ihm Mut, den Vater Jesu Christi einer säkularisierten Welt anzusagen: „Niemand ist heilig, nur der Herr; denn außer dir gibt es keinen Gott; keiner ist ein Fels wie unser Gott" (1 Sam 2,2). In dieser persönlichen Bindung an Gottes Sohn liegt der maßgebliche Qualitätsausweis aller Vorbereitung. Gewiss ist sie vor allem eine Gnade. Dennoch wurde sie vom Herrn in feierlicher Form dreifach abgefragt, als er Petrus in sein Amt einsetzte: „Simon, Sohn des Johannes, liebst du mich mehr als diese?" (Joh 21,15). Demnach muss solche Liebe auch vom Kandidaten gewollt und bei ihm gefördert werden. Wächst er in sie hinein, schenkt sie ihm tiefes Glück und umfassende Erfüllung; denn er erfährt sich zum Mitarbeiter des Geliebten an der Erlösung der Mitmenschen.

Vor Jahren schrieb mir ein Mitbruder aus einem Land, in dem es damals noch die Todesstrafe gab: „Vielleicht hast Du in diesen Tagen gelesen, dass man hier einen Deutschen hingerichtet hat. Ich sollte ihn auf den Tod vorbereiten. Du kannst Dir denken, welche Angst ich hatte. Aufgewühlt ging ich zu ihm: Wie es anstellen, dass er mich anhörte? Wie seine Bereitschaft gewinnen, dass er sich öffnet? Wie mit ihm über Gott sprechen? Dann fing er selbst an, über Gott zu sprechen. Ist das nicht wunderbar: Wenn wir Gott irgendwohin bringen wollen, ist er immer schon da."

Gott ist immer schon da, wenn wir ihn irgendwohin bringen wollen. Das ist die Erfahrung, die Gottes Boten Mut macht und ihn belohnt.

Der Ständige Diakonat:
eine Glaubensstütze für die Kirche

Diakone/Paderborn, 19. September 2015

Schon 1980 bin ich aus dieser meiner Heimatdiözese Paderborn
nach Rom berufen worden. Ich wohne seither im Vatikan und werde oft darum beneidet, dem Herz der Kirche so nahe zu sein. Doch
es gibt auch ortsgebundene Einschränkungen dieses Vorzugs. Etwa
die Vielzahl von Bettlern und Tippelbrüdern, die sich aus mancherlei Gründen dort angesammelt haben. Manchmal sind sie sogar
zudringlich: Weil sie mich in meiner priesterlichen Kleidung als
Mann der Kirche erkennen, erwarten sie gerade von mir eine Gabe.
Sie rufen: „Padre, Padre ...!" Ich gestehe, dass sie mich nicht selten stören. Dennoch sind sie mir eine immer neue Mahnung. Die
Bedürftigen erwarten gerade von der Glaubensgemeinschaft Hilfe.
Dieser Ruf, barmherzig zu sein, kann lästig fallen. Aber er ist ein
Erbe, das uns vom Herrn selbst hinterlassen ist.

Gewiss betrifft solche Verpflichtung alle Christen gleichermaßen. Dennoch resultiert er für die Amtsträger spezifisch aus dem
Stand des Diakonats. Mit dem Weihesakrament wird ja zu Recht
in der Kirche neben dem liturgischen besonders der konkrete soziale Dienst verbunden; dieser steht im Alltag für den haupt- oder
nebenamtlichen Diakon im Vordergrund. Gerade Diakone wirken
auf diese Weise als Brückenbauer des diesseitigen und ewigen Heils
in den Zentren der Not; sie gelangen an die Peripherie der Gesellschaft – wie es Papst Franziskus immer wieder fordert. Keine Frage,
dass durch die unablässigen Hinweise des gegenwärtigen Nachfolgers Petri ihr Engagement für den Aufbau der Gemeinde und eine
gerechte Gesellschaft bestätigt und geadelt wird.

Wenn nun Diakone die leibliche und seelische Not der Menschen zu wenden versuchen, tun diese es zunächst aus natürlicher
Begabung und menschlicher Sensibilität. Sie sind aber ferner – und
das ist ihre Besonderheit gegenüber den vielen, die die Nächstenliebe üben – mit spezifischer Gnade ausgerüstet. Dieses Geschenk
wird ihnen in der Weihe durch die Handauflegung des Bischofs

und das Gebet der Gemeinde sakramental zuteil. Solche Ertüchtigung ist im Blick zu behalten, auch wenn das diakonale Tun ganz offensichtlich gesellschaftliche Effizienz anzielt. Mit dem Begriff „Gnade" taucht im Prozess des Helfens folglich ein Aspekt auf, der dem Handeln des Diakons eine neue Qualität einträgt. Sie übersteigt den innerweltlichen Horizont. Denn sie bringt Gott ins Spiel, der von sich sagt: „Das Heil des Volkes bin ich [...]. Ich will ihr Herr sein für alle Zeit."[1]

In allem Einsatz des Menschen gegen Unheil und Ungerechtigkeit ist darum von der Kirche Gott herauszustellen, der das menschliche Glück will und ferner die Macht hat, es wirksam und definitiv heraufzuführen. Genau das betonte wieder und wieder Papst Benedikt XVI., der schon als Kardinal die – wie er sagte – „Gottvergessenheit" des heutigen Menschen beklagte. In seiner ersten Enzyklika nimmt er als Papst mit *Deus caritas est* (2005) dies Problem auf und stellte die Gottesfrage unübersehbar heraus. Er gibt dem Thema den Rang einer Regierungserklärung; auch seine Vorgänger hatten ja mit ihrem ersten Lehrtext ihrem Pontifikat ein prägendes Leitwort geben wollen: Papst Johannes XIII. mit *Ad Petri cathedram* (29.06.1959), Paul VI. mit *Ecclesiam suam* (06.08.1964) und Johannes Paul II. mit *Redemptor hominis* (04.03.1979).

Demnach hatte Papst Benedikt vor Augen, dass die kirchliche Liebestätigkeit neu in das Licht des Glaubens zu stellen war. Er ist nicht in der Illusion befangen, man brauchte über Gott gar nicht mehr zu sprechen, denn die Wahrheit über Gott sei ja ohnehin bekannt. Offenbar weiß er sich aufgerufen, uns Menschen von heute diesen Gott wieder bewusst zu machen und uns für ihn zu erwärmen. Nur wenige Dokumente der Kirche taten das in jüngerer Zeit auf ähnlich gewinnende Weise.

Weihe-Sakrament und Glaubensweg

Papst Benedikts Anregung bleibt demnach von höchster Dringlichkeit. Dass Kirchenglieder ohnehin auf den personalen Gott verwiesen sind, kann heute leider mitnichten als Alltagsüberzeugung

---

1   So der liturgische Eröffnungsvers des 25. Sonntags im Jahreskreis.

gelten. Das „christliche Abendland" steht vielmehr auf tönernen Füßen. Und in Diözesen und Gemeinden sind Zeugen, die Tatsache
und Rang des Vaters Jesu Christi im Leben der Menschen signalisieren, ein dringlicher Appell.

Und es ist eine Gnade, dass nicht allein die Enzyklika „Gott
ist die Liebe" Gottes Vorrang anzeigt. Denn seit dem Vaticanum
II kennt die Kirche einen eigenen Stand, der fortwährend ihre
Gott-Verwiesenheit bekundet: den Ständigen Diakonat. Mag auch
diese Stufe des Weihesakraments kaum von sich reden machen,
eher im Schatten stehen oder vielleicht sogar ein wenig stiefmüt-
terlich behandelt werden: Er ist ein weithin leuchtendes Zeichen dafür, dass kirchliche Sendung allein von Gott her gelingt. Wie kam
es, dass in der Kirche der verheiratete Diakonat nach langen Jahren
wieder eingeführt wurde?

In der frühen Christenheit hatte dies Institut in hoher Bedeutung gestanden; Heilige wie Stephanus oder Laurentius waren seine
prägenden Figuren. Das Vaticanum II konnte es wieder aufleben
lassen – nicht ohne Mühe. So entstand unter Gläubigen innere
spontane Bereitschaft, sich mit dieser Wiederentdeckung persönlich zu befassen. Dann regte sich wohl im einen oder anderen eine
dunkle Bereitschaft, den Weg zu seinem Empfang einzuschlagen.
Nicht Neugier und Abenteuerlust waren die Paten. Es ging um
Wichtigeres: Die Kandidaten hatten in ihrer eigenen Geschichte erfahren, was wohl für jeden Christen gilt, aber oft unentdeckt
bleibt: Gott interessiert sich für mich; seine Hand ist in meinem
Leben. Im Gespräch mit geistlichen Begleitern erkannten sie, dass
jeder Getaufte vor Gott seinen individuellen Heilsweg hat. Gerade
solche Einsichten aber sind Licht in einer Zeit christlicher Dunkelheit: Gott gibt durch sie Glaubensgewissheit im Herzen des Menschen. Die jeweilige Berufung zum Weihesakrament wird dann
zum Ausweis. Und die Intuition, ganz persönlich von Gott bejaht
zu sein, war eine Quelle tiefer Freude. Sie wurde bei Betroffenen
zur Herausforderung, darauf eine ganz individuelle Antwort zu geben. Eine Ahnung verdichtete sich zur Sicherheit, sich definitiv auf
sie einzulassen durch die Bereitschaft für das Weihesakrament. So
vollzieht sich ja geistliche Berufung.

Darum ist es bei der Entscheidung für die Diakonenweihe nicht damit getan, dass sich jemand einer Norm und einem Dienstvertrag verpflichtet. Das diakonale Engagement reicht tiefer; es berührt die Mitte der Person. Für den ganz großen Dienst in der Kirche hat der Herr selbst die Messlatte gelegt und die Voraussetzung für ein solches Engagement ausgesprochen. Bevor er Petrus beauftragt, fragt er ihn gleich dreimal: „Liebst du mich?" (Joh 21,15ff.). Das Felsenfundament der Kirche muss für die Ernennung gravierender Bedingungen genügen. Sie verbleiben als Hürde für jede amtliche Berufung – mag sie auch weniger spektakuläres Apostolat betreffen. Die persönlich-individuelle Liebesbindung an den Herrn ist unverzichtbar.

Ein Armutszeugnis

Nicht nur die erste Enzyklika Papst Benedikts lenkt den Blick auf den Ständigen Diakonat; nicht nur, weil er manchem als Mauerblümchen gilt, will er bedacht sein. Es gibt außerdem sogar einen konkreten Grund; das Thema hat somit einen aktuellen „Sitz im Leben".

Am 17. April dieses Jahres fand in der Katholischen Akademie Berlin eine Pressekonferenz statt. Präsentiert wurden die Ergebnisse einer „Seelsorgestudie", die von einer katholischen „Forschungsgruppe" erstellt worden war. Die Umfrage galt hauptamtlichen kirchlichen Mitarbeitern der deutschen Diözesen. Verantwortlich zeichneten Professoren der Hochschule für Philosophie München; der Theologischen Fakultät Paderborn; der Universität Osnabrück; der Universität Witten/Herdecke und der Universität Freiburg. Das Forschungsteam setzte sich aus Priestern und Laien zusammen. Ziel der Befragung sollte es sein, für die in kirchlichen Diensten Tätigen die – wie es heißt – „Salutogenese" zu erfassen, ihre „Lebenszufriedenheit", die „persönliche Spiritualität" und das eigene Durchhaltevermögen im Dienst.

Mit Interesse nahm ich das Resümee zur Kenntnis, war dann aber doch ziemlich erschrocken. Nicht nur über den Befund, dass lediglich 54 % der Priester höchstens einmal im Jahr das „Sakrament der Versöhnung" empfangen. Noch stärker irritierte mich die von der verantwortlichen Forschungsgruppe gewählte Untersuchungsperspektive; schließlich wurde die Befragung ja nicht von einer weltlichen demoskopischen Agentur, sondern von Männern der Kirche durchgeführt. Seltsam, dass sich dennoch ihr Interesse auf rein innerweltliche Befindlichkeiten und Aspekte beschränkte. Eine Verankerung der erfragten Daten im Glaubensfeld ist kaum erkennbar, ein möglicher persönlicher Gottesbezug spielt offenbar keine Rolle. Die „Seelsorgenden" erscheinen wie eine profane Berufsgruppe – etwa wie die Ärzteschaft, die Sozialarbeiter oder eine mittelalterliche Handwerkerzunft. Worte wie Gnade, ewiges Leben, Sünde, Kreuz und Auferstehung tauchen gar nicht erst auf. Nicht einmal Jesus Christus wird benannt. Unter den 25 Nummern, die die Studie interpretieren, hat „Gott" sozusagen Glück gehabt, wenigstens in Nummer 25 auch einmal erwähnt zu werden.

Solcher Säkularismus übergeht dann auch völlig – was noch bedauerlicher ist – den persönlichen Glaubensbezug der kirchlichen Diensträger. Die Initiatoren der Befragung fühlen sich durch die gewählte Perspektive offenbar legitimiert, bei Diakonen und Priestern den Empfang des Weihesakraments überhaupt zu verschweigen; sie werden in den Oberbegriff „Seelsorger" integriert und streichen dadurch ihr gnadenhaftes Spezifikum. Kann man aber die seelische Verfassung eines geweihten Amtsträgers – seine „Salutogenese" – wirklich erfassen, ohne vom Glauben zu sprechen? Hirtenarbeit ist für niemanden ein Brotberuf – für den Diakon ist er es ganz gewiss nicht. Schließlich hat dieser Dienst die Lebensgeschichte des Geweihten geformt – sein religiöses Ringen um ein Ja zur Berufung, seine Suche von Gottes Antlitz. Dass es letztlich nicht die konkreten Tätigkeiten waren, die ihn zum Sakramentenempfang motivierten, sondern seine persönliche Geschichte mit dem Vater Jesu Christi; dass diese Geschichte ihn in allen Stunden begleiten und stützen kann, ihm wieder aufhilft in Enttäuschungen, ihn erfreut bei Erfolgen – wer das unterschlägt, scheitert doppelt. Er beraubt den Geweihten der geistlichen Hilfen, wenn er den unausweichlichen Not- und Problemsituationen ausgesetzt ist. Er annulliert – gewollt oder nicht – den Sinn der sakramentalen Weihe überhaupt, weil er Leben und Dienst des Diakons ohne Gottes ausdrücklichen Beistand konzipiert.

Ein derart amputierter Diakonat ist ein Torso, ein kümmerlicher Rest. Solche Verkürzung mag arbeitsorganisatorisch denken, sie vergisst aber das Gottesverhältnis. Und genau diese Gottesbeziehung stand Pate beim modernen Wiederaufleben des Diakonats.

Sakramentaler Diakonat als Signal

Als das Vaticanum II nach intensiver Diskussion den „Ständigen Diakonat" der Kirche zurückgab, erhob sich zunächst allenthalben die Frage: Welchen Sinn hat diese Wiedereinführung? Sind die Diakone eine Entlastung für die Priester? Welches neue Tätigkeitsfeld eröffnet sie ihnen?

Nun hat der Diakon dank seiner Weihe fraglos zu einigen kirchen-amtlichen Aufgaben Zutritt, die anderen Gliedern der Kirche nicht offenstehen. Er ist etwa befähigt zur Predigt bei der Eucharistiefeier und zur Assistenz, wenn sich die Eheleute ihr Sakrament spenden; auch ist er ordentlicher Liturge der Taufe. Solche Dienste haben ihr Gewicht. Dennoch vermehrt sich in der Tat die kanonische Kompetenz für die Männer, die geweiht werden, nur minimal. Und es wird der auch nicht die Bedeutung dieses Sakramentes recht erfassen, der es lediglich unter dem Gesichtspunkt von zusätzlicher Amtsbefähigung und möglicher Entlastung für Priester beurteilt. Im Diakonat steckt vielmehr eine Botschaft, die weit über organisatorische und funktionale Konzepte hinausgeht. Nicht die kirchliche Arbeitsorganisation, sondern die Theologie zeigt uns das Mehr.

Zunächst ist festzuhalten, dass Gott seine Gnade für kirchliche Dienste auf viele Weise gibt. In der Katechese, im Dienst der Caritas oder in kirchlicher Verwaltungsarbeit sind viele Männer und Frauen eingesetzt, die durch ein Leben aus der Taufgnade und berufliche Qualifizierung ausreichend vorbereitet sind. Niemand würde behaupten, erst ein Weihesakrament gäbe ihnen die geforderte geistliche Qualifikation. Trotzdem legten sich schon zu Beginn des Vaticanum II einige große Theologen stark ins Zeug, damit der Diakonat wieder als Sakrament in der Kirche eingerichtet würde. Zu ihnen gehörte P. Karl Rahner SJ († 1984), der wegen seiner gediegenen theologischen Autorität auch als einer der Vorkämpfer seiner erneuten Stiftung gelten muss. Er wendet sich gegen die, die das

Diakonen-Sakrament für verzichtbar halten, weil dessen pastoral-
praktische Auswirkung gering sei. Rahner hält dagegen: Auch
wenn der Sakramentenempfang die amtlichen Befugnisse des Diakons nicht vermehre, trügen viele unterschiedlichste Dienste des
Diakons den Aufbau der Gemeinde; und sie alle gewännen Gottes
Heils-Kraft durch die Gnade des Diakonen-Sakraments. Darum plädiert Rahner in jedem Fall für den Empfang des Sakraments, damit
die Gott-Verwiesenheit kirchlicher Sendung in den Blick tritt. Hier
seine wichtigen Worte: „Wo eine sakramentale Gnadenvermittlung
im Rahmen des menschlich Möglichen und sinnvoll Vollziehbaren
möglich ist, soll sie auch geschehen, ist sie grundsätzlich empfeh-
lenswert und opportun, und diese Opportunität darf nicht mit dem
Einwand geleugnet werden, solche Gnaden könnte man schließlich
auch ohne das Sakrament erhalten."

Karl Rahner fordert dieses Sakrament also letztlich nicht, um
neue Stellen für den kirchlichen Arbeitsvollzug zu schaffen, damit
das Unternehmen Kirche effizienter würde. Sein Argument weist
entschieden über die Planspiele hinaus, mit denen sich fortwährend
Generalvikariate und Unternehmensberater befassen. Ihm liegt
Pragmatik fern. Er nimmt die individuell-persönliche Motivation
des Diakonanden auf, der auf Gott setzte, weil ihm Gott nicht länger ein Gedanke blieb, sondern Realität wurde. Und Rahner macht
den Diakonat so zu einem Glaubenswink für uns alle. Die Stiftung
dieses Sakramentes ist ihm ein Appell: Es soll uns als Kirche daran
erinnern, dass menschliche Erlösung auf Gottes Gnade verwiesen
ist. Priester und Bischöfe bekommen durch ihre Weihe zusätzliche pastorale Kompetenzen, und die neuen Tätigkeiten bezeugen
so ausreichend die beiden anderen Stufen des Weihesakraments,
den Presbyterat und den Episkopat. Dem Diakonat aber geht solche
funktionale Bestätigung weitgehend ab.

Doch gerade durch das Fehlen von neuen spezifischen Befugnissen lenkt der Theologe den Blick auf das unersetzbare Glaubensfundament für alles kirchliche Engagement. Dies Sakrament prägt
den Empfänger in seiner Existenz so umfassend, dass das Lied des
Mose in seinen Mund passt: „Ich will den Namen des Herrn verkünden. Preist die Größe unseres Gottes" (Dtn 32,3). Total-Abhängigkeit
kirchlichen Engagements von Gott erhält im Diakonat die eindeu-

tige und offensichtlichste Greifbarkeit. Pater Rahner ist überzeugt, dass sie sich in diesem Sakrament am besten verdichtet. Der Diakonat ruft uns immer wieder in Erinnerung, dass Gott es ist, der den Einsatz für irdischen Segen und ewige Rettung des Menschen gelingen lässt.

„Gemeindeleiter" – und eine päpstliche Fußnote

Anmerkung zu „Querida Amazonia" – CNA Deutsch, 28. Februar 2020

Dem postsynodalen Dokument „Querida Amazonia" (QA) wurde in der Öffentlichkeit vor allem entnommen, dass die Zölibats-Verpflichtung für katholische Priester beibehalten wird. Andere relevante Akzente dieses Papstwortes mögen also bislang weniger Aufmerksamkeit geweckt haben. Auf einen weist im prestigiösen „Internetportal der katholischen Kirche in Deutschland" am 21.02.2020 Michael Böhnke hin, Professor für Systematische Theologie:

> „Papst Franziskus hat in einer Fußnote (Nr. 136) auf canon 517
> § 2 CIC 1983 Bezug genommen: In diesem Zusammenhang
> hat er von Laien als Gemeindeleitern gesprochen und zudem
> daran erinnert, dass die Gemeindeleiter*innen auf Dauer
> eingesetzt, öffentlich anerkannt und mit entsprechenden
> Vollmachten ausgestattet werden müssen.
> Hier ist von Laien als Trägern von Vollmachten die Rede, von
> Gemeindeleitung durch Laien, von c. 517 § 2 als einer ,Lö-
> sung' auf Dauer und von einer synodalen Kirche mit amazo-
> nischen Gesichtszügen [...], dass Laien Ämter mit Vollmacht
> zum sakramentalen Handeln und Leitungsgewalt übertragen
> werden können. Er hat mit anderen Worten ein klerikales
> Monopol geknackt."

Laien als Gemeindeleiter? Sie kämen einigen Bischöfen in Deutschland offenbar sehr gelegen. Doch gerade solche „Theologie mit Anliegen" macht nachdenklich. Sie nötigt zu genauerer Lektüre.

Eine entstellte Fußnote

Die erste Überraschung begegnet bei QA in der erwähnten Fußnote 136. In ihr heißt es dort: „Der Bischof kann wegen Priestermangels einen Diakon oder eine andere Person, die nicht die Priesterweihe

empfangen hat, oder eine Gemeinschaft von Personen an der Wahrnehmung der Seelsorgsaufgaben einer Pfarrei beteiligen" (*Codex
des kanonischen Rechts*, c. 517 § 2)." Beim Vergleich mit dem zitierten Paragrafen fällt allerdings ins Auge, dass in QA der Schluss
des zitierten CIC-Paragrafen entfällt. Er lautet im CIC, unter den
beschriebenen Bedingungen hätte der Diözesanbischof aber auch
„einen **Priester** zu bestimmen, der, mit den Vollmachten und Befugnissen eines Pfarrers ausgestattet, die Seelsorge **leitet**". In der
Begründung von QA-Neuheit wird also die Zielaussage des CIC –
Leitung der gemeindlichen Pastoral durch einen geweihten Priester – schlicht unterschlagen.

Unannehmbar wird damit die Schlussfolgerung des professo-
ralen Fachmanns. Er konstatiert, der Papst habe mit diesen Sätzen
die „Gemeindeleitung durch Laien" aus der Taufe gehoben und „ein
klerikales Monopol geknackt". Der Ordinarius für Dogmatik prüft
also nicht die Korrektheit der Fußnote. Was schlimmer ist: Er verkennt mit seiner Folgerung das theologische Fundament für die
Führungsverantwortung in der Kirche.

Für die katholische Glaubensgemeinschaft ist die tragende
Leitungsvollmacht sakramental-gnadenhaft grundgelegt im Sakrament des ORDO. Das Dokument QA selbst erwähnt dies Fundament kurz: Durch seinen Empfang würde der Kandidat Christus gleichgestaltet und mit geistlicher Macht ausgerüstet (Nr. 87).
Diese benannte Macht ist nach dem Glauben der Kirche Ausfluss
der EXOUSIA, die der Auferstandene gegenüber den Elfen für sich
proklamiert (vgl. Mt 28,18); sie ist Ausgangspunkt und Ausstattung
für den Auftrag, den der Herr jedem der Apostel zuspricht und die
diese ihren Nachfolgern vermitteln.

Solche EXOUSIA ist sorgsam zu unterscheiden von kirchlich eingeräumten Handlungsbefähigungen, die sich nicht auf das
Weihesakrament stützen. QA spricht mehrfach von „Vollmachten",
die ggf. die Grundlage von „Ämtern" ausmachen. Derartige Kompetenz meint Ordnungsanweisung, die sich ein Sozialkörper gibt –
vergleichbar etwa dem stattlichen Beamtenrecht. Die Kirche räumt
sie in der „*missio canonica*" oder anderen Arten von „*missio*" ein.

Dass demnach die Verankerungen und Qualitäten kirchlicher
„Macht" sehr verschieden sind, wird zwar im Dokument QA nicht

abgehandelt, aber auch nicht negiert. Nur einäugiges Lesen lässt sie beim Bedenken von „Vollmacht" völlig außer Acht. Weil die Zuständigkeit einmal in der sakramentalen Christus-Relation, im anderen Fall jedoch lediglich in der Kirche als *„societas"* gründet, hat sie unterschiedliche Qualität. Wer sie einfach gleichschaltet, schwindelt. Soweit die Kritik zum Vorstoß des Professors. Er ist nicht haltbar. Schon die Ausdruckweise („klerikales Monopol") ordnet ihn fragwürdiger Kirchenpolitik zu. Allerdings ist auch die Konzeption von QA zu prüfen. Die Entstellung der Fußnote 136 macht ja hellhörig. Sie nötigt, den Argumenten nachzugehen, die Laien als Gemeindeleiter zu postulieren.

Zum theologischen Fundament des priesterlichen Dienstes

QA spricht kurz an, „was dem Priester in besonderer Weise zukommt, was nicht delegierbar ist" (QA 87). Sein Spezifikum wird dann bezogen auf das „Sakrament der Weihe [...], das ihn Christus, dem Priester, gleichgestaltet" (QA 87). Eine Entfaltung der „Gleichgestaltung" unterbleibt; sie dient der Affirmation, dass allein der Priester befähigt ist, „der Eucharistie vorzustehen" (QA 87). Später tritt zu dieser Kompetenz noch die sakramentale Vergebung.

Der Text von QA wechselt dann rasch die Perspektive. Er behandelt nicht länger die ontische Gleichgestaltung des Geweihten mit Christus, sondern blendet über auf dessen pastorale Tätigkeiten. Das Dokument wählt also gleich eine empirische Perspektive, vernachlässigt demnach so die geistlich-gnadenhaften Implikationen des Heilsdienstes. Wer sie ausklammert, kann fraglos rasch Vorschläge zur Neuordnung des Feldes kirchlicher Aktivitäten machen. Doch werden Pragmatiker irgendwann auf die Frage stoßen: Warum sind dem Priester denn eigentlich Bußsakrament und Eucharistiefeier vorbehalten? Oder – um das Problem polemisch zuzuspitzen: Was geschah, als der Bischof dem Kandidaten bei der Priesterweihe die Hände aufgelegt hat? Erteilte er ihm lediglich das Recht, Eucharistie und Bußsakrament vorzustehen? War die Liturgie nur eine feierliche „Berufs-Freisprechung" des künftigen „Gesellen" – oder hatte der Empfang des ORDO-Sakraments über einen formaljuristischen hinaus einen gnadenhaften Effekt? Bekanntlich lehrt die Theologie, in den gebeteten liturgischen Texten finde sich die geglaubte Wahrheit (*„Lex orandi, lex credendi* – Das Gesetz des Betens ist das Gesetz des Glaubens"). Auch die Liturgie des ORDO-Sakraments erklärt demnach das priesterliche Amt. Die Weihe-Präfation benennt zunächst den Vater, der „in der Kraft des Heiligen Geistes" seinem „Sohn Jesus Christus Diener erwählt", um dann auf die zu verweisen, die „durch die Auflegung der Hände an seinem heiligen Dienst teilhaben". Diese Fähigkeit wird durch die Gabe des Geistes bewirkt, der nach den vorgetragenen Gebeten den Geweihten auf spezifische Weise an Christus bindet.

Schon das älteste uns überlieferte Weiheritual, die *Traditio apostolica* – sie geht auf Hippolyt von Rom († 235) zurück – benennt in den begleitenden Rubriken zur Geste der bischöflichen Handauflegung diese Kraft des Heiligen Geistes. In ihrem Weihegebet heißt es: „Blicke auf diesen deinen Knecht und gib ihm Anteil an dem Geist der Gnade und des Rates des Presbyteriums, damit er dein Volk unterstütze und leite mit reinem Herzen."

Stärker noch als in der römischen Tradition sieht die Ostkirche in einer Geistbegabung die Mitte und die entscheidende Wirkung der Ordination. Das belegen zunächst mehrere griechische Kirchenväter, die den apostolischen Auftrag und Dienst auf die Sendung des Geistes zurückführen. Zu vergleichen wäre etwa der Märtyrer Irenäus von Lyon († um 202), Athanasius († 373) Johannes Chrysostomus († 407) oder Kyrill von Alexandrien († 444). Doch statt sie hier zu zitieren, soll lediglich der hohe Rang vermerkt werden, den sie alle der besonderen Gabe des Heiligen Geistes für den priesterlichen Dienst zumessen.

Vaticanum II

Wer sich die kleinen Anfänge der Kirche in einem versteckten Winkel der Erde vor Augen hält, mag sich vielleicht über deren robuste Dauer und deren weltweite Verbreitung wundern. Über die wechselnde Ausformung des Weihesakramentes durch unterschiedliche

Zeitepochen und Kultureinflüsse wundert er sich jedoch kaum. Der Herr selbst hat uns ja vorausgesagt, wir brauchten Gottes Geist, damit dieser uns „in die volle Wahrheit einführen wird" (Joh 16,13). Für unsere Zeit interpretierte das Vaticanum II seine biblische Grundlegung und gab uns theologisch verlässliche Konturen des Amtes.

> „Da das Amt der Priester dem Bischofsstand verbunden ist, nimmt es an der Vollmacht teil, mit der Christus selbst seinen Leib auferbaut, heiligt und leitet. Darum wird das Priestertum der Amtspriester [...] durch ein eigenes Sakrament übertragen. Dieses zeichnet die Priester durch die Salbung des Heiligen Geistes mit einem besonderen Prägemal und macht sie auf diese Weise dem Priester Christus gleichförmig, sodass sie in der Person des Hauptes Christus handeln können" (Presbyterorum ordinis 2).

Der zentrale Text umkreist das Glaubensfundament des Priesteramtes. Es wurde gelegt, als der Kandidat das Sakrament der Weihe empfing. Dann verankert dieser Abschnitt alles priesterliche Wirken in der einzigen ermöglichenden Wurzel: Christus ist der eigentliche Priester. So sichert der katholische Glaube dem Volke Gottes zu: Nicht mehr der Amtsträger, sondern Christus selbst ist der Akteur des Heils-Geschehens. Er ist definitiv der wirkliche *Auctor ministerii*. Diese Tatsache darf bei allen kirchlichen Struktur-Spekulationen nicht übersehen werden. Sonst verdunkelte sich in der Kirche die Wahrheit, dass erst Christus all ihrem Wirken Fruchtbarkeit gibt. Die vom Heiligen Geist gewirkte Christusbeziehung sieht das genannte Dekret dann in einem „besonderen Prägemal durch die Salbung mit dem Heiligen Geist"; dieses mache die Geweihten, „die Priester [,] Christus gleichförmig, sodass sie in der Person des Hauptes Christus handeln können".

Der heilige Augustinus nennt die so vermittelte Gnadengabe mit einem Ausdruck aus der Militärsprache „SPHRAGIS" – ein Siegel der Zugehörigkeit, grundgelegt durch die Spendung des ORDO. Als wirksames Heilszeichen stiftet das Sakrament eine charakteristische Christusbeziehung, die sich – „nicht nur dem Grade, sondern dem Wesen nach" (*Lumen gentium* Nr. 10) – von der Christusbeziehung des Getauften abhebt. In solcher Gabe liegt die spezifische Qualität des Priesters. Die hier referierte konziliare Definition des Priesters benennt also überraschenderweise nicht dessen einzelne Tätigkeiten. Priesterliche Existenz erschöpft sich nicht durch Vorsitz bei der Eucharistiefeier und im Sprechen sakramentaler Absolution. Sie schlägt sich vielfältig nieder. Wer das geistliche Amt erkennen will, muss seine empirisch greifbare Außenseite theologisch hinterfragen und glaubend durchdringen. Dann bietet sich ihm im unspezifischen „Handeln in der Person Christi" der wohl beste Ausdruck, den priesterlichen Dienst zu fassen. Diese Wendung verkennt zwar nicht das Tätigkeitsfeld des Priesters. Sie beschreibt es jedoch nur in allgemeiner Form. Denn nicht Einzeltätigkeiten machen die Identität des Priesters aus. Diese gründet vielmehr in dessen „Sein", in der vom Geist gewirkten charakteristischen Christusbeziehung. Allein solche Verankerung gibt dem priesterlichen Dienst seine Einmaligkeit.

Vom dreifachen Amt

Somit wird das Raster der Soziologie nur der Oberfläche des priesterlichen Amtes gerecht. Gängige Ausschreibungen einer Bundesagentur für Arbeit erfassen es nicht; es passt nicht in die Zeitungs-Rubrik „Stellenangebote". Und wenn auch ein empirischer Horizont dazu verführt, eine einzelne der repräsentativen priesterlichen Tätigkeiten, den „Gemeindeleiter" als kirchliches *munus* zu etablieren – Gottes Heilswerk überragt die Kategorien der Gesellschaft.

Nicht nur eine bedenkliche Säkularisierung des kirchlichen Amtes widerspricht der Idee, Laien zur Leitung von Gemeinden einzusetzen. Dieser Vorschlag wird zudem hinfällig, wenn die geistliche Abhängigkeit der drei Tätigkeiten voneinander beachtet wird. Die *munera docendi, sanctificandi, regendi* haben zwar ihre eigenen Ausdrucksformen, sind aber keineswegs autark. Sie sind theologisch so untrennbar voneinander abhängig, dass sie isoliert ihre geistliche Effizienz verlieren. Eine knappe Zwischenbemerkung zeigt die Zusammenhänge.

Zu erinnern ist, dass unsere Glaubenstradition die Verwiesenheit der drei *munera* aufeinander schon seit Justin, dem Märtyrer, festhält († 165). Bei ihm findet sich das Theologumenon vom „*munus triplex Christi*", das später von den Reformatoren, von M. J. Scheben († 1888) und vom II. Vaticanum aufgenommen wurde. In diesem Ausdruck steckt nicht nur die Untrennbarkeit der drei Ämter. Die Benennung ihrer spezifischen Verankerung in Christus erinnert an das Weihesakrament und bestätigt unseren Gedankengang.

Die Verbundenheit der *munera* liegt ohnehin auf der Hand: Der „Dienst am Wort" bereitet für die Feier der Sakramente. Die „Zeichen des Glaubens" setzen ja voraus, dass dieser Glaube durch die Verkündigung geweckt wurde. So sehr sind beide Dienste aufeinander angewiesen, dass Theologen das Sakrament als ein „zum Zeichen gewordenes Wort" genannt haben. Im Vollzug beider Aufgaben dient der Priester zum geistlichen Wachstum der Gemeinde. Sakramente und Verkündigung sind demnach die Grundpfeiler für das *munus regendi*. Nicht klerikale Präpotenz bindet den Leitungsdienst an das Weihesakrament. Wer das Vaticanum II als theologische Weisung akzeptiert, kann dort lesen: Wie zu den Ämtern der Verkündigung und Sakramentenspendung werde dem Priester „eine geistliche Vollmacht verliehen, die zur Auferbauung gegeben wird" (*Presbyterorum ordinis* Nr. 6).

Besonders hilfreich sind im genannten Abschnitt des Dekrets zwei Verweise auf den 2. Korintherbrief (10,8f. und 13,10). Paulus pocht in ihnen auf seine Vollmacht, die ihm vom Herrn verliehen sei. Er beansprucht ein *munus regendi,* und er nimmt mit EXOUSIA eben den Begriff auf, den der Herr vor seinem Heimgang zum Vater gegenüber den Elfen gebrauchte. Doch der Apostel erhält diese Gabe nicht als Management-Fakultät und noch viel weniger als Disziplinierungsgewalt. Sie ist ihm von Gott gegeben als OIKODOME – ein Begriff, der weit über organisatorische Verantwortung hinausreicht. In ihm steckt tiefer heilsgeschichtlichen Sinn; er betrifft die Umsetzung von Gottes Heilsplan (vgl. Eph 1,10) und die Verwirklichung des bislang verborgenen Geheimnisses Gottes (vgl. Eph 3,9).

Gewiss ist leider zu beklagen, dass Priester in ihrer Schwäche immer wieder hinter diesem hohen theologischen Anspruch zurückbleiben. Dann wollen selbst gute Christen das „klerikale Monopol brechen". Doch wer garantiert, dass nicht-geweihte Vollmachtsträger – einmal bestellt – ihre Macht nicht missbrauchen würden?

Gott-Vergessenheit

Wie eingangs vermerkt, besteht das Kirchenrecht darauf: Allem pastoralen Dienst von Laien in einer Gemeinde hat ein „Priester [...] mit den Vollmachten und Befugnissen eines Pfarrers" vorzustehen. Das ist keineswegs klerikale Überheblichkeit. Vielmehr ist vor transzendenzloser Ekklesiozentrik zu warnen. Das kirchliche Ordnungsgefüge kann eine seiner drei zentralen Tätigkeiten – den Leitungsdienst – nicht in eigener Vollmacht vergeben. Er benötigt dessen formale Anbindung an Gott – nicht inklusiv, sondern *expressis verbis*. Andernfalls würde sich die Kirche weiter verweltlichen und trüge selbst noch bei zu der notorischen und beklagten modernen „Gott-Vergessenheit" (Papst Benedikt XVI.).

Bischofskonferenz – der Motor ekklesialer Fraktionierung? – Ein Manifest zu ihrer Lehrkompetenz

„Die Tagespost" 73 [18. Juni 2020] 14

Wer Kardinal Hermann Volk, Bischof von Mainz, bei der bis heute zitierten „Würzburger Synode" (1972–1975) erlebte, erinnert sich wohl noch: Immer wenn das Präsidium der Versammlung ihn als Redner ankündigte, strömten augenblicklich die Journalisten in Scharen aus den Fluren in die Aula. Er gab eine spannende Kurz-Vorlesung und deckte dramatisch den theologischen Hintergrund der anstehenden Frage auf. Aber er machte keine Kirchenpolitik. Er verachtete eine „Theologie mit Anliegen". Die Wahrheit, die von Gott kommt, hätte Leuchtkraft aus sich selbst. Strategische Ziele theologisch bemänteln zu wollen, war ihm zuwider.

Die Publikation „Die Lehrkompetenz der Bischofskonferenz"[1] widmet sich einer Sache, die beim Vaticanum II nicht ausdiskutiert wurde. Doch wird deren Untersuchung nun keineswegs in ruhiger Sachlichkeit betrieben. Die Herausgeber geben gar nicht erst vor, die unvollständigen Ansätze lediglich aufzuarbeiten; ihr Vorwort lässt ein anderes Ziel erkennen. Sie suchen theologische Möglichkeiten, einen Machzuwachs für die „Deutsche Bischofskonferenz" gegenüber der „römischen Kurie" zu erzwingen – und zwar aus aktuellem Anlass; denn es gilt, die Beschlüsse des „Synodalen Weges" zu legitimieren. Durch die Artikel von zwölf Autoren soll sich klären, „ob die Bischofskonferenzen zu Orten ,heilsamer Dezentralisierung' werden oder ob sich weiterhin ein (sc. vatikanischer) Zentralismus zu behaupten vermag, der die Bischöfe an kurzer Leine hält"[2]. Die bisherigen Strukturen innerkirchlicher Kompetenz sollen verändert werden; obwohl doch eigentlich Theologie das „Erhellen und Entfalten der im Glauben empfangenen Offenbarung Gottes" ist

---

1 Thomas Schüller, Michael Seewald (Hg.), *Die Lehrkompetenz der Bischofskonferenz. Dogmatische und kirchenrechtliche Perspektiven*, Regensburg 2020.
2 Ebd., 10.

(Karl Rahner). So fällt es schwer, diesen Band der Glaubenswissenschaft zuzuordnen; er hat eher den Charakter eines kirchenpolitischen Manifests.

Taktische Zuspitzung verdirbt leicht unsere theologische Erkenntnis. Nicht selten ist zu erfahren, dass solche Einseitigkeit die Perspektive der Wahrheit verstellt. Wir sprechen dann von Vorurteilen. Hans Georg Gadamer, fraglos eine Autorität in Fragen der Hermeneutik, nennt das Vorurteil eine „falsche Voreingenommenheit". Sie bestände in einer Verdunklung „von Wahrheiten aus keinem anderen Grunde, als weil sie alt und durch Autoritäten bezeugt"[3] seien. Nur ein Beitrag der Publikation sei angeführt, um dieses „alt", das es angeblich zu überwinden gilt, zu beschreiben: Johanna Rahners „Der Geist weht, wo er will?"[4]

Ratzinger vs. Kasper

Bei ersten Lesen möchte Zustimmung aufkommen, wenn die Autorin in ihrer Studie Walter Kasper als Gewährsmann aufruft. Im Sinne der Kirchenkonstitution des Vaticanum II, dass „die Sorge, das Evangelium überall auf Erden zu verkündigen, die ganze Körperschaft der Hirten angeht" (LG 23), hatte der spätere Kardinal zu Recht herausgestellt, bischöfliche Kollegialität vollziehe sich nicht nur „vertikal" (via Rom), sondern auch „horizontal" (zwischen den Bischöfen selbst). Die dann behauptete Bürgschaft Kaspers für den weiteren Gedankengang der Autorin erweist sich bei näherem Zusehen jedoch als defekt, etwa das Heranziehen von Kaspers Position zu den frühchristlichen Kirchenstrukturen. Um Kasper hier als ihren Garanten zu retten, bezeichnet die Theologieprofessorin den Ausgang des „Streits" zwischen Kardinal Kasper und Kardinal Ratzinger als „Aporie"[5].

So setzt sie sich über erwiesene theologische Daten hinweg. Karl-Heinz Menke hat die Auseinandersetzung zwischen den beiden Kardinälen im Detail nachgezeichnet. Kasper behauptete, ver-

---

3   HANS-GEORG GADAMER, *Wahrheit und Methode. Grundzüge einer philosophischen Hermeneutik*, Tübingen 1965, 262.
4   SCHÜLLER, SEEWALD (HG.), *Die Lehrkompetenz*, 115–141.
5   Ebd., 137.

schiedene frühkirchliche Gemeinden hätten sich gleichzeitig und
unabhängig voneinander gebildet; die Darstellung der Apostelgeschichte nannte Kasper eine „lukanische Konstruktion". Mit dieser
seiner These wollte er die heutigen Lokalkirchen gegen den „römischen Zentralismus" aufwerten. Ratzinger widersprach dem Versuch Kaspers, man könne schon mithilfe der historisch-kritischen
Forschung die „Wahrheit an sich" finden. Er konnte dann – nicht
ohne eine gewisse Süffisanz – seinen Kontrahenten sogar auf einen
Repräsentanten der historisch-kritischen Forschung aufmerksam
machen, dem man gewiss keine sachfremde Verteidigung des „römischen Zentralismus" unterstellen wird: Rudolf Bultmann. Dieser
hatte nämlich ohne Umschweife die Priorität der Gesamtkirche vor
der Einzelgemeinde herausgestellt.[6]

Ein Manifest

Wenn Frau Rahner eine Bischofskonferenz in ihrer Beziehung zum
Bischof behandelt, betrifft das „alt" des Hermeneutikers Gadamer
zweitens die theologische Identität des Bischofs. Dessen „neues"
Verständnis: Er ist Kirchenfunktionär. Weder erwähnt noch beachtet der Artikel, was die Kirche über den sakramentalen Vollzug
der Bischofsweihe von Gott erbittet: „Sende herab auf diesen Auserwählten die Kraft, die von dir ausgeht, den Geist der Führung,
welchen du deinem geliebten Sohn Jesus Christus gegeben hast."
Weder wird angesprochen noch bedacht, was das Vaticanum II über
die Bischöfe formuliert, dass sie „in hervorragender und sichtbarer
Weise die Aufgabe Christi selbst, des Lehrers, Hirten und Priesters, innehaben und in seiner Person handeln" (*Lumen gentium*
21). Eine Blütenlese des verwendeten Vokabulars verdeutlicht ohne
längere Argumentation, dass die EXOUSIA des Auferstandenen
(vgl. Mt 28,18) die heutigen geweihten Hirten anscheinend nicht
mehr erreicht: gnadenlos: Gnaden-los. Da ist für den Bischof die
Rede von „Hypertrophierung des Eigenstands", „Selbstsakralisierung", „Solipsistisch enggeführter Autorität", „ideengeschichtliche

---

6   Vgl. KARL-HEINZ MENKE, *Das unterscheidend Christliche*, Regensburg 2015, 462.

Nähe zu Erzbischof Marcel Lefebvre". Die vatikanische Erklärung der Bischofsweihe zu einem Sakrament nennt sie gar eine „Dame ohne Unterleib"[7].

So viel zu der einen Grenze, die die theologischen Vollmachten der Bischofskonferenzen gegenüber dem Einzelbischof einschränken soll. Auch die andere – der Apostolische Stuhl – wird ebenso polemisch bedacht. Die Termini: „Kurial-zentralistische Bevollmächtigungsstrategie", „nach dem Vorbild absolutistischer Monarchie strukturiert", „unterhalb des Differenzierungsniveaus der weltlichen Rechtspartner", „Kadermentalität", „restriktive Regularien nach dem Satz des Machiavelli: *divide et impera*". Mit Machiavelli sind wir bei der Perspektive des Artikels gelandet: Sein Duktus erscheint wie eine Abhandlung moderner Politikwissenschaft: Die Autorin stützt die Entscheidungsprozesse des Sozialkörpers Kirche, den Aufbau von Macht und deren Einwirkung auf die soziologische Struktur – ganz im Sinne eines politischen Memorandums.

Und sie beschleunigt munter die Bewegung „Los von Rom". Obwohl doch nördlich der Alpen Schwierigkeiten und Schmerzen einer Glaubensspaltung täglich zu spüren sind. Der herausragende Theologe Henri de Lubac formulierte schon vor Jahren, dass „die Karte der Schismen, die nacheinander die christliche Kirche zerrissen haben, immerfort und fast vollkommen mit der der großen Kulturfelder übereinstimmt. Dies deshalb, weil die konstitutiven soziologischen Dynamismen jeder Kultur diese normalerweise zu einer exklusiven Haltung verleiten, der sie dann oft genug erliegt"[8]. Gewiss eine eindringliche Warnung auch an die deutschen Katholiken und ihren „Synodalen Prozess".

---

7   SCHÜLLER, SEEWALD (HG.), *Die Lehrkompetenz*, 132.
8   HENRI DE LUBAC, *Quellen kirchlicher Einheit*, Einsiedeln 1974, 62.

Vertuschung – ein neuer Kampfbegriff gegen die katholische Kirche

„Die Tagespost" – online, 19. Dezember 2020

„Das Erzbistum Köln wird eine von ihm selbst in Auftrag gegebene Studie zum Umgang der katholischen Kirche mit Missbrauchsfällen in den Jahren 1975 bis 2018 nicht veröffentlichen", lautete die Nachricht (Diözesane Pressestelle, 30.10.2020). Die genannte Untersuchung war vom Kölner Kardinal Rainer Maria Woelki bei einer Münchner Kanzlei in Auftrag gegeben worden. Der Frankfurter Jurist Matthias Jahn hatte sie kritisiert: Das Gutachten sei „nicht gerichtsfest" und „im Ganzen misslungen". Nun ist der Kölner Strafrechtsexperte Björn Gercke von Kardinal Woelki damit betreut, bis Mitte März ein neues Gutachten zu erstellen.

Die Notiz hat quer durch die Bundesrepublik ein lautes und signifikantes Echo. Aus der Vielzahl nur zwei Aufschreie:

In „Die Zeit" online (30.10.2020) bezeichnet Kirchenrechtler Thomas Schüller, Münster, diese Entscheidung des Kölner Kardinals Rainer Maria Woelki, dies Gutachten nicht zu veröffentlichen, als „Super-Gau für das Erzbistum Köln und alle involvierten Beteiligten". Eine Neuerstellung und deren spätere Präsentation wird in Schüllers Protest nicht ersichtlich.

Das Berliner Familienministerium in der Person von J.-W. Rörig, Beauftragter für Fragen des sexuellen Kindesmissbrauchs, meldet sich zu Wort. Kardinal Woelki habe einen massiven Fehler begangen, unliebsame Nachrichten unter Verschluss zu halten. Es stehe „der Verdacht erneuter Vertuschung im Raum" („Tagesspiegel", 23.11.2020).

Aufschrei

Am 10.12.2020 lieferte ein Zeitungsbericht neuen Zündstoff: Ein Düsseldorfer Pfarrer habe in den 1970er-Jahren ein Kindergartenkind sexuell missbraucht. Als Weihbischof in der Erzdiözese müsse der jetzige Kardinal Woelki seit 2011 darum wissen. Nach seinem Amtsantritt 2014 habe er diesen Fall nicht nach Rom gemeldet, wie das Kirchenrecht es gebiete. Andere öffentliche Medien bezichtigten den Kardinal daraufhin erneut der Vertuschung – auch wenn die Diözese erklärt: Der Pfarrer sei seinerzeit gar nicht vernehmungsfähig gewesen; ein zweiter Schlaganfall und eine fortgeschrittene Demenz hätten eine Konfrontation zur Aufklärung der Sache unmöglich gemacht. – Der Präsident des Zentralkomitees der deutschen Katholiken, Prof. Sternberg, sprach von einem möglichen Fehlverhalten des Erzbischofs und forderte ein rechtsstaatliches Verfahren (12.12.2020).

Der nüchterne Beobachter registriert: Es handelte sich um einen Fall aus den 1970er-Jahren; für Kardinal Woelki durfte es bei der Bestellung für Köln nichts Dringlicheres geben, als das Archiv zu bearbeiten; die vatikanische Meldepflicht für Missbrauchsfälle wird angemahnt, stammt aber aus dem Jahr 2019.

Zur Prüfung medialer Empörung

Köln ist kein Einzelfall. Empört schallt es fast täglich den verantwortlichen Bischöfen und dem Papst entgegen: „Ross und Reiter eurer beschämenden Verbrechen müssen ans Licht! Hört auf zu vertuschen!" Man fordert: Die Glaubensgemeinschaft soll endlich ihre Eigenverantwortung aufgeben. Schon lange heißt es ja: „Würden das Vertuschen von Sexualstraftaten und das Weitermachenlassen nicht erheblich erschwert, wenn dieses Offizialdelikt mit einer Anzeigenpflicht verbunden wäre? [...] Müsste der Vatikan nicht unmissverständlich anordnen, dass bei begründetem Verdacht stets die staatlichen Ermittlungsbehörden einzuschalten sind, egal, ob in einem Land Anzeigenpflicht besteht oder nicht?" (FAZ vom 14.04.2010). Jede der 27 Diözese soll nun einzeln an den Pranger gestellt werden. Einmal wird der Vorwurf verbreitet, das Problem übersteige die Selbstreinigungskraft der Kirche. Abwertender ist noch das Wort „Vertuschung" in den Medien, das zunehmend die Runde macht. Es ist zum Kampfbegriff geworden gegen den kirchlichen Umgang mit Ärgernissen. Genau gelesen meint ja Vertuschung „Strafvereitelung". Prominente in Gesellschaft und Politik beschimpfen mit diesem Begriff die verantwortlichen Bischöfe. Ihr Richterspruch: Weil wir Unabhängigen und die Allgemeinheit nicht alle Fehltritte nachprüfen dürfen, werdet ihr straffällig (§ 258 StGB). So wächst der öffentliche Druck auf die geweihten Hirten der Kirche, sie müssten sich kirchenfremden Händen übergeben. Die institutionelle und organisatorische Trennung von Staat und Kirche, wie sie das „Grundgesetz der Bundesrepublik" zusichert (Art. 140), wird unterlaufen. Eine Prüfung kirchlicher Eigenständigkeit steht an.

a) Justizirrtum

Die Bischöfe machten schon bei ihrer Zusammenarbeit mit dem Kriminologischen Forschungsinstitut Niedersachsen keine gute Erfahrung (Januar 2013), als sie die ersten Schritte zur Bewältigung der Pädophilie taten. – Später wurde am 30.01.2020 Kardinal Philippe Barbarin vom Berufungsgericht von Lyon freigesprochen. Er war zunächst verurteilt worden, weil er um sexuelle Gewalt durch seine Priester gegen Minderjährige gewusst hätte, ohne sie anzuzeigen. – Am 06.05.2020 verkündete vor dem Obersten Gerichts in Brisbane die Vorsitzende Richterin Stefanie Kiefel den Freispruch von Kardinal George Pell. Er hatte 400 Tage in einem Hochsicherheitstrakt in Haft gesessen. Begründung der Revision: Die Geschworenen hätten in dem Prozess gegen Pell begründete Zweifel an seiner Schuld haben müssen, die Beweislage sei zu dürftig gewesen.

Diese und andere Gerichtsprozesse lösten bei Betroffenen und unter Gläubigen ebenso Schmerz wie Verwirrung aus. Es ist – gelinde gesagt – naiv, die weltliche Rechtsprechung für perfekter zu halten als die der Kirche.

b) Hermeneutik und Forensik

H. G. Gadamer schrieb in seiner epochalen Untersuchung zum rechten Verstehen von Vergangenem: In überlieferten Texten und Begebenheiten würde ein Stück Vorgeschichte erkennbar. Es sei allerdings gleichgütig, ob das vom Autor Dargestellte und Gemeinte unserer Einsicht heute entspräche. Wir hätten vielmehr alle Voreingenommenheit auszuschalten und von allen Vorurteilen, die wir heute in der Sache hätten, abzusehen.[1] Zurückliegende Taten und Urteile finden demnach nur im jeweiligen zeitlichen Kontext ihrer Akteure die korrekte Bewertung. Das gilt auch für die Entscheidungen der geweihten Hirten im Feld der Pädophilie. Es ist irrig und ungerecht, ihre Einschätzungen und Beschlüsse nicht in ihrem geschichtlichen Umfeld, sondern nach neuester Kenntnis zu werten. Der gängige summarische Rückblick auf kirchlichen Umgang mit der Pädophilie missachtet freilich genau diesen Faktor. Eine eindrucksvolle Statistik, die viele Jahre pauschal zusammenfasst, ist forensisch falsch; denn Forensik hat die aktuell relevanten empirischen Daten zu beachten. Etwa die der forensischen Psychiatrie. Sie befasst sich kontextuell mit der Schuldfähigkeit und der Einschätzung des Gefährlichkeitsgrades von Straftätern sowie deren Behandlung.

c) Humanwissenschaft

Kirche versteht sich als Gemeinschaft von Menschen. Sie setzt auf das Erleben der Verbundenheit all ihrer Mitglieder. Zu dieser Verwiesenheit zählt auch ein gegenseitiges Schutzgefühl. Max Scheler († 1928) nennt es die Scham, die Menschen einander schulden. Jeder von uns weiß um sie für seine eigene Person, für seine Familie, für jene, die ihm teuer sind. Ohne Scham zerstört sich die Selbstachtung. Ein anderer Philosoph, John Rawls, nennt solche Selbstachtung „vielleicht das wichtigste unter den primären Gütern"[2]. Es leuchtet somit ein, dass Bischöfe bei Verdächtigungen von Priestern nicht gleich das weltliche Gericht anrufen; sie dürfen deren Selbstachtung nicht leichtfertig gefährden.

d) Gesellschaftsurteil und Erkenntniszuwachs

Der schon genannte Hans Georg Gadamer handelt in seiner Hermeneutik auch von unserem generellen Urteilsvermögen. Er spricht von unserem *common sense*. Dieser werte „recht und unrecht, tun-

1   Hans-Georg Gadamer, *Wahrheit und Methode. Grundzüge einer philosophischen Hermeneutik*, Tübingen 1965, 169f.
2   *John Rawls über Selbstachtung – Lexikon der Argumente*, URL: https://www.philosophie-wissenschaft-kontroversen.de/details.php?id=1196657&a=$a&autor=Rawls&vorname=John&thema=Selbstachtung (Stand: 01.01.2021).

lich und untunlich" (29). Er bilde sich aus dem freien Spiel unserer
Erkenntniskräfte; er begründe Schicklichkeit und deren Gegenteil.
Über Trends und Moden beeinflusst dies Gesellschaftsurteil alles
menschliche Werten. Es darf somit auch für die Überlegungen zur
Pädophilie nicht ausgeklammert werden. Wie sah Ende des vergangenen Jahrhunderts dieser *common sense* dieses Laster und wie be-
einflusste das Allgemeinurteil evtl. dessen Einschätzung?

– **Im Feld der Politik:** Will jemand über solche früheren Vergehen gerecht urteilen, kann er nicht davon absehen, dass über
   Pädophilie inzwischen viel gelernt worden ist. Etwa in der Partei „Bündnis 90/Die Grünen".

Einige Spuren:

** Die Landearbeitsgemeinschaft der „Grünen" in NRW
„Schwule und Päderasten" forderte 1985 die Abschaffung der
Strafbarkeit gewaltfreier sexueller Handlungen mit Kindern.
Das entsprechende Papier wurde auf der Landesdelegierten-
konferenz in Lüdenscheid mit 76 zu 53 Stimmen als Dis-
kussionspapier akzeptiert. Erst im April 1989 kehrt sich die
Partei bei einer Sitzung im Haus Wittgenstein, Bonn, von
ihrer Liberalität gegenüber pädophilen Positionen ab.[3]

** 1998 wurde bekannt, dass der renommierte Schulleiter Ge-
rold Becker des Landerziehungsheim „Odenwaldschule" im
hessischen Heppenheim in den 1970ern bis in die 1980er
Schüler ständig sexuell missbraucht hatte. Nach der ehemaligen Präsidentin des Oberlandesgerichts Frankfurt, Brigitte
Tilmann, wurden mindestens 132 Schüler zwischen 1965 und
1998 Opfer von Übergriffen durch Lehrer.[4] Dennoch galt
diese Institution als Vorzeigeinternat der Reformpädagogik.

** Hartmut von Hentig, Professor für Pädagogik, seit den
1960er-Jahren einflussreicher Erziehungswissenschaftler
und Publizist. Er war seit 1965 Mitglied des Wissenschaftlichen Beirats der zu gründenden Universität Bielefeld und
dort Ordinarius ab 1968. Er nannte sich „Freund" des Leiters

---

3   Taz, 17.09.2013.
4   Abschlussbericht vom 17.12.2010.

der Odenwaldschule Becker und inspirierte dessen „Pädagogik". Zu seinem 95. Geburtstag feierte ihn wieder einmal
„eine illustre Freundesschar um die ehemalige Familienmi-
nisterin Rita Süssmuth"[5].

– **Oder medizinisch:** Vor der Jahrhundertwende wurde unter
Therapeuten vertreten, pädophile Veranlagung wäre umkehr-
bar. So jedenfalls berichtet der amerikanische Psychiater und
Sexologe Fred S. Berlin bei einem Kongress in Dallas/Tex.[6]
Demnach mögen Bischöfe damals wohl den Versicherungen
reuiger Täter Glauben geschenkt haben. Spätere Forschungen
der Spezialisten haben dann erweisen, Pädophilie muss zwar
therapiert werden, ist aber nicht heilbar. Dies Ergebnis konstatiert der Sexualwissenschaftler an der Berliner Charité, Prof.
Klaus M. Beier. Nach ihm ist Pädophilie unheilbar; ein Betroffener müsse in der Therapie lernen, das zu akzeptieren.[7]

Erstes Fazit

Es darf nicht beklagt werden, dass die Kirche nicht schon immer
um die erschreckende Unheilbarkeit der Pädophilie wusste. Ein
stupider Besserwisser kann geschichts-, kontext- und gedankenlos
die Kirche der „Vertuschung" anklagen; er mag die Schlagzeilen auf
seiner Seite haben, doch keineswegs die ganze Wahrheit oder das
Recht. Niemand wird zweifeln, dass die geweihten Bischöfe die Pädophilen wegen der himmelschreienden Sündhaftigkeit *in camera
caritatis* spüren ließen – auch wenn sie nicht gleich spektakuläre
oder gar rechtliche Schritte einleiteten.

---

5   Die Welt, 24.09.2020.
6   EDWARD JAMES FURTON (HG.), *Addiction and Compulsive Behaviors. Proceedings of the Se-
     venteenth Workshop for Bishops*, Boston 2000, 79–91.
7   Focus online, 10.10.2020.

Glaube: der maßgebliche Unterschied

Verheerend an dem öffentlichen Kesseltreiben ist: Bei Bischöfen und unter Gläubigen schwindet die Einsicht in die vor Gott gegebene Letztverantwortung des kirchlichen Amtes für die Diözesen und Gemeinden. Es wächst der öffentliche Druck, kirchliche Kompetenz an kirchenfremde Instanzen abzugeben. Alle humane und spirituelle Diskretion, wie sie einer religiösen Gemeinschaft zusteht, scheint verspielt.

Und vor allem: Gottes Wort bleibt auf der Strecke. Da ist zunächst die neutestamentliche Gemeindeordnung. Das Erste Evangelium hat eine Regel zur „Kirchenzucht"; es verweist den Übeltäter auf die Gemeinde und beansprucht das eigenständige Belangen solcher Glieder, die sich vergangen haben (vgl. Mt 18,15-18). Jemand mag einwenden, das sei geboten in einer Epoche, in der ethisches Verhalten der Glaubenden in stattlicher Gesetzgebung keineswegs aufging; für unser Problem hätten sich hingegen die Rechts-Kategorien heute einander angenähert. Doch wenn der Herr seiner Gemeinde eigene Rechtzuständigkeit einräumt, dann hat sein Wort kein Verfallsdatum. Es macht uns überdies erkennen, dass solche Vergehen nicht nur nach irdischer Gerechtigkeit rufen. Denn sie haben eine sündhafte Implikation, den eine staatliche Instanz unbeachtet lässt. Sie blendet das für den Glauben Belangreichste aus: ihr Gewicht „im Himmel", d. h. vor Gott.

Eine Abgrenzung der katholischen Glaubensgemeinschaft von den Weltinstanzen bleibt demnach unverzichtbar. Sie wird nachdrücklich beim Apostel Paulus eingeklagt. Er schreibt an die Gemeinde in Korinth: „Wagt es einer von euch, der mit einem anderen einen Rechtsstreit hat, vor das Gericht der Ungerechten zu gehen statt zu den Heiligen?" (1 Kor 6,1). – Selbstredend hat der Völkerapostel die staatliche Gesetzgebung geachtet und zu befolgen gelehrt (vgl. Röm 13). Aber er wehrt sich entschieden dagegen, dass Christen für ihre eigenen Streitfälle die heidnische Gerichtsbarkeit in Anspruch nehmen. Wieder liegt der Grund in einer Weltliches übersteigenden Qualität des Christseins. Paulus spielt an auf das eschatologische Recht Gottes, in das die „Heiligen" einbezogen sind. Gottes Volk wird demnach nicht völlig von den Maßstäben weltlicher Gerechtigkeit erfasst. Empört fragt der Apostel, ob solchen Christen denn nichts Besseres einfällt, als ausgerechnet die Ungläubigen anzurufen. Sie beschämten die Erlösten. Das Verbot des Prozessierens vor heidnischen Tribunalen ist im Anschluss an Paulus in der Alten Kirche nicht kontrovers gewesen, sondern überall festgehalten worden. – Für die Gegenwart hält der Kodex des Kirchenrechts die innerkirchliche Ordnung fest. Sie wurde für die Pädophilie (c. 1395 §2 CIC) durch die drei letzten Päpste verschärft (30.04.2001; 13.07.2010; 17.12.2019).

Nachwort

Zur Zeit des Bischofs Ambrosius († 397) hatte die Kirche die Gottessohnschaft Jesu Christi zu verteidigen. Selbst wenn dieser dogmatische Irrweg sich tiefstens von dem Skandal der Pädophilie unterscheidet, traf auch die damalige Erschütterung die Kirche bis ins Mark. Es war ein arianischer Bischof mit Namen Auxentius, gegen den der große Kirchenlehrer den wahren Glauben zu verteidigen hatte. Der Häretiker wurde vom Kaiser Venantinian protegiert und hatte seine Parteigänger unter den Nicht-Christen. In einer langen Rede, gehalten am Palmsonntag 386, bezog sich der versierte Rhetor Ambrosius u. a. auch auf die zitierten Verse des Paulusbriefes. Seine Worte:

> „Mit Freuden wollte ich zum Kaiserpalast eilen. Doch Fragen des Glaubens werden nur in der Kirche behandelt. Er (Auxentius) zieht es vor, sich vier oder fünf Leute, dazu noch Heiden, als Schiedsrichter auszusuchen. [...] Schon das ist ein der Verdammung würdiger Rechtsbruch. Er verachtet, was der Apostel sagt: ‚Wagt es jemand von euch, wenn er einen Rechtsstreit mit einem anderen hat, sein Recht bei den Heiden zu suchen und nicht bei den Heiligen?‘ [...] Die Kirche gehört Gott – sie wird darum dem Kaiser nicht ausgeliefert. Der Kaiser hat kein Recht über den Tempel Gottes."[8]

---

8   Überliefert in HUGO RAHNER, *Kirche und Staat im frühen Christentum. Dokumente aus acht Jahrhunderten und ihre Deutung*, München 1961, 158–185.

„Kirche ist Entmächtigung."
Interview zum siebzigjährigen
Priesterjubiläum von
Papst em. Benedikt XVI.

„Die Tagespost" – online, 29. Juni 2021

Eminenz, Sie sind ein langjähriger Weggefährte von Papst Benedikt XVI., der am 29. Juni sein 70. Priesterjubiläum feiert. Was wünschen Sie ihm persönlich?

Dem emeritierten Papst sind trotz seines Alters die aktuellen kirchlichen und theologischen Strömungen sehr präsent. Erst kürzlich konnte ich ihn wieder besuchen. Gott möge ihm in den gegenwärtigen Bedrängnissen der Kirche weiter die Gelassenheit im Glauben schenken und ihn weiter durch die beachtliche weltweite Resonanz auf seine unzählbaren Glaubenshilfen trösten.

Wie haben Sie Papst Benedikt in seinem priesterlichen Dienst wahrgenommen?

Nur Schritt für Schritt – so gestand er selbst irgendwann – wurde ihm die eigene geistliche Berufung als Sonderweg klar. Doch blieb er auch als Mann der Kirche fest mit der Gesellschaft vernetzt; monadenhaft isoliert, schaffte sich ja das Christentum ab. Gleichzeitig sah er sich durch das Weihesakrament ausdrücklich zur Bewahrung der Glaubensbotschaft verpflichtet. Er trat gleichsam an eine „Grenzstelle", um solche Einflüsse abzuschirmen, die das überkommene Glaubensgut *(depositum fidei)* zerstören würden.

Und er erlebte schmerzhaft, dass Abweichler dann zurückschlagen. Etwa als die deutsche Arbeitsgemeinschaft der Moraltheologie seinen Brief 2019 zum Pädophilie-Skandal maßregelte. Er hatte aufgezeigt, dass diese Verderbnis begann, lange bevor sie ans Licht trat. Er verwies auf die Sexual-Revolution der 60er-Jahre des vorigen Jahrhunderts – wie schon vor ihm renommierte Soziologen wie Niklas Luhmann (in „Liebe als Passion") oder Charles Taylor (in „Ein säkulares Zeitalter"). Trotz solcher sozialwissenschaftlicher Befunde schalten die theologischen Lehrer Papst Benedikt der Weltfremdheit. Obschon gerade er die geistesgeschichtlichen Strömungen einbrachte, zieh man ihn der „entweltlichten Theologie", die „das Phänomen des Missbrauchs nur verzerrt wahrnehmen" könne. Offenbar reichte der Blick der Kritiker nicht vom eigenen Katheder bis zu den anderen Disziplinen.

Wie würden Sie jemandem, der Papst Benedikt nicht kennt, das Wesen seiner Berufung beschreiben?

Er selbst hat die Worte seines großen Lehrers, des heiligen Augustinus, gebraucht: der Priester ist „Christi Knecht". So gedeutet sei die Existenz des Geweihten in ihrer Wurzel *relational*. Denn Knecht ist jemand in Bezug auf einen anderen. Dieser andere ist für uns Priester der Christus. In dieser Relation liegt das Wesen des Amtes. Dass es gleichzeitig auf die Gemeinde hingeordnet ist, steht zu dieser Bestimmung keineswegs im Gegensatz: Gnadenhaft gesehen ermöglicht die Christus-Bindung den Gemeinde-Dienst erst. Denn die Ausrüstung durch das Sakrament trägt seinsmäßig den Vollzug der anstehenden Funktionen; sie übersteigen also eine bloß juridische Beauftragung. Und die Christus-Relation bekundet ein Zweites: Der anstehende Heilsdienst gelingt nicht aus irdischer Kraft allein. Das Weihesakrament ruft dem Priester und der Kirche in Erinnerung, dass Gott bei allem menschlichen Mühen die Quelle von Erlösung und Seligkeit ist.

An welchen Axiomen richtet Papst Benedikt sein Handeln aus?

Das Leitmotiv des Jubilars mag wohl der Paulus-Satz sein: „Jesus ist der Herr" (1 Kor 12,3). Kirche ist ihm Christokratie. Sie schafft sich nicht selbst im Konzipieren ihrer Identität. Diese ist ihr in Christus vorgegeben. Niemand bestimmt, sondern alle empfangen. „Kirche ist von Anfang an nicht Ermächtigung, sondern Entmächtigung," sagte er einmal. Bei allem Bemühen um Zeitnähe der Heilsbotschaft hat die Kirche nie auf Abstimmungen gesetzt. Sie fragte nach dem Willen Gottes, tastete sich an ihn heran über Gottes Wort, die

Liturgie, den Schatz der Überlieferung. Auf diesem Fundament er-
rang sie sich Einmütigkeit: „Der Heilige Geist und wir haben beschlossen [...]" (Apg 15,28).
Und unser Bruder Christus ist der Weg zum ewigen Vater.
Unüberhörbar ist Ratzingers durchgängige Klage heutiger „Gottvergessenheit". Gegen sie setzt er den kontinuierlichen Appell eines –
wie er vor Jahren formulierte – „Gotteszentrismus". Oder mit den
Worten aus dem schon erwähnten Schreiben zur Pädophilie: „Wir
müssen vor allen Dingen selbst wieder lernen, Gott als Grundlage
unseres Lebens zu erkennen und nicht als eine irgendwie unwirkli-
che Floskel beiseitezulassen. Unvergessen bleibt mir die Mahnung,
die mir der große Theologe Hans Urs von Balthasar auf einem seiner Kartenbriefe einmal schrieb: ,Den dreifaltigen Gott, Vater, Sohn
und Heiliger Geist, nicht voraussetzen, sondern vorsetzen!'"

Welches Echo fand der als ungewöhnlich empfundene Fokus Papst Bene-
dikts auf der persönlichen Beziehung zu Jesus Christus?

2009 eröffnete er ein „Priesterjahr". Er erwähnte, es bedürfe des
Studiums und der ständigen pastoralen Bildung für den Dienst am
Evangelium. „Noch notwendiger aber ist jene ,Wissenschaft der Liebe', die man nur im ,Herz-an-Herz-Sein' mit Christus erlernt. Er
nämlich ist es, der uns ruft, das Brot seiner Liebe zu brechen, die
Sünden nachzulassen und die Herde in seinem Namen zu führen."
Solche Zielvorgabe ist theologisch-sachlich absolut zutreffend; denn
„das Handeln in der Person Christi" definiert das Priestersein. Und
diese Korrelation darf auch in der Sprache der Mystik ausgedrückt
werden, die wir leider aus der Katechese verdrängt haben. Jüngste
Heilige vermieden sie nicht. John Henry Newmans Wappenspruch
etwa lautete: „*Cor ad cor loquitur* – Das Herz spricht zum Herzen".
Und von Charles de Foucauld, der als Märtyrer in der Sahara 1916
ermordet wurde, wissen wir: Er übergab sich selbstvergessen wie
ein Verliebter dem eucharistischen Du Christi. – Fraglos ist es
schwierig, den Effekt der Papstworte zu ermessen. Doch kenne ich
einen Mann, den Benedikts ausdrückliche Verankerung des Pries-
terseins im personalen Gott aufhorchen ließ. Er entschied sich noch
im vorgerückten Alter für den Weg zur Weihe und ist heute glück-
licher Pfarrer.

Wie nehmen Sie die Kraft des Gebetes wahr, mit der Papst Benedikt sein Papstamt nun ausübt?

Wer – wie Papst Benedikt – für das Reich Gottes fiebert, nützte all sein Tun und Wollen, um das Evangelium zu verbreiten. Inzwischen zwang ihn sein Alter, auf äußeres Apostolat zu verzichten. So legte er sich vor Gottes Angesicht kontemplatives Stillschweigen auf. Er lebt in einer überaktiven Kirche die oft vergessene betende Selbsthingabe. Genau solch lautloser Weg ist jedoch ihre Grundkraft. Die solchen Weg wagen, tragen Unmessbares zu Gottes Erlösung bei. Ihr Anteil ist schwer zu berechnen, aber zu glauben.

6. GOTT BENENNEN –
IN GELEBTER PREISGABE

Vinzenz Pallotti.
„Gott, die unendliche Liebe"

Generalat der Pallottiner – Rom, 11. Oktober 2007

Die Ahnung des Todes Gottes ist viel älter als der berühmte Ausspruch Friedrich Nietzsches († 1900). Man findet sie schon bei den deutschen Frühromantikern und Dichtern mit ihrer spezifischen Sensibilität. Beim deutschen Philosophen wird sie dann zum Axiom und klingt als Befreiung. „In der Tat, wir Philosophen und ‚freien Geister' fühlen uns bei der Nachricht, dass der ‚alte Gott tot' ist, wie von einer neuen Morgenröte angestrahlt."[1] In der ersten Hälfte des hier angesprochenen 19. Jahrhunderts lebte der heilige Vinzenz Pallotti († 1850). Auch wenn er in Italien wohl kaum atmosphärischer Glaubensvergiftung ausgesetzt war, beeindruckt doch die Heftigkeit seiner Gott-Suche. Der Hunger nach Gott scheint ihn in seiner Mitte erfasst zu haben. Und die ersehnte Antwort bestimmte ihn dann total. Langsam wurde ihm der Vater im Himmel zum fortdauernden Kompass für all sein Fühlen, Denken, Entscheiden und Handeln. Schon als Theologiestudent schrieb er mit dem Enthusiasmus des Jugendlichen:

> „Gott in allem und immer! Nichts will ich, was Gott nicht gefällt, nichts, nichts, nichts, aber alles, alles, alles, was Gott gefällt. Ich suche Gott allein, allein, allein."[2]

So wurde es ihm offenbar zunehmend möglich, sich rückhaltlos an Gott auszuliefern.

---

1   FRIEDRICH NIETZSCHE, zitiert in: BERNHARD WELTE, *Auf den Spuren des Ewigen. Philosophische Abhandlungen über verschiedene Gegenstände der Religion und der Theologie,* Freiburg i. Br. 1965, 235.
2   Zur Biografie und Pallottis Zitaten vgl. WILHELM SCHAMONI, *Vinzenz Pallotti,* in: PETER MANNS (HG.), *Die Heiligen in ihrer Zeit II,* Mainz 1966, 407–410, hier: 407.

Dynamisches Apostolat

Vinzenz wurde 1795 in Rom geboren. Nach seiner Ausbildung in der Schule *San Pantaleon* und im *Collegio Romano* erhielt er 1818 das Sakrament der Priesterweihe. Dann promovierte er an der römischen Universität *La Sapienza* und war dort Repetent. Schon bald gab er seine Lehrtätigkeit auf. Sein Bischof ernannte ihn zum Rektor der Nationalkirche der Neapolitaner in der römischen Via Giulia (1835). Die fünf Mitbrüder, die er dort vorfand, waren liederlich und machten ihrem neuen Verantwortlichen das Leben zur Hölle. Sie intrigierten gegen ihn mit Schikanen und Verleumdungen. Er hielt durch und verzichtete auf alle Gegenwehr. Langsam gelang es ihm, die Gemeinde zu wandeln, und ihre Erneuerung strahlte dann sogar aus auf die Stadt. Seine Tätigkeit als Beichtvater in anderen Pfarreien und bei vornehmen Familien nahm ständig zu.

Mit der Zeit reifte in ihm eine neue Idee. Er suchte eine Frömmigkeitsform für den Weg zu Gott, die für Priester und Ordensleute zusammen mit Laien angemessen wäre. Er will betonen: Getaufte sollten nicht nur selbst ihren Glauben leben, sondern sich auch für die Verbreitung des Evangeliums engagieren. 1835 gründete er aus diesem Grund die „Vereinigung des Katholischen Apostolates". Er war überzeugt:

> „Das katholische Apostolat, das heißt, das universale Apostolat ist allen Volks-Schichten gemeinsam. Es besteht darin, dass jemand alles für die größere Ehre Gottes sowie für die eigene wie für des Nachbarn Rettung tut, was in seiner Kraft steht."[3]

Er stellte diesen Aufbruch unter den Schutz der Gottesmutter, der Königin der Apostel. Papst Pius XI. nannte ihn darum später einen „Pionier und Wegbereiter der Katholischen Aktion", die ja schon vor dem Vaticanum II die Kraft des gläubigen Laien-Engagements betonte. 1838 rief Pallotti eine geistliche Gemeinschaft von Frauen ins Leben, die „Schwestern vom Katholischen Apostolats", und 1846 gründete er eine Priester- und Brüdergemeinschaft, deren Mitglieder ausdrücklich das Leben nach den evangelischen Räten versprechen.

---

3   Ebd., 409.

Schon bald darauf musste er dann erleben, wie die Stadt Rom
zu einem Zentrum von sozialen Unruhen und umstürzlerischem
Aufruhr wurde. Papst Pius IX. hatte sich zunächst von nationalis-
tischen Gefühlen und Bestrebungen in Italien einfangen lassen.
Mehr und mehr gingen sie zu Lasten seiner religiösen Verantwortung für die Weltkirche. Ganz Europa stöhnte ferner unter einer pei-
nigenden Wirtschaftskrise. Als Pius IX. 1848 dann aber der aufge-
brachten Meute nicht nachgab und sich der Kriegserklärung gegen
Österreich verweigerte, vertrieb man ihn aus dem Quirinalspalast.
Er floh in Verkleidung am Abend des 24.11. gen Süden, nach Gaeta.
Auch Pater Vinzenz traf der Hass der Meute. Er galt als Volksver-
räter, als „Freund der Jesuiten" und war seines Lebens nicht mehr
sicher. Er entkam in das Irische Kolleg in Rom, in dem er sich vom
26.02. bis 14.07.1849 versteckt hielt. 1850 vollendete der dynamische Apostel sein engagiertes Leben und wurde 1963 durch Papst
Johannes XXIII. heiliggesprochen.

Erzwungene Kontemplation

Während der viereinhalb Monate im „Exil" des Irischen Kollegs
musste Vinzenz Pallotti allem priesterlichen Dienst völlig entsagen.
Der Superaktive wurde zum Kontemplativen, und Gott allein wurde
zum Inhalt seines Lebens. So entstand eine Schrift, die aus manchen Gründen bemerkenswert ist. Im Deutschen trägt sie den Titel:
„Gott, die unendliche Liebe"[4]. Wenn auch vielleicht Pallottis Wort-
wahl dem heutigen Leser zunächst fremd erscheinen mag, weil sie
dem Frömmigkeitsstil seiner Zeit folgt, so bleibt ihre Aussageabsicht doch gültig.

Pallottis Text basiert auf schon vorliegenden fremden Meditationen mit dem Titel „Empfindungen der heiligen Liebe". Schon
früher hatte er diese nach Kräften in Umlauf zu bringen versucht.
Nun machte er sich selbst an eine Überarbeitung. Er möchte Gottes Liebe, die ihn persönlich bewegt, „allen Gläubigen" – wie er in
seiner Einleitung schreibt – nahebringen. Seine Gedanken knüp-
fen bei den einzelnen Aussagen des *Credo* an. Er möchte „an die

---

4   ANSGAR FALLER (HG.), *Gott, die unendliche Liebe*, Friedberg 1981; die im Folgenden ein-
     geklammerten Zahlen beziehen sich auf diese Publikation.

Glaubenswahrheiten erinnern, die wir schon kennen". Demnach will er nicht mit neuen Inhalten motivieren. Vielmehr nutzt er das Geläufige, um sein eigenes tiefes Verlangen herauszustellen und an andere weiterzugeben: das Geschenk „der unendlichen Liebe und Barmherzigkeit Gottes" (56). Zu jeder Einzelaussage des Glaubensbekenntnisses formuliert er eine kleine Katechese über den jeweiligen Passus. In ihr steht eine Sachaussage. Diese wird dann im Gebet beantwortet, in der ausdrücklichen Hinwendung zu Gott.

So beginnt er seinen ersten Artikel mit dem Glaubenssatz: *„Gott, glücklich in sich selbst [...] vollbringt das Werk der Schöpfung, um sich selbst ganz seinen Geschöpfen mitzuteilen."* Das spätere Gebet nimmt dann dieses Bekenntnis auf, und im Dialog des Ich mit dem Du Gottes wird die objektive Wahrheit zur Brücke einer personalen Beziehung:

> „Mein Gott! Du bist seit aller Ewigkeit und in alle Ewigkeit in Dir selbst unendlich glücklich. Du brauchst niemanden. Warum also hast Du seit aller Ewigkeit den liebe-vollen Beschluss gefasst, Himmel und Erde zu erschaffen?" (60).

Die intime Gemeinschaft mit dem lebendigen Gott verdichtet sich. Wohl nutzen die dann folgenden Artikel oft dieselbe Ausdrucksweise und erscheinen bei Durchsicht monoton. Doch wollen die Erwägungen ja nicht durch überraschende Aspekte Interesse wecken. Vielmehr soll Bekanntes angesichts des Du Gottes die Seele bewegen.

Wir finden ein ähnliches Ringen um Gottes Nähe auch bei anderen großen Gott-Suchern, etwa bei heiligen John Henry Newman, der vierzig Jahre später als Vinzenz Pallotti starb. Er bekannte in seiner Verteidigungsrede: *„Solus cum solo"* (etwa „Allein mit dem Einzigen") sei das ihn treibende Ziel. „Der Befehl, der mich praktisch überwältigte, war: ‚Mein Sohn, gib mir dein Herz!'."[5] In all seinen Predigten und Schriften wollte der Kardinal dazu anleiten, mit persönlicher Kenntnis und innerer Anteilnahme sich von dem bislang bloß Gewussten tiefer durchdringen zu lassen.

Irritierend ist die Ausschließlichkeit, mit der Pallottis Betrachtungen um Gott kreisen – vor allem angesichts der Orts- und Zeitumstände ihrer Niederschrift: Aufstände in der Stadt, Verfolgung der Kirche, Chaos im Vatikan. Als ob all diese Not ihn, den

---

5   John Henry Newman, *Apologia pro vita sua*, New York 1989, 285.

Eingeschlossenen, nichts anginge! Trotz seiner guten Kontakte in die Gesellschaft macht er nämlich im Exil keine strategischen Pläne. Nicht einmal in den aufgeschriebenen Gebeten klingt der Terror an. Resignation? – Sie hätte ihn wohl entmutigt, nicht aber zu geistiger Arbeit angetrieben. Apathie? – Sie würde den eifrigen und erfolgreichen Priester in ihm leugnen. Herzlosigkeit, die sich mit der eigenen Sicherheit begnügt? – Sie machte aus dem liebevollen Menschenfreund einen kleinen Egoisten.

Gott suchen – um Gottes willen

Nein, psychologisches Fragen kann Pallottis Einstellung nicht erfassen. Seine Gottbeziehung muss die Antwort sein. Schon die kleine Schrift, die aus anderer Feder stammte und auf die er sich stützte, hatte der Wahrheit über Gott als die alles bestimmende Mitte gegolten. So hat wohl die ihm im Irischen Kolleg aufgezwungene seelsorgliche Passivität endlich Raum gegeben, seinem großen geistlichen Wunsch nachzukommen: sich in Gott, die unendliche Liebe, zu vertiefen und ihn zu preisen. Er folgt der Stimme, die der Seher der Apokalypse im Himmel hört. „Lobt unseren Gott, all seine Knechte und alle die ihn fürchten, Kleine und Große" (Offb 19,5). Gottes Zuwendung ist er gewiss; und er möchte, dass alle Menschen in dieser Sicherheit das unzerstörbare Fundament gegen die Widrigkeiten des Lebens entdecken.

Solche Theozentrik ist nun wahrlich dem Zeitempfinden der Moderne fremd; sie steht kontradiktorisch quer zu ihm. Früher mochte noch die Maxime gelten: „Hilf dir selbst, so hilft dir Gott", die wohl auf den griechischen Dichter Äsop – er lebte im 6. Jh. vor Christus – zurückgeht. Heute ist dieser Gott schlicht abhandengekommen. So heißt der Buchtitel für eine moderne „Lebensschule": „Hilf dir selbst, sonst hilft dir keiner."[6] Die Auflagenzahlen des Buches zeigen, dass es damit auf breitestes Einverständnis trifft.

Kirchliche Kreise artikulieren weniger pointiert, dass Gott zu ignorieren ist. Doch seine Verzichtbarkeit kann sich auch diskret einschleichen. Sie kommt auf indirekten Wegen. Pastoral Umtriebi-

---

6   Josef Kirschner *Hilf dir selbst – sonst hilft dir keiner. Die Kunst, glücklich zu leben – in neun Lektionen*, Hamburg 2012.

ge vermischen etwa Frömmigkeit mit Politik. Warum einer gesellschaftlichen Zielvorgabe nicht durch religiöse Verpackung größeren Effekt geben? So wird Gott verzweckt. Kirchenfahnen, fromme Gewänder und brennende Kerzen werden dann keineswegs bemüht, damit Gott seine Absicht realisiert. Sondern die Aktion will in christlicher Verbrämung den politischen Druck auf Entscheidungsträger und Öffentlichkeit erhöhen.

Das Modell solch religiösen Missbrauchs entwarf wohl unter Führung von Dorothee Sölle († 2003) ein „Ökumenischer Arbeitskreis" in Köln mit dem „Politischen Nachtgebet" in der dortigen Antoniterkirche. Später entdeckte man selbst die Feier der Eucharistie als Instrument, neue Betroffenheit zu wecken und auf die Denkweise der Christen einzuwirken: die sog. „Motiv-Messen". Der katholische Autor Alfred Schilling bot für ihre Verbreitung eine Publikation an.[7] Uns heute zeitnäher ist ein Aufruf des Generalsekretärs vom „Zentralkomitee der deutsche Katholiken". Er lancierte vor einiger Zeit das „Politische Nachtgebet" nach altem Muster neu als Mahnveranstaltung gegen die Partei „Alternative für Deutschland" (AfD).[8]

Wer Gottes Offenbarung im Original zur Kenntnis nimmt, kann über solche Verzweckung des Glaubensgutes nur traurig werden. Was als „Beten" deklariert wird, ist vor allem ein fiktiver Vorwand und wendet sich vornehmlich gar nicht an Gott: es zielt auf Bewusstseinsveränderung. Heuchlerisch müssen Formen der Frömmigkeit herhalten, um politisches Land zu erobern. Es genügt, statt auf Glaube an Gott und seinen Beistand auf menschliches Engagement zu setzen.

Gott allein genügt

Welch anderen Geist atmet doch Gottes Heilswerk! Es beginnt damit, dass Jahwe sich eines zusammengewürfelten Haufens von Flüchtlingen annimmt. Der Schöpfer Himmels und der Erde lässt sich herab und ist so gnädig, diesem „Israel" einen „Bund" einzuräumen.[9]

---

7   ALFRED SCHILLING, *Motivmessen 1. Thematische Messformulare für jeden Tag*, Essen 1970.

8   URL: https://www.domradio.de/themen/kirche-und-politik/2017-04-22/christen-setzen-politisches-nachtgebet-gegen-afd-parteitag (Stand: 01.05.2017).

9   Zum Folgenden HANS URS VON BALTHASAR, *Herrlichkeit. Eine theologische Ästhetik*, Bd. III/2, Teil 1: *Theologie Alter Bund*, Einsiedeln 1967, 138–147.

Nicht als ob so ein Pakt von Ebenbürtigen geschlossen würde; zu groß ist ja der dignitäre Unterschied der Beteiligten. Jahwes Einladung an die Vertriebenen ist nicht einmal mit dem Protektions-Angebot eines Großkönigs vergleichbar; dieser würde mit Anweisungen beginnen, die dem Satrapen das Wohlgefallen des Mächtigen einbringen könnten. Jahwe handelt nicht nach weltlichen Vorgaben. Und er hat sich bereits ausgewiesen durch gnadenhaft-grundloses Schenken. Gleich in der Präambel am Berg Sinai benennt er die Wucht seiner selbst-verantworteten Heilstaten, die der Horde bislang schon zugutegekommen sind:

> „Ihr habt selber gesehen, was ich den Ägyptern getan und wie
> ich euch auf Adlerflügeln getragen und hierhergebracht habe.
> Und nun, wenn ihr meine Stimme hört und meinen Bund
> haltet, sollt ihr mein Sondereigentum sein; denn die ganze
> Erde gehört mir. Ihr sollt zu meinem königlichen Herr-
> schaftsbereich gehören als die ersten zur Hand des Königs
> und als ein geweihtes Volk" (Ex 19,4-6).

In dieser Wahl hat Jahwe Israel zu seinem Sondergut gemacht, herausgehoben aus allen Völkern. Dass es ganz auf ihn setzen kann, hat er schon bewiesen, als er sie befreite und durch die Wüste geführt hat. Er hat sich in freier, souveräner Entscheidung Israel zugewandt. Diesem Gott sind die Ausersehenen total zu eigen. So liegt im zweiten Schritt auch Jahwes Anspruch auf der Hand: Der Bund bedeutet Israels „Selbstdarbringung" (Martin Buber, † 1965): die uneingeschränkte Auslieferung und Abhängigkeit. Ein schwindelerregendes, unkalkulierbares Abenteuer für alle Menschen dieses Volkes. So wird die Partnerschaft zweiseitig – auch wenn sie auf der Einseitigkeit der zuvorkommenden Liebe Gottes ruht.

In der unmittelbaren, besitzanzeigenden Ich-Du-Beziehung zwischen Jahwe und seinem Volk liegen die Rechte des Eigentümers. Das Aufkommen von so etwas wie göttlicher Eifersucht ist nur folgerichtig. Denn Gottes Liebe ist exklusiv. Jedes Umschauen nach anderem religiösen Schutz wäre Bundes- und Ehebruch. Alles, was zu einer solchen Versuchung werden könnte, ist fernzuhalten, zu „bannen", d. h. auszurotten. Nicht einmal ein Bild Jahwes ist gestattet, weil es Jahwes reines Selbst verschatten und sein Ichsein verstellen könnte. Die umfassende Gott-Verwiesenheit ist dem Volke Heil und Halt. Jahwe zeigt sich in der irdischen Bedrängnis als machtvoller Schutzherr: Als der alternde König David vom Krieg bedrängt worden war, kann ein Bote vom Sieg berichten. Seine Worte: „Der Herr hat dir heute Recht verschafft gegenüber allen, die sich gegen dich erhoben" (2 Sam 18,32). Wenn sich Gottesferne im menschlichen Verhalten breitmacht und Unrecht geschieht, dann darf der Glaubende auf Jahwe setzen und Jahwes „Recht leuchtet auf wie das Licht" (Hos 6,5). So hat denn Gottes Volk zuerst Gott zu glauben als Garanten des Rechts und ihn zu beachten; diesseitig-irdisches Urteil darf nicht an seine Stelle von Gottes Vorschrift treten. Sonst trifft Israel die Kritik des Propheten Ezechiel, in diesem Volk gälte falsches Recht, „Verblendungsrecht" (Ez 20,25f.); dem gegenüber sei sogar das Recht der Heiden noch besser (vgl. Ez 5,7).

Die absolute alttestamentliche Theozentrik bekam in der Fleischwerdung des Gottessohnes eine gott-gewollte, überraschende Ergänzung. Die Schöpfung erhielt unübersehbar ihren Anteil für den Weg zum Schöpfer. Auch Irdisch-Geschaffenes – im Glauben gedeutet – hilft uns, den Willen des Vaters im Himmel zu finden. Dieser Offenbarungsfortschritt bringt die Wahrheit über Kosmos, Mensch und Heil erst zur Fülle. Das Vaticanum II spricht von der „richtigen Autonomie der irdischen Wirklichkeiten" (*Gaudium et spes* Nr. 36). Das Geschöpf wird gleichsam zum Handlanger des Schöpfers. Schon vor dem Konzil hatte der heilige Papst Johannes XXIII. erklärt, wir sollten törichterweise nicht dort einen künstlichen Gegensatz einräumen, wo in Wirklichkeit keiner bestehe: zwischen der eigenen Glaubensreife und dem eigenen aktiven Kontakt mit der Alltagswelt – als ob der Mensch nur dann vollkommener Christ sein könnte, wenn er alle zeitliche Tätigkeit beiseitelässt.[10]

---

10   Vgl. JOHANNES XXIII., *Enzyklika MATER ET MAGISTRA von Papst Johannes XXIII. an die ehrwürdigen Brüder, Patriarchen, Primaten, Erzbischöfe, Bischöfe und die anderen Oberhirten, die in Frieden und Gemeinschaft mit dem apostolischen Stuhl leben, sowie an den gesamten Klerus und die Christgläubigen des katholischen Erdkreises über die jüngsten Entwicklungen des gesellschaftlichen Lebens und seine Gestaltung im Licht der christlichen Lehre*, Rom 1961, Nr. 255.

Seit solchen Weisungen ist mehr als ein halbes Jahrhundert vergangen. Sie haben heute allen Neuigkeitswert verloren. Stattdessen scheint es, dass „Frau Welt" auch für Christen die Macht übernommen hat. Inkarnatorische Euphorie begeistert uns. Ihrer Faszination entziehen sich selbst Kirchenleute immer weniger. „Mach's wie Gott, werde Mensch!", rief uns ein Bischof zu. Die Umarmung der Welt mache uns glücklich. Der Säkularismus ist perfekt.

Wie ihm entgehen? Gottes Wort weist den Weg. Die alttestamentliche Wurzel der Heilsaussagen des Neuen Bundes dürfen nicht gekappt werden. Sein verdeckter oder oft missachteter Reichtum ist aufzuzeigen. Gottes Sein, Tun und Anspruch, das sich im Alten Bund so machtvoll zeigt, wurde ja mit Jesus nicht hinfällig. Zeugen aus dem Judentum erinnern uns vergessliche Christen. Wohl fehlt ihnen das Zweite Testament. So blieb die Wahrheit des Ersten bei manchen von ihnen durch Jahrhunderte hin lebendig und prägend. Etwa in der jüdischen Bewegung des Chassidismus; der bedeutendste seiner Zweige kam im Osteuropa des 18. Jahrhunderts auf und fand in dem herausragenden Philosophen Martin Buber seinen wichtigsten Exponenten unserer Zeit. Zwei Chassidim sollen uns abschließend gegen die Faszination von „Frau Welt" wappnen.

Jitzchak Meir di Ger, chassidischer Zaddik († 1866), war für die Entwicklung des Chassidismus in Polen von großer Bedeutung und behielt bis zum Holocaust eine einflussreiche Stellung innerhalb des orthodoxen Judentums. Die Drangsale des Lebens verschonten ihn wirklich nicht: Während des polnischen Aufstands (1830/31) kam er unter politischen Verdacht; von seinen 13 Kindern überlebte ihn keines. All das macht den Ausspruch nur eindrucksvoller, der von ihm überliefert ist:

> „Wir nennen unsere Gebete ‚Dienste', um hervorzuheben, dass wir Diener des Herrn sind. Dem Diener ist nichts zu eigen, nur das, was er von seinem Gebieter erhalten hat; er fürchtet sich nicht vor der Zukunft, denn als Entgelt für die Arbeit garantiert sie ihm der Herr."

Eine andere, schlechterdings einschränkungslose Auslieferung an Gott wird von dem Rabbi Schne'ur Salman von Liadi aus Ljosna im heutigen Weißrussland († 1812) überliefert. Jemand hörte ihn beten:

> „Mein Herr und Gott, ich ersehne nicht dein Paradies, ich ersehne nicht das Glück in der jenseitigen Welt, ich ersehne nur dich."[11]

Der heilige Vinzenz Pallotti erhält von ganz ferner und ganz fremder Seite überraschende Zustimmung für seine Schrift „Gott, die unendliche Liebe".

---

11   Beide Zitate in: DANIEL LIFSCHITZ, *La Sagezza dei Chassidim*, Casale Monferrato 1995, Nr. 519 und 141.

Franz Stock.
Priester zwischen den Fronten

Eröffnung einer Stock-Ausstellung – Arnsberg, 20. Mai 2012

Ostern 1956 – vor mehr als 60 Jahren also – begann ich mein Theologiestudium im Collegium Leoninum der Erzdiözese Paderborn. Zum Sommer bekam unser Haus Besuch von einigen jungen französischen Priestern. Da im Nachbarland die Ferien schon früher begonnen hatten, wollten unsere Gäste die freie Zeit für Begegnungen mit Deutschen nutzen. Im Konvikt sprachen sie einige von uns an, und uns verdeutlichte sich zunehmend ihre Absicht: „Wir müssen den Graben zwischen dem deutschen und dem französischen Volk wieder zuschütten. Auch ihr könntet manche Vorurteile abbauen und den Frieden fördern. Kommt doch ein Jahr nach Frankreich zum Studium!" Wir wandten ein: „Wir sind Altsprachler ohne Französischunterricht in der Schule." Das ließen sie jedoch nicht gelten. „Französisch könnt ihr im Lande lernen!" Schließlich siegten ihre Überzeugungskraft und Ausstrahlung. Zusammen mit einem Mitstudenten ließ ich mich auf das Abenteuer ein, und wir wurden Seminaristen des *Séminaire universitaire* im fernen Lyon.

Erbfeinde

Schon bei der Begrüßung dort erkannten wir klar die Sinnhaftigkeit unserer Versöhnungsmission. Der Vater unseres Vizerektors, Professor Maurice Jourjon, war in Deutschland im KZ umgebracht worden. Das schmerzte uns – auch wenn es Père Maurice keinen Augenblick hinderte, uns äußerst feinfühlig zu begegnen und sich der Neuen sehr brüderlich anzunehmen.

Andererseits konnten wir trotz aller Freundlichkeit der Gastgeber die Schatten der Vergangenheit nicht übersehen. Ich lernte an der Abneigung anderer gegen mein Vaterland, dass ich nicht zu ihrem Volk gehörte; dass ich Deutscher bin. Krieg und Kapitulation hatten ja bislang bei mir verhindert, dass ich mich mit der eigenen

Geschichte identifizierte. Eine Episode ist mir unvergesslich. Ich war per Anhalter unterwegs. Der Fahrer des Wagens hatte angehalten, weil er mich wegen meines Haarschnitts anscheinend für einen Engländer hielt. Als er mich beim Gespräch dann als Deutschen erkannte, beschimpfte er mich und ließ mich aussteigen. Die Trümmer der Geschichte! Auch wurmte es mich, wenn die sonst wohlgesonnenen Mitseminaristen gelegentlich Deutschland kritisierten oder eher aus Unkenntnis abschätzige Bemerkungen machten.

Eines Tages publizierte die große Wochenzeitung „L'Express" einen Artikel des sehr angesehenen katholischen Nobelpreisträgers François Mauriac, in dem es hieß: „Ich liebe Deutschland so sehr, dass ich froh darüber bin, dass es zwei davon gibt." Seine Ironie stärkte nur meine nationalen Wurzeln, die ich vor Lyon wegen meiner Distanz zum Nationalsozialismus und der deutschen Kriegsschuld nie empfunden hatte. Darum nahm ich die Gelegenheit wahr, mich gegen den Sarkasmus Francois Mauriacs zu wehren. Im Laufe des Studienjahres hatte nämlich jeder Seminarist einmal einen kurzen Vortrag vor der Hausgemeinschaft zu halten, das „Petit mot". In meinem ärmlichen Französisch trug ich vor: Mauriac habe keine Ahnung von dem Zwang und den Leiden, die die Diktatur des Kommunismus über einen Teil meiner Landsleute brächte; nur Ahnungslose oder Zyniker könnten vom „Glück" eines doppelten Deutschlands sprechen und mit solchen Thesen die Öffentlichkeit aufhetzen.

Das tägliche Zusammensein mit den Mitstudenten, gemeinsame Ausflüge im Rhône-Tal und die Einladungen zu Lyoner Familien reinigten und wandelten dann meine Empfindlichkeiten. Ich spürte die Sympathie der Nachbarn mir gegenüber und genoss den typisch französischen Umgangston und Lebensstil. Der Studieneifer der anderen Seminaristen spornte mich an; ihre intellektuelle Wachheit imponierte mir. Und nicht zuletzt bekam ich – dafür bin ich besonders dankbar – einen neuen, tieferen Zugang zur Marienfrömmigkeit. Von Franz Stock freilich wusste ich damals noch nichts.

Wer diesem Mann heute begegnen möchte, muss zunächst eine Zeitreise aus dem jetzigen Europa 100 Jahre zurück in die Vergangenheit machen. Und zwar gilt es, die völkische Sensibilität und nationalen Animositäten aufzuspüren, die Deutsche im 19.

und 20. Jahrhundert gegen Frankreich pflegten. Einige Liedverse, die diesseits des Rheins gesungen wurde, reichen als bedrückendes *Flash*. Ich habe sie selbst noch gehört.

Etwa:
„Sie sollen ihn nicht haben, den freien deutschen Rhein,
ob sie wie gier'ge Raben sich heiser danach schrei'n."

Oder:
„Warum ist es am Rhein nicht schön, am Rhein nicht schön?
Weil der Franzmann, der Drecksack, den ganzen Rheingau besetzt hat.
Darum ist es am Rhein nicht schön, am Rhein nicht schön."

So empfanden viele unserer Eltern und Großeltern bis in die Mitte des vorigen Jahrhunderts. Der Begriff „Erbfeindschaft" hatte ein sehr reales Gesicht. Die vielfältigen Gründe für die Wut auf den Nachbarn können uns jetzt nicht beschäftigen. Aber den Rückblick auf eine ausgeprägte Frankreich-Antipathie in Deutschland können wir uns nicht ersparen. Denn er verstärkt noch unsere Verwunderung für den Aufbruch nach Frankreich, den der Theologiestudent Franz aus Neheim in diesem Klima wagte.

Und dass er dort ein Jahr lang durchhielt! Denn jenseits des Rheins war zu seiner Zeit die Verachtung keineswegs schwächer als in Deutschland; sie galt den *„Bochs"*. Sie traf den Paderborner Seminaristen etwa in Form eines Buches, als er zusammen mit Rudolf Dietrich 1928 seine Freisemester im *Seminaire des Carmes* der Erzdiözese Paris verbrachte. Die offiziellen Tischlektüre über Ferdinand Foch, einen Sieger im Ersten Weltkrieg, enthielt so verletzende Behauptungen über die Deutschen, dass Stock und Dietrich ihre Zeit dort abbrechen wollten und die Rückreise nach Hause erwogen. Sie gingen zum Rektor; der hatte Einsehen; die Lektüre wurde abgesetzt.

Brücken für Verständigung und Frieden zwischen den beiden Völkern zu bauen, schien aussichtslos. Das Leid provozierte den Hass. Wunden von Kriegen schürten Feindschaft: 10 Millionen Todesopfer und 20 Millionen Verwundete war die Bilanz des Ersten Weltkriegs; der Zweite forderte später gar insgesamt 70 Millionen Tote. Wer würde sich daran machen, wenigstens um Rhein und

Mosel herum die materiellen Trümmer und menschlichen Ruinen wegzuräumen, die die Geschichte aufgetürmt hatte und noch weiter herankarrte?

Politische Schritte zur Einigung Europas

Weitsichtige Staatsmänner wollten trotz allem versöhnen. Im Telegrammstil darum einige politische Schritte hin zu Europa; sie alle sind mit oft sehr bekannten Namen ihrer Pioniere verbunden.[1] Gut, dass sie der Katalog zu der Ausstellung ausweist, die zu eröffnen ich eingeladen wurde.

– Der „Luxemburger" Robert Schuman hält schon 1936 an der Sorbonne in Paris einen bedeutenden Vortrag, in dem er äußert: „Die Wurzeln der Krise des Staates gründen in der Erbitterung der Menschen in ihrer Liebe zur eigenen Nation, verschärft durch Demütigungen, der Ablehnung internationaler Verträge, aber vor allem in den großen Schwierigkeiten der wirtschaftlichen Ordnung."

– Schuman wird 1945 Mitglied im *Comité Département de la Libération de Metz*. Trotz des Widerstands seiner politischen Gegner wählt man ihn im September in den französischen *Conseil Général* und in die Verfassung gebende *Assemblée National*; 1947 wird er französischer Ministerpräsident.

– 1947 findet in Bad Kreuznach ein streng geheimes Treffen Robert Schumans mit dem ehemaligen Oberbürgermeister von Köln *Konrad Adenauer* statt. Adenauer hatte sich schon vorher in einem Zeitungsinterview für die Versöhnung der beiden Länder ausgesprochen – ein Vorstoß, dem seine Gegner boshaft unterstellten, er wolle Deutschland spalten.

– 1948: Die „Luxemburger Konferenz" der Siegermächte, die für die Europäische Einigung ein Meilenstein war. An ihr nimmt auch Alcide de Gasperi, Ministerpräsident Italiens, teil, der

---

1   Die folgenden Angaben sind entnommen HANS AUGUST LÜCKER, JEAN SEITLINGER (HG.), *Robert Schumann und die Einigung Europas*, Luxemburg 2000; besonders: *Die Politik der Europäischen Einigung*, 43–165.

zu Recht zu den Gründervätern Europas gezählt wird. Konrad Adenauer war Leiter der deutschen Delegation. Er sagte später, die Begegnung habe „das Gefühl vermittelt, dass diese Zusammenkunft sich unter Christen vollzieht und von den Idealen der christlichen Werte getragen ist".

– Robert Schumann, inzwischen französischer Außenminister, hält 1948 in der Nähe von *Poitiers* eine wegweisende Rede zur Versöhnung, in der es u. a. heißt: Wir werden „unter dem Zwang der Ereignisse nach so vielen Misserfolgen zu dem christlichen Gebot der Brüderlichkeit zurückgeführt; wären wir nicht Christen, könnte man ein Paradox darin sehen, wenn wir unseren Feinden von gestern die Hand reichen, um ihnen zu vergeben [...] und mit ihnen das Europa von morgen zu errichten".

Dann folgten die verschiedenen konkreten Schritte, die die Gestalt Europas schufen: Im Mai 1949 der Zusammenschluss von zehn europäischen Staaten zum „Europarat" und ein Jahr später Robert Schumans Erklärung zur Vereinigung der europäischen Schlüsselindustrie (der späteren „Montanunion"). Immer noch mussten verschiedenartigste Bedenken aus dem Feld geräumt werden, bevor es am 25. März 1957 in Rom zum EWG-Vertrag kam. Und schließlich bekundeten Charles de Gaulle und Konrad Adenauer 1961 in Reims das Ende der Erbfeindschaft mit einem Satz, den man in goldenen Lettern in der Königs-Kathedrale zu Reims lesen kann: „Mein Herr und Gott! Wir kommen, Kanzler Adenauer und ich, um die Versöhnung zwischen Frankreich und Deutschland zu besiegeln."

Inzwischen ist viel Wasser durch den Rhein geflossen. In der sog. Ersten Welt ist eine schmerzhafte Entfremdung von Gott vorangeschritten. So geriet auch den Protagonisten des Einigungsprozesses die christliche Motivation ihrer Initiatoren zunehmend aus den Augen – allzu evident beim Formulierungsprozess der Präambel zum Vertrag von Lissabon (von 2009). Lediglich in der Europa-Flagge, die 1955 ratifiziert wurde, bleiben die Glaubenswurzeln der Geschichte sichtbar – geht sie doch auf einige Verse aus der Apokalypse des heiligen Johannes zurück: „Dann erschien ein großes Zeichen am Himmel: eine Frau, mit der Sonne bekleidet; der Mond war unter ihren Füßen und ein Kranz von zwölf Sternen auf ihrem Haupt" (Offb 12,1).

Wer sich erinnert, kann ohne Zweifel im europäischen Friedensprozess die christlichen Triebkräfte nicht übersehen. Und sie dürfen keinesfalls vergessen werden. Das Wohlwollen zwischen Völkern ist ja kein Selbstläufer. Auch die Sympathie zwischen Franzosen und Deutschen bleibt ein Schatz in „zerbrechlichen Gefäßen". Gelegentlich bedroht ihn die Vergangenheit erneut mit Dunkelheit. Erst jüngst wurden manche unserer Nachbarn wieder von ihren Schrecken ergriffen. Der deutsche Regisseur Volker Schlöndorf hatte die Erschießung der Geisel Guy Moquet verfilmt, die Geschichte eines 17-jährigen Jungen, dessen Abschiedsbrief zur Pflichtlektüre jedes französischen Gymnasiasten gehört. Der Film war zunächst in Biarritz aufgeführt worden und hatte beim Publikum heftige Reaktionen ausgelöst: Nach minutenlangem Schweigen – Applaus, Erschütterung, Tränen. Inzwischen wurde er auch in Deutschland vom Fernsehen verbreitet; der TV-Sender Arte zeigte ihn am 23.03. unter dem Titel „Das Meer am Morgen".

Versöhnung aus Sympathie und Gnade

Und wer tiefer gräbt, erahnt: Nicht allein die große Politik konnte das Wunder europäischer Einheit zustande bringen. Waren die Vorkämpfer des Friedens nicht selten Verdächtigungen von Gegnern ausgesetzt und hatten selbst im Gewissen zu ringen? Sie gingen als kluge Volksvertreter, doch nicht minder aus der Kraft ihres Christseins vorwärts. Mit den Glaubenswurzeln der Väter Europas aber kommt für den komplexen Prozess ein neuer Aspekt ins Spiel. Er lehrt, dass nicht nur die zu den Pionieren europäischer Einheit zählen dürfen, die es bis zu den Schlagzeilen der Medien gebracht haben. Wir sind zu der Eröffnung einer Ausstellung gekommen, die den Friedensbeitrag eines eher verborgenen Vorkämpfers ins Licht rücken will. Im Gedenken an das Werden Europas muss der Glaubende auch sprechen vom Beitrag des Priesters Franz Stock zur Versöhnung.

Sein Frankreich-Liebe entsteht – wir können es kaum begreifen – inmitten der schon angedeuteten „Erbfeindschaft" und hat offenbar in einer Kette von Ereignissen sowie Begegnungen mit gewinnenden Weggenossen ihren Nährboden. Natürlich kann ich nur spekulieren über Geschehnisse und Personen. Doch einige Wegmarken erscheinen bezeichnend.

Schon in seiner Schulzeit freundete sich Franz mit der Jugendbewegung „Quickborn" an. Man traf sich in Neheim, Arnsberg oder Hachen. Franz liebte den franziskanischen Geist, die Liebe zur Natur und zum Gesang. Auch die Schriften von Romano Guardini beeinflussten seine Weltsicht. 1926 begann er das Theologiestudium in Paderborn. Hermann Platz, ein „Quickborner" und Freund Frankreichs, schlug ihm in dieser Zeit vor, bei dem Sommerlager eines internationalen „Kongresses für den Frieden" in *Bierville*/Frankreich mitzumachen.[2] Dessen Motto war: „Friede durch die Jugend!" 10.000 junge Leute kamen zusammen, auch 800 Deutsche waren unter ihnen. Eine neue Welt tat sich dem Sauerländer auf. Er traf erstmals auf Joseph Folliet († 1972), ein später hochbekannter Intellektueller, der gerade hervorgetreten war als Gründer der „*Compagnons de Saint Francois* – Die Gefährten des heiligen Franziskus".

Die Eindrücke bewogen den Deutschen, die im Fortgang des Studiums vorgesehenen beiden Semester außerhalb der Diözese, die sog. „Freisemester", in Frankreich zu verbringen. Joseph Folliet brachte es fertig, dass die beiden Paderborner ins *Séminaire des Carmes* aufgenommen wurden. Zu Ostern 1928 machten sie sich auf den Weg nach Paris.

Als Franz 1929 Frankreich wieder verlassen hatte, stand für ihn schon fest, er würde mit einigen Kameraden an der nächsten Pilgerfahrt der „Gefährten" durch Hochsavoyen teilnehmen. Er konnte sechs andere gewinnen. Der Bericht des Initiators, Joseph Folliet, lässt das französische Vollbad erahnen, das Franz bereits genommen hatte. Er erinnert an seine eigenen Worte: „Und nun wende ich mich an Dich, Franz Stock, mein alter Mitstudent. Mit den zwei Sprachen, die Du sprichst, geformt von der Kultur unserer beiden Länder, mit Deinem immer lachenden Gesicht, bist Du das Symbol für unsere *Compagnons* aus Deutschland. Nimm an den Erweis unserer christlichen Freundschaft und gib ihn lebendig, fröhlich weiter an Deine Kameraden. Dir und ihnen verdanken wir es,

---

2   Für die Vita von Franz Stock vgl. besonders Raymond Loonbeck, *Franz Stock. La fraternité universelle*, Paris 2007, passim.

dass wir einen bescheidenen Kreuzzug für den Frieden über die Straßen Frankreichs starten konnten. Der heilige Franziskus darf mit seinen Söhnen zufrieden sein [...]."[3]

Doch herrschte noch keineswegs eitel Sonnenschein! Léon Pierreau, einer der *Compagnons*, bekannte später seine feindlichen Gefühle. Er hatte als Soldat die Metzeleien am Ende des ersten Krieges erlebt. Ohne Beschönigung schrieb der Franzose 1963 nieder, was er Franz gegenüber empfunden hatte: „Es war reiner Hass! Alles in mir war ein einziger Hass, als ich Ende 1917 mich der Aufgabe verschrieb, die *Boches* totzuschlagen. Friede unter den Völkern? Jawohl; aber bloß nicht mit denen! Brüderlichkeit unter den Menschen? Jawohl, aber bloß nicht mit ihnen!" Doch dann kam es bei der Pilgerfahrt ganz anders. Léon berichtet von seiner Begegnung mit Franz im luxemburgischen Grevenmacher: „Als er dann auf der Moselbrücke erschien, eilten ihm viele von uns voll Freude entgegen. Ich wollte einem Deutschen einfach nicht die Hand reichen. Aber dann war er es, der nach mir fragte, und er kam mit ausgestreckter Hand auf mich zu. Sein tiefer sanfter Blick war auf mich gerichtet. Das warf mich völlig um. Für mich datiert seit diesem Augenblick eine wirkliche Bekehrung und eine für immer währende Freundschaft mit Franz Stock."[4]

Viele der übrigen Stationen, die auf dem Lebensweg des Sauerländers noch ausstanden, verdienten wahrlich eine gründliche Kommentierung und den Versuch, seine Entscheidungen zu deuten. Lediglich einige wichtige Daten sollen genannt sein:

- Priesterweihe am 12. März 1932 in Paderborn, anschließend Vikar im Raum Dortmund;

- 1934: Ernennung zum Rektor der Gemeinde deutscher Katholiken in Paris;

- 1937: Ideologische Klärung durch die Enzyklika Papst Pius' XI. „Mit brennender Sorge", die die nationalsozialistische Weltanschauung entschieden verurteilt;

---

3   Zitiert von Dieter Lanz, *Abbé Franz Stock: Kein Name – ein Programm*, Paderborn 2001, 37f.
4   Ebd., 40.

- Ende August 1939: Franz Stocks Flucht aus Paris bei Nacht und Nebel angesichts des herannahenden Krieges;

- 13. August 1940: erneute Ernennung zum Rektor in Paris.

Um Franz Stocks Gestalt recht zu deuten, steht es nun hingegen an, die bislang leitende Sicht eines Profan-Historikers zu öffnen. Es war naheliegend, dass uns an ihm zunächst seine allgemein zugängliche Lebensgeschichte interessierte. Doch als Glaubende dürfen wir über sie nicht die geistig-geistlichen Kräfte vergessen, die ihn inspirierten und zu seinem Tun motivierten. In solcher Perspektive zeigt sich: Er entdeckte Schritt für Schritt, dass Erlösungsarbeit anstand. Bosheit war zu bewältigen und Sünde zu tilgen. Die ersehnte Versöhnung schloss demnach ein Ringen mit dem Bösen ein; sie bedurfte befreiender Gnade und verwies auf Christi Kreuz. Bei Franz haben wir also wieder zwei Welten zusammen zu denken: allgemein einsichtige Geschichte auf der politischen Bühne und andererseits die Kräfte, die hinter den Kulissen wirksam sind. Beides forderte den selbstlosen Einsatz des Idealisten Franz heraus. Phase für Phase gab er zur immer neuen Herausforderung Gottes sein Ja. Langsam wuchs er hinein in seine eindrucksvolle Glaubensreife. Es waren dann wohl die letzten Jahre als Rektor der deutschen Gemeinde in Paris, die ihn zu seiner totalen Hingabe nötigten.

Paris wurde von deutscher Besatzung kontrolliert. Sie ordnete dem deutschen Priester die Betreuung der großen Wehrmachtsgefängnisse zu: *Fresnes, Cherche-Midi, La Santé, La Pitié.* An die zehntausend Franzosen saßen dort ein, und Franzosen war es verboten, die Eingesperrten überhaupt nur zu sehen. So blieb Franz Stock letztlich ihr einziger Besucher: begehrter Gesprächspartner, Kontaktmann zu den Familien, Beichtvater und Bote von Tod und ewigem Leben.

Mit solcher brüderlicher Anteilnahme am Schicksal der Gefangenen begann – wie der große protestantische Hagiograf *Walter Nigg* geschrieben hat – „der Weg der letzten Vollendung eines Christen- und Priesterlebens, der Weg des Kreuzes"[5]. Sein jugendlicher Enthusiasmus wurde in Heilsdienst gewandelt. Wir wissen von die-

---

5 WALTER NIGG, *Abbé Stock am Hinrichtungspfahl*, in: DERS., *Heilige ohne Heiligenschein*, Olten 1978, 28–55, hier: 31.

sem Mittragen des Kreuzes Christi dank eines kleinen Tagesbuchs; in ihm machte sich Franz lediglich zur Stützung seines Gedächtnisses im Telegrammstil Notizen. Ida Friederike Görres, die namhafte Schriftstellerin, hat ihre Erschütterung bei dessen Lektüre nicht verheimlichen wollen. Sie hat den Rat gegeben, dies Tagebuch nicht in der Öffentlichkeit oder während der Bahnfahrt zu lesen; denn niemand könne wohl vermeiden, dass ihm dabei die Tränen immer wieder über das Gesicht liefen.[6]

Einer großen Zahl von Inhaftierten stand die Hinrichtung bevor: Einzelerschießungen sowie auch Massentötungen von Geiseln. Mit vielen Todeskandidaten verbrachte Franz die letzten Stunden. Fast drei Viertel der Aufzeichnungen bezieht sich auf die Exekutionen, denen er beiwohnte. Er schreibt: „[...] knieten alle nieder und beteten gemeinsam das Gebet der Sterbenden [...], er war untröstlich, jammert wie ein Kind, [...] sagte nur, nachdem er mich umarmt hatte: ‚Stellen Sie sich hinter die Soldaten, damit ich Sie sehe [...], bat mich: ‚Sagen Sie allen Deutschen, dass ich ihnen vergebe und ohne Hass sterbe' [...]“. Wie viele er sterben sah? Seine Antwort: „Es ist eine vierstellige Zahl und nicht die kleinste."

Der seelische Druck wurde unerträglich und seine eigene physische Gesundheit zeigte bald erste Schäden. Diese Erfahrungen machten ihn nieder; schon am Morgen, bei der heiligen Messe, begann er zu weinen. Zu Erzbischof Jaeger aus Paderborn sagte er: „Ich meine oft, ich könnte nicht mehr. Was ich hier erlebe, ist so schrecklich, dass ich nächtelang schlaflos liege."[7]

Dann zogen die Alliierten in Paris ein. Abbé Stock stellte sich den Amerikanern. Als Militärangehöriger wurde der geistliche Begleiter der Gefangenen nun selbst ein Gefangener. Die sich leise meldende Bitterkeit hielt er nieder. Abbé Le Meur, ein französischer Mitbruder, erreichte es bald, dass ihm die ehrenhafte Verantwortung des Rektors des „Séminaire des Barbébés“ – des „Priesterseminars hinter Stacheldraht“ – anvertraut wurde. Dort, in Le Coudray bei Chartres, traf er auf wichtige Persönlichkeiten: den Apostolischen Nuntius Roncalli und späteren Papst Johannes XXIII., die

---

6   Ida Friederike Görres, Der karierte Christ, Freiburg i. Br. 1964, 160.
7   In: Anton Albert, Das war Abbé Stock. Ein Leben zwischen den Fronten, Freiburg i. Br. 1960, 50.

Bischöfe von Chartres, Straßburg und Mainz; dann auf Männer der Politik wie den französischen Verteidigungsminister Edmond Michelet, mit dem Stock im Gefängnis *Fresne* bekannt geworden war. Doch seine große Liebe zu Frankreich und zu den Franzosen enthob ihn keineswegs der Unfreiheit eines politischen Häftlings; er war auch nach dem Krieg hinter dem Stacheldraht dieses Seminars immer noch nicht frei. Gegenüber seinen Seminaristen stellt er fest: „Christus wird immer irgendwo in der Welt gefangen sein."

In dieser Zeit reifte in ihm offenbar eine ungewöhnliche mystische Tiefe. Sie ist dem Zeugnis eines Mannes zu entnehmen, der mit Abbé Stock während dieser Chartrenser Zeit täglichen Umgang hatte. Seine Angabe mag in unserer säkularisierten Welt den einen oder anderen seltsam berühren. Doch ist sie unentbehrlich und muss zur Sprache kommen. Denn sie lässt etwas von der Glaubensverankerung dieses Priesters erahnen, aus der seine gewinnende Ausstrahlung, seine politische Relevanz und sein apostolischer Geist erwuchsen. Der Bericht stammt von dem Redemptoristen-Bruder Sigismund Kleine, einem Klempner von Beruf, der bei seinen Mitgefangenen als durchaus glaubwürdig und keineswegs als religiöser Phantast gilt. Bruder Sigismund diente dem Abbé Franz die heilige Messe, wenn dieser im Seminar ohne die Seminaristen zelebrierte. Er berichtete:

> „Nach (dem Vollzug) der Konsekration nahm er (Franz) einen ziemlich langsamen Rhythmus an. Am Ende des eucharistischen Gebetes, direkt vor dem Vaterunser, sah es aus, als ob er sprechen würde, er betrachtete lange die Hostie, und seine Lippen bewegten sich; er bewegte den Kopf hin und her, als ob er seine Zustimmung gäbe. Er verblieb während fünf oder zehn Minuten in der Betrachtung, bevor er die Messe fortsetzte. Er schien in einer Unterhaltung zu sein. ‚Er ist heute gekommen', sagte er manchmal nach der Messfeier, oder aber: ‚Nein, er ist nicht gekommen.'"[8]

Im April 1947 wurde das Seminar aufgelöst. Franz kehrte nach Paris zurück, um bei den etwa 60.000 Deutschen zu sein, die als Arbeiter freiwillig in Frankreich verblieben. Da freilich die französische

---

8   Lanz, *Abbé Franz Stock*, 190.

Regierung unbedingt die Bildung einer deutschen Kolonie im Land verhindern wollte, untersagte sie den deutschen Priestern jedwede Seelsorge an ihren Landsleuten. Den Friedensboten Franz verfolgte demnach noch zum Ende seines Lebens die feindliche Angst des geliebten Volkes der Franzosen. Die deutsche Gemeinde in Paris war zu einem Nichts zusammengeschmolzen. Franz' Gesundheit war verbraucht. Die Ärzte hatten offenbar nicht erkannt, dass sein Leben zu Ende ging. Man brachte ihn ins Spital *Cochin*. Er, der so viele Menschen in den Gefängnissen getröstet hatte, lag als freiwilliger Kriegsgefangener allein im Bett eines völlig säkularen Hospitals ohne geistliche Begleitung. Als ihn eines Tages ein französischer Mitbruder eher zufällig besuchte, erkannte der gleich die große Schwäche des Kranken. Auch wenn die Krankenschwester ihm versicherte, es bestehe keine akute Gefahr, holte er das heilige Öl für die Krankensalbung. Als er zurückkam, war Franz schon gestorben, allein, dreiundvierzig Jahre alt, am 24. Februar 1948.

Politische Anordnung untersagte es, das Begräbnis eines Kriegsgefangenen öffentlich bekannt zu geben. Als der Armensarg in die Erde gesenkt wurde, standen darum nur etwa zehn Personen am Grab. Die Gräfin Suzannet, eine von ihnen, war empört über die Würdelosigkeit des Geschehens; sie habe fortwährend gerufen: „Welch ein Skandal, welch ein Skandal!"[9] Sein Grab später zu finden, war sehr schwierig. Franz traf demnach fast dasselbe Los wie die Verurteilten, die man nach ihrer Hinrichtung irgendwo verscharrt hatte.

Letztlich verwundert den Glaubenden freilich solche Entwürdigung nicht. Sie wissen sich eher bestärkt in ihrer Überzeugung, dass dieser Mann einen Erlöserweg ging. Franz schonte sich nicht, als er die Möglichkeit sah, die Leiden der früher verhassten Nachbarn zu lindern. Er heilte die Wunden der Feindschaft, indem er sich aus Liebe zu Gott für den Nächsten aufgerieben hatte. Am Ende blieb ihm nicht einmal die Qual eines einsamen und ungetrösteten Sterbens erspart. Das ist Heilsdienst. Weil sich am Priester Franz Stock ablesen lässt, wie Christus uns am Kreuz erlöste, ist er uns Glaubensbote.

---

9   NIGG, *Abbé Stock*, 47.

Franz Stocks Wirkungsgeschichte war mit dem Tod keineswegs abgeschlossen. Bald nach seinem Heimgang verwiesen große Persönlichkeiten der Politik auf ihn und bekannten sich zu ihm. Nur einige Namen seien genannt: Helmut Kohl, Piérre Pflimlin, Valéry Giscard d'Estaing, Jaques Chirac. In unseren Tagen machte der frühere Ministerpräsident von Nordrhein-Westfalen, Jürgen Rüttgers, mit der Dokumentation einer Feierstunde zu Ehren Franz Stocks am 23. Februar 2008 am *Mont-Valérien* erneut auf diesen Friedensboten aufmerksam. Dieser Appell beschleunigte das deutsche Bemühen um Franz Stocks „Ehre der Altäre". Wir alle hoffen auf baldige Früchte. (Sein Seligsprechungsprozess wurde am 24. Februar 2014 in Rom eröffnet.)

Johannes Paul II. – Begegnungen mit einem Glaubenszeugen

Heiligenkreuz/Wien, 28. September 2020

Am 18. Mai 1920 wurde Karol Wojtyła im polnischen Wadowice geboren. Die 100. Wiederkehr seines Geburtstags führt uns heute zusammen. Die Einladenden baten mich um einen Beitrag und schrieben mir: „Es sollte ein persönlich gefärbter Vortrag sein." Daher möchte ich zunächst auf meine Begegnungen mit ihm zurückgreifen. Allerdings können wegen dieser Einschränkung nur einige Züge dieser großen Gestalt zur Sprache kommen; das allermeiste von Weisung und Wirkung dieses Mannes auf Geschichte und Kirche kommt nicht zur Sprache. Auch macht solche Auswahl es unvermeidlich, dass ich bei meiner Person anknüpfen muss – und es ist für den Zuhörer misslich, wenn ein Redner sich selbst des Öfteren erwähnt. Andererseits sind freilich die Informationen aus erster Hand generell zuverlässiger – ungefärbt von interessierten und verfälschenden Zwischenhändlern.

Kontakte mit Polen

Nach einigen Jahren priesterlichen Dienstes in meiner Heimatdiözese Paderborn kam ich auf völlig überraschendem Weg in das Sekretariat der Deutschen Bischofskonferenz. Deren Vorsitzender Kardinal Döpfner holte mich 1972 in die Theatinerstraße nach München. Durch meine Arbeit dort begegnete ich eines Tages einem polnischen Kollegen, P. Alojsy Orszulik. Er drängte mich zu einem Besuch seines Heimatlandes. Aus dieser Visite ergaben sich dann weitere Beziehungen zum Nachbarland und viele brüderliche Kontakte. Sie setzten sich fort, als ich 1976 in Paderborn zum Bischof geweiht wurde.

1977 schickte mich mein Ordinarius Erzbischof Degenhardt zu einem für die Katholiken Polens spektakulären Ereignis, der Konsekration einer Kirche in der Vorstadt von Krakau: Nowa Huta.

Dieser Bezirk war von der Regierung geplant als Modell für eine neue, sozialistische Lebenswelt; er sollte ohne jeden Hinweis auf Glaube oder christliche Kultur bleiben. Doch der damalige Bischof Wojtyła ließ sich nicht einschüchtern und feierte dort etwa zu Weihnachten dennoch unter freiem Himmel im Schnee die Christmette. Später erstritten katholische Arbeiter in militanten Auseinandersetzungen mit staatlichen Ordnungskräften den Bau einer Kirche. Sie wurde gleichsam ein Monument des Sieges der Christen über die kommunistische Diktatur. 1977 stand die Konsekration dieser Trophäe an – ein Symbol von Glaubenskraft und Bürgermut. Als einziger ausländischer Bischof nahm ich an der Kirchweihe teil. Obwohl ich von der Predigt des Kardinals Wojtyła kein Wort verstand, beeindruckte mich sein kraftvoller Stil und der Enthusiasmus seiner Worte. Anschließend hielten wir Mahl. Wir waren sieben oder acht Personen, und ich erlebte den Kämpfer Wojtyła jetzt als einen aufgeräumten, achtsamen Mitbruder.

Ein Jahr später machte ich im Sommer mit polnischen Freunden Ferien in Ostpolen am Wigry-See. Einer von uns wollte uns wohl mit seltsamen, unerklärlichen Begebenheiten beeindrucken und erzählte von Vorahnungen und Träumen, von Mitteilungen Verstorbener und anderen rätselhaften Dingen. Ich ordnete sie gleich ein unter der Rubrik „Geschichten für das Lagerfeuer", und der Mitbruder merkte, dass ich seine Erzählungen belächelte. Das ärgerte ihn. Als dann die Nachricht vom Tod des Papstes Paul VI. eben durch die Welt gegangen war, traf ich ihn wieder in Augustow auf der Straße. Er: „In der vorigen Woche hat einer von uns geträumt, dass Paul VI. stirbt, und dass der Kardinal von Krakau sein Nachfolger würde. Nun ist Paul VI. tatsächlich gestorben. Und wir haben zu dem Träumer gesagt: Ein kleiner Prophet bist Du schon; vielleicht wirst Du einmal ein großer Prophet sein." Ich war überrascht und leicht verunsichert. Als dann allerdings Ende des Monats Kardinal Luciani zum Papst gewählt wurde, vergaß ich die eigenartige Geschichte aus Ostpolen.

Schicksalhafte Autofahrt

Doch unerwartet schnell sollten sich meine Wege wieder mit denen des Bischofs von Krakau kreuzen. Die katholischen Hirten aus dem sozialistischen Land Polen wagten erstmals im September 1978 einen offiziellen Besuch in der „kapitalistischen" Bundesrepublik. Wohl bestanden schon seit Langem unauffällige, hilfreiche Kanäle zwischen dem deutschen und polnischen Episkopat. Diesmal wollte man jedoch endlich an die Öffentlichkeit treten. Prälat Josef Homeyer, dem Sekretär der deutschen Bischofskonferenz, oblag die Organisation. Wenige Tage vor dem Termin rief er mich an, es sei etwas Wichtiges vergessen worden. Nach diplomatischen Gepflogenheiten müsste eine solche Delegation durchgehend von einem Repräsentanten des Gastlandes begleitet werden. Ob ich nicht mitfahren könnte? Ich fand einen anderen Bischof für die schon geplanten Feiern des Firmsakraments und sagte zu.

Auf der Reise galt alle mediale Aufmerksamkeit dem berühmten Kardinal Wyszyński; die anderen Bischöfe erschienen lediglich als dessen Entourage. Als wir durch die Diözesen fuhren, saß demnach der Primas Polens mit dem jeweiligen Ortsbischof im ersten PKW der Wagenkolonne, im zweiten der damals kaum genannte Kardinal Wojtyła zusammen mit mir. Die langen Straßenkilometer gaben vielfältige Gesprächsgelegenheit. U. a. unterhielten wir uns auch über das Problem, für theologische Studien Verbreitung zu finden. Irgendwann sagte ich zu meinem Nachbarn: „Ich schenke Ihnen gern eines der letzten Exemplare meiner Doktorarbeit, wenn Sie mir versprechen, es zu lesen." Er sagte zu.

In diesen gemeinsamen Tagen lernte ich also den zurückhaltenden Mann etwas näher kennen, sein waches Interesse, seinen feinfühligen Umgang, seine bescheidene Art. Ohne Frage: Auf den Fahrten hatte Karol Wojtyła mich für sich eingenommen; ich spürte es deutlich. Als ich nach Paderborn zurückkam, traf ich vor dem Generalvikariat auf Hermann Christoph, einen der Domkapitulare. Er hatte unsere Reise am Fernsehen verfolgt und sprach begeistert von den Predigten und Reden des Primas. Meine wörtliche Reaktion: „Wyszyński ist gut, doch Wojtyła ist besser."

Audienz beim Papst am Tag seiner Amtseinführung

Papst Johannes Paul I. war seiner körperlichen Schwäche und Krankheit rascher erlegen, als die Kardinäle bei seiner Wahl ahnen konnten. So stand die Kirche am 29. September erneut ohne römischen Bischof da. Da fiel mir bald der Traum aus Ostpolen wieder ein. Äußerst gespannt verfolgte ich in den Medien alle Nachrichten. Vor allem interessierten mich Spekulationen über die Chancen, die ein Nicht-Italiener bei dem anstehenden Konklave haben würde.

Meine innere Ruhelosigkeit explodierte am 16. Oktober. Es war nach einem Firmgottesdienst beim Gedankenaustausch mit denen, die die Jugendlichen vorbereitet hatten. Plötzlich kam jemand ins Zimmer und rief: „Wir haben einen neuen Papst: den Kardinal von Krakau!" Ich war aufgewühlt. Und sofort bestürmte mich der Wunsch, zu seiner Einführung nach Rom zu fliegen. Nie wieder, so schien mir, wirst du den Bischof persönlich kennen, den Christus zum Nachfolger des heiligen Petrus bestellt hat. Es gelang, Termine zu verschieben und einen Flug zu organisieren. Unterwegs las ich in der Zeitung, Don Stanilaus Dziwisz, dem ich beim Deutschlandbesuch der Polen begegnet war, würde als Privatsekretär des neuen Oberhirten im Vatikan bleiben. Also kannte ich wenigstens eine Person im römischen Umfeld des neuen Papstes. Durch Vermittlung dieses Sekretärs wurde mir dann am Tag der Einführung Johannes Pauls II. sogar der Zugang zum *Palazzo Apostolico* erlaubt.

Ich wartete allein in einem der großen Säle. Von irgendwoher hörte ich Stimmen aus Lautsprechern, dann Applaus, neue Reden, Gemurmel. Ich wartete. Es wurde ganz still, und ich dachte: Offenbar hat man mich vergessen. Da ging plötzlich die Tür auf, und der neue Papst trat in den Saal. „Nun, was sagen Sie denn jetzt?" war seine Frage auf Deutsch an mich. Meine verdutzte Antwort: „Ich freue mich so, dass Sie zum Papst gewählt wurden, und ich wollte Ihnen das auch persönlich sagen." Wir wechselten einige Worte. Auch wenn unser Gespräch nur kurz war, hatte ich ein wirklich sehr schlechtes Gewissen, diesem Mann an einem solchen Tag die Zeit zu stehlen. Dann sagte er unversehens: „Aber Ihre Doktorarbeit habe ich noch nicht gelesen!" Obwohl ihm doch an diesem 22. Oktober 1978 die halbe Welt durch den Kopf gehen musste, dachte

er an eine Bagatelle, die mich betraf. Bezeichnend dieses außerge-
wöhnliche Einfühlungsvermögen für den anderen, ein Kennzeichen seiner großen Menschlichkeit!

Es ist wohl solche Empathie, die Karol Wojtyła seine auffal-
lend große geistliche Rufkraft gibt. Offenbar hat schon die Natur
ihn mit dieser Gabe ausgestattet. Aber er hat sie sich auch in Einzelheiten bewusst gemacht. In seiner Habilitation 1953 befasst er sich
etwa mit der Wirkung von Vorbildern auf Mitmenschen. Er stützt
sich dabei auf den Philosophen Max Scheler. Näherhin untersucht
er dessen „ethischen Personalismus". Er hebt hervor: Vom „Lehrer"
werden Maßgabe und Intention nicht nur mit Worten weitergege-
ben; der „Jünger" wird vielmehr von der Authentizität und Integrität
des „Führers" angesprochen und gewonnen. So jedenfalls interpre-
tiere Scheler die Bereitschaft zur „Gefolgschaft". Demnach ist die
Stiftung einer geistigen Ausrichtung des Schülers auf den Lehrer
ein verlässlicher Weg zu menschlicher und religiöser Ausrichtung.[1]

Neben Natur und Studium mag auch die ganz persönliche
Erfahrung Karol Wojtyła zum Menschenfischer geformt haben.
In einer wichtigen Phase des Lebens begegnete er nämlich einem
Schneider, durch den ihm klar wurde, wie bedeutsam Authentizität für die Grundlegung des Glaubens ist. Dass und wie dieser
ihn formte, hat er später zu Papier gegeben.[2] Unter dem Titel „Ein
Apostel" analysiert er die Verstörung, die dieser Jan Tyranowski bei
dem 19-jährigen Karol und seinen Alterskameraden auslöste. Bei
der Niederschrift des Vergangenen – nach zehn Jahren – erinnert
er sich noch genau: Die Heranwachsenden begegneten ihrem Katecheten zunächst mit Skepsis – eine Skepsis, die entsteht, wenn auf
den Freiheitsdrang und den Stolz junger Menschen herausfordern-
de Ansprüche treffen. Dabei führt Wojtyłas Rückblick die anfänglichen Kommunikationsschwierigkeiten nicht auf den Altersunter-
schied zurück – Jan hatte schon graue Haare. Vielmehr missfiel den
Schülern die Art, in der er den Unterrichtsstoff darlegte. Sie war zu
fromm, hatte keine Spur von Originalität. Der Lehrer blieb den Bur-

---

1   KAROL WOJTYŁA, *Primat des Geistes. Philosophische Schriften*, Vatikan 1979, darin: *Ana-
     lyse der Schelerschen Konzeption der „Gefolgschaft"*, 75–79.
2   KAROL WOJTYŁA, *I miei amici* (CSEO biblioteca 13), Bologna 1980, 27–44, hier: 30.

schen ein Rätsel, denn er trug in sich eine Auffassung von Leben, die ihnen bisher ganz unbekannt war.

Sie fragten sich zunächst in innerer Auflehnung gegen ihn: „Was will dieser Mann von mir? Was in mir überzeugt ihn nicht?" Denn in der Konfrontation mit ihm wurde sofort deutlich, dass er nicht kam, um sie zu bestätigen. Er wollte ihre Person als solche formen, ihre Auffassung, ihre Gefühle, das Engagement. Ihnen aber fiel es nicht leicht, die Wurzel seiner erzieherischen Einwirkung anzunehmen. „Die Wahrheit von einem neuen, von einem inneren Leben, wie sie gerade Jan vorschwebte, war ihnen völlig unbekannt." Nicht Verstandesarbeit und Wissen steuerte er an, nicht irgendeine Vermittlung von Kenntnis und Können; er beabsichtigte, Leben und Tun zu verändern. „Doch war ihnen ihr Leben bislang nicht als wirklich gelungen erschienen", fragten sich die jungen Leute, „als recht vollkommen, dem äußeren Eindruck nach unverwundbar, unzugänglich für künftige, gewalttätige Eindrücke? Ganz bestimmt hatten einige von ihnen in gewisser Selbstzufriedenheit diese Überzeugung."

So prüften sie umso sorgfältiger alle Worte, die Jan an sie richtete; nur mit Mühe überwanden sie ihre intellektuellen Einwände, klärten sich ihre widerstrebenden Gefühle. „Es war sein inneres Leben, das seinen Worten Gewicht gab; das all sein Verhalten erklärte; das zu ihm hinzog gegen alle Vorbehalte und allen Widerstand", schließt der Priester Wojtyła die Schilderung seines Lehrers ab; in solcher Katechese wurde er geformt.

Dieser Karol Wojtyła hat – wie nur wenige – im privaten Gespräch oder vor Tausenden das innere Ohr der Menschen erreicht. Auch er vereinnahmte und begeisterte bald.

Gott verwiesen

Karol Wojtyła – ein religiöser Popstar? Wer das denkt, muss dringend sein „Geistliches Tagebuch" zur Hand nehmen: „Ich bin ganz in Gottes Hand."[3] Diese Publikation belehrt ihn eines Besseren. Über Jahre hin machte der Autor sich persönliche Aufzeichnun-

---

3   Karol Wojtyła, *Ich bin ganz in Gottes Hand*, Freiburg i. Br. 2014.

gen während der Exerzitien und seinen Tagen geistlicher Einkehr. Sie waren nicht für die Öffentlichkeit bestimmt. Wohl enthalten sie nichts Spektakuläres. Die Zeilen spiegeln vielmehr nüchtern sein inneres Leben. Wovon wird seine Seele bewegt? Auch wenn eine Anspielung an die überwältigenden „Bekenntnisse" des heiligen Augustinus vermessen wäre: Wojtyłas Leitidee ist – wie beim großen Augustinus – das intime „Gott und die Seele". Gut für uns. Denn wenn wir uns jemandem nahen wollen, treffen wir ihn wohl vor Gott in seiner tiefsten Aufrichtigkeit.

Angesichts von Amtsträgern und Kirchenleuten, die sich vor allem an Gemeindewünschen und Umfrageergebnissen orientieren, sticht bei Johannes Paul II. eine unablässige und dezidierte Gott-Bezogenheit ins Auge.

Gleich auf den ersten Seiten betonen diese „Notizen" sie unverkennbar. Seine Exerzitien zum 16. Jahrestag seiner Priesterweihe vom November 1962 kreisen ausschließlich um das Geheimnis der Dreifaltigkeit. Zwar sieht er sich herausgefordert, sich „mit großem Engagement den zeitlichen Aufgaben" zu widmen. Doch gerade darum wählt er den theozentrischen Akzent – gleichsam als vorrangige Orientierung. Er erbittet die „Bekehrung zu Gott" und die „,Neubewertung' von allem hinsichtlich des Wertes, den alles in Gott hat und auf den uns Christus, der Herr wies". „Alles muss ständig in den Händen Gottes sein und sich auf Gottes Hilfe stützen." Dann lehnt er ausdrücklich alle „Psychologisierung" des Hirtendienstes ab.

Ein andermal (13.09.1968) meditiert er die Berufung des Menschen zur tiefen Gemeinschaft mit Gott; sie sei analog – wie er schreibt – der „Vereinigung" von „Person zu Person, d. h. es ist (1.) eine Vereinigung in der Wahrheit und der Liebe, die sich auf die Erkenntnis und den Willen stützt – und (2.) ist sie eine Vereinigung von Personen: Vereinigung des Menschen mit den Personen der heiligen Dreifaltigkeit: mit dem Vater durch den Sohn im Heiligen Geist".

Vom 9.–12.08.1973 bereitet er sich durch Exerzitien auf die angekündigte römische Bischofssynode über die „Evangelisierung" vor: Er macht keinerlei kirchliche Situationsanalyse und entwirft keinerlei Pastoralprojekte. Er entwickelt ausführlich und originell ein Bild der Trinität, das Miteinander von Vater, Sohn und Heiligem

Geist. Sein Wunsch: Er möchte beim Christen eine personale Beziehung zu Gott stiften. „Gott schätzt Freundschaft mit seinen Gläubigen" (15.03.1984). Dann deutet er die ewige Seligkeit als personalen Konnex, als Aufnahme in das dreifaltige Leben der göttlichen Personen (17.03.1984). Er zitiert Mutter Teresa: „Die Menschen sind hungrig nach Gott. Das ist die tiefste Armut. Verkündet uns das Wort Gottes!" (24.02.1988).

Es mag sein, dass uns die Hinwendung zu Gott bei einem Heiligen nicht überrascht. Aber hervorstehend sind doch Häufigkeit und Intensität, die Wojtyła ihr widmet; er setzt sie keinesfalls als ohnehin gegeben voraus. Und erstrebt sie und kostet sie aus. Er hält es für nötig, ihr im Tagesprogramm die angemessene Zeit einzuräumen. So war er etwa – noch als Kardinal bei der Deutschlandreise des polnischen Episkopats – in Köln an einem Freitagnachmittag nicht auffindbar. Man suchte ihn im Gästezimmer, in seinem Schlafzimmer. Er war nirgends zu entdecken. Schließlich fand man ihn in der nahen Kirche St. Andreas. Dort betete er den Kreuzweg. Es war eben Freitag. – In Krakau hatte er in seiner Hauskapelle vor dem Tabernakel einen Tisch aufgestellt. An ihm konzipierte er im Angesicht des eucharistischen Herrn seine Predigten und wichtige Stellungnahmen. – Auch meine erste Konzelebration mit dem Papst nach meinem Arbeitsbeginn in Rom ist zu erwähnen. Ich war für 7.30 Uhr eingeladen und kam relativ früh als Erster in die Kirche der Papstwohnung. Dort fand ich Johannes Paul in der Mitte des Raumes, hinter seinem ausladenden Armstuhl auf dem Boden kniend, die Arme auf der Rückenlehne dieses Stuhles und den Kopf auf die Hände gestützt. Er war damals noch jung und hielt – wie ich später hörte – vor Messbeginn morgens immer eine halbe Stunde lang stille eucharistische Anbetung. Als er mich eintreten hörte, wandte er sich mir kurz zu. Ich sah sein Gesicht. Und es erinnerte mich an ein Wort, das die Italiener nach seiner Wahl geprägt hatten: „*Un papa che viene da lontano* – Ein Papst, der von weit her kommt." Sie wollten damit ausdrücken, dass er kein Italiener war. Ich jedoch gab seines Anblicks wegen dem Satz einen anderen Sinn: ein Papst „von weit her" – aus der gläubigen Verbundenheit mit Jesus Christus.

Totus Tuus

Sein Wappenspruch *Totus Tuus* geht auf die Spiritualität des heiligen Louis-Marie Grignion de Montfort († 1716) zurück. Mit diesem Leitwort hat Johannes Paul gelegentlich Nicht-Katholiken und wohl auch Katholiken aufgeregt: „übertriebene Marienfrömmigkeit"! Seine eigenen Worte können jedoch alle beruhigen. Schon in einer der ersten nun publizierten „Notiz" (November 1962) erläutert er die theologischen Gründe seiner Liebe zur Gottesmutter. Zitat: „Die Erlösung begann mit ‚*Totus Tuus*'." Da ist „nur ein einziger Mensch, ein neuer Mensch, dem Gott sich selbst anvertraut hat. Der Sohn Gottes braucht sie (sc. Maria) [...]. Maria stimmt diesem Vertrauen Gottes mit dem ganzen Erlösungs-Inhalt und der ganzen Dynamik zu. Sie hat daraus geschöpft und schöpft immer noch aus dem, was es für jeden Menschen enthält". Dann seine Folgerung: Mariens Ja fordere von ihm persönlich die Bekehrung und bedeute eine Neubewertung seines Seelsorgedienstes im Geist der Magd des Herrn.

Jahre später (03.03.1982) wählt er die Kindheitsgeschichten beim Evangelisten Lukas, um mit Maria die Beschwernisse all derer zu bedenken, die am Heil mitwirken. Er kommentiert Jesu Geburt, die Flucht, Simeon und die Leidensweissagung. So zeigt sich, dass die Mutter Jesu im geistlichen Leben Wojtyłas einen festen Platz hat. Er schreibt:

- Kind zu sein bedeutet auch, „Mutter" zu sagen. Von seinem Vater lernte der Herr Jesus, „Ja" zu sagen zu Gottes Willen. Dann: „Maria bewahrte alle Worte [...]." Nicht menschliche Pläne und Strukturen stehen am Anfang der Kirche, sondern die Verfügbarkeit gegen Gottes Wort (21.02.1983).

- „Maria siegt nicht mit dem Schwert in der Hand, sondern mit dem Schwert im Herzen" (01.03.1996).

- „Jesus verbarg seine Mutter in seinem Werk – aber Er verbarg sie so, dass alle, die an diesem Werk authentisch teilnehmen möchten, sie dort finden können" (12.08.1969).

Die Gottesmutter dient dem Papst in seinen Meditationen keineswegs als Quelle sentimentaler Naivität. Sie ist immer neuer Anspruch. Wer Karol Wojtyła wegen seines Wappenspruchs *Totus Tuus* zum „Muttersöhnchen" erklärt, verkennt ihn.

Nimmermüdes Apostolat

Seine tiefe Frömmigkeit verleitet Karol Wojtyła andererseits nicht zu spirituellem Intimismus und pastoraler Apathie. Während seiner ersten Exerzitien als Papst etwa (06.03.1979) bleiben ihm auch Menschheit und Gesellschaft klar vor Augen. Besorgt erwägt er: „Die Situation der Welt ist in vielerlei Hinsicht beunruhigend, zur Situation der Kirche kann man sagen: Das Böse ist sogar in die Gotteshäuser eingetreten." Dann zitierte er den Franzosen Paul Claudel: „Die Christen gehen nicht aus der Messe hinaus wie nach der Begegnung mit dem Auferstandenen, sondern wie nach einer Beerdigung."

Seine apostolische Dynamik drängt ihn zu unermüdlichem Einsatz. In den 26 Jahren seines päpstlichen Dienstes absolvierte er ein Mammutprogramm: 14 Enzykliken, 44 Apostolische Schreiben, Hunderte von Diskursen. Seine Äußerungen füllen zusammen etwa 50 Bände mit 80.000 Seiten. Und neben seiner vatikanischen Verantwortung machte er mehr als 100 Reisen in alle Kontinente der Welt. Nach seinem Tod titelte eine Zeitschrift: „Der Marathon-Mann". All das war Ausfluss nicht von Nervosität und Umtriebigkeit – sie hätten sich rasch abgenutzt, und er wäre beim „Burn-out" gelandet. Ihn trieb vielmehr der besorgte Eifer des guten Hirten.

Prophetische Entschiedenheit

Ganz offensichtlich setzte er nicht auf die administrative Effizienz des kurialen Apparats. Er wollte weiter als Apostel möglichst die Menschen weltweit von Christi Liebe überzeugen, um sie nicht für „Werte", sondern für die Person des Herrn zu gewinnen. Dieses Ziel vor Augen versuchte er allerdings nie, sich durch Konzessionen beliebt zu machen. Er ist nicht einmal ein Gleichgewichtskünstler, der jedes „Einerseits" mit einem „Andererseits" wieder infrage stellt.

Eindeutigkeit kennzeichnet seine Verkündigung. Sie trennt zwischen heiß und kalt, zwischen weiß und schwarz, zwischen Böcken und Schafen. Das Evangelium speit den Lauen aus (Offb 3,16). Am 02.09.1964: „Da wir zur größeren Liebe berufen sind, ist die Sünde für uns eine größere Last. [...] Es ist darum das *odium peccati* (sc. Hass gegen die Sünde) notwendig. [...] Hier muss man das Gute als das Gute und das Böse als das Böse beim Namen nennen."

1974 beruft er sich auf den heiligen Bonifatius, der in Deutschland den Martertod erlitt: „Nicht verlassen dürfen wir die Kirche, sondern wir müssen sie steuern. Die Wahrheit kann gehetzt, aber sie kann nicht besiegt und getäuscht werden." Genau dieses Zitat wiederholt er später nochmals (12.03.1981) und folgert: Es gilt, den Teufel zu besiegen. Dann nennt er als Gegensatz zur geistlichen Vaterschaft wörtlich: „Permissivismus – Protektionismus – Kampanilismus – Unschlüssigkeit – Tagungs-Manie – Redseligkeit – Schwätzerei. Was es braucht, ist Liebe und Umsicht."

Am 12.03.1981 schreibt er: „Frage: Verstehe ich meinen Dienst auf dem Stuhl Petri als Verteidigung der Rechte Gottes? Der Rechte des Schöpfers und des Erlösers?" Vier Jahre später (21.02.1986): „Der heilige Papst Pius X. sagte: Das größte Hindernis beim Apostolat ist die Ängstlichkeit und der Kleinmut der ‚Guten'. Das Gegenteil ist ‚*parrhesia*' (sc. Freimut), der Mut und die Freiheit des Geistes, deren Gipfel Christus ist."

Sein Rückgrat gibt ihm Kraft zu mutiger Tat. Er exponiert sich und schafft Fakten. Etwa in die Kirche hinein: Er interveniert beim Jesuitenorden, als seine anderen mühsamen Versuche einer sauberen Rückbindung an die Kirche und ihre Lehre nicht gefruchtet hatten: Er unterbindet eine Generalkongregation, löst eigenmächtig den kranken Ordensgeneral Pedro Arrupe ab und ernennt 1981 Paul Dezza als seinen „persönlichen Delegaten". Diese Suspendierung der Ordensleitung war der größte Schock, der dem Orden seit seiner Aufhebung 1773 widerfuhr.

Auch im Feld weltlicher Politik zeigt er Mut. Seit 1981 herrschte in Polen das „Kriegsrecht". Wann würde Russland öffentlich eingreifen? Im Juni 1983 konnte er schließlich erneut sein Vaterland besuchen. Er traf sich in Krakau mit dem starken Mann des „Ausnahmezustands", General Jaruzelski. Am Abend kamen aufgebrachte Studenten und eine Gruppe erregter Menschen zu seiner Wohnung. Die Stimmung war aufgeheizt. Der Papst ging zu ihnen hinaus und redete lange mit ihnen. Drinnen reagierte entrüstet Kardinal-Staatssekretär Casaroli, der vorsichtige Diplomat. Er sagte voll Unmut – das ist von anderen Teilnehmern bezeugt: „Was will er denn? Will er Blutvergießen? Will er Krieg? Will er die Regierung stürzen?"[4]

Hohe Kosten

Die Risiken solcher Entschlossenheit hat Karol Wojtyła klar vor Augen. Am 14. März 1981 – einen Monat vor dem Attentat Ali Acas – notiert er in seinem Tagebuch aus der Apokalypse des NT (vgl. Offb 2,13) das Wort vom treuen Zeugen, der getötet wurde: „Christus ist der ‚Fels' (Gott ist der ‚Fels') [...]. Was kann grandioser sein, als von Christus zu hören ‚mein treuer Zeuge'." Dann spricht er vom „weißen" und vom „roten Martyrium"; er bedenkt – ohne es zu wissen – den Preis, den er dann bald selbst bezahlen sollte.

Später (03.03.1993) meditiert er ausführlich den Satz Jesu: „Selig, die um der Gerechtigkeit willen verfolgt werden; denn ihnen gehört das Himmelreich" (Mt 5,10): Verfolgung bliebe den Glaubenden nicht erspart. Schon im Alten Bund hätte der Hass das auserwählte Volk getroffen – wie das Buch Ester berichtet und das 2. Buch der Makkabäer. Der hl. Ignatius von Antiochien schreibe in seinem Brief an die Römer, er erwarte seinen eigenen Opfertod. Bis heute ständen viele Glaubende in der Nachfolge des leidenden Herrn (etwa die Heiligen Maria Goretti, Maximilian Kolbe). Zugenommen habe in unseren Tagen die **unblutige** Verfolgung. Und schließlich erwähnt er noch einige Opfer des **roten** Martyriums mit Namen: Jerzy Popieluzko, polnischer Priester († 1984); Alexander Men, russisch-orthodoxer Priester und Märtyrer († 1990); Mikel Koliqi, albanischer Kardinal († 1997) (Eintragung vom 21.02.1997).

Der Papst macht sich keine Illusionen. Evangelium und Welt sind nicht zu harmonisieren. Sie bleiben Gegensätze. Hier noch ein letztes Zitat (23.02.1994): „Die Treue (zu Christus) begegnet Wider-

---

4   So GEORGE WEIGEL, *Zeuge der Hoffnung*, Paderborn 2002, 481f.

sprüchen. Die Kirche hört nicht auf, mit der Hoffnung zu leben. [...] (Doch) es wird eine Zeit kommen, in der man die gesunde Lehre nicht mehr erträgt (2 Tim 4,3)."

Dass ihm selbst – als einem furchtlosen Wahrheitszeugen – solche Kosten nicht erspart wurden, widerfuhr ihm nicht nur durch die Schüsse auf dem Petersplatz. Andere Attacken folgten. So traf ihn 1989 die Verunglimpfung von 163 Theologieprofessoren in der sog „Kölner Erklärung"; sie beschimpfte ihn, obwohl er kirchenrechtlich durchaus korrekt Kardinal Meisner zum Bischof von Köln ernannt hatte. Schließlich wurde ihm wegen seiner Marienverehrung in einer Titel-Geschichte des „Spiegel" gar die geistige Gesundheit abgesprochen.[5]

Neuevangelisierung

Doch der „Hass der Welt" konnte den apostolischen Eifer Wojtyłas keinen Augenblick lang einschüchtern. Er wollte sogar den Geschmack am Apostolat, von dem er selbst durchdrungen war, in allen Gliedern der Kirche wecken. Seine Teilnahme am Vaticanum II trieb ihn an. Gleich nach dessen Ende übergab er den Geist des Konzils in Krakau einem Kreis von Ehepaaren. Im Jahr 1972 startete er für seine Metropolie eine Synode, an der auch viele Laienmitglieder teilnahmen. Das war im geistlich vitalen Polen damals alles andere als kirchliche „Torschlusspanik". Vielmehr hatte den Kardinal sein Leben offenbar gelehrt, dass Glaubensweitergabe an die Mitmenschen beglücken, den eigenen Gauben vertiefen und zu weiterem missionarischem Geist antreiben kann.

Während des römischen Pontifikats erwuchs aus solcher Einsicht eine pastorale Maxime für die Kirche: „Neuevangelisierung". Diese Losung wurde zu seinem Markenzeichen. Er prägte den Begriff „Neuevangelisierung" bei seinem ersten Heimatbesuch 1979. Es war am 9. Juni in dem schon erwähnten Vorort von Krakau, Nowa Huta, in der Kirche, die sich dem Glaubenswiderstand der Katholiken verdankte. Er sagte: Mit einem neuen Kreuz, das nicht weit von hier errichtet wurde, „haben wir ein Zeichen dafür gefunden, dass an der

---

5   Der Spiegel, Nr. 51/1983: „Wojtyła und der Marienkult".

Schwelle des neuen Jahrtausends das Evangelium neu verkündet werden muss. Eine neue Evangelisierung hat begonnen [...]".[6] Der später
oft wiederholte Begriff formuliert demnach keine ausgedachte Idee;
er ist für den Papst gefüllt mit Vitalität und Dynamik.

Trotz solch dramatischer Wurzeln waren es dann die friedli-
chen nachkonziliaren Neuaufbrüche des Heiligen Geistes, die Gott
als Protagonisten kirchlicher Neuevangelisierung wollte. Oder besser: Diesen „Geistlichen Bewegungen" zeigte das Stichwort „Neuevangelisierung" ihre Sendung auf. Nicht dass Johannes Paul durch
sie die Kirche hätte demokratisieren wollen! Das ist vielleicht für
eine Zeit hervorzuheben, in der viele der „klerikalen Macht" den
Kampf angesagt haben. Wojtyłas Appell an alle Getauften will nicht
für Katholiken das ORDO-Sakrament oder die Gnadenstruktur des
Leibes Christi antasten. Im Gegenteil: Der Papst tritt entschieden
für die Unersetzlichkeit des geweihten Amtes ein. Über zutreffende
Theologie hinaus bewegt ihn dabei auch seine eigne Erfahrung der
sibirischen Weiten. Der erste Brief an die Priester zum Gründon-
nerstag 1979 ist unmissverständlich.

> „Denkt an jene Orte, wo die Menschen sehnsüchtig auf einen
> Priester warten, wo sie seit vielen Jahren sich unablässig
> einen Priester wünschen, weil sie sein Fehlen schmerzlich
> empfinden! Es geschieht zuweilen, dass sie sich in einem
> verlassenen Gotteshaus versammeln, auf den Altar die noch
> aufbewahrte Stola legen und alle Gebete der Eucharistiefeier
> sprechen, im Augenblick, der der Wandlung entsprechen
> würde, tritt jedoch eine große Stille ein, die manchmal von
> einem Weinen unterbrochen wird [...]; so brennend verlangen
> diese Menschen danach, jene Worte zu hören, die nur die
> Lippen eines Priesters aussprechen können! So sehr sehnen
> sie sich nach der heiligen Kommunion, die sie aber nur durch
> die Vermittlung des priesterlichen Dienstes empfangen kön-
> nen, wie sie auch voller Sehnsucht darauf warten, die Worte
> der göttlichen Vergebung zu hören: ‚Ich spreche dich los von
> deinen Sünden!' So tief empfinden sie es, dass ihnen der
> Priester fehlt!"

---

[6]   GIUSEPPE FRIGIOLA, *La nuova Evangelizzazione di Giovanni Paolo II*, Roma 1995, 16.

Von „realer Gegenwart"

Anlässlich seines 101. Geburtstags befassen sich viele Kommentatoren mit dem erstaunlichen geistlichen und welt-politischen Einfluss Johannes Pauls II. Ein zentraler Grund für die ungewöhnliche Strahlkraft war fraglos seine Authentizität – bis hin zu seinem eigenen Sterben, mit dem er uns seine letzte Botschaft brachte. Er verstand sich nicht als Funktionär einer „Nicht-Regierungs-Organisation Kirche". Er beschränkte sich nicht darauf, Christi Botschaft weiterzureichen, wie ein Apotheker dem Kunden seine Medizin aushändigt – über die Theke, als abgepackte Schachtel, die bereitliegt im Regal. Der heilige Johannes Paul lebte das Evangelium; er war ein Zeuge. Eine Zeitanalyse des kürzlich verstorbenen, bedeutenden US-Philosophen George Steiner zeigt, was gemeint ist. Dieser Kulturkritiker publizierte vor Jahren ein eindrucksvolles Plädoyer für das Unverfälschte: „Von realer Gegenwart"[7]. Es befasst sich mit der *„secondhand"*-Annäherung an Dichtung, Musik und Malerei, wie sie Mode geworden sei. Darum wären wir alle übersättigt von Vorspiegelungen und Fassaden aus Pappmaschee; von geschäftiger Wichtigtuerei, mit der Show – eben von Eindrücken „aus zweiter Hand". Steiner beschwört den Vorrang des Primären, mit der „uns zustoßenden Unmittelbarkeit". Direkte und offene Berührung mit Dingen und Personen fesselt. Sie stiftet „Sympathie"; sie vollzieht sich, weil das Gegenüber kein Duplikat ist, sondern Gewährsmann. Bei Johannes Paul II. waren Reden und Tun austauschbar. Wort und Werk, Lehren und Leben bestätigten sich gegenseitig. Er war echt. Am 27. April 2014 wurde er heiliggesprochen. „Heiliger Johannes Paul, bitte für uns!"

---

7   George Steiner, *Von realer Gegenwart. Hat unser Sprechen Inhalt?*, München 1990.

NACHWORT

Der „Dataismus" des Kultautors Yuval N. Harari

Es mochte gewiss verwundern, dass gleich zwei Päpste in unseren Tagen auf den lang vergessenen Roman von R. H. Benson „Der Herr der Welt" hinwiesen. Wer nachfragte, entdeckte Gründe. *Science-Fiction* vom Anfang des vergangenen Jahrhunderts ist in manchen Zügen der Gegenwart wieder aufgelebt. Über den Globus hin haben sich vielerorts die organisierten Religionen vielfach verflüchtigt. Die staatlich gebotene, unvermeidliche Forderung religiöser Neutralität hat Religion zur sog. „Zivilreligion" verdünnt. Damit traten die transzendenten Elemente im Religionsbegriff zurück; es ist ihre diesseitige Relevanz, die entscheidet. Gleichzeitig schwanden die Kenntnis der jüdisch-christliche Glaubensquellen und das Vertrauen in ihre Inhalte; die Botschaft der Bibel erscheint von inzwischen recht fernen Instanzen proklamiert und vom Schutt der Geschichte bedeckt. Glaubenswahrheit als gültiges, vorgegebenes Datum, das Gesellschaft und Mensch als Regel und Verpflichtung herausfordert, war früher. An ihre Stelle trat – nicht nur bei „Fernstehenden" – als Lebensregel, was die Mehrheit der Menschen für wahr hält und festlegt. So entwickelt sich in Selbstanfertigung eine je individuelle Weltanschauung. Ihre Orientierung ist diesseitig, säkularistisch basiert. So kann dann gleichfalls unser inneres Fühlen stark zu Buche schlagen. Philanthropie erhält eine religiöse Färbung; denn der *Mainstream* sucht ja das Beste für alle „Lebewesen". Apotheose des Menschen?

Der geoffenbarte Glaube steht heute gleich zwei mächtigen Widersachern gegenüber. Ihn bekämpft die Ablehnung derer, denen das Diesseitige genügt; die überzeugt sind, allein auf Erden findet die Hoffnung ein Gesicht. Solchem Denken versprechen Wissenschaft und Forschung, dass „eine ganz neue Welt entstehen wird, das Reich des Menschen"[8]. Weltbindung genügt darum. Diese Sicht hat kürzlich der israelische Kultautor Yuval N. Harari neu zugespitzt

8 BENEDIKT XVI., *Enzyklika SPE SALVI von Papst Benedikt XVI. an die Bischöfe, an die Priester und Diakone, an die gottgeweihten Personen und an alle Christgläubigen über die christliche Hoffnung*, Rom 2007, Nr. 17.

und in den westlichen Sprachen mit riesigen Buchauflagen dargelegt.[9] Wohl sind sein anthropologischer Aufriss (Teil I) und sein
geistesgeschichtlich-religiöser Rückblick (Teil II) erstaunlich oberflächlich und nicht selten sachlich schlicht falsch. Er serviert ohne
alle Beachtung soziologischer, philosophischer und theologischer
Koryphäen (etwa Max Weber, Teilhard de Chardin, Charles Taylor,
Rudolf Bultmann, Henri de Lubac, Hubert Jedin) in diesen Kapiteln
die gängigen irrigen Gemeinplätze, kommt sogar für diesen Wis-
sensbereich ganz ohne alle Sekundärliteratur aus. Doch trotz dieser
zweifelhaften Hinführung bleibt seine Analyse von Gegenwart und
Zukunft (Teil III) interessant. Nach dem Zerfall der Transzendenz
erkennt der Autor das Aufkommen einer Datenreligion. Er nennt
sie „Dataismus". Für dies System besteht das Universum lediglich
aus Datenströmen, und der Wert jedes Phänomens oder jedes Wesens bemisst sich nach seinem bzw. ihrem Beitrag zur Datenverar-
beitung. Ohne hier mehr über seine Argumentation zu referieren,
sei nur auf die vom Verfasser unterbreitete Quintessenz verwiesen:
Der Dataismus schafft mit Biotechnologie und künstlicher Intelli-
genz einen technikverstärkten „Homo Deus". Diese Weltanschauung beschleunigt das Streben nach Gesundheit, Glück und Macht
und übernimmt die Herrschaft über den Menschen. „Gott" ist in
Datenströmen erfasst und wird genutzt.

Subtiler als diese Zukunftsvision Hararis ist eine zweite Bedro-
hung des Christentums: seine fatale Umkehrung. Nicht die von der
Wissenschaft erforschte Welt, sondern die Menschheit tritt an die
Stelle Gottes. Ja, der Mensch als ihr Prototyp erhält gar den Weih-
rauch der Anbetung, weil Geschöpflichkeit nun einmal ein Objekt
der Verehrung ersehnt. Robert Benson hatte diese Perversion der
Religion vor hundert Jahren geahnt. Ein herausragender Denker,
Martin Buber, bringt solchen Wechsel für unsere Epoche auf die
Formel, der Mensch sei zum Gott-Ersatz geworden; er spricht von
der „Substitution eines anthropologischen Gottersatzes". Nach dem
Gottes-Verlust bleibe gegenwärtig allein ein sterblicher Mensch als
das Du, das das Ich ermöglicht; diese Entdeckung sei die koper-

---

9   YUVAL N. HARARI, *Homo Deus. Die nächste Stufe der Evolution*, München 2017; ausge-
     zeichnet mit dem Deutschen Wissenschaftsbuchpreis 2017.

nikanische Tat des modernen Denkens und in seiner Auswirkung unermesslich.[10]

Nicht ohne Grund durchzieht darum die gegenwärtige „Gott-Vergessenheit" wie ein roter Faden alles Schreiben und Reden von Joseph Ratzinger/Papst Benedikt. In seinen letzten öffentlichen Äußerungen fasste er sogar die generelle Absicht seines Papstdienstes in den Satz: „Es gab vor allem den positiven Vorsatz, dass ich das Thema Gott und Glaube ins Zentrum stellen wollte."[11] Bezeichnend, einprägsam und wirkungsvoll ist eine Formulierung, die erscheinen mag als Synthese für Joseph Ratzingers Sendung. Beim Requiem für Mons. Luigi Giussani im Dom zu Mailand (24.02.2005) hob er in seiner Predigt hervor, dass der Verstorbene der „Abwesenheit Gottes" nicht mit dem Vorschlag neuer Kirchenstrukturen und dem ökologischer Sensibilität entgegengetreten wäre. Gegen den Zeitgeist hätte er in seinem unbeirrbaren und unermüdlichen Glauben gewusst, Gottes Sohn sei und bliebe auch heute die Mitte allen Apostolats und aller Pastoral. „Denn wer nicht Gott gibt, gibt zu wenig, und wer nicht Gott gibt, lässt ihn nicht finden."[12]

„Wer nicht Gott gibt, gibt zu wenig."

---

10   Martin Buber, *Das Problem des Menschen*, in: *Werke*, Bd. I, München 1962, 342.
11   Benedikt XVI., *Letzte Gespräche*, München 2016, 219.
12   Alberto Savorana, *Vita di Don Giussani*, Milano 2013, 1188f.